Karl Thiemann

Wörterbuch zu Xenophons Hellenika

Mit besonderer Rücksicht auf Sprachgebrauch und Phraseologie

Karl Thiemann

Wörterbuch zu Xenophons Hellenika
Mit besonderer Rücksicht auf Sprachgebrauch und Phraseologie

ISBN/EAN: 9783743648814

Hergestellt in Europa, USA, Kanada, Australien, Japan

Cover: Foto ©ninafisch / pixelio.de

Weitere Bücher finden Sie auf **www.hansebooks.com**

WÖRTERBUCH

zu

XENOPHONS HELLENIKA

MIT BESONDERER RÜCKSICHT AUF

SPRACHGEBRAUCH UND PHRASEOLOGIE.

FÜR DEN SCHULGEBRAUCH BEARBEITET

VON

K. THIEMANN.

DRITTE AUFLAGE.

LEIPZIG,

DRUCK UND VERLAG VON B. G. TEUBNER.

1893.

Vorwort zur ersten Auflage.

Das vorliegende Spezialwörterbuch zu Xenophons Hellenika, — welchem die Recension von Gustav Sauppe (Xenophontis Historia Graeca, B. Tauchnitz, Leipzig) zu Grunde gelegt ist unter Mitberücksichtigung des Textes der L. Dindorfschen Ausgabe sowie auch der Schulausgaben von B. Büchsenschütz und E. Kurz, deren Texte mit demjenigen der erstgenannten im wesentlichen übereinstimmen —, ist dazu bestimmt, dem Schüler eine auf eigenen Kräften beruhende häusliche Vorbereitung auf die Lektüre des Schriftstellers zu ermöglichen. Was die äufsere Anordnung des Stoffes betrifft, so unterscheidet sich das vorliegende Lexikon dadurch von anderen Spezialwörterbüchern, dafs das Namenverzeichnis zum Zwecke der schnelleren Orientierung von dem übrigen Teile des Stoffes abgesondert ist, ebenso dafs die mit Präpositionen zusammengesetzten Verba unmittelbar ihrem Simplex angeschlossen sind, ein Prinzip, welches der Verfasser bereits in seinem homerischen Verballexikon unter allseitiger Anerkennung zur Anwendung gebracht hat. In Übereinstimmung hiermit sind ferner die von nominibus abgeleiteten Verba sowie auch diejenigen, deren Simplex ungebräuchlich ist, unter dem auf die Präposition folgenden Buchstaben aufgeführt, jedoch durch den Druck von den ersteren unterschieden. In Bezug auf die Behandlung des Stoffes im einzelnen war der Verfasser bemüht, sich gröfstmöglicher Kürze und Präzision zu befleifsigen, ebenso auch eine auf die Grundbedeutung der Wörter gestützte, folgerichtige Entwickelung der Wortbegriffe zu erstreben, ohne auf etymologische Deduktionen einzugehen. Bei Übersetzung und Erläuterung solcher Stellen, bei denen wegen schwieriger Konstruktion oder einer vom deutschen Sprachgebrauche abweichenden

Wendung oder Fassung der Schüler einer ausreichenden Nachhülfe zu bedürfen schien, liefs es sich der Verfasser angelegen sein, einen möglichst wortgetreuen deutschen Ausdruck zu finden, um dem Schüler nicht eine Handhabe zu gedankenloser Benutzung des Buches zu bieten. In Bezug auf die Behandlung der geschichtlichen und die Antiquitäten betreffenden Artikel sowie auch der Eigennamen glaubte sich der Verfasser auf die Angabe des Notwendigsten beschränken, die Details aber der Interpretation in der Klasse überlassen zu müssen. Dagegen ist besonderer Wert auf ausführliche und sorgfältige Behandlung der Phraseologie und des Sprachgebrauches gelegt, so dafs fast alle wesentlichen Erscheinungen des Xenoph. Sprachschatzes — soweit derselbe hier in Frage kommt — in dem Wörterbuche verzeichnet sind, sowie auch auf genaue Angabe der einzelnen Belegstellen, welche der Verfasser einer wiederholten Revision unterzogen hat. Es bleibt noch übrig, von den Hülfsmitteln zu reden, welche bei dieser Arbeit benutzt worden sind. Im Vordergrunde stehen die trefflichen Schulausgaben von Büchsenschütz und Kurz sowie auch die jüngst erschienene empfehlenswerte Ausgabe von B. Zurborg, welche, wie ich dankbar anerkenne, mir wesentliche Unterstützung gewährt haben. Ferner sind zu Rate gezogen die Speziallexika zu Xenophon von Vollbrecht und G. A. Koch, die Lexika von Passow und Benseler, Kühners ausführliche Grammatik der griechischen Sprache, und E. Kochs griechische Schulgrammatik. Etwaige Auslassungen oder Versehen, von denen auch dieses Buch nicht frei sein wird, dürfte vielleicht derjenige mit gröfserer Milde beurteilen, welcher sich selbst einmal einer ähnlichen Arbeit unterzogen hat.

Berlin, im August 1883.

Vorwort zur zweiten Auflage.

Das Ziel der zweiten Auflage konnte kein anderes sein, als die noch vorhandenen Mängel des Buches zu mindern und die Brauchbarkeit desselben möglichst zu erhöhen. Die der neuen

Auflage gewidmete Thätigkeit des Verfassers bestand einerseits in einer möglichst sorgfältigen Revision des Ganzen, durch welche es gelungen ist, eine Reihe von Verstöfsen und Druckfehlern zu beseitigen, sowie auch in der Erweiterung des angeführten sprachlichen Materials und der Hinzufügung zahlreicher Stellencitate, andererseits in der Verwertung von Besserungsvorschlägen und Zusätzen sachverständiger Beurteiler des Buches, denen gegenüber sich der Verfasser zu besonderem Danke verpflichtet fühlt. Vor allem förderlich und nutzbringend für die Vervollkommnung der vorliegenden Ausgabe waren die Beiträge von A. Mathias, Wochenschrift für klass. Philologie 1884 Nr. 8; W. Nitsche, Berliner Philolog. Wochenschrift 1883 Nr. 41; Herm. Zurborg, Phil. Rundschau 1884 Nr. 5; Saalfeld, Gymnasium 1884 und dem Recensenten in den Blättern für das bayer. Gymnasialschulwesen XXI. Jahrg. Die Vorschläge dieser eben erwähnten Männer konnten fast ausnahmslos berücksichtigt werden. Über die Zweckmäfsigkeit der Anordnung der Verba sind die Ansichten der Recensenten geteilt; während einige die sich aus derselben ergebenden Vorteile nicht verkennen, räumen andere der sonst üblichen Anordnung den Vorzug ein. Der Verfasser glaubt deshalb berechtigt zu sein, die bisherige Anorduung beizubehalten, doch hat derselbe, wo für die Schüler Schwierigkeiten entstehen konnten in der Auffindung eines Wortes, durch Verweisungen an passender Stelle diesem Übelstand abzuhelfen gesucht.

Berlin, im April 1887.

Vorwort zur dritten Auflage.

In der neuen Auflage haben die Abweichungen des Textes der O. Kellerschen Ausgabe Berücksichtigung erfahren. Das Ganze wurde einer sorgfältigen Durchsicht unterzogen, eine Reihe von Druckfehlern beseitigt und eine grofse Anzahl von Stellencitaten hinzugefügt. An vielen Stellen wurden Besserungen vorgenommen, welche die Form der Übersetzung und Wahl des Ausdrucks betreffen, hie und da der sachlichen Erklärung dienende Zusätze

gemacht. Einzelnes wurde aus dem Spezialwörterbuch des Herrn
Dr. Hansen benutzt, der in seiner Vorrede mit vollem Rechte auf die
wesentlichen Dienste hinweist, welche ihm die vorliegende Arbeit
geleistet hat. Besonderen Dank schuldet der Verfasser der in der
Berliner Philol. Wochenschrift veröffentlichten Besprechung des durch
seine wissenschaftlichen Abhandlungen über Xenophon bekannt ge-
wordenen Herausgebers der Zuborgschen Hellenika-Ausgabe, R. Gros-
ser in Wittstock, dessen Vorschläge fast ausnahmslos angenommen
wurden. Nicht unbeträchtliche Verbesserungen verdankt der Ver-
fasser endlich seinen Kollegen, den Proff. Clausen und Nitsche.

Etwaige weitere Besserungsvorschläge wird der Verfasser vor
Sachverständigen gern entgegennehmen, um sie bei einer neuer
Auflage zu verwerten.

Berlin, im Juni 1893.

K. Thiemann.

ἀ-βασίλευτος 2 ohne Oberherrn, unabhängig, Θρᾷκες ά. 5, 2, 17.

ἀ-βίωτος 2 (vivo) nicht möglich zu leben, unerträglich zu leben, 4, 4, 6 ἐνόμισαν ἀβίωτον εἶναι

ἀγαθός 3 gut, brav, tüchtig, καλὸς κἀγαθός (ersteres bezeichnet ideale Gesinnung, letzteres praktische Tüchtigkeit) edel u. brav — Ehrenmann, meist — gutgesinnt, guter Patriot, Aristokrat, Vornehmer 2, 3, 12; Subst.

ἀγαθά Güter; Vorteil, ἐπ' ἀγαθοῖς zum Nutzen 6, 5, 33

ἀγάλλομαι Med. auf etwas stolz sein, über etw. frohlocken zB. τοῖς πεπραγμένοις 4, 5, 7; τῇ νίκῃ 7, 5, 13; 4, 5, 10

ἄγαλμα τό (Zierde, Prachtstück), Bildsäule 4, 4, 3

ἄγαμαι hochschätzen, bewundern, Aor. ἠγάσθην anstaunen, von Bewunderung erfüllt werden für etw. τὴν ἀρετήν 7, 5, 16; αὐτοὺς ὅτι 7, 4, 10

ἀγανακτέω in heftiger Aufregung sein, unwillig, ärgerlich, ungehalten sein über etw. τῇ τόλμῃ 5, 3, 3

ἀγαπάω schätzen, lieben, zufrieden sein, εἰ δύναιτο 3, 1, 5

ἀγαστός 3 (ἄγαμαι) bewundernswert

ἀγγέλλω melden, verkünden, ὅτι 4, 8, 1; 1, 1, 27; ἔλεγεν ὡς ἀγγέλλοιτο ὁ Πείσανδρος τετελευτηκώς 4, 3, 13; ζῶντες ἠγγελμένοι ἦσαν 6, 4, 16

ἀντι-παρ- Gegenbefehl geben, ebenfalls befehlen Inf. 4, 2, 19

ἀπ- verkünden, melden, ταῦτα εἰς τὴν πόλιν 2, 2, 14; ταῦτα πρὸς τὸ κοινόν 7, 5, 1; Δερκυλίδα statt ὑπὸ Δ. εἰς Λακεδαίμονα -αγγελθείη 3, 2, 20

εἰσ- (hinein) melden, Anzeige machen (beim Rat der Fünfhundert oder beim Volk, wenn ein aufserordentliches Verfahren nötig war) denunzieren; ὁ εἰσαγγελίας der Angeber 3, 3, 5

ἐξ- (heraus u. vom Augenzeugen) verkündigen 3, 4, 1 ὡς Gen. absol.; ὅτι 5, 2, 18; -ηγγέλλετο Acc. c. Inf. 3, 2, 18; Acc. c. Part. 7, 5, 10

ἐπ- ankündigen; — polliceri (mit dem Begriff der Verpflichtung) ὅτι 7, 4, 38; Med. sich erbieten, sich bereit erklären zu etwas 3, 4, 3 τὴν στρατείαν; 3, 4, 28

παρ- bekannt machen, mitteilen 2, 2, 3, auffordern, Befehl geben, anbefehlen τί 3, 4, 2; Dat. c. Inf. 3, 4, 28 u. 3, 4, 23; 1, 2, 6; 2, 4, 18; A. c. Inf. 5, 1, 30; 2, 4, 32 u. 4, 1, 22 δειπνήσαντας παρήγγειλε παρεῖναι; Befehl (zum Angriff) geben 4, 6, 10; παραγγείλωσιν ὑμῖν στρατείαν 7, 1, 13 entbieten zu etw. (wie φρουρὰν φαίνειν bei den Lacedämoniern) aufbieten (Truppen) absol. 7, 4, 13 u. 2, 2, 7; τὰ ὑπὸ τῆς πόλεως παραγγελλόμενα die Aufträge seitens der St. 4, 2, 8

περι- nach allen Seiten den Befehl ergehen lassen ταῖς πόλεσι συμβαλέσθαι 6, 4, 2

προσ- noch dazu melden 4, 3, 2; 6, 1, 7

ἄγγελος ὁ Bote, Abgesandte 2) Nachricht

ἄγε als Adv. wohlan! auf! Imp. v. ἄγω

ἅγιος 3 heilig, ehrwürdig τὸ ἱερόν

ἄγκυρα ἡ Anker 1, 6, 21 ἀποκόπτοντες τὰς ά.

ἀ-γνοέω (α priv. u. St. γνοϝο) nicht wissen, οὐκ ά., wohl wissen, 7, 2, 18; οὐδὲν ά. 4, 5, 12 ὅτι

ἀ-γνωμονέω ohne Einsicht, unbillig handeln 1, 7, 33

ἀ-γνώμων 2, Adv. -όνως πράττειν 6, 3, 11 unbesonnen

ἀ-γνώς ῶτος unbekannt 1, 6, 4

ἀγορά ἡ Markt, ἐπὶ τὴν ἀγορὰν ἰέναι zum Einkauf gehen 7, 2, 17; ἀγορὰν παρασκευάζειν für Lebensmittel (zum

ἀγών ῶνος ὁ eig. Versammlungsplatz bes. bei Wettkämpfen, daher = Wettkampf, Kampf, ἱππικός 3, 2, 21 u. u. γυμνικὸς ἀγών W. in körperlichen Fertigkeiten, ἀγῶνα ποιεῖν veranstalten 4, 5, 2; 6, 4, 30 διατιθέναι anordnen; ἀγῶνας μεγίστους ἀγωνίζεσθαι Kämpfe bestehen 7, 1, 5

ἀγωνίζομαι Dep. Med. (wett)kämpfen 3, 4, 20; 7, 5, 23 δι- sich im Kampfe messen, zuende kämpfen, — spielen ὁ χορός 6, 4, 16

ἀγωνιστής οῦ ὁ Wettkämpfer

ἀδεής 2 Adv. ἀδεῶς furchtlos 2, 4, 1

ἀδελφή ἡ Schwester τὴν ἀ. ἔχων zur Frau haben 7, 4, 23

ἀδελφός οῦ ὁ Bruder 1, 3, 13

ἄ-δηλος 2 nicht offenbar, 7, 5, 8 ἐν ἀδηλοτέρῳ in gröfserer Verborgenheit; 3, 5, 19 ἄδηλον ὁπότερα — εἴτε — εἴτε

ἀδημονέω sich unheimlich fühlen, in in Angst sein, τὴν ψυχήν unheimlich zumute sein 4, 4, 3

ἀ-δήωτος 2 nicht verwüstet, διαφυλάττειν χώραν ἀδήωτον vor Verheerungen schützen 3, 1, 5

ἀ-διά-βατος 2 unüberschreitbar, unwegsam 5, 4, 44

ἀδικέω Unrecht haben, schuldig sein, Schaden zufügen τινά, beeinträchtigen; εἰ ἠδίκηκέ τι 5, 4, 31; m. Part. δοκοῦσιν ἀδικεῖν οὐκ ἀνελόμενοι 1, 7, 9; 4, 8, 30 ἀδικησάντων τι ἐκ τῶν ἀγρῶν etwas gewaltsam aus dem Lande wegnehmen; Pf. Pass. 1, 4, 20 ὡς ἠδίκηται dafs ihm Unrecht geschehen sei

ἄ-δικος 2 ungerecht ἀδικώτατοι περὶ ἀνθρώπους 2, 3, 53; Adv. ἀδίκως 4, 7, 2

ἄ-δολος 2 Adv. ἀδόλως truglos, rechtlich πράττειν 3, 4, 5

ἀ-δοξία ἡ Ruhmlosigkeit, übler Ruf, Schmach; 7, 5, 9 προσδέχεσθαι ernten

ἀ-δυναμία ἡ Unvermögen 1, 7, 33

ἀ-δυνατέω nicht imstande sein; παρά τινι ohne Einfluſs sein bei jdm. 3, 4, 9

ἀ-δύνατος 2 unvermögend, machtlos; schwach, οἱ τοῖς σώμασιν ἀδυνατότατοι 6, 4, 11; Neutr. (passivisch) unmöglich

ἀεί Adv. immer, jedesmal τῷ βουλομένῳ ἀεί; ἀεί ποτε immerdar 4, 5, 11; 2, 3, 45; 3, 5, 11; ἀεί πως fast immer 4, 5, 6; εἰς ἀεί für immer

ἀέ-ναος 2 stets fliefsend 3, 2, 19

ἀήθης 2 ungewohnt, 4, 5, 10 τῆς τοιαύτης συμφορᾶς ἀήθους τοῖς Λακεδαιμονίοις γεγενημένης

ἀ-ήττητος 2 unbesiegt; ὅσα ἀήττητοι γεγόνατε in wie vielen Fällen seid ihr unbesiegt 1, 1, 28

ἄθλιος 3 u. 2 unglücklich; 1, 6, 7 τοὺς Ἕλληνας ἀθλιωτάτους

ἆθλον τό Kampfpreis, Preis, ἆθλα προὔθηκε 3, 4, 16 u. 4, 2, 5; ἆθλα ὑποσχόμενος Belohnungen 3, 2, 10; Pl. auch (= ἆθλος) Wettkampf νικᾶν, ἔστι μὲν ἃ τῶν ἄθλων δὶς ἕκαστος ἐνικήθη, ἔστι δὲ ἃ δὶς οἱ αὐτοὶ ἐκηρύχθησαν 4, 5. 2

ἀθροίζω u. ἀθροίζω versammeln; Pass. sich sammeln εἰς Καστωλόν 1, 4, 3; ναυτικὸν ἀθροισθείη 4, 8, 6; ὁ ὄχλος ἠθροίσθη πρὸς τὰς ναῦς 1, 4, 13 συν- versammeln εἰς τὴν ἀγοράν; -ήθροισε τὰ πλοῖα παρ' ἑαυτόν 1, 1, 15

ἀθρόος 3 enggeschart, dichtgedrängt, ἀθρόαι γενόμεναι αἱ νῆες sich versammeln 1, 1, 13; πλείους ἀθρόαι τριήρεις mehr auf einmal 7, 1, 4; ἀθρόος in geschlossener Aufstellung; τὸ ἀθρόον die geschl. Aufstellung 4, 1, 19 οὐδενὸς ἀθρόου ὄντος da sich keine geschlossene Abteilung bildete 5, 1, 12; Komp. ἀθροώτερον τὸ στράτευμα 6, 4, 9

ἀ-θυμέω mutlos, verzagt sein 5, 2, 30, Aor. — werden 7, 4, 14 κατ- ganz mutlos sein; Aor. — werden 3, 2, 27 παντελῶς

ἀ-θυμία ἡ Mutlosigkeit ἐνέπεσε πᾶσι 2, 2, 14; ἐν πάσῃ ἀ. εἶναι in äufserster M. sein 6, 2, 24 (Dind. ἐν παντὶ δὴ ἀθυμίας); εἰς ἀθυμίαν ἐμπεσεῖν 7, 5, 6 geraten; ἀθυμίαν παρέχειν τινι entmutigen 7, 5, 23; ὑπ' ἀθυμίας infolge von M. 5, 1, 27

ἄ-θυμος 2 mutlos, ἀθύμως ἔχειν 1, 5, 8; ἀ. ἔχειν πρὸς τὸ δεῖπνον keine Lust haben zu — 4, 5, 4; — πρὸς τὸ μάχεσθαι 6, 4, 15; ἀθυμοτέραν τὴν προσβολὴν ἔσεσθαι 3, 1, 18

ἄ-θυτος 2 ungeopfert, ohne geopfert zu haben 3, 2, 22

αἰγιαλός ὁ flache Küste, Strand, Gestade

αἰδέομαι Scheu haben vor, θεούς 2, 4, 21 ὑπ- etwas Ehrfurcht haben vor — τινά 5, 8, 20

αἰθρία ἡ (aether) heiterer Himmel, heiteres Wetter, γενομένη eintreten

1, 1, 16; ἐξ αἰθρίας aus heiterem Himmel 7, 1, 31

αἷμα τό (Flüssigkeit) Blut

ἐπ-αινέω loben 3, 1, 13 billigen, gutheißen; αὐτοῦ ὅτι lobe an ihm dies Verfahren, daß er — 7, 5, 8; ἐπαινέω ἰσχυρῶς 7, 1, 12

παρ- zureden, empfehlen, ermahnen, Inf. 2, 1, 25; παρῄνεσαν προθύμους εἶναι 1, 1, 27; πολλά dringend

συν-επ- zustimmen

ὑπερ-επ- übermäßig loben, mit Lobsprüchen überhäufen 6, 5, 23

αἴξ -γός ἡ u. ὁ Ziege 6, 4, 29

αἱρέω einnehmen (πόλεις) κατὰ κράτος ἑλεῖν 5, 3, 18; besiegen βασιλέα 3, 5, 1; habhaft werden, einholen 4, 5, 15; 4, 4, 16; Med. wählen αἱροῦνται ναύαρχον ἐπ' αὐτὰς (ναῦς) 5, 1, 5 [ᾑρημένοι gewählt 1, 4, 21]; jds. Partei ergreifen 7, 3, 8 u. 3, 1, 3 ὅτι τὸν Κῦρον ᾑρημέναι ἦσαν; μᾶλλον αἱρεῖσθαι Inf. vorziehen (lieber) 3, 1, 9; 7, 4, 7 vorziehen τοὺς τὸν πόλεμον αἱρουμένους; τὰ ἀσφαλέστατα αἱρεῖσθαι 4, 3, 19; ohne μᾶλλον 7, 4, 3 εἵλετο ἐνταῦθα ἐκβῆναι

ἀν- aufheben; Med. (an sich nehmen) aufheben (die Toten zum Zweck der Bestattung) νεκροὺς sammeln, retten ναυαγούς 1, 7, 4 u. 1, 7, 9; πόλεμον Krieg unternehmen 6, 3, 5; Pf. Pass. οἱ νεκροί, -ᾑρημένοι 4, 5, 8

ἀνθ- Med. an jds. Stelle wählen τινά 6, 2, 13

ἀφ- wegnehmen Med. wegnehmen, entziehen τινά τι 1, 7, 25; 4, 1, 26; ἃς ἀφῃρέθησαν ὑπὸ τῶν Λακεδαιμονίων 7, 1, 26; ἀφελόμενος τὰς ἀσπίδας αὐτῶν ergriff ihre Schilde, nahm ihnen die Schilde ab 4, 4, 10; 3, 1, 7 ὡς ἀφαιρησόμενος τὸ ὕδωρ αὐτῶν abschneiden; 1, 2, 16 μέχρι σκότος ἀφείλετο den Blicken entzog

δι- Akt. auseinander nehmen, zerstören τὰ τείχη 4, 4, 18; Teile machen, unterscheiden, teilen διῃρημένων τῆς ἡμέρας τριῶν μερῶν = nachdem der Tag in 3 Teile geteilt ist 1, 7, 23; διελεῖν κατὰ μέρη τισὶ τὸ χωρίον verteilen 3, 2, 10

ἐξ- Akt. niederreißen, zerstören τὴν πόλιν 2, 3, 19; Καρύας κατὰ κράτος 7, 1, 28; vertilgen σφῆκας 4, 2, 12; Med. τὰ ἱστία abnehmen, einziehen, aus dem Schiffe herausnehmen 1, 1, 13, auswählen ἄρχοντας

καθ- herabnehmen; τὰ τείχη niederreißen 7, 2, 4; 2, 2, 20 τὰ μακρὰ τείχη

παρ- Med. τὰ ὅπλα πάντων παρείλοντο abnehmen 2, 3, 20

περι- ringsum niederreißen τὸ τεῖχος 5, 2, 1 u. 3, 2, 30; herum abnehmen 4, 1, 39 φάλαρα

προ- Med. etwas vor anderm auswählen 4, 4, 2 τί

προσ- Med. noch dazu wählen στρατηγούς 2, 1, 16; 6, 2, 39

συν- Akt. zusammenfassen, kurz fassen, ὡς δὲ συνελόντι εἰπεῖν — um es kurz zusammenzufassen, mit einem Worte 7, 5, 6

συν-εξ- Akt. mit erobern helfen αὐτοῖς Σελλασίαν 7, 4, 12

ὑφ- Med. heimlich entwenden τί τινος 5, 3, 24

αἴρω hochheben ἆραι ἀσπίδα 2, 1, 27, Med. aufheben 4, 5, 14; αἱρόμενος τοὺς ἱστούς aufrichten lassen 6, 2, 29; Pass. ᾔρετο τὸ ὕδωρ steigen 5, 2, 5 ἀπ- Akt. intr. absegeln 1, 6, 24 auslaufen, aufbrechen ἀπᾶραν τὸ στράτευμα 6, 5, 32

αἰσθάνομαι mit den Sinnen und dem Geiste wahrnehmen, merken, hören, erfahren 4, 7, 1; τὸ γιγνόμενον 6, 5, 9; τὸ νυκτέρινον κήρυγμα 5, 4, 10; οὓς ἂν μαλακοὺς αἰσθάνηται 6, 1, 6; ταῦτα 5, 2, 42; ὡς τῆς κραυγῆς ᾔσθοντο 4, 4, 4 hören; Acc. c. Part. αἰσθόμενοι Μίνδαρον πλεῖν μέλλοντα 1, 1, 11; 2, 3, 27, τοὺς Ἀθηναίους προσιόντας 1, 3, 2 u. 4, 2, 1; Gen. c. Part. οὐκ ᾐσθάνοντο προσιόντων τῶν πολεμίων 4, 2, 19; οὐκ αἰσθάνεσθε ἐξαπατώμενοι 1, 1, 12; ὡς 5, 2, 2; ὅτι 5, 2, 4; 3, 4, 28; 3, 3, 10

προ- im voraus merken τί 6, 2, 7

αἴσθησις ἕως ἡ Wahrnehmung, αἴσθησιν παρέχειν sich bemerklich machen 5, 1, 8

αἴσιος 3 von glücklicher Vorbedeutung, günstig 7, 1, 31

αἰσχρο-κέρδεια ἡ schnöde Gewinnsucht; δι' ἅ. aus — 2, 3, 43

αἰσχρός 3 häßlich, schimpflich 1, 6, 32; Superl. 2. 4, 22

αἰσχύνη ἡ Schande, αἰσχύνῃ περιπίπτουσι sich in Schande stürzen 7, 3, 9

αἰσχύνομαι sich schämen εἰ μὴ ἐπισταίμην 4, 3, 9; m. Part. 3, 4, 9; 6, 5, 44 μὴ ἀποδιδόντες χάριτας; mit

Inf. (bei noch nicht geschehener Handlung) 6, 3, 1; 7, 4, 13 u. 4, 1, 30; μὴ ἐπὶ φιλίᾳ αἰσχυνθῇς dich nicht zu schämen brauchst wegen 5, 4, 33 ἐπ- sich schämen vor jdm. ἐπῃσχύνθησαν αὐτόν 4, 1, 34 κατ- Akt. Schande machen jdm. 5, 4, 33

αἰτέω bitten, fordern (berechtigte Forderung) τινά τι 3, 2, 2; 4, 1, 21; βοήθειαν παρ᾽ ὑμῶν 6, 1, 13; Inf. 4, 3, 21; Med. 3, 1, 4 ᾐτήσατο παρ᾽ Ἀθηναίων ἱππέας
ἀπ- zurückfordern τινά τι 7, 1, 26; fordern die Auslieferung 1, 3, 3 χρήματα

αἰτία ἡ Ursache οὐδ᾽ ἐπὶ μιᾷ αἰτίᾳ ἑτέρᾳ 2, 2, 10; Schuld, Beschuldigung, αἰτίας γεγενημένης erheben 1, 4, 14; τὴν αἰτίαν κοινὴν ἔχουσιν es trifft sie alle zusammen die Schuld 1, 7, 18

αἰτιάζομαι beschuldigt, angeklagt werden 1, 6, 5 (Passiv zu αἰτιᾶσθαι)

αἰτιάομαι beschuldigen 3, 4, 25; τὸ ἐντεῦθεν γενόμενον ἔξεστι τὸ θεῖον αἰτιᾶσθαι — was die folgenden Vorfälle betrifft. Acc. der Beziehung statt des Gen. 7, 5, 12; περὶ τῆς ἀναιρέσεως 1, 7, 6
ἐπ- beschuldigen, Anklage erheben 7, 4, 38 τινά; 1, 1, 29 οὐδενὸς οὐδὲν ἐπαιτιωμένον
κατ- beschuldigen, -αιτιαθεὶς ταῦτα πρᾶξαι 1, 1, 32

αἴτιος 3 schuldig, veranlassend, αἰτιώτατος τῆς νίκης dazu beitragend 2, 4, 17; τοῦ mit Inf. 3, 4, 25; bl. Inf. 7, 4, 19; αἴτιοι ἐγένοντο Acc. c. Inf. 7, 5, 18; τὸ αἴτιον die Ursache, τὰ αἴτια τοῦ πολέμου 6, 3, 7; τὸ αἴτιον τοῦ μὴ ἐξαμαρτάνειν 3, 2, 7

αἰχμάλωτος 2 kriegsgefangen, im Kriege erbeutet, τὰ ἀ. (σώματα); οἱ αἰχμάλωτοι 5, 4, 57; Beute 4, 1, 26 τὰ ἀ.

ἀκάτιον τό Segel (am kleineren Mast 6, 2, 27)

ἀ-κερδής έος 2 unersprießlich, nutzlos 6, 3, 11

ἀ-κήρυκτος 2 unangekündigt, πόλεμος ἀ., wo jede Unterhandlung mittels eines κῆρυξ abgebrochen ist 6, 4, 21, unversöhnlicher Krieg

ἀ-κίνδυνος 2 gefahrlos 6, 5, 47

ἀκμάζω in voller Blüte sein, in der Vollblüte der Kraft stehen τοὺς ἀκμάζοντας 6, 1, 5; ἀκμάζοντος τοῦ σίτου (im Vollwuchs nahe der Schnittreife im Juni) 1, 2, 4

ἀκμή ἡ Spitze, höchste Grad κατὰ θέρους ἀκμήν um die Mitte des Sommers 5, 8, 19

ἀκολουθέω nachfolgen 4, 2, 19
ἐπ- nachfolgen 3, 4, 24 (von Truppen); κατὰ τὸν λαμπτῆρα in der Richtung — 5, 1, 8
παρ- begleiten, zur Seite folgen 4, 5, 6

ἀκόλουθος 2 begleitend, οἱ ἀκ. der Troß 3, 4, 22

ἀκονάω wetzen, schärfen, Med. 7, 5, 20 λόγχας

ἀκοντίζω den Wurfspieß schleudern εἰς αὐτούς 3, 2, 8; Pass. getroffen werden ἀκοντισθεὶς δόρατι 5, 4, 52; 4, 4, 17 ἀκοντιζόμενοι ἐνέκλιναν
ἐξ- den Wurfspieß schleudern 5, 4, 52 τὰ δόρατα 4, 5, 4, 40; beschießen
κατ- niederschießen mit dem Wurfspeer 4, 5, 15; Pass. -ακοντισθήσονται 6, 5, 13; -ηκοντίσθησαν 3, 2, 4

ἀκόντιον τό Wurfspieß, ἐξ ἀκοντίου βολῆς auf Speerwurfsweite 4, 5, 15 [Eine 5—6 Fuß lange Lanze, welche mittels eines in der Mitte des Schaftes angebundenen ledernen Riemen nach dem Feinde geworfen wurde.]

ἀκόντισμα τό Speerwurf, ἐντὸς ἀκοντίσματος auf Schußweite 4, 4, 16

ἀκοντιστής οὗ ὁ Speerschütze; ψιλοὶ ἀ. leichte Speerschützen ohne Schutzwaffen 2, 4, 12

ἀκούω (gehört haben u. noch) hören, erfahren ταῦτα 5, 1, 2; τὸ πρᾶγμα 5, 3, 8; 1, 4, 1 τὰ πεπραγμένα; τῆς ἐπιστολῆς 7, 1, 39; anhören τῶν κατηγορούντων καὶ ἐκείνων ἀπολογουμένων 1, 7, 9 (unmittelbare Wahrnehmung); Gehör schenken τινός 7, 1, 12 u. 4, 1, 29; ἐκείνου ἀκήκοα von jdm. 6, 1, 14; τινὸς ὅτι von jdm., daß 4, 5, 1; τινός οἵτινες εἶεν 8, 3, 10; τινός Acc. c. Inf. von jdm., daß 4, 8, 36; ὅτι 4, 8, 12; ὡς 5, 2, 15; Acc. c. Part. 1, 6, 26 τὴν βοήθειαν ἐν Σάμῳ οὖσαν; Acc. c. Inf. die Nachricht (als unbestimmtes Gerücht) erhalten 1, 5 11 u. 4, 8, 29
εἰς- anhören, gehorchen, folgeleisten
προσ- noch außerdem hören 3, 4, 1 τοῦτο
συν- mit anhören 2, 4, 36 ταῦτα
ὑπ- Gehör geben, folgeleisten, εἰς τὴν κρίσιν 5, 4, 24 sich stellen

ἄκρα ἡ Vorgebirge ἐπὶ τῇ Μαλέᾳ ἄκρα 1, 6, 26, Burg 4, 4, 15

ἀκράτεια ἡ Mangel an Selbstbeherrschung, Unmäfsigkeit, Hang zu Ausschweifungen 1, 5, 16

ἀκρισία ἡ Unordnung, Verwirrung 7, 5, 27

ἄκριτος 2 ohne Urteil u. Recht (indicta causa), ἀπολλύντες ἀκρίτους παρὰ τὸν νόμον 1, 7, 25

ἀκροάομαι τινός τι von jdm. etw. hören 7, 3, 3

ἀκροβολίζομαι aus der Ferne werfen, plänkeln 4, 6, 11

ἀκροβολισμός ὁ das Werfen, Schleudern aus der Ferne, das Plänkeln, Plänklergefecht, 4, 3, 14, ἀ. ποιεῖσθαι πρὸς τὸ τεῖχος aus der Ferne beschiefsen 1, 3, 14

ἀκρόπολις εως ἡ Burg, Burgberg 7, 2, 9

ἄκρος 3 äufserste, oberste, τὰ ἄκρα die Höhen, τὸ ἀκρότατον (auch) Gebirgskamm 4, 5, 3; ἐπὶ τῷ ἄκρῳ auf der Höhe 5, 4, 14; ἐπὶ τοῦ ἀκροτάτου 4, 6, 11

ἀκρωνυχία ἡ Bergspitze τοῦ ὄρους 4, 6, 7

ἀκρώρεια ἡ Bergspitze, Bergrücken 7, 2, 10

ἀκρωτηριάζω Med. die Schiffsschnäbel abnehmen; 6, 2, 36 die an den Vorderteilen der Schiffe befindlichen Verzierungen abnehmen als Siegeszeichen

ἀκρωτήριον τό Schiffsschnabel 2, 3, 8

ἄκυρος 2 ungültig, einflufslos, 5, 3, 24 ἄκυρον αὐτὸν ποιεῖν

ἄκων, ἄκουσα, ἄκον ungern, unfreiwillig, ἀκόντων Αἰτωλῶν wider den Willen der A. 4, 6, 14, ἀκόντως Adv. 4, 8, 5 (nur hier bei Xen.)

ἀλαζονεία ἡ Prahlerei 7, 1, 38

ἀλαλάζω Kriegsgeschrei erheben beim Anrücken gegen den Feind nach Absingung des Päan 4, 3, 17

ἀλγεινός 3 schmerzlich, kränkend

ἀλείφω salben, Med. sich s. 4, 5, 4 ἐξ- ausstreichen 6, 3, 19

ἀλήθεια ἡ Wahrheit. τῇ ἀ. in W., in der That 4, 5, 14

ἀληθής ἐς wahr, τἀληθῆ λέγειν 6, 1, 6; untrüglich

ἀλιευτικός 3 Fischern gehörig; ἀ. πλοῖον Fischerkahn 5, 1, 23

συν-αλίζω versammeln, 1, 1, 30 τινάς

ἀ-λιμενότης ητος ἡ Mangel an Häfen 4, 8, 7

ἁλίσκομαι (Pass. zu αἱρέω) gefangen werden ἀνδράποδα ἐκ τῆς χώρας 3, 2, 26, eingeholt, genommen werden (νῆες), τὰν βραδυτέρων von den langsamer segelnden 5, 1, 27, betroffen. werden m. Part. 1, 1, 15; (von Orten) eingenommen werden

ἀν-αλίσκω verwenden, verbrauchen εἰς τὰ ἱερά 6, 1, 2; 4, 2, 7; vergeuden χρήματα, Inf. Praes. ἀναλοῦν (von ἀναλόω 6, 2, 13) τὸν χρόνον

ἀλκή ἡ Gegenwehr, Körperkraft, Wehrkraft 4, 8, 18

ἄλκιμος 3 wehrhaft, tapfer 7, 2, 16

ἀλλά (lat sed u. at) aber, nach einer Negation — sondern; οὐ (μὴ) μόνον — ἀλλὰ καί = non solum — sed etiam; nach einem Bedingungsvordersatze εἰ μή — ἀλλά (γε) = doch wenigstens 4, 6, 13 u. 3, 4, 26; ἀλλά — immo nein — im Gegenteil 1, 7, 33, eine Bedeutung, welche sich bei Weglassung des negativen Gliedes ergiebt; im Gespräch die Gegenrede einleitend (2, 3, 22 ἀλλ' οὐ δοκεῖ μοι, ἔφη) und im Deutschen meist nicht zu übersetzen; 4, 3, 2 = „ei freilich". Wenn von einer Auseinandersetzung plötzlich zur Aufforderung übergegangen wird, wird diese durch ἀλλά eingeleitet 6, 4, 24 εὖ ἴστε ὅτι — ἀλλὰ πειρᾶσθε = wohlan denn; ἀλλ' ἤ nach einer Negation = nisi, aufser οὐκ ἀλλ' ἤ = nur 1, 7, 15 οὐκ ἀλλ' ἤ κατὰ νόμον πάντα ποιήσειν; οὐδένας .. ἔχοντες ἀλλ' ἤ τοὺς Βοιωτούς 6, 4, 4; ἀλλ' οὐ (μή) 3, 5, 25 nicht aber, und nicht vielmehr 3, 1, 24, statt vielmehr 7, 4, 25 τί δεῖ ἡμᾶς μάχεσθαι, ἀλλ' οὐ — διαλυθῆναι; ἀλλὰ γάρ = at enim — aber ja enthält einen Einwand gegen die Geltung des Gesagten (aber das gilt nicht, denn —) oder gegen die Fortsetzung der Rede (aber nichts mehr davon, denn —); ἀλλὰ μήν at vero leitet entweder einen Einwurf ein — nun aber, oder fügt etwas Neues, Gegensätzliches an — ferner aber 5, 2, 17; ἀλλὰ .. μέν 4, 5, 9 zuweilen für ἀλλὰ μήν zur Bezeichnung des schnellen Einfallens in die Gegenrede

ἀλλάττω vertauschen, Med. etwas für etwas eintauschen τινὰ ἀντί τινος 4, 1, 35

ἀπ- befreien von etwas Gen., Pass. sich entfernen -ηλλάγησαν ἐκ τῆς

Κορίνϑου 7, 4, 5; -αλλαγήσεσϑαι τῆς συμμαχίας das Bündnis aufgeben 4, 6, 3.

δι- vertauschen, wechseln, aussöhnen αὑτούς 5, 4, 55; διαλλάξειν Λακεδαιμονίους καὶ Ἀϑηναίους 1, 6, 7; ἀλλήλοις αὑτούς 4, 8, 26; Μακεδονίαν durchziehen 4, 3, 3

.παρ- vorübergehen, vermeiden ἐνέδραν 5, 1, 12

συν- Pass. sich versöhnen -αλλαγῆναι 2, 4, 43

ἀλλαχοῦ Adv. anderswo 2, 3, 20

ἄλλῃ Adv. anderswo, ἄλλος ἄλλῃ (ἔφευγον) der eine dahin, der andere dorthin 5, 3, 6; 4, 1, 25 (τῆς χώρας)

ἀλλήλων Pron. recipr., Dat. ἀλλήλοις -αις -οις einander, gegenseitig

ἄλλοϑεν Adv. anderswoher 3, 4, 1

ἄλλοϑι Adv. anderswo, ἄλλος ἄλλοϑι der eine hier, der andere dort; m. Gen. τοῦ Ὀνείου 7, 1, 15; 2, 1, 2

ἄλλομαι springen ἥλλοντο κατὰ τοῦ τείχους 4, 4, 11

ἐν- darauf losspringen, feindlich anstürmen

ἐξ- herabspringen 7, 2, 6 κατὰ τοῦ τείχους

καϑ- herabspringen -αλάμενος ἀπὸ τοῦ ἵππου 4, 5, 7 (Dind. -αλόμενος)

ἄλλος η ο ein anderer, ὁ ἄ. der andere, übrige; τἄλλα u. τὰ ἄλλα im übrigen, sonst 3, 2, 2; ἄλλος μὲν νῦν, ἄλλος δὲ τὸ παρελϑόν ein anderer — als 3, 2, 7; ἄλλος — ἄλλον der eine den, der andere jenen; ἄλλος ἄλλῃ s. ἄλλῃ; ἄλλαι (τε) — καὶ ἅς teils — teils 1, 3, 17; ἄλλοι τε καί unter anderen besonders; ἄλλο εἴ τι = εἴ τι ἄλλο 4, 8, 10; παρ' ἃ ... ἄλλα ποιεῖν 1, 5, 5 anderes als was; ἄλλως auf andere Weise (siehe dieses); ἄλλος ἄλλοσε s. ἄλλοσε; (πελτασιὰς) ἄλλους τοσούτους (αἰτεῖ) ebensoviele 4, 1, 21; 2, 4, 9 ὁπλίτας καὶ τοὺς ἄλλους ἱππέας = u. aufserdem noch die R.

ἄλλοσε Adv. anderswohin, ἄλλος ἄλλοσε der eine hierhin, der andere dorthin 5, 3, 6

ἄλλοτε Adv. ein andermal, ἄλλοτε ἄλλῃ τῆς χώρας bald hier, bald dort 4, 1, 25

ἀλλότριος 3 fremd 3, 5, 14

ἄλλως Adv. auf eine andere Art; im übrigen, sonst 6, 1, 6; ἄλλως τε ... καί 3, 2, 13; ἄλλως τε καί zumal — vor temporalen, kausalen (ἄλλως τε

— καὶ ἐπεί 5, 2, 25) u. hypothetischen Nebensätzen (ἐάν 6, 3, 10) u. Participien 7, 5, 14; 7, 5, 14 Gen. absol.; vor einzelnen Begriffen nur, wenn dieselben einen Nebensatz vertreten 3, 3, 7 ἄλλως τε καὶ πρὸς ἀόπλους

ἄ-λοβος 2 ohne Leberlappen, τὰ ἱερὰ ἄλοβα Opfertiere, deren Leber einen gewissen Lappen nicht hatte, was als eine ungünstige Vorbedeutung angesehen wurde 3, 4, 15; 4, 7, 7

ἀν-αλόω (Nebenform von ἀναλίσκω) ἀναλοῦν τὸν χρόνον 6, 2, 13

ἄλφιτον τό Pl. Gerstengraupen, grobes Mehl

ἅλωσις εως ἡ Eroberung, Einnahme

ἅμα Adv. zu gleicher Zeit, zugleich; ἅμα μέν — ἅμα δέ teils — teils, nicht nur — sondern auch; ἅμα μέν — ἅμα δέ — ἅμα δέ 5, 4, 62; m. Part. ἅμα ταῦτα λέγων ᾔει 3, 1, 20 zugleich mit diesen Worten; 7, 1, 28 (καὶ) ἅμα ταῦτ' ἔλεγε καὶ ἀπῄει eben hatte er dies gesagt, da ging er fort. 2) Präpos. m. Dat. ἅμα (τῇ) ἡμέρᾳ mit Tagesanbruch, ἅμα τῷ δύνασϑαι καὶ τὰ φρονήματα αὔξεσϑαι τῶν ἀνϑρώπων 5, 2, 18

ἅμαξα ἡ Wagen, Frachtwagen, 3, 3, 9

ἀμαξιαῖος 3 so grofs, dafs für die Fortschaffung ein Lastwagen nötig ist, 2, 4, 27 λίϑους

ἀμαξιτός ἡ (ὁδός) Fahrstrafse für Frachtwagen 2, 4, 10 ἀναφέρουσαν εἰς τὸν Πειραιᾶ

ἁμαρτάνω fehlen ἃ ἡμάρτανον 4, 3, 6; 1, 7, 19 εἰς ϑεούς; εἰς τὴν πατρίδα 2, 4, 21; εἴτε τι ἡμάρτανον 7, 5, 8; περὶ ϑανάτου ἀνϑρώπου ἡμαρτηκότες 1, 7, 27; verfehlen 2, 4, 16 τινός

ἀφ- fehlen, seine Absicht verfehlen 6, 1, 15

ἐξ- abirren, fehlen, Mifsgriffe begehen 1, 4, 15

ἁμάρτημα τό Fehler ἐγγεγένηται ἁμαρτήματα καὶ ἀφ' ἡμῶν 6, 3, 10 Mifsgriffe gemacht sind

ἁμαρτία ἡ Fehler 1, 7, 29

ἀ-μαχεί Adv. ohne Kampf 7, 5, 18

ἄ-μαχος 2 nicht kämpfend, ohne Kampf

ἀμβάτης (st. ἀναβ.) ου ὁ Reiter 5, 3, 1

ἀμείνων (unregelm. Komp. zu ἀγαϑός) besser, tüchtiger ἄμεινον πλεῖν (ναῦς) und ἄμεινον τὰ σώματα ἔχειν 6, 2, 27

ἀ-μελέω unbesorgt, unbekümmert sein,

vernachlässigen Gen. 4, 2, 18, persönl.
Pass. ἀμελουμένην τὴν φυλακὴν καταμαθών 7, 1, 41
κατ- absol. unachtsam sein, vernachlässigen μηδέν 6, 2, 39
ἀ-μελής ἐς, sorglos, ἀμελέστερον ἔχειν περὶ τὸ ναυτικόν fahrlässiger sein inbetreff — 5, 1, 20; οὐδενὶ γὰρ τούτων ἀμελές (ἐστιν) — gleichgültig (als Ersatz eines dem μέλει entsprechenden, nicht vorhandenen impersonale ἀμέλει) 6, 5, 41
ἀ-μέλεια ἡ Unachtsamkeit, δι᾽ ἀμέλειαν aus Ü. 1, 5, 16
ἄ-μεμπτος 2 tadellos, vortrefflich, reichlich; Adv. 3, 1, 13
ἀμηχανία ἡ Hülflosigkeit, Bedrängnis, ὑπὸ ἀμηχανίας 1, 4, 15 aus Not
ἀμιλλάομαι wetteifern, wetteifernd eilen 7, 2, 14
ἀνϑ- wetteifern, εἰς τὴν γῆν wetteifernd das Land zu erreichen suchen 6, 2, 28
ἄμ-ιππος 2 ἀ. πεζούς 7, 5, 24 die im Kampfe zwischen den Reitern aufgestellten Fufssoldaten, bald hinten aufsitzend, bald zum Fechten herabspringend
ἀμύνομαι sich verteidigen 3, 5, 4; 7, 5, 10
ἀμφί Präpos. m. Acc. örtlich — (auf beiden Seiten,) um, οἱ ἀμφί τινα Umgebung, Gefolge, Anhänger, Leute jds.; ἀμφὶ τοὺς πεντεκαίδεκα etwa 15
ἀμφί-αλος 2 (ἅλς) vom Meere umgeben; 4, 2, 18 τὴν ἀμφίαλον (χώραν) zwischen zwei Meeren gelegen [wahrscheinlich falsche Lesart statt ἐπὶ τὴν ἀμφίαλον (χώραν)]
ἀμφι-γνοέω unsicher, zweifelhaft erkennen, — sein; ἀμφιγνοηθείς unerkannt (ob Feind oder Freund) 6, 5, 26
ἀμφί-λογος 2 bestritten, zweifelhaft, εἰ δέ τι ἀμφίλογον πρὸς ἀλλήλους γίγνοιτο 5, 2, 10; τὰ ἀμφίλογα Streitigkeiten 5, 3, 10
ἀμφισβητήσιμος 2 streitig für jdn. τινί; 3, 5, 8 ἀ. χώρα
ἀμφότερος 3 (ἄμφω) beiderseitig, meist Pl. beide (sowohl von einzelnen Individuen, wie von 2 Parteien) mit Artikel; 4, 3, 15 Λοκροὶ ἀμφότεροι
ἀμφοτέρωϑεν Adv. von beiden Seiten 7, 4, 20
ἄμφω, Gen. u. Dat. ἀμφοῖν beide, m. Artikel

1) ἄν st. ἐάν
2) ἄν Modalpartikel, zur Bezeichnung einer durch die Umstände bedingten Möglichkeit, indem sie stets in nächster Verbindung mit einem Zeitwort den Zustand oder die Handlung desselben von gewissen (unter Umständen) eintretenden Bedingungen abhängig macht, s. Gramm.; Inf. Fut. mit ἄν im potentialen Sinne 3, 2, 12 (Saupe); ἄν beim Imperf. u. Aor. zur Bezeichnung der öfteren Wiederholung 6, 2, 28 u. 6, 4, 11
ἀναβολή ἡ Aufschub 1, 6, 7
ἀναγκάζω zwingen 4, 1, 34
ἀναγκαῖον zwingend, notwendig, ἀναγκαῖον εἶναι Inf. 4, 2, 1; τὸ ἀναγκαῖον Zwinger, Gefängnis (Dind. ἀνάκειον) 5, 4, 8; 2) durch die Natur dargeboten d. h. verwandt, blutsverwandt (necessarius)
ἀνάγκη ἡ physische und moralische Notwendigkeit, ἀνάγκη (mit und ohne) ἐστί es ist notwendig, ἀνάγκην ἔχειν Inf. 2, 3, 19 die Notwendigkeit mit sich bringen, dafs; ὑπ᾽ ἀνάγκης 5, 2, 9; ἐν ἀνάγκῃ γενέσθαι in die Notwendigkeit kommen 6, 4, 23
ἀναγωγή ἡ das Auslaufen in die hohe See 1, 6, 28
ἀνάϑημα τό Weihgeschenk 7, 3, 8
ἀν-αιδής ἐς schamlos 2, 3, 54
ἀν-αίρεσις εως ἡ Aufhebung, Sammlung und Bestattung der in der Schlacht Gefallenen, die Rettung (τῶν ναυαγῶν) 1, 7, 6, Zerstörung (von Städten) 6, 3, 5
ἀν-αιρέω s. unter αἱρέω
ἀν-αίτιος 2 unschuldig 1, 7, 24
ἀνάκειον s. ἀναγκαῖον 5, 4, 8 Gefängnis
ἀνα-λογισμός ὁ Erwägung 5, 1, 19
ἀν-αλόω s. pag. 7
ἀν-αμάρτητος 2 schuldlos, fehlerfrei ohne Irrtum 3, 3, 10
ἀν-αμφισβήτητος 2 unbestritten, Adv. -τως 4, 3, 19; 7, 2, 6
ἀνάντης ες bergaufgehend, πρὸς (τὸ) ἄναντες den Bergabhang hinauf 4, 6, 11; 4, 8, 38
ἀνα-ξυνόω s. unter ξ.
ἀν-άριστος 2 ohne Frühstück, nüchtern 4, 5, 8; 7, 5, 15
ἀναρχία ἡ Anarchie, 2, 3, 1 (das Nichtvorhandensein eines eponymen Archon), Zügellosigkeit; ἐγένετο trat ein

ἀνάστατος 2 (ἀνίστημι) (aus den Wohnsitzen verdrängt), entvölkert, verwüstet, ἀνάστατον ποιεῖν zerstören (Stadt) 6, 5, 35

ἀνα-στροφή ἡ Umkehr, Umwenden, ἀναστροφὴν δοῦναι Zeit zum U. geben 4, 3, 6

ἀνα-τειχισμός ὁ Wiederaufrichtung der Mauern 4, 8, 9

ἀνδραποδίζω als Sklaven verkaufen; Med. 5, 4, 64 zum S. machen ἐξ- zu Sklaven machen; ὑμᾶς Med. häufiger 6, 5, 46

ἀνδράποδον τό Sklave (bes. der kriegsgefangene —) ἐλάμβανον 3, 2, 2; ἡλίσκετο 3, 2, 26

ἀνδρεία ἡ Tapferkeit 2, 4, 40

ἀνδρεῖος 3 mannhaft, tapfer 4, 3, 19

ἀνδρικός 3 χορός Männerchor 6, 4, 16

ἀνδρο-μήκης 2 mannshoch 3, 2, 3

ἀν-έγκλητος 2 unbescholten, vorwurfsfrei 6, 1, 13

ἀνεκτός 3 erträglich, οὐκ ἀνεκτῶς ἔχειν τὰ ἐν Σικυῶνι unerträglich sein 7, 3, 1

ἄνεμος ὁ Wind, Sturm, ἀ. αὐτῷ ἐξαίσιος ἐπεγένετο 5, 4, 17

ἀν-επιστήμων 2 unkundig τῶν εἰς ναυμαχίαν 6, 2, 32

ἀν-επιτήδειος 2 ungünstig, ungeeignet 1, 6, 4, feindlich gesinnt 7, 4, 6

ἄνευ Präp. m. Gen. ohne, ὢν ἄνευ, ἄνευ τοῦ — θαυμάζειν 1, 6, 11; wider Willen 3, 4, 26 ἄνευ τῶν τελῶν u. 4, 8, 16

ἀνεψιός ὁ Geschwisterkind, Vetter 1, 2, 13

ἀν-ήκεστος 2 unheilbar 6, 3, 15

ἀνήρ ἀνδρός ὁ Mann, οἱ ἄνδρες die Bemannung; 1, 1, 23 τ᾽ἄνδρες — τοὶ ἄνδρες dor. für οἱ ἄ.; als ehrende Bezeichnung bes. in der Anrede: ὦ ἄνδρες Ἀθηναῖοι; ἄνδρα γέροντα; θυγατρὸς ἀνὴρ αὐτῆς ὤν Schwiegersohn 3, 1, 14

ἀνθ-οσμίας ου blumenduftig, wohlriechend (οἶνος) 6, 2, 6

ἀνθρώπινος 3 menschlich 7, 1, 2

ἄνθρωπος ὁ Mensch, Bewohner, Pl. Leute 1, 7, 8

ἀνιάω belästigen, in Betrübnis versetzen εἰς τὰ ἔσχατα 5, 4, 33; Pass. 5, 1, 15; ἠνιάθησαν unliebsam berührt werden 4, 20

ἄ-νομος 2 gesetzlos, verbrecherisch 7, 3, 6

ἀν-όσιος 2 unheilig, ruchlos 4, 4, 2 ἀνόσια ποιεῖν 5, 4, 1

ἀντ-άξιος 3 von gleichem Werte, aufwiegend Gen. 4, 1, 36

ἀπ-αντάω begegnen, entgegengehen, zusammentreffen τινί; εἰς Κύζικον 1, 8, 13; zu jdm. stofsen 4, 8, 3

ἀντί Präp. m. Gen. anstatt, für ἀντὶ τοῦ τοῖς πλείοσι πείθεσθαι 2, 8, 34

ἀντικρύ gegenüber, gerade entgegen; 6, 2, 22 ἐκ τοῦ κατ᾽ ἀντικρύ gerade von vorn

ἀντί-ληψις ἕως ἡ das Anfassen, Anspruchmachen 3, 5, 5 τῆς δεκάτης

ἀντι-λογία ἡ Gegenrede, Streit, Widerspruch 6, 3, 20

ἀντι-μέτωπος 2 mit entgegengekehrter Front; 4, 3, 19 von vorn ἀντιμέτωπος συνέρραξε τοῖς Θηβαίοις

ἀντίον Adv. gegenüber 1, 6, 26 Gen.

ἀντί-παλος 2 entgegenwirkend, feindlich 3, 5, 23, ὁ ἀ. Gegner, Widersacher; τὸ ἀ. Gegenpartei, feindliche Heer 7, 5, 24; 2, 3, 30

ἀντι-πέραν u. -πέρας Adv. jenseits, gegenüber, gerade gegenüber, ἐκ τοῦ ἀντιπέρας 3, 2, 14; 6, 2, 9; 7, 5, 21 καὶ ἀντιπέραν τῆς Τεγέας (Dind. κατ᾽ ἀντιπέρας)

ἀντι-πρόσωπος 2 mit zugekehrtem Gesicht; 6, 4, 22 gerade entgegengesetzt

ἀντί-φρουρος 2 mit entgegengekehrtem Vorderteil, — Vorderseite, Stirnseite, Front 7, 5, 23 τὸ στράτευμα ἀ. προσῆγε keilförmig mit schmaler Front u. grofser Tiefe

ἀντίρροπος 2. das Gleichgewicht haltend, Adv. ἀντιρρόπως πράττειν τοῖς πολεμίοις das Gleichgewicht halten 5, 1, 36

ἀντιστασιώτης ὁ einer von der Gegenpartei; 7, 1, 43 Gegner

ἀντί-τυπος 2 widerspenstig, widerwärtig 5, 3, 11

ἀν-υπόδητος 2 unbeschuht, ohne Schuhe

κατ-ανύω vollenden ὁδόν 5, 4, 49; scil. τὴν ὁδόν wohin gelangen εἰς τὸν Πειραιᾶ 5, 4, 20

ἄνω Adv. oben, ἐχώρουν ἄνω 2, 4, 11 oben hinauf steigen; διέδυσαν ἄνω in das Innere des Landes hinein 4, 4, 11, landeinwärts; im Binnenlande 4, 8, 17; τὴν ἄνω (ὁδόν) den Weg in die freie See (nach der Propontis) 4, 8, 35; δύναιτο ἀνωτάτω 4, 1, 41 ἄνωθεν Adv. von der Höhe her 6, 4, 22

ἀν-ωφελής ἐς nutzlos 1, 7, 27

ἀξι-έπαινος 2 lobenswert, preiswürdig

ἀξίνη ἡ Axt 3, 3, 7

ἀξιο-θέατος 2 sehenswert 4, 5, 6

ἀξιό-λογος 2 der Rede wert; Superl. von hervorragender Bedeutung 5, 1, 4

ἀξιο-μνημόνευτος 2 denkwürdig 4, 8. 1

ἀξιό-πιστος 2 glaubwürdig, zuverlässig 3, 3, 6

ἄξιος 3 würdig, angemessen λόγου der Erwähnung; ὀλίγου ἄξιος; θέας ἀ. sehenswert 6, 2, 34; πολλοῦ ἄξιος βασιλεῖ (δόξας) γεγενῆσθαι sich grofse Verdienste um jdn. erworben haben, 3. 1, 8

ἀξιό-σκεπτος 2 der Überlegung wert 6, 1, 13

ἀξιόω für würdig, angemessen, glaubwürdig, wünschenswert, billig halten 3, 5, 12, als billig fordern, beanspruchen, fordern 1, 3, 11 Inf. u. 3, 2, 30; ἠξίου αὐτὸν ξένους μισθοῦσθαι 5, 2, 38; τιμωρίας ἀξιωθῆναι 2, 3, 34 für würdig befunden werden

ἄ-οπλος 2 unbewaffnet 3, 3, 7

ἀ-παθής ἐς unversehrt, ohne Verlust 4, 2, 21

ἀπαντάω s. ἀντάω

ἀπ-αντικρύ Adv. gerade gegenüber, ἐπὶ τῷ ἀπαντικρὺ λόφῳ 6, 4, 4

ἅπαξ Adv. einmal, ἐπεὶ δ' ἅπαξ ἤρξαντο 7, 2, 9

ἀ-παρασκεύαστος 2 (ἀπαράσκενος Dind.) unvorbereitet, ungerüstet

ἅπας ἅπασα ἅπαν sämtlich, insgesamt, all; αἱ ἅπασαι im ganzen 6, 2, 14

ἐξ-απατάω täuschen; Pass. 3, 4, 5

ἀπάτη ἡ Betrug 6, 2, 31

ἀπ-ειλέω s. unter ε

ἄπειρος 2 unkundig, unerfahren, Gen. τοῦ παρασκευάζεσθαι 3, 4, 29; τοῦ ἔργου 7, 1, 7

ἀπέσσυα 1, 1, 23 = ἀπεσύη, dor. Form, wird als Aor. II Pass. von ἀποσεύομαι mit der Bedeutung — er ist fort, — tot — erklärt (Dind. ἀπεσσύα)

ἀ-πιστέω mistrauen, ungehorsam widersetzlich sein 5, 1, 29 τινί

ἀ-πιστία ἡ Mistrauen, δι' ἀπιστίαν 2, 4, 24 aus M.

ἀπλότης ητος ἡ Einfachheit, Offenherzigkeit, 6, 1, 18 Aufrichtigkeit

ἁπλῶς (Adv. von ἁπλοῦς) einfach ἀποκρίνωμαι 4, 1, 37; unbefangen 4, 4, 8

ἄ-πλους 2 zur Schiffahrt untauglic 5, 1, 21 τριήρης

ἀπό Präp.: bezeichnet ein Ausgeh eine Entfernung von etwas: m. Ge 1) vom Raume: von — her ἀπὸ s ἵππου; οἱ ἀπὸ τῶν πύργων 3, 1, 2 die auf den Türmen (wo die Prä ἀπό durch Attraktion von βάλλω ve anlafst ist) — 2) von der Zeit ἄ οὗ ex quo seitdem, ἀφ' οὗ ἔφυ — δεκάτῳ μηνὶ ἐγένετο 3, 3, 2; τὸ ἀ τούτου die nächstfolgende Zeit 4, 6, 1 ἀπὸ τούτου von da an; πέμπτῃ ἡμέ ἀφ' ἧς εἰσέβαλε 4, 6, 6 — 3) vo Mittel und Werkzeuge: ἀπὸ τῶν ἑαυτῶ aus eigenen Mitteln 1, 4, 13, βίος ἀ τῆς θαλάττης 7, 1, 4; ἀπὸ τετταρα ταλάντων für 4 Talente 4, 2, 7 — vom Ursprunge: οἱ ἀπὸ Δημαράτο Nachkommen des D.; εἷς ἀπὸ πόλε εἱ einer aus jeder Stadt 4, 2, 8; ἕνα ἀ φυλῆς einen aus jeder Phyle 2, 4, — 5) von der Veranlassung: ἀπὸ τ προσβολῆς infolge des Angriffs 2, 4, 3 ἀπὸ τῶν θεῶν δέδοται vonseiten de Götter 7, 1, 5; λόγοι ἐγίγνοντο ἀ τῶν συμμάχων ausgehend von — 5, 4, 6

ἀπόγονος ὁ Abkömmling 7, 1, 31

ἀπο-σημέω s. Buchstabe σ

ἀπο-δημία ἡ Abwesenheit (von de Heimat) 4, 1, 40

ἄπ-οικος ὁ Kolonist 2, 2, 3 (s. ἔποικος

ἀπό-κρισις εως ἡ Antwort 6, 1, 17

ἀπό-λειψις εως ἡ Abfall 4, 1, 23

ἄ-πολις ιδος heimatlos 6, 3, 1

ἀπολογέομαι s. λ

ἀπολογία ἡ Verteidigung ἀπολογία ἤρχετο ὧδέ πως

ἀπο-λυτικός 3 geneigt freizusprechen ἀπολυτικῶς αὐτοῦ εἶχον geneigt ih freizusprechen 5, 4, 25

ἀπό-μισθος 2 aufser Sold, ποιεῖ ἄμισθόν τινα den Sold entziehen 6 2, 16 (oder aus dem Dienst entlassen

ἄ-πονος 2 ohne Anstrengung, an keine A. gewöhnt 3, 4, 19

ἀπορέω in Verlegenheit —, unschlüssig sein ὅ,τι ποιοίη; ungewifs haben πότερα ἤ 5, 4, 16; Mangel haben τινός 6, 2, 16; Aor. in Verlegenheit kommen 7, 4, 37

ἀπορία ἡ Mangel, Armut δι' ἀπορίαν; ἐν ἀπορίᾳ εἶναι 2, 4, 29 ἐν πολλῇ ἀ. 6, 2, 8; πολλὴν ἀπορίαν ποιεῖν viel Not verursachen 4, 7, 3

ἀπορίομες dor. für ἀποροῦμεν ratlos sein 1, 1, 23

ἄπορος 2 mittellos, schwierig, un- möglich, Bettler, ἀπόρως ἔχειν in Verlegenheit sein, in schlimmer Lage 7, 4, 8; 2, 1, 2 ἀπόρως εἶχε τί χρῷτο τῷ πράγματι

ἀπόρροια ἡ Abfluſs 5, 2, 5

ἀποτείχισμα τό Verschanzung 1, 3, 7

ἀποτομή ἡ das Abhauen 2, 1, 32

ἀποτρόπαιος 2 (Unheil) abwendend (Götter) 3, 3, 4

ἀπόφθεγμα τό Ausspruch 2, 3, 56

ἀποχώρησις εως ἡ Rückzug; -σιν ποιεῖσθαι antreten 5, 4, 42

ἀ-πράγμων 2 Adv. -μόνως unthätig, friedlich; 6, 4, 27 Φωκίδα διῆλθεν ἀ.

ἄ-πρακτος 2 nichts ausrichtend, ἄπρακτοι ἦκον unverrichteter Sache

ἀ-πρόθυμος 2 Adv. -θύμως ungern 1, 6, 4

ἀ-προνόητος 2 unbedachtsam 5, 3, 7

ἀ-προσδόκητος 2 unerwartet 6, 4, 3; 3, 4, 12; Adv. 4, 7, 7 ἐμβαλών

ἀ-προφάσιστος 2 unweigerlich, be- reitwillig, Adv. -σίστως unbestreitbar; 7, 3, 8 ἀπροφασίστως τύραννος ἦν ohne Hehl seinerseits

ἅπτω (knüpfen), Med. berühren Gen., ἔργου unternehmen 1, 4, 12; τῶν ἀν- δρῶν angreifen, verfolgen 1, 4, 19; 5, 4, 43

καθ- Med. τινός angreifen, anklagen 1, 7, 4

συν- Akt. μάχην Kampf beginnen, handgemein werden 4, 2, 18 (vgl. conserere)

ὑφ- Akt. von unten anzünden 7, 2, 8

ἀ-πύλωτος 2 ohne Thor, unver- schlossen 5, 4, 20

ἄρα Adv. zur Bezeichnung einer un- mittelbaren, zeitlichen oder logischen Folge: also, demnach; εἰ ἄρα fragend — ob etwa; εἰ μὴ ἄρα nisi forte; 3, 4, 9 μὲν (— μήν) ἄρα mit Impf. also doch — zum Ausdruck der Enttäuschung mit dem Neben- gedanken: das hätte ich nicht er- wartet; 4, 2, 22 die That im natür- lichen Zusammenhange mit dem Vor- hergehenden bezeichnend

ἆρα Fragepartikel dem lat. -ne ent- sprechend 4, 3, 2; ἆρ᾽ οὐ — nicht wahr? nonne

προσ-αραρίσκω, -αραρέναι sich an- schmiegen 4, 7, 6 πρὸς τοῖς τείχεσιν

ἀργολίζω argeiisch gesinnt sein, es halten mit den A. 4, 8, 34

ἀργύριον τό Silber, Silbermünze, Geld, 3, 2, 27

ἀργυρο-λογέω Geld eintreiben, Kon- tribution eintr. 4, 8, 30

ἀργυρο-λογία ἡ Geldeintreibung; Brandschatzung; 1, 1, 8 ᾤχοντο ἐπ᾽ ἀργυρολογίαν

ἀργυροῦς 3 silbern 1, 5, 3; 7, 3, 8

ἀρέσκω gefallen, τοῦ ἀρέσκειν ἕνεκα τῇ πόλει 2, 3, 15; ἰσχυρῶς ἤρεσκον (τινί) 4, 8, 15; Aor. sich beliebt machen 1, 1, 26

συν-αρέσκει μοι imperson. es ist auch meine Meinung, bin damit einver- standen; 2, 3, 42 -ήρεσκε

ἀρεστός 8 (ἀρέσκω) angenehm, be- liebt; ἀρεστὰ ποιεῖν 6, 3, 13

ἀρετή ἡ Tüchtigkeit, Tapferkeit; πο- λεμικὴ ἀ.

ἀριθμέω zählen Aor. 3, 3, 5; ἔφοροι οἱ ἀριθμούμενοι, E., deren Namen zur Bezeichnung der Jahre dienten

ἀριθμός ὁ Zahl, ἀριθμῷ ἐλάττους

ἀριστάω frühstücken; 6, 2, 28 Aor.

ἀριστεῖον τό Siegespreis (Tapferkeits- medaille)

ἀριστερός 3 links, ἐν ἀριστερᾷ Σά- μου zur Linken 1, 6, 2

ἀριστο-κρατία ἡ Regierung der Edel- sten, aristokr. Verfassung ἐχρῶντο 5, 2, 7

ἀριστοκρατοῦμαι eine aristokratische Verfassung haben 6, 4, 18

ἄριστον τό, Frühstück. περὶ ἀρίστου ὥραν; ἀ. καὶ δεῖπνον ποιεῖσθαι 6, 1, 15

ἀριστο-ποιέομαι Frühstück bereiten und einnehmen; τὰ ἀριστοποιούμενα (passivisch) das Frühmahl 4, 5, 1

ἄριστος (Superlativ zu ἀγαθός) (vom Range) beste, trefflichste; οἱ ἄριστοι optimates, συμβουλεύω ἄριστα 1, 6, 5; ἄριστα σωμάτων ἔχειν 3, 4, 16 die gröfste körperliche Gewandtheit zeigen

ἀρκέω impers. genügen οὐ μόνον ταῦτ᾽ ἤρκει dies war noch nicht genug 3, 2, 21; ἐμοὶ ἀρκεῖ μένειν ich bin zufrieden; πόλεις (ἀρκεῖν σφίσιν) αὐτο- νόμους εἶναι 4, 8, 14; hinreichen ἑπτὰ ἤρκεσαν καταλῦσαι 5, 4, 1; persönlich: τινί schützen, helfen

δι- ausreichen, ausdauern, aushalten; 5, 3, 21 διπλάσιον χρόνον πολιορκού- μενοι διήρκεσαν

ἅρμα τό Wagen, bes. zweirädriger Kriegs- und Streitwagen; Gespann

ἁρμάμαξα ἡ (ein bedeckter Pracht- und Reise)wagen 3, 1, 13; 6, 5, 9

ἁρμοστήρ ῆϛος (ion. Form für ἁρ- μοστής) nur 4, 8, 39
ἁρμοστής οὗ ὁ Statthalter, Vogt der Spartaner (Vertrauensmänner der Re- gierung und Befehlshaber der Be- satzungen in den eroberten und ver- bündeten Staaten, mit Militär- und Civilgewalt); Νικόφημον Ἀθηναῖον ἁρμοστὴν κατέλιπε 4, 8, 8, s. auch 7, 1, 43; 7, 3, 4; ἁ. καθιστάναι 3, 5, 12; ἁ. κατὰ γῆν Führer des Landheeres 2, 4, 28
ἁρμόττω passen τοῖς ποσίν 2, 3, 31
ἀρνέομαι leugnen μὴ Inf. 7, 3, 7
ἁρπαγή ἡ Raub, das Plündern ἐσκαρ- μένοι εἰς ἁρπαγήν 3, 4, 22; εἰς ἁρ- παγὴν ἐτράποντο 3, 4, 24; 6, 5, 30
ἁρπάζω plündern 4, 3, 22 σῖτον, rau- ben, berauben τοὺς φίλους 3, 1, 8
ἀφ- erfassen, entreißen 5, 4, 17
δι- rauben, plündern βοσκήματα 5, 4, 21, ausplündern πόλιν 2, 1, 19
συν- ergreifen, fortschleppen
ἄρρητος 2 zu sagen verboten, geheim (heilig) ἱερά Mysterien 6, 3, 6
ἀρρωστέω krank sein 2, 1, 9; 7, 5, 58
ἀρτάω aufhängen; τῶν ἐξ ὑμῶν ἠρ- τημένων πόλεων 6, 1, 8 abhängig sein; ἐκ τῆς θαλάττης ἅπασα ὑμῖν ἤρτηται σωτηρία 7, 1, 6
ἄρτι Adv. eben, jüngst 3, 2, 24; 5, 1, 9; ἡλικίαν τὴν ἄρτι ἐκ παίδων ἔχων in dem unmittelbar auf die Knabenzeit folgenden Alter stehend 5, 4, 25
ἀρτο-κόπος ὁ Brotbäcker 7, 1, 38
ἀρχαῖος 3 ursprünglich, altehrwürdig, ehemalig, ἀρχαίους, φίλους 6, 3, 1; κατὰ τοὺς ἀρχαίους νόμους 7, 1, 44, τὸ ἀρχαῖον ehemals, früher; τὸ ἀρχαῖον νόμιμον altes Herkommen
ἀρχεῖον τό Rathaus, Regierungsge- bäude 5, 4, 58
ἀρχή ἡ Anfang ἐξ ἀρχῆς ursprünglich 4, 8, 5; von Anfang an 4, 5, 2; ἐδεί- πνησαν ἐξ ἀρχῆς fingen erst jetzt an zu essen 4, 5, 4; Staatsamt, Amt, Be- hörde καθιστάναι u. καταστήσασθαι; ἀρχὰς ἀποδειχθῆναι 2, 3, 38; βιαίαν ἀρχὴν κατασκευάζεσθαι Gewaltherr- schaft einrichten 3, 19; Machtgebiet μηδὲν τῆς σῆς ἀρχῆς 3, 4, 5; Macht 3, 5, 12; Provinz 4, 8, 8; Statthalter- schaft 4, 1, 87
ἀρχ-ηγέτης ου ὁ Urheber, Stamm- vater 7, 3, 12
ἀρχ-ηγός ὁ Hauptanstifter, Führer τοῦ πράγματος 3, 3, 4

ἄρχω der erste sein (in Bezug a Rang, Ort, Zeit), Anführer sein, A verwalten, herrschen, Feldherr bleib 1, 1, 28, befehligen m. Gen. ξενικ 6, 5, 11; ὁπλιτῶν 1, 2, 16; ἄρξων u die Herrschaft zu übernehmen; a fangen, der Anfang sein ἐκείνην τ ἡμέραν ἄρχειν τῇ Ἑλλάδι τῆς ἐλε θερίας 2, 2, 23; ἄρξας τῆς φιλίας 3, 28 vorangehen in —; οἱ ἄρξαντ ἀδικεῖν zuerst 6, 5, 37; persönl. Pas ἀρχόμενος beherrscht 2, 3, 19; Me anfangen ἀρχομένου χειμῶνος 1, 1, ἤρξατο τοῦ περίπλου 6, 2, 27; τ πολέμου, Ggstz καταλύεσθαι 6, 3, ἤρχετο ὡδέ πως τῆς ἀπολογίας 7, 3, ἤρξατο τοῦ λόγου 4, 1, 5 er bega seine Rede (im Gegensatz zur Fort setzung derselben) dagegen ἄρξει τ πολέμου 3, 5, 3 u. ἦρξε τοῦ λόγου machte den Anfang der Beratung, d der noch andere sich beteiligen solle er eröffnete die Diskussion; 4, 1, statt (ἤρξατο) τοῦ λόγου wird d Aktiv erwartet (Sauppe liest ἦρξ Keller ἤρξατο); 2, 1, 32 ἀρξάμεν παρανομεῖν es unternehmen [Wahren ἄρχειν mit d. Inf. bedeutet — als de erste im Gegensatz zu anderen etwa thun, ist ἄρχεσθαι m. d. Inf. — etwa zu thun unternehmen, sich anschicken, so dafs also beim Aktiv (οἱ ἄρξαντες ἀδικεῖν 6, 5, 37) der Gegensatz de handelnden Person zu anderen, beim Medium ein Gegensatz der begon- nenen Handlung zu einer andern Handlung gedacht ist. Beim Particip. ist das Anfangsstadium der Hand- lung betont.] Med. 2, 3, 38 u. 3, 4, 8; ἀρχ 5, 2, 6; ἀρξαμένους ἀπὸ Ἀγησι- λάου sich anschicken u. zwar A. zu- erst 7, 1, 32
ἐξ- Akt. beginnen, παιᾶνα anstim- men 2, 4, 17
ὑπ- Akt. Anfang machen, (vorhanden sein, zu Gebote stehen), imperson. ὑπάρχει μοι Inf. es ist mir gestattet, vergönnt 1, 4, 16; zum Dienste be- reit sein jdm. τινί 7, 5, 5
ἄρχων οντος ὁ Anführer τῶν πελτα- στῶν 2) Archont in Athen, Mitglied der höchsten Regierungsbehörde
ἀ-σέβεια ἡ Gottlosigkeit, Frevel 4, 4, 3
ἀ-σεβέω gottlos sein, freveln εἴς τινα 1, 4, 14
ἀ-σεβής ἐς gottlos, frevelhaft περὶ θεούς 2, 3, 53

σθένεια ἡ Schwäche, Kränklichkeit
ἐκ τῆς ἀσθενείας infolge d. K. 6, 4, 18
σθενέω schwach, krank sein 6, 2, 26
σθενής ἐς schwach
-σιτος 2 ohne gegessen zu haben,
nüchtern 5, 1, 14
σκέω üben τὸ στράτευμα 3, 4, 16;
τὰ πολεμικά 3, 4, 18 kriegerische
Übungen treiben
σκησις εως ἡ Übung, Handwerk der
Athleten 6, 3, 16; ἄσκησιν ποιοῦνται
πρὸς τὸν κατὰ γῆν πόλεμον sich üben
für — 7, 1, 8; ἄσκησιν καταλύειν 6,
3, 16 aufgeben
σμενος 3 freudig, gern 3, 5, 5
σπάζομαι freundlich begrüfsen,
freundschaftlich behandeln 3, 1, 14,
jdm. Liebe schenken 3, 1, 14, (zärtlich)
Abschied nehmen 4, 1, 5
υν-ασπιδόω Schildgenosse sein, bei-
stehen einander 3, 5, 11; ἀθρόοι συν-
ασπιδοῦντες Schild an Schild ge-
drängt stehen 7, 4, 23
σπίς ίδος ἡ der Schild, ἐπὶ πεντή-
κοντα ἀσπίδων 50 Mann tief 6, 4, 12;
θέσθαι ἀσπίδα Schild niedersetzen,
halt machen 2, 4, 12; συμβάλλω 4,
3, 19; ἐστάθη τὴν ἀσπίδα ἔχων 3, 1, 9
wurde verurteilt mit dem Schilde zu
stehen (Strafe für einen Offizier, dessen
Schild aufser der Schlacht sein Schild-
träger trug); μετ' ἀσπίδων mit Schil-
den — zu Fuſs 2, 3, 48
:στραπή ἡ Blitz, φανῆναι 7, 1, 31
ίστυ εος (Dind. εως) τό Stadt. Bei
den Athenern meist = Hauptstadt;
4, 5, 3 Hauptstadt (Korinth); 3, 5, 9
τῶν ἐν ἄστει = die Oligarchen in
Athen im Gegensatz zu den Demo-
kraten im Peirãeus unter Thrasybul
ἰστυ-γείτων ονος ὁ Grenznachbar 1, 3, 2
ἱ-σύμφορος 2 Adv. -φόρως unnütz,
zwecklos, ἀσυμφόρως ἔχειν 6, 3, 1
ἱ-σύντακτος 2 ungeordnet 7, 1, 16
ἰσφάλεια ἡ Sicherheit, διδόναι si-
cheres Geleit 2, 2, 2; 5, 4, 11 freien
Abzug
ἰσφαλής ἐς sicher, ἀσφαλὲς εἶναι es
sei Sicherheit vorhanden; τὰ ἀσφα-
λέστατα αἱρεῖσθαι das Sicherste wäh-
len 4, 3, 19; ἐν ἀσφαλεῖ (ἀσφαλεστέρῳ)
ὄντες in gesicherter Stellung 7, 4, 21;
ἐν τῷ ἀσφαλεῖ καταστῆναι 2, 3, 28 sich
sicher stellen
ἱ-σχολία ἡ negotium Beschäftigung,
Behinderung, ἀσχολίαν ἔχει τὸ μὴ πράτ-
τειν behindert sein zu thun 6, 1, 16

ἄ-τακτος 2 Adv. -κτως ungeordnet,
ohne Ordnung 4, 8, 18 (Ggstz. συντε-
ταγμένος 4, 8, 19)
ἀ-ταξία ἡ Zuchtlosigkeit, Insubordi-
nation 3, 1, 9
ἀτάρ (αὐτάρ) Adv. zu Anfang des
Satzes = aber, jedoch, hingegen,
auch steigernd — aber vollends 5,
3, 7; 5, 4, 17
ἄ-ταφος 2 unbegraben, γενέσθαι 6,
5, 46
ἄτε m. dem Particip giebt den that-
sächlichen Grund an 3, 4, 7; 4, 8, 18;
— da ja, weil ja
ἀ-τείχιστος 2 unbefestigt, 3, 2, 27;
6, 5, 28
ἀ-τέλεια ἡ Freiheit von Staatslasten
und Abgaben 1, 2, 10
ἀ-τελής ἐς unvollendet, ἀτελὲς ποιεῖν
4, 8, 9 zunichte machen, vereiteln;
εἰρήνη ἀτελὴς ἐγένετο 4, 8, 15 wurde
vereitelt; lastenfrei (besonders von
Kopfsteuer frei) 1, 2, 10
ἀ-τιμάζω mifsachten, beschimpfen 4,
1, 27
ἀ-τιμία ἡ Entehrung, Zurücksetzung,
Entziehung bürgerlicher Ehrenrechte
ἄ-τιμος 2 entehrt, der Rechte eines
freien Bürgers verlustig
ἀ-τολμία ἡ Mutlosigkeit 5, 3, 22
ἄ-τοπος 2 unstatthaft, ungereimt 2,
3, 19
ἀττικίζω zur athen. Partei gehören
ἀ-τυχέω im Unglück sein, unteilhaftig
sein οὐδενός 3, 1, 22
αὖ Adv. zur Bezeichnung der Wieder-
holung einer Handlung: wieder,
wiederum, ebenfalls 6, 5, 24; 3,
5, 21 πάλιν αὖ, wo αὖ zur Verstärkung
des πάλιν dient 5, 1, 5; dagegen in
αὖ πάλιν weist αὖ auf das Subjekt
zurück, während πάλιν die Wieder-
holung (der Handlung) betont 7, 4,
22, 5, 1, 5. 2) bei Entgegnung und
Gegenüberstellung: hinwiederum,
dagegen, andererseits, ἃ δ' αὖ
εἶπεν 2, 3, 45 = was ferner das an-
betrifft, daſs
αὐθ-αίρετος 2 selbstgewählt, frei-
willig, ἀ. θανάτῳ ἀποθνήσκω 6, 2, 36
αὖθις Adv. wiederum, abermals, ein
andermal; καὶ αὖθις wieder und wieder
4, 5, 16, ἀ. ποτε irgend einmal wieder
6, 3, 15; αὖθις δέ (Übergang zu einem
neuen Punkte bezeichnend) ein ander-
mal
αὐλέω auf der Flöte blasen 4, 8, 21

αὐλητής οῦ ὁ Flötenspieler 4, 3, 21
αὐλητρίς ίδος ἡ Flötenspielerin; ὑπ'
αὐλητρίδων unter Flötenschall 2, 2, 23
αὐλίζομαι im Freien lagern, über-
nachten, biwakieren 1, 6, 35
αὖλιον τό eingeschlossener Ort, Hürde
3, 2, 4
αὐξάνω fördern, grofs machen ηὔξή-
σατε ἐκείνους 7, 1, 24; Pass. zuneh-
men, emporkommen 6, 2, 1
αὔξω wachsen machen 1, 4, 13 τὸ
κοινὸν αὔξοντος, vermehren, fördern
3, 4, 9; Pass. 5, 2, 18 τὰ φρονήματα
αὔξεσθαι zunehmen
αὔρα ἡ Luftzug, Wind, φέρει (τὰς
ναῦς) günstig sein (auf der See) 6, 2, 29
αὐτίκα Adv. sogleich, alsbald; durch
μάλα verstärkt 5, 1, 18
αὐτο-γνωμονέω nach eigener Will-
kür handeln 7, 3, 6
αὐτόθεν Adv. von selbiger Stelle aus
2, 2, 13, an Ort und Stelle 4, 1, 16,
von hier, von dort 2, 4, 12; 7, 5, 8
gleich damals; 3, 4, 20 sogleich, schon
jetzt
αὐτόθι Adv. daselbst, dort 3, 3, 8;
5, 1, 11
αὐτο-κράτωρ ορος ὁ unumschränkt,
mit u. Vollmacht περὶ τῆς εἰρήνης
2, 2, 19
αὐτό-μα-τος 2 (μίμαα) aus eigenem
Antriebe, ἀπὸ τοῦ αὐτομάτου von
selbst 1, 7, 32
αὐτο-μολέω überlaufen 6, 2, 15
αὐτο-νομία ἡ Selbständigkeit 6, 3, 7
αὐτό-νομος 2 selbständig, unabhängig
ἀπό τινος 7, 1, 36; ἀφιέναι τὰς πόλεις
αὐτονόμους anerkennen als s. 6, 4, 8;
ἐὰν αὐτονόμους τὰς πόλεις 3, 2, 20;
6, 3, 18
αὐτο-πολίτης ου ὁ Bürger eines selb-
ständigen Staates 5, 2, 14
αὐτ-όπτης ου ὁ Augenzeuge 6, 2, 31
αὐτός ή ὁ 1) selbst, καὶ αὐτός eben-
falls 1, 1, 18; πρὸς αὐτὰ τὰ τείχη
gerade, unmittelbar 1, 1, 33; αὐτοῖς
ἀνδράσι 6, 2, 36 samt der Mannschaft;
δέκατος αὐτός mit 9 anderen 2, 2, 17;
von selbst, aus eigenem Antriebe 1,
2, 17 αὐτοί (αὐτοῖς); 2, 4, 9 ταὐτὰ ἡμῖν
(θαρρῆτε) dasselbe, wie wir
αὐτοσχεδιάζω etwas auf eigene Faust
thun 5, 2, 32, leichtsinnig handeln

αὐτοῦ Adv. daselbst, dort, hier, an
Ort und Stelle
αὐτό-χειρ ρος eigenhändig vollbrin-
gend; Subst. Mörder 7, 3, 7
αὐτο-χειρία ἡ Mord mit eigener Hand
αὐτοχειρίᾳ was die Ausführung des
Mordes mit eigener Hand betrifft 6
4, 35
αὐτό-χθων 2 im Lande geboren, Subst.
Ureinwohner 7, 1, 23
αὔτως Adv. ebenso, ὡς δ' αὔτως ebenso
auch, gerade so 2, 2, 9
ἀφανής ές unsichtbar 2, 3, 20 ver-
borgen, verschwunden
ἀφανίζω unsichtbar machen, vernich-
ten, verbergen, ὅτι 3, 3, 9; Pass. ver-
schwinden ἠφανίσθη (in den Wellen)
1, 6, 33, zugrunde gehen 4, 4, 6 ἀφα-
νιζομένην τὴν πόλιν
ἀφθονία ἡ Überflufs; ἡ ἀπὸ τῶν πο-
λεμίων ά. der den Feinden abgenom-
mene Reichtum 5, 1, 17
ἄφθονος 2 (neidlos) reichlich, im
Überflufs 1, 1, 14; 5, 1, 15
ἄφ-ιππος 2 für Reiterei nicht ge-
eignet 3, 4, 12 Καρία
ἄφ-οδος ἡ Abzug σπεύδειν 6, 5, 20
ἀ-φόρητος 2 unerträglich ὀδύνῶν 5,
4, 58; 6, 4, 14
ἀφ-ορμή ἡ Ausgangspunkt, Stütz-
punkt, Geldmittel, Geldquelle 4, 8,
32 u. 33 εἰς ξένους χιλίους
ἀφροσύνη ἡ Unverstand 6, 5, 52
ἄφρων ονος 2 Adv. ἀφρόνως unbe-
sonnen 5, 1, 19
ἀ-φύλακτος 2 unbewacht, unbesetzt,
6, 5, 51 πάροδον ά. παραλείπειν; Adv.
ἀφυλάκτως ohne Vorsichtsmafsregeln
4, 4, 15
ἀ-χάριστος 2 undankbar 5, 2, 37
ἀχθεινός 3 Adv. ἀχθεινῶς mit Wi-
derwillen ἑώρα 4, 8, 27
ἄχθομαι Pass. ärgerlich, unwillig sein
τῇ ἀναβολῇ 1, 6, 7; ἐπὶ τῷ φρονήματι
7, 1, 32, οὐδὲν ἤχθοντο nahmen durch-
aus nicht Anstofs daran; ἦν δὲ οὐ
τῷ Ἀγησιλάῳ ἀχθομένῳ ταῦτα es war
nicht unerwünscht 5, 3, 13
ἀχρεῖος 2 u. 3 unbrauchbar 7, 2, 18
ἄχρι Präp. m. Gen.; Konj. ἄχρι οὗ
ἐγράφετο bis zu der Zeit, wo ge-
schrieben wurde 6, 4, 37

B

ἄδην Adv. Schritt für Schritt, langsam στρέψαντες 4, 3, 5
ἄ̅θος τό Tiefe (der Aufstellung) 3, 4, 13
ἄθύς εἶα ύ tief; vom Getreide: hoch 3, 2, 17
να-βαίνω hinaufsteigen, -ziehen, -reisen, ἐπὶ τὸν ἵππον 4, 1, 39; ἐπὶ τὴν τριήρη 3, 4, 4; auftreten (Rednerbühne); landeinwärts 6, 4, 4
ἀπο- herabsteigen, aussteigen, landen 6, 2, 6; εἰς τὴν γῆν 1, 1, 18; εἰς τὴν Αἴγιναν 5, 1, 10; ἀποβαινόντων (ἐν Πειραιεῖ) landen 1, 3, 22; ἀποβὰς εἰς Ἔφεσον 4, 8, 3; ἄλλοσε ἀποβαίνων τῆς παραθαλαττίας 4, 8, 7; ablaufen πῇ τὸ μέλλον ἀποβήσοιτο 6, 4, 20; ὅ,τι ἂν ἀποβαίνῃ ἐκ τοῦ πολέμου 6, 1, 13 Erfolg sein; τὰ ἐναντία ἀπέβαινε das Gegenteil geschah 3, 4, 8
δια- übersetzen τὸν Ἑλλήσποντον 3, 2, 9; 1, 2, 13 ἡ στρατιὰ διέβη εἰς Λάμψακον; τὸν ποταμόν 3, 4, 22; hinüberziehen
εἰσ- einsteigen εἰς τὰς ναῦς 6, 2, 34; 2, 1, 5
ἐκ- aussteigen, abgehen, abweichen; ὅθεν 6, 1, 19 ausgehen (in der Erzählung) u. 6, 5, 1 = digredior
ἐμ- einsteigen εἰς τὰς ναῦς 5, 4, 61; 5, 2, 21
ἐπ-ανα- nach hinaufsteigen
ἐκ-εισ- hinein und zu etwas geben, τῷ ἵππῳ hineinreiten 1, 1, 6
ἐπι- hinaufsteigen ἐπὶ τὸ πλοῖον 3, 4, 1, τῆς Λακωνικῆς betreten 7, 4, 6; 2, 3, 44
ἐπι-δια- nach einem andern übersetzen (τινί) 5, 3, 4 oder = ἐπιτιθέμενος διαβαίνω
κατα- herabsteigen, -ziehen (aus dem Binnenlande 3, 4, 11), zurückkehren ἐκ τοῦ χωρίον 4, 4, 5
παρα- übertreten οὐδέν 2, 4, 41
προ- vorschreiten, δύναμις sich weiter ausdehnen 6, 1, 14, χρόνος verstreichen 7, 5, 9
προ-δια- vorher übersetzen 7, 2, 3
προσ- hinzugehen, hinaufsteigen, εἰς τὴν Λάκαιναν 7, 1, 29
συμ- zusammentreten, sich vereinigen, übereinkommen; συνέβη τινί und Inf. vereinbaren mit jdm. 6, 2, 36;

geschehen, sich ereignen, sich fügen συνέβη τέμενος εἶναι 7, 1, 31; συνέβαινεν αὐτῷ κατὰ τὰς πύλας ἰέναι 5, 2, 40; συνέβαινε τοῖς πρώτοις... ποιεῖν war vergönnt 6, 2, 28; 1, 6, 11 ἀντὶ τῶν συμβάντων ἡμῖν ἀγαθῶν zuteil werden; 6, 4, 12 τοῦτο συμβαίνειν αὑτοῖς οὐ πλέον das ergab nicht mehr als (= γίγνεσθαι)
ὑπερ- übersteigen 7, 1, 42; 5, 4, 49
ὑπο-κατα- allmählich herabsteigen 4, 6, 8
βακτηρία ἡ Stab, Stock 6, 2, 19 (wie ihn auch der Feldherr trug, wenn er nicht in Waffen war)
βαλαν-άγρα ἡ Haken, Schlüssel 5, 2, 29 (zum Herausholen des Riegelzapfens)
βάλλω werfen, schiefsen 2, 4, 15; Pass. Fut. beschossen werden 7, 5, 11
ἀνα- hinaufwerfen αὐτοὺς ῥήσαντες καὶ λαβόντες) ἀναβαλόντες ἐπὶ τὴν ἁρμάμαξαν 6, 5, 9; Med. aufschieben εἰς ἑτέραν ἐκκλησίαν 1, 7, 7; 1, 6, 10 ἀνεβάλλετό μοι διαλεχθῆναι; 6, 1, 17 ἀνεβάλοντο τὴν ἀπόκρισιν
ἀντ-εμ- dagegen einen Einfall machen 3, 5, 4 εἰς τὴν Φωκίδα
ἀπο- verlieren 6, 3, 17; ὑπό τινος durch jdn. 2, 4, 3
δια- verleumden 2, 3, 23 πρὸς τοὺς βουλευτὰς ὡς λυμαινόμενον τὴν πολιτείαν; εἰς τὰς πόλεις 3, 5, 2 vgl. 2, 1, 2; ὡς Ind. verleumderisch behaupten 6, 3, 12; Pass. 3, 1, 9 διαβληθεὶς ὑπὸ Φαρναβάζου
εἰσ- einfallen 4, 6, 6
ἐκ- vertreiben, ausstofsen 6, 1, 6
ἐμ- hineinwerfen, einströmen 7, 4, 29 (von Flüssen); einfallen εἰς τὴν Λυδίαν 1, 2, 4; εἰς τοὺς Μυσοὺς 3, 1, 13; πολλαχόσε τῆς Ἀρκαδίας 4, 4, 16; 1, 6, 33 anprallen ἐμβαλούσης τῆς νεώς; ἀπροσδοκήτως αὐτοῖς ἐμβαλών 4, 8, 7 überfallen; ἐμβαλὼν ἀπροσδοκήτοις (πόλεσι) 3, 4, 12; angreifen αὐτοῖς u. absol. 3, 4, 23; ταῖς ναυσί 5, 1, 27; κατὰ τοὺς Λάκωνας 5, 2, 41 angreifen, wo die L. standen; ἐμβάλλειν (ταῖς κώπαις) rudern 5, 1, 13; ῥώμην πρὸς τὸ μάχεσθαι 3, 4, 19 einflöfsen
ἐπ-εμ- dazu einströmen ποταμοί 4, 2, 11
ἐπι- auferlegen ἐπιβολήν 1, 7, 2 s. dieses

κατα- herabwerfen, zerstören τεῖχος 6, 4, 27; niederstrecken 2, 4, 6 ἔστι μὲν οὕς αὐτῶν;
μετα- verändern μεταβαλὼν ἔλεγε sagte das Gegenteil 4, 3, 14; Med. s. Überzeugung wechseln
παρα- daneben werfen, vorhängen, vorziehen 2, 1, 22; 1, 6, 19
περι- herumwerfen; Med. herum aufführen 7, 4, 22; umzingeln, in Besitz nehmen, sich bemächtigen 4, 8, 18
προ- προύβλήθησαν 1, 7, 35 vor das Volksgericht gezogen, in vorläufigen Anklagezustand versetzt werden s. προβολή
προσ- hinzubringen, noch dazu verschaffen τοῖς πολεμίοις ἰσχύν 6, 2, 9; intrans. Angriff machen, bestürmen πρὸς τὴν ἀκρόπολιν 5, 4, 10; πρὸς τὸ τεῖχος 3, 5, 18; τῷ τείχει 1, 2, 2; πόλει 2, 1, 15; πρὸς τὸ χωρίον 2, 4, 2; absol. 7, 5, 24
συμ- Akt. zusammenstoßen 4, 3, 19 (ἀσπίδας), absol. handgemein werden 6, 4, 13; τινί 7, 4, 30; Med. χρήματα εἰς τὸ ναυτικὸν 6, 2, 1 zusammenbringen; 3, 5, 18 τὰ μέγιστ' αὐτοῖς συμβαλόμενος εἰς τὸ κρατῆσαι mit beitragen, ebenso 7, 1, 35
συν-εισ- εἰς τὴν Ἀρκαδίαν μετὰ τῶν Λακεδ. 6, 5, 22 mit jdm. zusammen einfallen
συν-εκ- herausschlagen, vertreiben helfen τοὺς Ἕλληνας 3, 2, 13
συν-εμ- gleichzeitig mit angreifen 7, 4, 22
ὑπερ- überschreiten τὰ ὄρη 4, 3, 9; absol. εἰς Κόρινθον überschreiten, einbrechen; 7, 3, 6 übertreffen τινά; überbieten ἐπὶ τὸ πλέον 4, 7, 6; ὑπερέβαλε τὸν χρόνον 5, 3, 21 über die Zeit hinausgehen, sich längere Zeit aufhalten; Med. aufschieben 1, 4, 14
βάραθρον τό Schlund, Abgrund (1, 7, 20 eine im Westen Athens gelegene Felsschlucht, in welche früher die zum Tode verurteilten Verbrecher gestürzt wurden)
βαρβαρίζω persisch gesinnt sein 5, 2, 35
βαρβαρικός 3 ungriechisch, barbarisch 3, 2, 19; 5, 4, 1
βάρβαρος 2 nichtgriechisch, ausländisch; Subst. der Nichtgrieche 3, 1, 18
βαρύς εῖα ὁ lästig, beschwerlich, verderblich, βαρέως φέρειν τῇ ἀτιμίᾳ

sich gekränkt fühlen 3, 4, 9; 4, 1, 23 οὐδὲν βαρύτερον ἐγένετο αὐτῷ kein härterer Schlag traf ihn u. 4, 8, 9
βασιλεία ἡ Königtum 3, 3, 1
βασίλειος 3 königlich, τὰ β. Palast 4, 1, 15
βασιλεύς ἕως (Perser)könig 1, 5, 5
βασιλεύω König sein, herrschen 4, 1, 4 χώρας
βασιλικός 3 königlich 5, 3, 19
βέβαιος 3 fest, zuverlässig 4, 8, 4
βέλος τό Geschoß, ἠφίεσαν 4, 6, 11
βέλτιστος 3 (Superl. zu ἀγαθός) beste, trefflichste, gut gesinnt, οἱ β. die Aristokraten, Patrioten. παρὰ τὸ βέλτιστον wider bestes Wissen u. Gewissen 7, 3, 9
βελτίων 2 (Komparat. zu ἀγαθός) besser, τῶν βελτιόνων der Aristokraten 2, 3, 82
βία ἡ Gewalt βία τῶν πολιτῶν gegen den Willen der B. 3, 1, 21; βίᾳ mit Gewalt ἀφελέσθαι 3, 2, 31; βίᾳ τὰς πόλεις προσελάμβανε 4, 1, 1 (Gegensatz ἑκούσας); βίᾳ τὰς πόλεις κατέχειν 6, 3, 8
βίαιος 3 gewaltsam, βιαία ἀρχή Gewaltherrschaft, βίαια ποιεῖν Gewaltthätigkeiten verüben, Unheil anrichten 5, 4, 17
βιάζω zwingen, Med. gewaltthätig verfahren, mit Gewalt durchsetzen ταῦτα 5, 3, 12; Acc. c. Inf. 5, 2, 34; μὴ Inf. 5, 3, 12; Pass. es wird jdm. Gewalt angethan παρθένοι 6, 4, 7
ἀνα-βιβάζω hinaufführen, τὰς τριήρεις πρὸς τὴν γῆν 1, 1, 2 ans Land ziehen, ans Land laufen lassen; Med. Aor. zu Schiffe bringen 3, 4, 10
ἀντ-ανα- seinerseits auch emporsteigen lassen εἰς τὰ μνημεῖα 3, 2, 15
ἀπο- vom Schiffe ans Land setzen 6, 2, 2 αὐτοὺς εἰς τὴν χώραν αὐτῶν; 1, 2, 7 τοὺς ὁπλίτας πρὸς τὸν Κορησόν; εἰς Γαύρειον τὸ στράτευμα 1, 4, 23
δια- übersetzen, hinüberschaffen, hinüberführen ἐκεῖσε
εἰσ- hineinsteigen lassen, hineinbringen, bes. einschiffen 1, 6, 24 τοὺς ..ὄντας
ἐκ- aussteigen lassen (aus den Schiffen) absol. 5, 1, 7; ἐκ τῶν νεῶν 2, 1, 24
ἐμ- einsteigen lassen absol. 5, 1, 8 (in die Schiffe); τοὺς ναύτας εἰς ναῦς 5, 1, 27; Med. ἐμβιβασάμενος αὐτοὺς εἰς τὰς ναῦς 5, 1, 19

κατα- herabführen ἐκ τῶν ὁρῶν 4, 6, 5; zwingen jdn. herabzuziehen 4, 6, 7 εἰς τὸ ὁμαλές

μετα- anderswohin bringen, hinüberschaffen

συν-δια- bei der Überfahrt behülflich sein τούτους 6, 2, 10

βίος ὁ Leben, Lebensunterhalt

βιωτός 3 lebenswert, οὐ βιωτόν unerträglich

βλαβερός 3 schädlich, verderblich, βλαβερὰ τῇ Λακεδαίμονι πεπραχώς 5, 2, 32

βλάπτω schaden, τινά; Pass. ἐβλάβην 6, 5, 48 Schaden erleiden

βλέπω blicken, 7, 1, 17 ἐκ τοῦ πρὸς Σικυῶνα βλέποντος von der Seite, welche nach S. zu lag (wie spectare)

ἀνα- aufblicken 7, 1, 30 ὀρθοῖς ὄμμασιν

ἀπο- hinblicken ἀπ' ἀμφοτέρων nach beiden Seiten — pafst auf beide Füfse 2, 3, 31; ἡ σὴ πατρὶς εἰς σὲ ἀποβλέπει 6, 1, 7 sein Augenmerk richten auf —

ἀντι- entgegen, in die Augen blicken 5, 4, 27

βοάω rufen; (= κελεύω) Inf. 7, 2, 19 auffordernd zurufen

ἀνα- ausrufen, aufschreien 4, 2, 22; 5, 1, 18

βοή ἡ Geschrei; ὅσον ἀπὸ βοῆς ἕνεκεν (προσέβαλλε) nur soweit das Kriegsgeschrei in Betracht kam d. h. zum Schein 2, 4, 31

βοήθεια ἡ Hülfe, Hülfsheer; 4, 8, 7 τὰ τῆς βοηθείας Gefahren, welche eine Annäherung des feindlichen Heeres bringen könnte; ἐπὶ βοήθειαν πέμπω 5, 4, 10 um Hülfe schicken; τὰ τῆς βοηθείας 4, 8, 7 die Gefahr, dafs ein feindl. Heer zuhülfe eile

βοηθέω (auf Geschrei) herbeieilen (auch offensiv 5, 1, 11), zuhülfe eilen, zur Verteidigung ausrücken πρός τινα 1, 2, 3; σφίσιν (Kurz 'Εφεσίοις) 1, 2, 8 sich zur Verteidigung anschicken; τινί rächen 6, 5, 10

ἀντι- 7, 4, 2 zum Dank Gegenhülfe leisten; 7, 4, 13 entgegenrücken

ἐκ- ausrücken zur Abwehr 1, 4, 22; 5, 4, 9

ἐπι- herbeieilen, zuhülfe kommen

παρα- zuhülfe kommen bei etwas 1, 1, 6

προσ- zuhülfe kommen 1, 3, 5; 7, 1, 7

συμ- zuhülfe kommen, Beistand leisten

βοιώταρχος ὁ Beamte, welche ursprünglich von den unabhängigen Städten des böot. Bundes zur Leitung der Bundesangelegenheiten gewählt in Theben ihren Sitz hatten, elf an der Zahl 3, 4, 4

βοιωτιάζω böotisch gesinnt sein, Partei der B. nehmen 5, 4, 34

βολή ἡ Wurf

βόσκημα τό Vieh auf der Trift, Viehherde 4, 5, 1

βουθυτέω Rinder schlachten ἐβουθύτει ὡς εὐαγγέλια er brachte ein Opfer dar gleichwie für eine gute Nachricht 4, 3, 13

βουκόλιον τό Rinderherde 4, 6, 6

βουλεία ἡ Ratsherrnwürde, κατασταθῆναι εἰς τὴν β. in den Rat gewählt werden 2, 3, 38

βουλευτήριον τό Rathaus 7, 4, 31

βουλευτής οὗ ὁ Mitglied des Rats 2, 3, 24

βουλεύω raten, Rat halten. Med. sich beraten, sich überlegen ὅπως; κακόν ersinnen 6, 1, 7; τὸ πάντων ἀνοσιώτατον 4, 4, 2; κάλλιον ἥκειν βουλευσαμένους sich besser beraten, sich eines Bessern besinnen 2, 2, 13; 7, 1, 38 πάντα μετά τινος beraten, 7, 4, 35 τὰ κράτιστά τινι es sehr gut meinen mit jdm.; Beschlafs fassen (οἱ σύμμαχοι) Inf. 2, 1, 6; 3, 3, 8 (Geronten) Inf.

ἐπι- nachstellen τινί; persönl. Pass. ἐπιβουλευθεὶς ὑπό τινος 1, 4, 13; unpers. Pass. ἐπιβουλεύεσθαι τῇ πόλει 7, 4, 5

προ- vorberaten, einen Antrag vorbereiten 1, 7, 7 (ἡ βουλή); περί τινος einen vorläufigen Beschlafs fassen

συμ- raten Inf. 7, 4, 9, Antrag stellen περί τινος 2, 2, 15; vorschlagen τὰ ἄριστα δοκοῦντα 1, 6, 5

συν-επι- mit nachstellen 5, 4, 22

βουλή ἡ Rat, Ratsversammlung, Beratung, Anschlag 6, 4, 35. [Der Rat, aus 500 Mitgliedern (50 aus jeder Phyle) bestehend, war in 10 Abteilungen verlost, von denen jede den zehnten Teil des Jahres (35 — 36 (39) Tage — einer πρυτανεία) die Leitung der Geschäfte führte (φυλὴ πρυτανεύουσα). Aus derselben wurde für jeden Tag einer durchs Los gewählt, der im Rate u. in der Volksversammlung den Vorsitz hatte (ὁ ἐπιστάτης). Im 4. Jahrhundert wurde von diesem

ἐπιστάτης aus den 9 nicht den Vor-
sitz führenden Phylen je ein προέδρος
u. aus diesen 9 πρόεδροι ein ἐπιστά-
της erlost, der beide Versammlungen
leitete. — Der Rat machte die Vor-
lage (προβούλευμα) für das, was an
die Volksversammlung gebracht wer-
den sollte.]
βούλομαι wünschen, wollen 1, 2, 15,
Anspruch machen, behaupten Inf. 1,
6, 5; ἐβουλήθην beschlofs Inf. 3, 4, 8;
4, 4, 8; εἰ καὶ ἐκείνῳ βουλομένῳ ταῦτ'
ἐστί nach Wunsch; καὶ μάλα βού-
λεσθαι 6, 5, 20; εἰ βούλει (-ονται) 2,
2, 16 stehende Formel für ein höf-
liches Anerbieten
συμ- ταῦτα 6, 5, 34 zustimmen

βοῦς βοός ὁ ἡ Rind; βοῦς ἡγεμά
6, 4, 29
βραδύς εῖα ύ langsam, βραδύτατ
πλεούσας (ναῦς) 5, 1, 27
βραδυτής ῆτος ἡ Langsamkeit 4, 6,
βραχύς εῖα ύ kurz ὅπλον 7, 5, 1'
βραχία (Dind. βραχέως) ἀπολογεῖσθι
sich mit wenigen Worten verteidige
1, 7, 5; ἐπὶ βραχύν τινα γήλοφον αι
einen Hügel von kurzer Ausdehnun
4, 5, 17
βρέχω benetzen, aufweichen 5, 2, 5
ἐμ-βροντάω andonnern; betäuben vοι
Donner ἐμβροντηθέντες 4, 7, 7
βροντή ἡ Donner; Pl. Gewitter 1, 6, 2
βωμός ὁ Altar 7, 4, 29

Γ

γαμβρός ὁ Schwiegersohn 3, 1, 14
γαμέω heiraten (vom Manne) 4, 1, 9;
τὴν θυγατέρα 5, 1, 28
γάμος ὁ Hochzeit 4, 1, 4
γάρ führt sowohl einen bestimmten
Grund ein: denn —, als auch eine
erwartete Auseinandersetzung: näm-
lich; τίς γάρ — quisnam wer denn?
καὶ γάρ 1) denn auch, denn sogar
nam etiam 4, 1, 6; 2) etenim, wo καί
nur dazu dient, einen ganzen Satz
(nicht einzelnen Begriff) enger an das
Vorhergehende anzuknüpfen, welcher
zur Begründung des vorhergehenden
Gedankens dient; 3) denn sowohl,
indem ein zweites καί in der Bedeu-
tung — als auch folgt; ἀλλὰ γάρ
aber ja, aber freilich s. ἀλλά; γὰρ
δή denn ja
γαστήρ γαστρός ἡ Magen, Völlerei
Schlemmerei 5, 3, 21
γε (enkl. Part.), welche den Begriff
des vorangeh. Wortes durch Ein-
schränkung — wenigstens, zwar,
oder durch Steigerung — sogar,
eben, gerade verstärkt und nach-
drücklich hervorhebt; νῦν γε; οὕτω
γε 2, 3, 42; ὅτι γε den Inhalt des Kon-
junktionalsatzes hervorhebend, ebenso
εἴπερ γε, ἐπεὶ δέ γε 2, 3, 38; ἂν (ὑμεῖς)
γε — si quidem 1, 7, 19; γε μήν s. μήν
γείτων ονος ὁ Nachbar
ἐπι-γελάω über etwas lachen, Aor.
darüber auflachen (mit Schadenfreude)
4, 5, 9

κατα- verlachen, verspotten τινός 4
1, 28
γεμίζω anfüllen m. Gen. 6, 2, 25 πλοῖ
τῶν ἀνδραπόδων; ὑποζύγια σίτου be
lasten
γέμω voll, beladen sein πλοῖα 5, 1, 21
γενναῖος 3 angeboren, edel, edelmütig
6, 5, 48; 7, 2, 16
γένος τό Geschlecht, Familie 3, 3, 3
γεραιός 3 alt, γεραίτερος 7, 5, 15
γεραίρω mit einem Ehrengeschenk
auszeichnen, ehren, 1, 7, 33 στεφάνοις
γέρων οντος ὁ Greis 2) Geront (in
Sparta — Senator) 3, 3, 5
γέφυρα ἡ Brücke 6, 3, 27
γεωργέω das Land bestellen, τινί
jdm. 6, 2, 37
γῆ ἡ Erde, Land; καὶ κατὰ γῆν καὶ
κατὰ θάλατταν zu Wasser und zu
Lande; κατὰ γῆν zu Lande 7, 5, 7
πορεύεσθαι
γή-λοφος ὁ Erdhügel, Hügel 7, 1, 28
γίγνομαι geboren werden ἐκ ταύτης
6, 4, 37, werden, entstehen, erfolgen
φυγή, αἰθρία; τὰ γεγενημένα, γεγονότα
das Vorgefallene; τὸ γιγνόμενον die
Sachlage 6, 5, 9; ἐκκλησία ἐγένετο
(Pass. zu ποιεῖν u. ποιεῖσθαι); τούτων
γενομένων hierauf 2, 3, 21; γίγνεται
es tritt der mögliche Fall ein Inf.,
ὥστε m. Inf. 5, 3, 10; τὰ ἱερὰ γίγνεται
die Opfer sind günstig 3, 1, 17; εὖ
γενέσθαι 4, 3, 2 und καλῶς γενέσθαι
nach Wunsch gehen 4, 2, 3; 6, 5, 43
ἐγένοντο ἄνδρες ἀγαθοί sie zeigten

sich als —; 1, 7, 11; 6, 5, 48; 1, 7, 11 τοὺς ἀρίστους ὑπὲρ τῆς πατρίδος γενομένους — optime de patria meritos; sich ergeben (Zahl) 3, 4, 28, betragen 4, 2, 7; 6, 2, 14 ἐγένοντο αἱ πᾶσαι es betrug die Gesamtzahl; ἐγένοντο τὸ βάθος οὐκ ἔλαττον ἢ ἐπὶ πεντήκοντα ἀσπίδων 2, 4, 11 — die Tiefe ihrer Aufstellung betrug; kommen, treten (Aor.) μετά τινος γενέσθαι auf jds. Seite treten 4, 1, 35; Präs. 5, 2, 14 auf jds. Seite stehen; σὺν τοῖς πολεμίοις γενέσθαι; ἐγγὺς γενέσθαι nahe kommen, ὡς δ᾽ ἐκεῖ ἐγένετο dort angekommen 3, 4, 3; 4, 3, 8 ἐν τῷ ὄρει ἐγένοντο; ἐν τῷ πεδίῳ ἐγένοντο 6, 5, 27; 5, 2, 25 ὡς δ᾽ ἐγένοντο ἐν Θήβαις; πρὸς τῷ ὄρει 7, 5, 22; ἐπὶ νάπῃ ἀδιαβάτῳ ἐγίγνοντο waren (angekommen) bei 5, 4, 44; κατ᾽ Ἀμύκλας ἐγένετο 6, 5, 30; ἀθρόαι γενόμεναι νῆες sich versammeln 1, 1, 18; κατὰ τοὺς Λακεδαιμονίους ἐγένοντο zu stehen kommen gegenüber d. L. 4, 2, 19
ἐγ- dazwischen kommen, eintreten, zustande kommen 2, 3, 48; vorkommen, auftreten 7, 1, 23
ἐκ- aus etwas scheiden; τοῦ ζῆν 6, 4, 23 — am Leben verzweifeln
ἐπι- dazukommen, eintreten 1, 6, 28 ὕδωρ; σεισμός; νυκτὸς ἐπιγενομένης 5, 1, 18; überfallen ἄνεμος ἐξαίσιος ἐπεγένετο αὐτῷ 5, 4, 17; αὐτῷ ἡμέρα ἐπεγένετο überraschte ihn 5, 4, 21; οἱ ἐπιγιγνόμενοι Nachkommen 7, 1, 30
παρα- dabei sein 4, 3, 2, dazukommen, erscheinen, τινί unterstützen 4, 5, 16
περι- übrig bleiben, übrig sein (Überschuß) 2, 3, 8; 6, 1, 3
προσ- hinzukommen 3, 5, 12 ἐχθροί, 6, 1, 8 auf jds. Seite treten
συγ- zusammenkommen τινί, zusammentreffen

γιγνώσκω bemerken, wahrnehmen, kennen lernen, zur Überzeugung kommen, 5, 1, 29 wissen (— οἶδα) 5, 4, 36; 5, 1, 4; 6, 1, 8; erkennen γνῶναι ὑμᾶς αὐτοὺς in euch gehen 2, 4, 40; einsehen. (In der Bedeutung erkennen — wahrnehmen hat γ. das Part., oder ὅτι, ὡς, in der Bed. urteilen den Inf., in der Bed. beschließen den Inf., Begehrungssatz.) 2, 4, 30 ἐγίγνωσκον Λακεδαιμονίους βουλομένους u. 7, 4, 8; 3, 5, 3 ὅτι, ἔγνω ὅτι εἴη αὐτῷ ἡγητέον 4, 7, 2; ἐκεῖνοι ἐγνώσθησαν

φίλοι ὄντες 6, 5, 17; γνωστὸν ὅτι erkennbar 2, 3, 44; 4, 7, 8 ἔγνωσαν οὐ δυνησόμενοι κωλύειν einsehen; Ansicht haben ταὐτὰ ὑπέρ τινος 5, 4, 47; Gesinnung hegen, polit. Überzeugung haben 2, 3, 27 ταῦτα; τ᾽ αὐτά 2, 3, 88 dieselbe Gesinnung hegen; οἳ τ᾽ αὐτὰ γιγνώσκοντες Gesinnungsgenossen; τἀναντία feindliche G. h. 2, 3, 88; 3, 5, 10 περί τινος Gesinnung hegen gegen jdn.; 5, 2, 20 ὅ, τι γιγνώσκει τις ἄριστα fürs Beste halten 3, 5, 6; 6, 3, 10 οὕτω γ. ὡς χρηστέον der Ansicht sein, daß —; ἄλλα ἐγνωκέναι anderen Sinnes sein 1, 5, 3; fürs Beste halten 2, 9 ἔγνω μενετέον ὄν. ἔγνωσαν ἐπιμελητέον εἶναι 4, 8, 31; Acc. c. Inf. 4, 8, 38 γνοὺς μὴ εἶναι ἐλπίδα σωτηρίας (— ἀπογιγνώσκειν) u. 3, 4, 25 urteilen; ἔγνω κράτιστον εἶναι 5, 16; ὅπως γιγνώσκοι wie er es für gut befände 3, 4, 27; Ansicht, Urteil fassen (bes. Aor.) entscheiden 4, 5, 5; ἔγνω δεῖν τὴν γυναῖκα σατραπεύειν 3, 1, 12; für angemessen halten, beschließen ἔγνω Inf. 4, 4, 13 καθελεῖν, διώκειν 4, 6, 9; οὕτως ἔγνω Acc. c. Inf. 5, 3, 25; αὐτοὶ γνόντες aus eigenem Entschlusse 5, 1, 34; γνῶνα ὅ, τι βούλοιτο περὶ σφῶν beschließen, entscheiden 4, 5, 5; γνόντες ταῦτα 4, 5, 14 und γνόντες οὕτω 4, 8, 12 infolge dieses Beschlusses; γνωσθῆναί τινι bekannt werden 5, 3, 9; (ὀρθῶς) γνώσεσθαι entscheiden, Erkenntnis fällen; ὡς δ᾽ ἐγνώσθη τὸ πρᾶγμα bekannt wurde 4, 4, 3
ἀνα- vorlesen 5, 1, 30; 7, 1, 37 τούτων ἀναγνωσθέντων
ἀπο- verwerfen, aufgeben, τὸ πορεύεσθαι 7, 5, 7
δια- entscheiden τὰ ἐν Φλιοῦντι ὅπως αὐτῷ δοκοίη 5, 3, 25
ἐπι- (wieder)erkennen 5, 4, 12
κατα- merken, bemerken 5, 4, 57 τὴν ἀμέλειαν; ὅτι 5, 4, 41; gegen jdn. entscheiden, erkennen auf — θάνατος αὐτοῦ κατεγνώσθη 3, 5, 25 verurteilen; νομίζοντες τῶν προδοτῶν ὑπὸ πάντων ἀνθρώπων θάνατον κατεγνῶσθαι 7, 3, 7; προδοσίαν καταγνόντες 1, 7, 33 auf etwas erkennen, für schuldig befinden; ἄνδρα μὴ καταγιγνώσκωσιν ἀδικεῖν Acc. c. Inf. 5, 4, 30; 1, 7, 20 ἐὰν καταγνωσθῇ ἀδικεῖν; ἐάν τις νόμου καταγνωσθῇ 4, 4, 2 für schuldig befinden, ver-

2*

urteilen; καταγνόντες ἀπέκτειναν 6, 5. 9

γλίσχρος 3 sparsam, kleinlich, Adv. γλίσχρως knapp, mit Mühe 7, 2, 17

ἀμφι-γνοέω nicht recht erkennen, -γνοηθείς unbemerkt 6, 5, 26

γνώμη ἡ Überlegung, Ansicht, ἔχειν hegen 8, 2, 9; Meinung, Besonnenheit, γνώμῃ mit Besonnenheit; κατὰ γνώμην nach Wunsch; 2, 3, 25 σὺν γνώμῃ mit Einwilligung; γνώμην γράφειν (schriftlichen) Antrag stellen 1, 7, 84; γνώμην εἰσφέρειν εἰς τὴν ἐκκλησίαν (mündlichen) Antrag stellen 1, 7, 9; κρίνειν γνώμην; τῆς μετὰ Παυσανίου γνώμης εἶναι sich der Ansicht des P. zuneigen; γνώμην προσέχειν τινί auf etwas aufmerksam sein, — sein Augenmerk richten, gewogen sein jdm. 4, 8, 17; τὰς γνώμας ἐκπλῆσαι die Wünsche befriedigen 6, 1, 15; μετὰ Λακεδαίμονος γνώμης mit Einwilligung 6, 5, 4

γνώριμος 3 bekannt, angesehen, vornehm Subst. Aristokrat 2, 2, 6

γοῦν (= γε οὖν postpos.) wenigstens, certe 4, 4, 12, besonders exemplificierend, wo hinter einer allgemeinen Äußerung ein bestätigender Einzelbeleg gegeben wird; in Antworten tritt das οὖν mehr hervor: allerdings, freilich 4, 1, 37; 4, 3, 2

γράμμα τό Buchstabe, Pl. das Schreiben, der Brief 1, 1, 23; 5, 1, 32

γραμματεύς ἕως ὁ Schreiber, Sekretär 7, 1, 37

γραμματεύω das Amt des Schreibers versehen τινί 5, 4, 2

γραφεύς ἕως ὁ Schreiber, Geheimschreiber 4, 1, 39

γράφω (auf)schreiben Θεμιστογένει γέγραπται st. ὑπό 3, 1, 2 γνώμην γρ. Antrag stellen (schriftlich) 1, 7, 84;

2, 3, 52 νόμον γ(
— entwerfen; 1

Schreiben 5, 1, μέχρι τούτου mei bis — 7, 5, 27 ἀπο- aufschreibe 11 u. 8, 1, 25; —, aufschreibe 4, 8, sich schrif ἐπι- Med. darau μετα- anders sc 6, 3, 19 περι- umgrenzer 7, 5, 18 περιεγέ μέχρι ὅσου νίκη προσ- schriftlic 7, 1, 37 συγ- schreiben, 3, 2 (neue Reda men); παράνομ gen Antrag st γεγραφέναι) γυμνάζω üben, τὰ ὅπλα 6, 5, 28 γυμνάσιον τό δ Turnplatz, Ring zierplatz 6, 1, 6 γυμνής ῆτος ὁ l ger zu Fuß 4, 2 γυμνικός 3 zu gehörig, ἀγὼν perlichen Fertigl rischer Wettkam γυμνο-παιδίαι d. i. ein mit Ge nastischen Übun bündenes Fest d γυμνός 3 nackt, τὰ γυμνά in die Flanke παίειν τι γυνή ἡ Gen. γυνα γυναῖκα ἄγεσθα als W.; παῖδες :

Δ

δᾳδοῦχος 2 der Fackeln vorträgt; ὁ δ. Priester der eleusin. Demeter, welcher bei den Mysterien während der Opferfeier Fackeln trug 6, 3, 3

δαιμόνιον τό Gottheit, Verhängnis ἦγε trieb 6, 4, 3

δαιμόνιος 3 Adv. durch göttliche Fügung, auf übernatürliche Weise 7, 4, 3 δαιμονιώτατα

δάκνω beißen κ δάκρυον τό Thr δακρύω weinen, nen aus 5, 3, 20 κατα- beweiner συν- mitweinen δαμόσιος 8 (dor οἱ περὶ δαμοσία nossen des spar

zügen, nämlich die Polemarchen u.
drei andere edle Spartiaten (ὅμοιοι),
welche letztere für den Tisch sorg-
ten; ebenso οἱ ἀπὸ δαμοσίας 4, 7, 4
(Dind. τῶν περὶ δαμοσίαν). δαμοσία
heifst das Zelt, weil es zu der ihm
vom Volke gegebenen Ausrüstung ge-
hörte)

δανείζω Geld ausleihen, leihen, Pass.
δανεισθῆναι 2, 4, 28; Med. sich leihen,
gegen Zinsen aufnehmen 5, 3, 17; Pf.
6, 5, 19 αὐτοὺς παρὰ σφῶν δεδανεῖ-
σθαι χρήματα

δαπανάω aufwenden χρήματα 4, 8, 14,
Opfer bringen an Geld

δαπάνη ἡ Aufwand, Ausgaben 6, 5, 5
εἰς τὴν περὶ τὸ τεῖχος δ.

δαπάνημα τό gemachter Aufwand,
Kosten 3, 5, 12

δαπανηρός 3 verschwenderisch, Auf-
wand machend, Adv. 6, 5, 4 δαπανη-
ρῶς τειχισθῆναι τὸ τεῖχος

κατα-δαρθάνω Aor. einschlafen, schla-
fen gehen 7, 2, 23

δασμός ὁ Tribut, ἀποφέρειν entrich-
ten 3, 4, 25

δέ (postpos.) aber — leitet gewöhn-
lich nicht etwas Entgegengesetztes,
sondern nur etwas anderes, etwas
Neues ein — ferner 2, 3, 39 ἐγί-
γνωσκον δέ. Oft dient es dazu, einen
Satz an das vorhergehende anzu-
knüpfen und ist dann selten mit —
aber, gewöhnlich mit — und oder
gar nicht zu übersetzen. Das erklä-
rende δέ in Zwischensätzen = autem
(enim) 4, 1, 39 εἶχε δὲ καλόν. Ver-
mieden wird die Stellung von οὐ δέ,
deshalb οὐ δυνατὸν δέ 1, 5, 5 oder
dafür οὐ μέντοι. Nicht die Anknüpfung,
sondern einen Gegensatz bezeichnet
δέ, wenn es einem vorausgegangenen
μέν entspricht (= dagegen, vielmehr);
καὶ .. δέ (mit Einschaltung des be-
tonten Wortes) — und auch.

δεῖ (Imperson. zu δέω 1) ist nötig δεῖ
τινί τινος, man mufs Inf. u. Acc. c.
Inf., Aor. εἰ δεήσειε Notwendigkeit
eintreten 2, 4, 8; δεήσειν 2, 4, 16;
οὐδὲν δεῖ ὑμᾶς φοβεῖσθαι ihr braucht
nicht zu fürchten 5, 2, 34; zuweilen
οὐ δεῖ = δεῖ μή (wie οὐ φημι)

ἐν-δεῖ s. ἐνδέω

δείδω fürchten; δεδιώς, ἐδεδίεσαν
(Keller) 4, 4, 16 (Dind. ὤκνουν), δεί-
σαντες περὶ τῆς πόλεως 5, 4, 51; ἰσχυ-
ρῶς ἔδεισαν αὐτὸν μή (Prolepsis) 6, 4, 32

δείκνυμι u. δεικνύω, 2, 1, 11 δεικνύων
ὅσα ἔχοι, ἐδείκνυσαν 3, 1, 27 zeigen;
ἱερὰ δεῖξαι 6, 3, 6 s. ἱερός; 1, 6, 11
δείξωμεν τοῖς βαρβάροις ὅτι
ἀπο-δείκνυμι 2, 3, 11 u. -δεικνύω
zeigen, aufweisen σπονδάς 7, 3, 10,
nachweisen ἀπεδείκνυε (Dind. -εδεί-
κνυ) αὐτοὺς ἀλκιμωτάτους 7, 1, 23;
Acc. c. P. 5, 4, 13; νόμους Gesetze
veröffentlichen, publizieren 2, 3, 11;
Κόρινθον ἐλευθέραν ἀποδεῖξαι frei
machen 4, 4, 6; τὰ ἱερὰ κενὰ ἀπέδειξε
leer machen 7, 3, 8; -ἔδειξαν πλείους
χιλίων ἀνδρῶν aufweisen, einreihen,
stellen 5, 3, 17; ἀρχὰς ἀποδειχθῆναι
2, 3, 38 designare, wählen; στρατηγὸς
ἀπεδέδεικτο wählen 3, 2, 13
ἐν- zeigen, Med. etwas aufzeigen, an
den Tag legen προθυμίαν 6, 5, 44
mitteilen, (rühmend) darauf hinwei-
sen ὅτι 3, 5, 16
ἐπι-δείκνυμι 3, 3, 5 u. -δεικνύω 4,
5, 10 ὡς; 6, 5, 23 hinweisen auf;
bezeichnen, zeigen 3, 3, 5; 2, 4, 42
ἐπιδεῖξαι ὅτι εὔορκοι καὶ ὅσιοί ἐστε
(Dind. 1, 7, 4; 4, 5, 10; 6, 5, 23 δεί-
κνυμι. Sauppe -δεικνύω)
παρα- -έδειξε überweisen 2, 1, 14 τοὺς
φόρους; φόρους Beisteuer εἰς τὸν
πόλεμον 2, 3, 8

δείλη ἡ (ὥρα) die Zeit nach Mittag
bis zum eintretenden Abend, über-
haupt der späte Nachmittag u. der
eintretende Abend. ἅμα δείλῃ 4, 1,
22, πρὸ δείλης 4, 6, 6; μέχρι δείλης
1, 1, 5

δεινός 3 furchtbar, zu fürchten τινί
3, 1, 25, entsetzlich, schrecklich, un-
erträglich, arg (handeln) δεινὰ ποι-
εῖν εἰ 1, 7, 28; δεινὰ ἐργάζεσθαι ἀκον-
τίζοντες Schaden zufügen 7, 1, 21;
δεινὸς λέγειν stark im Reden, von
gewaltiger Rednergabe; τὰ δεινὰ
(παρῆν) Gefahren 3, 4, 24; Adv. δει-
νῶς ἐπεφόβηντο sehr 6, 2, 26; δεινὸν
εἶναι, εἰ das gehe zu weit, wenn 2,
1, 9; οὐδὲν δεινὸν εἶναι kein Grund
zur Furcht 3, 1, 23

δειπνέω zu Abend essen, die Haupt-
mahlzeit abhalten, speisen; 7, 2, 23
ταῦτα δειπνήσαντες verzehren
συν- mit jdm. speisen τινί 4, 1, 6

δειπνίζω bewirten, die Hauptmahl-
zeit einnehmen lassen 5, 1, 7

δεῖπνον τό die Hauptmahlzeit (um
Sonnenuntergang beginnend) παρα-
σκευάζεσθαι 3, 1, 24; ἄριστον καὶ

δεῖπνον ποιησάμενος 6, 1, 15; Lebensmittel ἔχειν δεῖπνον 4, 1, 33

δειπνο-ποιέω eine Mahlzeit bereiten; Med. eine Mahlzeit halten, speisen 4, 8, 20

δεκαρχία ἡ Zehnherrschaft, oligarchische Regierung, welche von den Spartanern in den besiegten Städten eingesetzt wurde, bestehend aus einem Harmosten und 10 zur oligarchischen Partei gehörigen Männern, 8, 4, 2 δεκαρχίας κατασταθείσας; 6, 3, 8; 2, 2, 5; 3, 7, 4

δέκα zehn 1, 1, 2

δέκατος 3 der zehnte, δεκάτη der zehnte Teil, ἐκλέγειν δεκάτην τῶν πλοίων abfordern, erheben 1, 1, 22; τὴν δεκάτην ἀποθύω 3, 3, 1 den den Göttern gebührenden Zehnten opfern

δεκατευτήριον τό (δέκατος) Ort, wo der Zehnte erhoben wird, Zollstätte 1, 1, 22 κατεσκεύασαν

δεκατεύω den zehnten Teil der Beute absondern, um ihn einer Gottheit zu weihen, das Eigentum jds. der Gottheit zinspflichtig machen 6, 3, 20, δεκατεύεσθαι im Sinne von: Unabhängigkeit verlieren 6, 5, 35

δένδρον τό Baum 4, 5, 10

δεξιόομαι die Rechte geben, sich die Hand schütteln 5, 1, 3 (zum Willkomm oder beim Abschied)

δεξιός 3 rechts, ἐπὶ τῷ δεξιῷ auf dem r. Flügel 4, 4, 9; οἱ Θηβαῖοι δεξιοὶ ἦσαν 4, 3, 16 standen auf dem rechten Flügel; τὸ δεξιὸν ἔχοντες auf dem r. Flügel stehen 2, 4, 13 u. 4, 2, 18 Aor. einnehmen; ἐπὶ τὰ δεξιά nach rechts 4, 2, 18; ἐν δεξιᾷ auf der rechten Seite 4, 4, 11; δεξιὰς δόντες καὶ λαβόντες durch Handschlag besiegeln 4, 1, 15; (σπονδὰς) λαβὼν καὶ δεξιάν 4, 1, 29 das durch Handschlag besiegelte Versprechen

δέομαι (Depon. pass. zu δέω 1) bedürfen Gen. εἴ του ἐδεῖτο 7, 5, 8; εἰρήνης 4, 8, 14, τῆς θαλάττης 7, 1, 3 angewiesen sein auf das M.; εἴ τίς τι δέοιτο 6, 2, 37; εἰ δέ τι ὅρκων δέοιντο (τι zu irgend einem Zweck 7, 1, 39); ὅσων δέοιντο 6, 5, 12; ἐδίδασκον ὡς οὐδὲν δέοιντο τούτων τῶν κακῶν nicht nötig haben, dieses Unglück mit zu tragen 2, 4, 23; nötig haben, wünschen, beabsichtigen τίνος δεόμενος ἥκοι 3, 4, 5 u. 2, 3, 41, τὸ δεόμενον = τὸ δέον 6, 1, 16; Verlangen haben

mit Inf. 2, 4, 35 οὐδὲν δέονται .. πολεμεῖν; bitten (durch Bedürfnis erzeugte Bitte) 1, 4, 7 ἐδεήθη τοῦ Κύρου ἀφεῖναι αὐτούς; 4, 6, 13 ἐδέοντο τοσοῦτόν γε χρόνον καταμεῖναι αὐτόν Acc. c. Inf.; 5, 2, 24 ἐδεήθη τῶν ἐφόρων τὸν ἀδελφὸν — μετιέναι erbat sich von den Ephoren, daß sein Bruder ...; τῷ δεομένῳ τι ἐμοῦ mich um etwas 5, 1, 14; τοῦ πατρὸς δέομαι den Vater bitten 5, 4, 27; ταῦτά σου δέομαι 5, 4, 30

ἐν- Med. bedürfen, ermangeln 5, 1, 27 προσ- noch dazu bedürfen -δεήσοιντο 2, 4, 8 Gen.; τοῦ προεστάναι 7, 4, 35: noch mehr wünschen 4, 8, 16

δέον ὄντος τό (Neutr. Part. von δεῖ) das Erforderliche, Nötige τὰ δέοντα 6, 4, 21

δεσμωτήριον τό Gefängnis 7, 4, 36

δεσμώτης ου ὁ Gefangene 5, 4, 8

δέσποινα ἡ Herrin, Frau 5, 4, 6

δεσπότης ου ὁ Herr 3, 3, 5

δεῦρο Adv. hierher 4, 6, 13

δεύτερος 3 zweite τὰ δεύτερα διδόναι 6, 1, 8 die zweite Stelle anbieten, den zweiten Rang —

δέχομαι aufnehmen, annehmen 6, 3, 18 εἰρήνην; ἐδέξαντο τοὺς ἱππέας den Angriff bestehen 3, 4, 34; absol. 6, 5, 31; τοὺς πολεμίους εἰς χεῖρας δέχεσθαι die Feinde zum Handgemenge herankommen lassen 2, 4, 24; δέχεσθαι εἰς δόρυ τοὺς πολεμίους auf Speerweite herankommen lassen 7, 1, 31; οὐ πάνυ ἐδέξαντο anerkennen, einverstanden sein 6, 5, 35; δεξαίμην ἂν μᾶλλον lieber wollen 5, 1, 14 Inf.; Pf. Med. trans. Bed. 6, 5, 11

εἰσ- aufnehmen 1, 1, 21

κατα- aufnehmen 5, 2, 10

προσ- annehmen 1, 5, 9, erwarten, hoffen, befürchten 7, 5, 9 ἀδοξίαν; erwarten Inf. νυκτερεύειν (Dind. νυκτερεύσειν) 5, 4, 4; τὴν τῶν Ἀρκάδων συμμαχίαν annehmen, darauf eingehen 7, 4, 2

ὑπο- aufnehmen 4, 8, 21

1) δέω bedürfen, ermangeln, τίνος ἂν δέοις μὴ οὐχὶ εὐδαίμων εἶναι was würde dir an deinem Glücke fehlen 4, 1, 36; ὀλίγου δεῖν so daß wenig fehlte, beinahe; μικροῦ ἔδεον ἐν χερσὶ τῶν Λακεδαιμονίων εἶναι 4, 6, 11, es fehlte wenig daran, daß; δυοῖν δεούσαις εἴκοσι (= 18) ναυσίν 1, 1, 5; 7, 4, 39 ὡς δεῖν ἀποθανεῖν (möglicher-

weise ist hier δεῖν = δέον wie auch in ὀλίγου δεῖν, also die absolute Participialkonstruktion). δέομαι s. dieses

ἐν- mangelhaft sein, fehlen 6, 1, 3 ἐνδεήσειε andere — (ἐνδεὴς εἴη) Mangel eintreten, Defizit

2) δέω binden, fesseln 3, 3, 11, verhaften, ins Gefängnis werfen 1, 5, 19; 1, 7, 2 δῆσαι; δεδέσθαι 7, 4, 38 ἀνα- aufbinden, Med. ἀνα- ein erobertes Schiff ins Schlepptau nehmen 1, 6, 21; 5, 1, 9 κατα- anbinden; καταδήσας ἀπὸ δένδρων τοὺς ἵππους 4, 4, 10 συν- binden, festnehmen, -έδουν 2, 4, 8

δή (Partikel vwdt. δῆλος) hebt den Inhalt des Begriffes oder Satzes hervor unter Hinweis auf eine begründende oder zur Erklärung dienende Vorstellung oder Thatsache: 5, 8, 20 γὰρ δή denn ja bekanntlich; τότε δή damals augenscheinlich, natürlich; διὰ ταῦτα δή 3, 1, 9; ὅτι δή weil ja 5, 4, 20; also (wie wir gesehen haben) 2, 4, 1; ἴδον δή 3, 4, 26 (hinweisend auf etwas Notwendiges); νῦν δή also, nunmehr 6, 4, 5; 2, 1, 27 καταφρονοῦντες δή natürlich (hinweisend auf etwas sich aus der Natur der Sache Ergebendes); ἐνταῦθα δή 2, 1, 31 da freilich, da natürlich; 2, 3, 18 ἕως δή natürlich nur bis; oft hinweisend in ironischem Sinne 2, 1, 20; 2, 4, 13 οὗτοι δή τύραννοι beim Pronomen Verachtung u. Unwillen ausdrückend; τὰς ἑταίρας δή 5, 4, 6 die vermeintlichen Buhlerinnen (hinweisend auf eine falsche Vorstellung); 2, 4, 41 ἐπὶ Λακεδαιμονίοις δή etwa gar (in verächtlichem Sinne hervorhebend); 7, 5, 22 καὶ γὰρ δή = enimvero; 6, 4, 13 καὶ δή (= ἤδη) (καί) sofort auch, soeben auch; 4, 2, 13 auch schon = καὶ δή; den Superlativ urgierend — gar, μακαρώτατα δή 5, 1, 3; 4, 8, 24; καὶ δή καί und demgemäfs auch, und also auch, und so auch; εἰ δή wenn wirklich 6, 3, 5; in der Frage τί δή warum denn 3, 3, 5

δῆλος 3 sichtbar, offenbar; τοῖς Θηβαίοις δῆλον ἐγένετο ὅτι 3, 5, 7; δῆλον ποιεῖν ὅτι zeigen; 2, 3, 17 δῆλοι ἦσαν συνιστάμενοι; 2, 3, 50 ἡ βουλὴ δήλη ἐγένετο ἐπιθορυβήσασα; δῆλον ὅτι (=

δηλονότι) offenbar 7, 1, 12 u. 6, 1, 7, adverbial ohne Einflufs auf die Gestaltung des Satzes; οὐ δῆλον ὡς ist es nicht offenbar, dafs 7. 5, 2

δηλόω offenbaren, kundthun 2, 3, 56 οἷα ἔπασχε, angeben; 4. 3, 1 ὅτι

δημ-αγωγός ὁ Volksführer 2, 3, 27; 5, 2, 7

δημεύω (das Vermögen für den Staatsschatz) einziehen, konfiszieren 1, 7, 20

ἀπο-δημέω abwesend, in der Fremde, auf Reisen sein 4, 7, 3, Aor. in die Fremde gehen, ins Ausland gehen ἐπι- sich im Lande aufhalten, bleiben

δημ-ηγόρος ὁ Volksredner 6, 3, 3

δημο-κρατέομαι eine demokratische Verfassung haben 5, 2, 7

δημοκρατία ἡ Volksherrschaft, καταστῆσαι δημοκρατίας ἐν Ἀχαΐᾳ einrichten 7, 1, 43, auch κατασκευάζω; ἦγον τὴν πόλιν εἰς δ. 7, 4, 15

δημοσιεύω für den Staatsschatz einziehen 1, 7, 10 τὰ χρήματα

δημόσιος 3 dem Volke oder Staate gehörig; τὸ δημόσιον Staatskasse 5, 2, 10

δῆμος ὁ das Volk (als selbständige Gesamtheit), τὸν δῆμον καταλύειν die Volksherrschaft (zu) stürzen (suchen) 1, 7, 28; 1, 7, 2; 5, 2, 3 demokratisch regierter Staat

δημοτικός 3 zum Volke gehörig, dem Volke günstig 2, 8, 39; οἱ δ. die Partei des Volkes, Volksfreunde 2, 8, 49

δηόω verwüsten, Pass. 3, 2, 27 τῆς χώρας δῃουμένης

δήπου (δή u. πού) = doch wohl, bekanntlich, sicherlich — bezeichnet eine (manchmal mit leichter Ironie gemilderte) offenbare Gewifsheit 3, 1, 11

δῆτα (postpositiv) hat in Aufforderungen u. Fragen dieselbe Bedeutung wie δή und dient zur Bekräftigung des Inhalts eines ganzen Satzes oder zur Hervorhebung eines einzelnen Begriffs, welcher dadurch als augenfällig und ausgemacht dargestellt werden soll = in der That, wahrhaft 2, 4, 17 ὦ μακάριοι δῆτα

διά (vwdt. δύο, ursprünglich = zwischen durch) 1) mit Gen. a) vom Raume: durch διὰ Νεμέας 4, 7, 3; τὴν διὰ Κρεύσιος (ὁδόν) Weg über K. 5, 4, 16; b) von der Zeit: durch — hin, hindurch; c) zur Angabe des

Mittels διὰ Τισσαφέρνους durch Vermittelung d. T., διὰ τούτων; δι' αὐτῶν auf eigene Faust, aus eigenem Antriebe 3, 2, 27; d) der Art und Weise διὰ πολλῶν κινδύνων 7, 2, 17 unter vielen Gefahren, διὰ καρτερίας unter Not und Entbehrungen 7, 2, 17. — 2) mit d. Acc. zur Angabe einer Ursache (propter), der Schuld, Veranlassung jmds. (opera alicuius) — διὰ ταῦτα deswegen, διὰ τί weswegen, διὰ τὸ μισεῖν aus Haß; δι' ἀμέλειαν aus Nachlässigkeit; διὰ τὸ ἐν ἐλευθερίᾳ τὸν δῆμον τεθράφθαι 2, 3, 24; δι' ἐκεῖνον um seinetwillen 4, 1, 10; διὰ Λακεδαιμονίους durch Vermittlung 4, 8, 5; δι' ἡμᾶς mit unserer Hülfe 6, 3, 17; διὰ τοὺς ἐφόρους auf Veranlassung 3, 4, 2

διά-βασις ἡ Übergang, Furt τοῦ Κηφισοῦ 2, 4, 19

δια-βατήρια τά Auszugsopfer, dem Zeus und der Athene dargebrachtes Opfer zu Hause u. beim Überschreiten der Grenze für ein glückliches Unternehmen θύεσθαι δ. 3, 4, 3; τὰ δ. ἐγένετο αὐτῷ günstig ausfallen 3, 5, 7

δια-βολή ἡ Verleumdung, üble Nachrede διαβολὴν σχοῖέν εἴς τινα finden bei jdm. 2, 1, 2 (εἴς st. πρός bezeichnet die Verbreitung der Verleumdung)

διά-δοχος ὁ Amtsnachfolger 3, 4, 20; 1, 1, 31

διαιτάω zu leben geben. Pass. Leben —, Lebensweise führen ἀφθονώτερον 5, 1, 15

διάκονος ὁ Diener 5, 4, 6

διακόσιοι 3 zweihundert 3, 2, 2

δι-αλλαγή ἡ Versöhnung, Vergleich διαλλαγῆς τυχεῖν erreichen 6, 3, 4

διαμπάξ Adv. durch und durch ἐτίτρωτο 7, 4, 23

δια-νόημα τό Gedanke 7, 5, 19

δια-πόντιος 2 überseeisch, jenseit des Meeres στρατεία 6, 2, 16

δια-τριβή ἡ Zögerung, Aufenthalt 7, 5, 7 ἐν τῇ τῇ δ. αὐτοῦ ταύτῃ

διαφορά ἡ Zwist 7, 4, 15

διάφορος 2 verschieden, (mit Gen. — διαφέρων), feindlich ἀλλήλοις 6, 4, 25 (mit Dativ — διαφερόμενος); 3, 5, 13 τι διάφορον πάσχει ἢ εἰ wie geht es ihm jetzt anders, als wenn

διαχειροτονία ἡ Abstimmung (durch Handaufheben) 1, 7, 34

διαψήφισις ἑως ἡ Abstimmung π θήσειν abstimmen lassen 1, 7, 14

διδάσκω belehren, aufklären 4, 8, erklären ὅτι, ὡς 3, 5, 4, auseinand setzen; 4, 4, 1 ταῦτα ἀλλήλους; πείθειν) διδάσκετε αὐτὸν βουληθῆ; ἄπερ ἡμεῖς 4, 1, 11; 5, 3, 17 Inf. ε weisen etwas zu thun; Pass. dara hingewiesen, veranlaßt werden

ἀπο-διδράσκω weglaufen, entflieh 3, 3, 10; 3, 2, 17 Impf.

δίδωμι anbieten (als Praes. de cona geben; 2, 4, 14 διδόασι ἡμῖν τρόπο ἵστασθαι verleihen, gestatten; ο ἐδίδοσαν sie wollten nicht geben 8, 14; ἡ χάρα δῶρον ἐκ βασιλέ ἐδόθη 3, 1, 6

ἀντι- als Gegengeschenk geben 1, 39

ἀπο- weggeben, ausliefern, bezahl μισθόν 1, 5, 7; χρήματα 1, 3, 3; z rückgeben 1, 6, 10; χάριν ἀξίι Dank abstatten durch die That 6, 11, τὰ ὀνόματα ἀποδιδόναι πρ τοὺς οἰκείους mitteilen 6, 4, 16; Me verkaufen δραχμῆς τὴν πόλιν 2, 48, verpachten

δια- von Hand zu Hand geben, ve teilen, auszahlen μισθόν

ἐν- darbieten, verräterischerwei übergeben, — προδιδόναι 7, 4, 1 Μαργανέας

μετα- jmdn. teilnehmen lassen τι τινος 3, 5, 12

παρα- übergeben τῷ Λυσάνδρῳ ναῖ 2, 1, 7; ausliefern, überliefern τί Πειραιᾶ 2, 4, 37; ἀκρόπολιν 5, 3, 1 3, 5, 9 preisgeben, ergeben σφί αὑτούς; 3, 8, 21; σφᾶς αὑτοὺς Λακι δαιμονίοις χρῆσθαι ὅ,τι βούλοντ sich auf Gnade und Ungnade e geben 2, 4, 37; τὴν ἄκραν φυλάττει αὐτοῖς παρέδωκαν Inf. 4, 4, 15; 7, 3 überliefern zur Verurteilung ι Bestrafung -δοθῆναι εἰς τὸν δῆμο überantworten

προ- preisgeben, verraten 1, 2, 18 überliefern πόλιν, vorausbezahlen 1, 5, 7; 5, 1, 24

δι-έκ-πλους ὁ Durchfahrt, Durch brechen der Linie der feindliche Schiffe; μὴ διδόναι 1, 6, 30 verhinder

δίκαιος 3 gerecht, recht, billig, δι καια λέγειν recht haben, gerecht Forderungen stellen 3, 1, 1; δίκαιε περὶ τοὺς συμμάχους ποιεῖν 3, 2, (recht handeln an —; ὄντινα ἀπο-

ϑανεῖν δίκαιον εἴη Acc. c. Inf. 5, 3,
25; δίκαιον ἦν Acc. c. Inf. es wäre —
6, 3, 6; persönl. Konstr. δικαίους εἶναι
λόγον ὑποσχεῖν 1, 7, 4 es sei gerecht,
daſs, ich bin verpflichtet, es gebührt
mir; ich verdiene δίκαιος εἴη ζημιοῦ-
σϑαι 5, 2, 32; Adv. δικαίως mit Recht;
6, 5, 16 ἐκ τοῦ δικαίου καὶ φανεροῦ
τὴν μάχην ποιεῖσϑαι eine förmliche,
regelrechte Schlacht schlagen; τὰ
δίκαια ποιήσαντες jdm. gerecht wer-
den inbezug auf das, was er zu fordern
hat 7, 4, 5; ἡττηϑεὶς τοῦ δικαίου der
Gerechtigkeit sich fügend 5, 4, 31
δικάζω Recht sprechen 5, 3, 10
ϑια- einen Rechtshandel als Richter
entscheiden, Med. sich Recht sprechen
lassen 5, 3, 10
κατα-Richterspruch wider einen thun,
verurteilen τινός 7, 4, 33; δίκην
(φάσκοντες) καταδεδικάσϑαι αὐτῶν
daſs sie zu einer Strafe verurteilt
seien 3, 2, 21
δικαιοσύνη ἡ Gerechtigkeit 2, 4, 40
δικαστήριον τό Gerichtshof, Gericht
(der ausgelosten Heliasten) 1, 7, 2
[Δίκη im engern Sinne — Privatpro-
zeſs (causa privata) d. i. ein Prozeſs
wegen Verletzung persönlicher Inter-
essen, im Gegensatz zur γραφή (causa
publica) d. i. einem Prozeſs wegen
Verletzung eines Rechts der Gesamt-
heit. Die für die Prozesse zustän-
digen Behörden waren die Archonten
(ἄρχων ἐπώνυμος Familienrecht, ἀ.
βασιλεύς Kultus u. Religion, ἀ. πολί-
μαρχος Angelegenheiten der Metöken
u. Fremden, 6 ϑεσμοϑέται anderwei-
tiges). Der γραμματεύς besorgte das
Verlesen der Beweismittel. Die Voll-
ziehung der Strafen überwachten die
Elfmänner (οἱ ἕνδεκα.) — Alljährlich
wurden 6000 Richter (30 Jahre alt
wenigstens), 600 aus jeder Phyle aus-
gelost. 1000 Ersatzmänner. Die übri-
gen 5000 wurden in 10 Abteilungen
(à 500) an die verschiedenen Gerichts-
höfe verteilt. Jeder erhielt als Zeichen
seiner Würde einen Stab und eine
Marke, gegen die er den Richtersold
(seit Kleon 3 Obolen) erhob. Der Klä-
ger (διώκων) lud den Beklagten vor
die zuständige Behörde und erschien
dann mit der schriftlich abgefaſsten
Klage. In der Voruntersuchung wurde
die Klage und Einrede (beides ἀντι-
γραφή) vom Kläger und Beklagten

beschworen (διωμοσία, ἀντωμοσία).
Am Tage des Gerichts wurde die
Klage u. Gegenschrift verlesen u. die
Parteien aufgefordert, ihre Sache zu
führen. Jedem Redner war eine be-
stimmte Zeit durch die Wasseruhr
zugemessen. Die Richter stimmten
ab durch Stimmsteine. Bei Stimmen-
gleichheit erfolgte Freisprechung]
δικαστής οὗ ὁ Richter 5, 2, 35 s. δικα-
στήριον
ἀπο-δικέω sich vor Gericht vertei-
digen 1, 7, 20
δίκη ἡ Recht, Gerechtigkeit, Rechts-
handel, Prozeſs ἀδικώτατα ἡ δίκη
κριϑῆναι ἔδοξεν Prozeſs entscheiden
5, 4, 24; δίκη διακριϑῆναι durch P.
entscheiden 5, 2, 10; richterliche Ent-
scheidung, Strafe δίκην διδόναι 2, 3,
28 (poenam dare) u. δίκην ἐσχάτην
ϑ. bestraft werden 7, 3, 6; δίκην ἐπι-
τιϑέναι bestrafen 2, 3, 28; δίκης τυχεῖν
3, 3, 11 Strafe erhalten; δίκην ἔχειν
bestraft sein 3, 4, 25; δίκην καταδε-
δικάσϑαι αὐτῶν sie seien zu einer
Strafe verurteilt 3, 2, 21; δίκας τῶν
Φλιασίων προκαλουμένων οὐκ ἐδίδο-
σαν 7, 4, 11 obwohl die Phl. richter-
liche Entscheidung beantragten, ge-
statteten sie dieselbe nicht; πρὸ δίκης
vor der richterlichen Entscheidung
7, 4, 38; μέχρι δίκης 7, 4, 1 bis z. r.
Entscheidung
δίκροτος 2 doppelt geschlagen, ναῦς
ϑ. Schiffe auf denen nur 2 Ruder-
bänke besetzt sind 2, 1, 28
διμοιρία ἡ doppelte Portion, d. Sold
6, 1, 6
δίοδος ἡ Durchgang 4, 4, 13
διοίκησις εως ἡ Verwaltung 6, 1, 2
διότι relativ u. indirekt fragende Par-
tikel (— δι' ὅτι) weshalb, weswegen,
warum
διπλάσιος 3 doppelt so grofs διπλα-
σίαις τριήρεσιν ἢ αὐτὸς εἶχε 4, 8, 22;
5, 3, 21 τὸν διπλάσιον τοῦ εἰκότος
χρόνον
διπλοῦς ἦ οῦν doppelt 7, 4, 21, zwei-
deutig, hinterlistig, διπλοῦν ποιεῖν
4, 1, 32 (Ggstz moralisch ἁπλῶς 4, 1,
37) Zweideutigkeiten sich gestatten
διπλόω verdoppeln 6, 5, 19
δίς Adv. zweimal, doppelt 2, 1, 7; 4, 5, 2
δισ-μύριοι 3 zwanzigtausend 5, 1, 19
δισ-χίλιοι 3 zweitausend 7, 1, 41
δίχα Adv. in zwei Teilen, getrennt,
für sich ἕκαστον 1, 7, 34

διωβελία ἡ Zahlung zweier Obolen (Θεωρικόν), welche als Eintrittspreis für dramatische Vorstellungen jedem Bürger aus der Staatskasse vergütet wurden 1, 7, 2

διώκω verfolgen Impf. 1, 2, 2; folgen; gerichtlich verfolgen, anklagen, τινὰ περὶ θανάτου anklagen auf den Tod 7. 8, 6
ἀπο- (von einem Punkte) verfolgen 4, 5, 14
ἐπι- (weiter) verfolgen 4, 6, 9
κατα- verfolgen, treiben, πρὸς τὸ στρατόπεδον
μετα- nachfolgen 4, 5, 12, nachsprengen (mit dem Pferde) 4, 1, 89

δίωξις εως ἡ Verfolgung 4, 2, 21, δίωξιν ποιεῖσθαι verfolgen 4, 5, 16; 6, 5, 14

δόγμα τό Beschluſs, δ. ποιεῖσθαι Inf. fassen 6, 5, 2; δόγματος γεγενημένου τῇ πόλει Inf. 6, 5, 5; κατὰ τὸ δόγμα nach dem Beschlusse 5, 2, 37; Volksbeschluſs 7, 3, 1

προσ-δοκάω erwarten, fürchten, hoffen χαλεπόν τι 6, 3, 14; Acc. c. Inf. Fut. αὐτὸν ἐμβαλεῖν 6, 4, 3 erwarten

δοκέω (aus δοκεῖ μοι hervorgegangene Bedeutung in persönlicher Konstruktion) glauben, meinen 3, 5, 1 κατα-μαθεῖν δοκῶν der wahrzunehmen glaubte, 3, 1, 3; intr. scheinen, den Anschein haben 2, 3, 85 ἔδοξα τῇ πόλει εἰκότα λέγειν; 2, 3, 89 ἀνδρὸς καὶ ὄντος καὶ δοκοῦντος ἱκανοῦ εἶναι gelten als, im Rufe stehen 5, 2, 87; 5, 3, 22; 6, 3, 7; 4, 8, 81; (gut) scheinen Acc. c. Inf. 4, 1, 14; ἐδόκει βοηθητέον εἶναι 6, 5, 10; αὐτῷ δοκοῦντα λέγουσι er ist einverstanden, er giebt seine Zustimmung zu dem Gesagten 3, 1, 19 u. 4, 1, 10 εἰ ἐκείνῳ δοκοίη περὶ σπονδῶν καθάπερ τῷ πατρί derselben Ansicht sein wie 4, 7, 2; ὑμῖν ἄλλα δοκοῦντα anderer Ansicht sein 6, 3, 5; 2, 3, 19 ἔλεγεν ὅτι ἄτοπον ἑαυτῷ δοκοίη εἶναι; δοκῶ μοι ich scheine mir, komme mir vor, es kommt mir vor, als ob ich, ich glaube 6, 1, 10, οὐκ ἄν μοι δοκῶ πρὸς αὐτοὺς φιλίαν ποιήσεσθαι; 4, 1, 10 πολὺ μᾶλλόν μοι δοκῶ ἥδεσθαι, ὅταν —; δόξας τὰ ὄντα λέγειν Glauben finden 1, 1, 81; δοκεῖ μοι es scheint, gefällt mir, mit Inf. beschlieſsen; 1, 6, 85 ἔδοξε τοῖς στρατηγοῖς τινας πλεῖν Acc. c. Inf.; 1, 7, 2 ἔδοξε τῷ δικαστηρίῳ δῆσαι

Inf.; Pass. δεδόχθαι γὰρ σφίσιν vo.. ihnen der Beschluſs gefaſst worde.. 5, 3, 23; ἔδοξε Inf. man beschloſs, di.. Majorität beschloſs; Acc. c. Inf. 5, 2 20; δόξαντα δὲ ταῦτα καὶ περανθέντ.. 3, 2, 19 Acc. absol.; δόξαντος δὲ τού.. του 1, 1, 36 nach diesem Beschlusse als dies Beifall gefunden; 1, 7, 3 καὶ δοξάντων τούτων = ἐάν wenn (i.. hypothet. Sinne)
ἀπο-δοκεῖ imperson. es miſsfällt 7 4, 34 ὡς δὲ ἐν τῷ κοινῷ ἀπέδοξε μη κέτι χρῆσθαι als der Plan aufgegebe.. war, zu gebrauchen
συν-δοκεῖ μοι auch mir gefällt es es ist auch meine Meinung, 2, 3, 5.. συνδοκοῦν ἡμῖν ἅπασιν absol. nach unserm gemeinsamen Beschlusse; 5 1, 1 συνδόξαν καὶ τοῖς ἐφόροις mi.. Genehmigung Acc. absol.

δοκιμασία ἡ Prüfung, Musterung 6 4, 31 ποιεῖν τοῦ ἱππικοῦ
δόκιμος 2 annehmlich, erprobt, tüchtig
δόλος ὁ List δόλῳ ἀπέκτεινε 7, 1, 46
δόξα ἡ Meinung παρὰ δόξαν wide.. Erwarten 4, 8, 7; 7, 5, 21 δόξαν πα.. ρεῖχε τοῖς πολεμίοις μὴ ποιήσεσθαι μάχην erweckte den Glauben, die Hoffnung
δοριάλωτος 2 speergefangen, kriegsgefangen δ. γένοιντο 5, 2, 5
δόρυ ατος τό Speer, Lanze (12—15 Fuſs lang und Hauptwaffe des Fuſsvolks. Jeder Schwerbewaffnete trug deren zwei) δόρατα ἀφιέντες 2, 4, 15; τὰ δόρατα ἐξηκόντιζον 5, 4, 52; 4, 3, 17 εἰς δόρυ ἀφικόμενοι auf Speerweite, so nahe herankommen, daſs man den Feind mit der Lanze erreichen kann; 7, 1, 31 εἰς δόρυ δέξασθαι auf Speerweite herankommen lassen; 6, 5, 18 ἀναστρέφειν εἰς δόρυ rechts umschwenken; ἀκοντισθεὶς δόρατι 5, 4, 52
δορυφόρος ὁ Trabant, Begleiter, einer von der Leibwache 4, 5, 8
δουλεία ἡ Knechtschaft, αὐτοῖς δουλείαν παρεσχήκασι haben auferlegt 8, 5, 18
δουλεύω als Sklave dienen, sich unterordnen 5, 4, 1
δοῦλος 3 sklavisch, ὁ δ. der Sklave 6, 2, 15
δουλόω (zum Sklaven machen), Med. sich (sibi) unterwerfen 4, 8, 2
κατα- Med. sich unterwerfen αὐτήν 7, 5, 1

δράγμα τό Ährenbündel, Garbe 7, 2, 8
δραπετεύω davonlaufen, ausreifsen
3, 4, 15; 2, 4, 16
δραχμή ἡ Drachme, Silbermünze —
6 Obolen oder = ¹/₁₀₀ Mine, unge-
fähr — 78 Pfennige; 2, 3, 48 δραχ-
μῆς μετέχειν an dem Buleutensolde
(1 Drachme) teilhaben, d. h. Buleut sein
δράω thun 1, 1, 23
δρεπανηφόρος 2 sicheltragend, ἅρ-
ματα δρ. Sichelwagen 4, 1, 17 (an der
Deichselspitze, am Joch der Pferde,
an den Rädern und unter dem Wagen-
sitz waren Sicheln angebracht)
δρέπανον τό Sichel 3, 3, 7
δρομικός 3 schnelllaufend, τὰ δρο-
μικά Wettlauf 7, 4, 29
δρόμος ὁ Lauf, Rennbahn 7, 4, 29;
δρόμῳ ὑφηγεῖσθαι 3, 4, 23 im Sturm-
schritt vorauseilen; in Sturmschritt
eilen δρόμῳ φέρεσθαι πρὸς τὰς πύλας
7, 1, 18; δρόμῳ ὁμόσε ἐφέροντο 4, 3, 17;
δρόμῳ ἔϑεον 5, 4, 51
δρύφακτοι οἱ Schranken (in der βουλή
zwischen Ratsmitgliedern u. Zuhörer-
raum) 2, 3, 50
δύναμαι können, vermögen ὅ, τι δύ-
ναιτο nach Kräften 4, 8, 6; ὡς ἂν
δύνωμαι ἄριστα 4, 1, 37; ὡς ἐδύναντο
μάλιστα 3, 3, 9; ὅπως ἐδύναντο δια-
δύντες 7, 2, 3; ὅσον δυνάμεθα; ὅσους
ἐδύνατο πλείστους möglichst viele;
οἷς δύναται ἀπολύντα mit allen mög-
lichen Mitteln 2, 3, 27; ἐμφαγοῦσιν
ὅ, τι δύναιντο ἥκειν τὴν ταχίστην so
schnell sie könnten 4, 5, 8; ἔλαττον
δύνασθαι 4, 4, 6 geringeren Einfluſs
haben; οὐκ ἐλάχιστον δυνάμενοι 6, 4,
19; 1, 4, 13 geringere Thatkraft haben;
μάλιστα παρά τινι gröſsten E. haben
bei jdm. 3, 1, 10; δυνασϑεῖσι zur
Macht gelangt 1, 4, 16; 2, 3, 33; 7,
5, 25 ἐδυνάσϑησαν vermochten; Impf.
1, 3, 16; 6, 1, 1 οὐ δυνήσοιντο μὴ
(statt des gewöhnlichen μὴ οὐ) πεί-
ϑεσϑαι ich kann nicht umhin
δύναμις εως ἡ Macht, οἱ ἐν δυνάμει
ὄντες die Machthaber 4, 4, 5; δύναμις
ναυτική Seemacht 7, 1, 3
δυναστεία ἡ (die aus der oligarch.
Partei hervorgegangene) Regierung,
aristokratische Verfassung 5, 4, 46
καϑειστήκεσαν
ἐν-δυναστεύω darin herrschen, durch
sein persönliches Ansehen bewirken
ὥστε Inf. 7, 1, 42
δυνατός 3 imstande seiend, (von

Sachen) geeignet ψηφίσματα δυνατὰ
περανϑῆναι 5, 2, 23; δυνατὸν ἦν es war
möglich Inf. u. Acc. c. Inf. 6, 2, 33;
κατὰ τὸ ἑαυτοῦ δυνατόν nach Kräften
1, 6, 7; 1, 4, 13 ἀπὸ τοῦ τῆς πόλεως
δυνατοῦ nach den Kräften des Staates;
1, 6, 14 εἰς τὸ ἐκείνου δυνατόν soviel
er dazu thun könne
δύνω (δύομαι) untergehen ἅμα τῷ
ἡλίῳ δύνοντι 1, 6, 21; 7, 2, 22 μικρὸν
πρὸ δύντος ἡλίου kurz vor Sonnen-
untergang
ἐκ-δύω (ausziehen) Med. sich aus-
ziehen 3, 4, 19 -δύεσϑαι
ἐν-δύω (anziehen) Med. ἐνεδύοντο
τοὺς ϑώρακας 7, 2, 21 sich anziehen
δια-δύομαι hindurchgehen, hindurch-
dringen 4, 4, 11; διαδύντε διὰ χει-
μάρρου hindurchwaten 4, 4, 7; δια-
δύντες hindurchschleichen 7, 2, 3
κατα-δύω versenken πλοῖον 5, 1, 21
— und intr.:
κατα-δύομαι untersinken, nicht mehr
See halten, -δέδυκα ich bin leck (ge-
worden u.) gesunken ναῦς 1, 6, 35;
ἐπὶ καταδύσης νεώς 1, 7, 32 ebenso;
2, 3, 32 τοὺς καταδύντας Ἀϑηναίων
die ins Wasser Gefallenen
δύο, δυοῖν zwei, Dat. δύο 5, 1, 7
δύσ-βατος 2 unwegsam, undurch-
dringlich, τὰ δύσβατα unwegsame
Punkte 6, 5, 26
δύσ-ελπις ιδος hoffnungslos 5, 4, 31
δυσ-έμβολος 2 wo man schwer ein-
fallen kann, schwer angreifbar; 6, 5,
24 δυσεμβολωτάτη ἡ Λακωνική
δύσ-ιππος 2 für Reiterei ungünstig;
τὰ δ..... Terrain 3, 4, 12
δύσ-μαχος 2 schwer zu bekämpfen
4, 2, 12 Kompar.
δυσμενής ές feindselig, δυσμενῶς ἔχειν
πρός τινα 7, 1, 26
δυσμαί αἱ Untergang μικρὸν πρὸ
ἡλίου δυσμῶν 5, 1, 7 kurz vor Sonnen-
untergang
δύσ-νους ουν widerwillig, abgeneigt
πρὸς τὰ πράγματα 2, 1, 2
δύσ-πάλαιστος 2 schwer niederzu-
kämpfen, unbezwinglich 5, 2, 18
δυσ-πολιόρκητος 2 schwer zu be-
lagern und einzunehmen; Kompar. 4,
8, 5 χωρίον
δυσ-τυχέω unglücklich sein, vom Miſs-
geschick heimgesucht sein 2, 3, 35
δυσ-τύχημα τό Unglück 4, 5, 18;
δυστυχήματος γεγενημένου Unfall er-
leiden 7, 5, 16

δυσ-τυχία ἡ Unglück, Mißgeschick
4, 5, 19

δυσ-χεραίνω etwas nicht ertragen,
Abneigung haben; 7, 4, 2 aegre ferre
τὸ Acc. c. Inf.

δυσ-χερής ἐς schwer zu handhaben,
schwierig, bedenklich 7, 2, 20 εἰ δέ
τι δυσχερές σοί ἐστιν ὧν λέγομεν

δυσ-χωρία ἡ ungünstiges Terrain,
lände 3, 5, 20; 4, 3, 23

δύω s. unter δύνω

δώδεκα zwölf 1, 6, 22

δωρέομαι schenken 6, 3, 6

δῶρον τό Gabe, Geschenk, ἡ τ
αὐτῷ δῶρον ἐδόθη ἐκ βασιλέως
1, 6

E

ἐάν (ἄν) hypothetische Partikel s.
Gramm.; ἐάν τε — ἐάν τε sei es daß
— oder daß; ἄν τις ἀποθάνῃ wer
etwa 2, 4, 17

ἔαρ τό Frühling ἀρχομένου ἔαρος 1,
3, 1; πρὸ ἦρος 4, 1, 14; mit Früh-
lingsanfang ἅμα τῷ ἦρι 3, 2, 6; εἰς
τὸ ἔαρ 4, 8, 6 zum Fr.; ἔαρ ἤδη ὑπέ-
φαινε 3, 4, 16 brach allmählich an;
τὸ ἔαρ ἐπέστη herankommen, erschei-
nen 5, 4, 47

ἑαυτοῦ ῆς οὖ Pronom. reflex. der
dritten Person — seiner selbst,
sich selbst; 1, 2, 17 αὐτοὶ αὐτοῖς
συνέβησαν sie vereinigten sich aus
eigenem Antriebe mit einander; τὰ
ἑαυτοῦ die eigenen Mittel, τὰ ἑαυτῶν
die Heimat 2, 4, 31

ἐάω (zu)lassen, εἴων ζῆν ließen leben
2, 3, 22; 3, 2, 20 τὰς πόλεις αὐτονό-
μους ἐᾶν; εἴασεν αὐτοὺς εἰσιέναι 3,
2, 21; ἐάσοιεν ἄρχειν 6, 3, 9; οὐκ ἐᾶν
verbieten Acc. c. Inf. 2, 1, 14

ἑβδομαῖος 3 am siebenten Tage ge-
schehend; ἑβδομαῖος ἀφ' οὗ ἔκαμεν
5, 3, 19

ἑβδομήκοντα siebzig 1, 5, 1

ἕβδομος 3 siebente 1, 2, 7

ἐγγυάω (als Pfand in die Hand lie-
fern), Med. Bürgschaft leisten 1, 7, 7;
1, 7, 35; 7, 4, 38

παρ- Akt. seitwärts weiter an den
Nebenmann geben (die Losung 4, 2,
19 παρηγγύησαν μὲν ἀκολουθεῖν τῷ
ἡγουμένῳ)

ἐγγυητής οὗ ὁ Bürge, ἐγγυητὰς καθ-
ιστάναι Bürgen stellen 1, 7, 35; δέξα-
σθαι Κερκυραίους ἐγγυητὰς τῶν χρη-
μάτων 6, 2, 36

ἐγγύς Adv. nahe, ἐγγὺς τριάκοντα bei-
nahe, fast (gewöhnlich ohne Einfluß
auf den Kasus des Zahlwortes,) ἐγγὺς
χίλιοι, διακοσίων 7, 4, 16; ἐγγὺς γενο-
μένων kamen nahe 1, 1, 2; Kompara-

tiv ἐγγύτερον, ἐγγυτέρω, ἐπὶ τὸν ἐγγ
τατα λόφον 7, 1, 17; Präp. m. Ge
ἐγγὺς τῆς Κυζίκου; ὅτι ἐγγύτατα ἡ
Λακεδαίμονος 4, 2, 12; 4, 4, 1

ἐγείρω wecken; Med. nebst Aor. I
und Pf. II, erwachen, wach sein
ἐξ- aufwecken 6, 4, 36 Fut.

ἔγκλημα τό Vorwurf, Anklage 7, 4, 8

ἐγ-κράτεια ἡ Enthaltsamkeit 5, 3, 2

ἐγ-κρατής ἐς Herr seiend über etwa
Ἰωνίας 5, 1, 28; 3, 1, 17; ἐγκρατὴ
γενέσθαι πάσης τῆς Αἰολίδος sich be
mächtigen, sich in Besitz setzen ἤδε
νῶν 6, 1, 16; kräftig σώματα 7, 1, 2

ἔγ-κτησις εως ἡ das Recht der Er
werbung von Grundbesitz auf frem
dem Boden 5, 2, 19

ἐγ-χειρητικός 3 unternehmend; -κώ
τερος στρατηγός 4, 8, 22

ἐγχειρίδιον τό kurzes Schwert, Dolcl
2, 1, 3

ἐγώ· ego, ich (gebraucht in Gegen
sätzen, doch auch ohne Nachdruch
und weggelassen, wo man es erwar-
tete) 1, 6, 5

ἔγωγε (betontes —) ich, ich für mein
Person 2, 3, 19

ἕδος τό Sitz 1, 4, 12

ἕδρα ἡ Sitz 4, 5, 7 ἐκ τῆς ἕδρας ἀνε-
πήδησε

ἐν-εδρεύω Med. 4, 4, 15 Aor. sich in
den Hinterhalt legen; persönl. Pass
οὐκ ἀγνοοῦντες ὅτι ἐνεδρεύσοιντο ὑπὸ
τῶν πολεμίων 7, 2, 18 mir wird auf-
gelauert

καθ-έζομαι setze mich, sitze 2, 3,
34 ἐκαθέζοντο Impf. auch mit Ariost-
bedeutung; ἐπεὶ καθέζοντο 3, 1, 24;
sich lagern καθεζόμενος ἐν Τεγέα
3, 5, 7

προσ-καθ- belagern 1, 5, 21

συγ-καθ- zusammensitzen, Sitzung
halten; συνεκαθ-έζετο δικαστήριον 5,
2, 35 Sitzung halten (Dind. -ίζετο)

ⱶἐϑλω wollen, bereit —, den ernsten,
ⱸᵣsten Willen, Lust haben, entschlos-
en sein, sich entschliefsen 3, 5, 8;
ⱶ, 4, 61 οὐκέτι ἤϑελε παραπλεῖν ver-
nⱺgen; οὐκ (μὴ) ἐϑέλω sich weigern
ⱶ, 5, 5; οὐκ ἠϑέλησαν συστρατεύειν
ⱶ, 2, 23; ἐϑέλων freiwillig

ⲥⲩⲛ- dasselbe wollen, teilnehmen
wollen 2, 3, 14, Particip Gesinnungs-
genossen, gleichgesinnt

Ϡⲉλοντής οὖ freiwillig 4, 4, 10

Ϡⲉλούσιος 2 freiwillig 4, 8, 10 ἄλλαι
πόλεις ἐϑελούσιαι συνετείχισαν

ϑίζω gewöhnen, 6, 1, 15 τοὺς μεϑ'
ⱶαυτοῦ ταῦτα εἴϑικεν; εἰϑισμένους Inf.
ⲅewöhnt 4, 4, 12

ϑνος τό Volk 4, 1, 2

ἰ hypothet. Partikel s. Gramm.; εἰ
ⲟὲ μή formelhafter Ausdruck — sonst,
widrigenfalls; εἰ ἄρα ob etwa;
ⲟὐκ ἂν ἀποδοῖεν εἰ μή — non — nisi
aufser wenn 3, 5, 24; 2, 2, 10 οὐδεμίαν
εἶναι σωτηρίαν εἰ μὴ παϑεῖν; εἰ μό-
νον — dummodo 7, 2, 5; 6, 5, 25; 1,
7, 19 εἰ μὴ πλέον, ἀλλὰ μίαν ἡμέραν
δόντες wo nicht — so doch; εἴ
τις — wer etwa
ἴδον ich erblickte, ich sah Acc. c.
Part. 1, 1, 17; Pf. οἶδα wissen, ken-
nen, verstehen, ὅτι 2, 2, 2 (ὅτι mit
Inf.); Acc. c. Part. 2, 3, 12 u. 5, 4, 22;
6, 1, 4 ἀκούετε μὴν οὖν — εὖ οἶδ'
ὅτι — καὶ ὑμεῖς Ἰάσονος ὄνομα —
gewifs, elliptischer Zwischensatz, zu
dem das Verbum des Hauptsatzes in
Gedanken zu ergänzen ist. 7, 1, 44;
s. ὁράω.

ἐπ- schauen, erblicken 2, 4, 17 τὴν
πασῶν ἡδίστην ἡμέραν
κατ- von oben erblicken 1, 4, 19; Acc.
c. Part. 1, 6, 15 s. ὁράω

περι- übersehen, ruhig geschehen
lassen Acc. c. Part. 4, 8, 20 περιιδεῖν
Ἀϑηναίους Ῥόδον καταστρεψαμένους;
6, 3, 1; 6, 5, 46; s. ὁράω

προ- vorher auskundschaften 3, 4, 13
προΐδοιεν τί τἄμπροσϑεν εἴη s. ὁράω
ⲟⲩⲛ-εἶδον; 6, 5, 23 συν-ειδόμενοι (Dind.
-ιδόμενοι, dafür σκοπούμενοι Grofser)
augment. Particip.' des Aor. II Med.
überblickend, d. i. im Geiste über-
sehend und zusammenrechnend; σύν-
οιδά τινι jdm. Mitwisser sein 3, 3, 6
um die Gesinnung jds. wissen; συν-
ειδότας τὴν πρᾶξιν 3, 3, 6 in die
Pläne jds. eingeweiht sein; συνῄδε-

σαν ἑαυτοῖς μὴ ὄντες τοιοῦτοι 2, 3, 12
sich bewufst sein; 2, 4, 17
ὑπερ-τινός gering schätzen, verachten
τῆς πόλεως 7, 3, 6; s. ὁράω
εἶδος τό Ansehen, äufsere Erschei-
nung 3, 1, 14; Plur. 3, 2, 18
εἶεν (Optat. von εἰμί) nun gut, nun
weiter, nun dann (abschliefsend
einen Gedanken und zur Besprechung
eines neuen überleitend)
εἴϑε (utinam) Wunschpartikel; mit
Opt. 4, 1, 38
εἰκάζω vergleichen; 7, 5, 22 εἰκάσϑη
στρατοπεδευομένῳ einem ähnlich wer-
den, scheinen als ob —
εἰκῇ (Dind. εἰκῇ) Adv. auf gut Glück,
geradehin, unbesonnen 6, 2, 13
εἰκός ότος (= ἐοικός, Neutr. Part. von
ἔοικα) wahrscheinlich, εἰκός Acc. c.
Inf. 4, 3, 2 billig, schicklich, natür-
lich; οὐκ εἰκὸς εἴη unbillig; εἰκότα
λέγειν ἔδοξα ich fand Glauben; πῶς
οὐκ εἰκός Acc. c. Inf. 3, 4, 18; 5, 3, 20
ὑπερῃδεῖτο αὐτὸν — ὥσπερ εἰκὸς (ἐστί)
— πρεσβύτερον; 2, 3, 34 εἰκότα ποιεῖν
billig, recht handeln; τὸν διπλάσιον
τοῦ εἰκότος χρόνου (= ἦ εἰκὸς ἦν)
5, 3, 22; κατά γε τὸ εἰκός wie sich
erwarten läfst 7, 1, 2
εἴκοσι zwanzig 1, 1, 2
εἰκότως Adv. natürlicher-, wahrschein-
licherweise πόϑεν ἂν εἰκότως χαλεπόν
τι προσδοκήσαιμεν 6, 3, 14
ὑπ-είκω weichen 5, 4, 45 τινί
ἀπ-ειλέω drohen ἠπείλησαν ἀποκτεί-
ναι 5, 4, 8 (Aorist = sofort)
συν-ειλέω zusammendrängen, εἰς ἔλατ-
τον -ειλοῦντο 7, 2, 8 auf einen immer
engeren Raum —
ὑπ-απ- versteckt drohen 4, 6, 3 Inf.
Fut.
εἴλως ωτος, Helot, Name der spar-
tanischen Leibeigenen 1, 2, 18
εἰμί sein, οὐ γὰρ ἔστιν χρήματα zu
Gebote stehen; möglich sein ἦν ὁρᾶν
6, 4, 16 man konnte sehen; τί ἔσοιτο
ἡ πολιτεία was aus dem Staate wer-
den sollte 2, 3, 17; ἔστι ἐν τοῖς νό-
μοις es steht in den Gesetzen; ἐν
τούτοις ὄντες hiermit beschäftigt 4,
8, 7; 4, 8, 4 οὐδὲν ἐσμεν es ist aus
mit uns; ἔστιν ὅτε zuweilen; ἔστι δ'
ὃν 4, 4, 3; ἔστι δὲ οὓς αὐτῶν einige
6, 4, 15; 2, 4, 22; τῶν δὲ πολεμίων
ἦν οὓς ἀπέδοσαν einige, 7, 5, 17; ἔστι
μὲν ἃ τῶν ἄϑλων; ἣν μέντοι τοῦ τεί-
χους ἃ einige Teile der Mauer; ἦσαν

δὲ καὶ οἳ ἐσώθησαν αὐτῶν 4, 8, 19;
Gen. wozu gehören, angehören, zeugen
von etwas 4, 1, 33 ταῦτ᾿ ἐστὶν ἀνδρῶν
ἐπισταμένων; τῶν θαυμασιῶν εἴη es
gehört unter die Wunderdinge 6, 3, 5;
Dativ. c. Part. εἰ καὶ ἐκείνῳ βουλο-
μένῳ ταῦτ᾿ ἐστί ist angenehm, nach
Wunsch sein 4, 1, 11 und 5, 3, 13;
ἔστι δὲ οὐχ οὕτως ἔχον ὡς es steht
nicht so, dafs 4, 8, 4; τῷ ὄντι 3, 4, 12
und ὄντως in der That, in Wahrheit
3, 4, 17, τὰ ὄντα λέγειν die Wahrheit
sagen; εἶεν nun gut! siehe dieses
ἀπ- abwesend sein, fehlen 3, 4, 23;
1, 4, 10
ἐν- darin sein, Part. darin befindlich
1, 3, 19; 2, 3, 7
ἐξ- impers. ἔξεστι erlaubt sein; ἐξῆν
es wäre erlaubt (gewesen); ἐξὴν ὁρᾶν
7, 5, 8; ἐξεστιν εἰπεῖν 4, 3, 19; absol.
Acc. des Part. ἐξόν Inf. obwohl es
erlaubt war 2, 4, 22; 4, 3, 19; ὡς
ἐξὸν ποιεῖν 2, 3, 21 als ob es erlaubt
wäre; ἔξεστι ὑμῖν εὐεργέτας φανῆναι
4, 8, 4 vgl. 4, 1, 35
παρ- dabei sein, zugegen sein 1, 3, 10
τοῖς ὅρκοις; τὴν παροῦσαν δύναμιν
3, 4, 11 zugebote stehen; παρῆν ὁρᾶν
da konnte man sehen 3, 4, 16; sich
an einem Orte einfinden 4, 1, 22 und
3, 4, 20; erschienen sein 7, 4, 5; ὅποι
παρεῖναι sich einfinden 3, 4, 3; 7, 4, 8
πρὸς ὑμᾶς πάρεσμεν sind gekommen;
παρῆσαν in aor. Bedeutung: erschie-
nen 3, 4, 20; τὰ παρόντα die gegen-
wärtigen Zustände 2, 3, 27; ἐν τῷ
παρόντι im gegenwärtigen Augen-
blick 6, 1, 17; 7, 5, 2
περι- überlegen sein 3, 4, 2
προσ- dabei sein, noch dazu gehören
3, 1, 28
συμ-παρ- mit zugegen sein 4, 6, 1
συν- zusammen sein, οἰκείως τινί mit
jdm. vertrauten Umgang haben 7, 3,
5; τοὺς συνόντας die Genossen 2, 3, 31
εἶμι gehen, kommen τοὺς ἰόντας φλᾶως
ἐδέχοντο 4, 8, 5; πρός τινα sich an
jdn. wenden 6, 1, 4; ἐπ᾿ οὐδεμίαν
(πόλιν) ᾔει griff keine Stadt an; ᾔει
ἐπὶ τῶν Θηβαίων χώραν 5, 4, 38;
πρεσβείαν ἰέναι als Gesandter gehen
5, 3, 23
ἀντ-εξ- gegen den anrückenden Feind
ins Feld ziehen 4, 4, 16; 4, 5, 10 —
einen Ausfall machen
ἀντι-παρ- gegenüber von etwas, zur

Seite (eines feindlichen Heeres) hi⸗
ziehen αὐτῷ 5, 4, 88
ἀπ- weggehen, abreisen, zurückkreis⸗
3, 3, 1; ἐπὶ τὰ ἑαυτῶν d. i. sic⸗
unterwerfen unter der Bedingung d⸗
ungehinderten Rückkehr u. Siche⸗
heit des Eigentums 2, 4, 31
δι- hindurchgehen, hindurchma⸗
schieren 4, 3, 15; 4, 5, 18
εἰσ- hineingehen 2, 4, 1; 3, 1, 21; ⸗
1, 14
ἐξ- ausgehen, ausziehen ἐπὶ λεία⸗
3, 2, 2, ins Feld ziehen 7, 5, 2; ἐ⸗
Κορίνθου 5, 1, 36
ἐπ- herangehen, anrücken 4, 1, ⸗
ἄλλοτε ἄλλῃ τῆς χώρας ἐπῄει, an-
greifen; von der Zeit — herannahe⸗
(χειμών) 1, 2, 14; bevorstehen, fol-
gen, τῷ ἐπιόντι ἔτει 1, 6, 1 im fol-
genden Jahre, τῆς ἐπιούσης νυκτός
1, 1, 13 während der f. Nacht; τὸ⸗
ἐπιόντα ἐνιαυτόν 3, 2, 6 das folg.
Jahr über; 3, 2, 30
ἐπ-αν- (in der Rede) auf etwas be-
reits Gesagtes wieder zurückkom-
men 7, 4, 1
ἐπ-εξ- gegen jdn. ins Feld ziehen
6, 2, 22
κατ- herabgehen, zurückkehren
μετ- nachgehen; gehen, um zu holen;
ἐπιτήδεια 2, 1, 25, nachfolgen τῶν
δὲ μετιόντων 4, 5, 8
παρ- vorbeiziehen τὴν Ἀττικήν 5, 4,
19; längs der Küste ziehen 4, 8, 3;
πρὸ τῶν λόχων παριόντα entlang
gehen 7, 1, 30
περι- herumgehen, herumziehen κατὰ
τὴν χώραν 4, 6, 12; 3, 2, 25 περιιόντι
τῷ ἐνιαυτῷ im Laufe des Jahres
προ- vorrücken 4, 6, 5, voran an der
Spitze marschieren 3, 4, 13; προϊόν-
τος τοῦ χρόνου im Verlaufe der Zeit
5, 3, 3
προσ- herangehen, heranziehen; προσ-
ιόντες εἰς τὴν Μαντίνειαν 7, 5, 15;
7, 1, 9 πρὸς τούτους προσιέναι sich
anschliefsen; τοῖς ὁπλίταις an die
Hopliten herangehen 4, 4, 16
συμ-παρ- mit ausrücken, zugleich
neben jdm. gehen, — ziehen 2, 1, 28;
τινί unterstützen
συν- zusammengehen, gegen einander
anrücken (von Heeren) 4, 3, 17; sich
vereinigen 6, 5, 6 πᾶν τὸ Ἀρκαδικόν;
εἰς τὴν Μαντίνειαν 7, 5, 7
εἴπερ wenn anders, wenn überhaupt
(wenn, wie es ja doch der Fall ist)

6, 4, 5; wenn ja wirklich; εἴπερ γε
1, 7, 6 wenn durchaus
: ἔπον (defekt. Aor. zu φημί oder λέγω)
sagen, reden, ὡς 1, 4, 20; πρὸς αὑτὸν
ὅτι 1, 6, 32; erklären, heifsen, befeh-
len; 3, 4, 5 πρὸς ταῦτα εἶπε erwidern;
3, 5, 24 οἱ Θηβαῖοι εἶπαν (Dind. εἶπον)
ὅτι; 6, 1, 16 εἴπατε πρὸς ἐμέ; 7, 2, 2
ὡς εἰπεῖν so zu sagen, faɔt; Dat. c.
Inf. 1, 1, 13 befehlen; εἶπον μὴ θύειν
verbieten 3, 4, 4; μηδένα παριέναι 5,
2, 29; hierzu (von εἴρω) εἰρήσθω 5, 2, 6;
ῥηθήσεται 6, 3, 7; εἰς ῥητὴν ἡμέραν
3, 5, 6; ἐπὶ τούτοις ῥηθεῖσι darauf hin
3, 4, 6; 3, 2, 6 Δερκυλίδᾳ ἐροῦντες
μένοντι ἄρχειν mitteilen; ɔ. εἴρω
ἐιν- (Aor. zu ἀναγορεύω) öffentlich
bekannt machen, durch Herold aus-
rufen lassen Acc. c. Inf. 3, 1, 23;
1, 4, 20 ἀναρρηθεὶς ἡγεμών
ἀντ- (Aor. zu ἀντιλέγω) ɔich dagegen
erklären 2, 3, 41; widersprechen 5,
4, 35, (πρὸς αὑτὸν) ὑπέρ τινος ὡς
Opt. ɔich erklären einem gegenüber
für einen 3, 8, 3
ἀπ- (defekt. Aor. zu ἀπόφημι oder
ἀπαγορεύω) versagen, ermatten, Kraft
verlieren 6, 3, 15
προ- (Aor. zu προαγορεύω) laut u.
öffentlich verkündigen, ankündigen
τινί 3, 4, 3, πόλεμον erklären 3, 4, 11;
anbefehlen Dat. c. Inf. 3, 4, 11 ταῖς
πόλεσι προεῖπεν ἀγορὰν παρασκευ-
άζειν; verbieten mit μή u. Inf. 2, 4, 1;
6, 4, 16 προεῖπαν (Keller) (Dind. -εἶπον)
ταῖς γυναιξὶ μὴ ποιεῖν κραυγήν; προ-
εῖπεν αὑτοῖς ὡς ἡγήσοιτο 3, 4, 20 an-
kündigen, (im Sinne von) drohen mit
ὅτι 5, 1, 34; προεῖπεν ὡς μηδεὶς
κινήσοιτο kündigte an, er erwarte,
dafs niemand 2, 1, 22; ὅτι 5, 2, 13;
προειρημένοι vorhergenannt 4, 5, 14
προσ- (Aor. zu προσ-αγορεύω) an-
reden, begrüfsen, (Dind. προσ-εῖπον)
προσ-εῖπαν ἀλλήλους χαίρειν 1, 31
εἴργω (εἴργνυμι) einschliefsen 5, 3, 22,
συλλαβὼν εἶρξεν ἐν Σάρδεσι 1, 1, 9;
4, 8, 16 verhaftete; Pf. εἰργμένος 5,
2, 31
καθ- 3, 2, 3 καθειργμένοι ἐν τῷ
σταυρώματι einschliefsen
περι- einschliefsen, einhegen Θῆραι
ἐν περιειργμένοις παραδείσοις 4, 1, 15
εἴργω ausschliefsen, abschliefsen, ab-
halten τὰ πλοῖα εἶργε τοῦ εἴσπλου
2, 2, 9; τῆς γῆς εἴργειν 1, 1, 35; εἰρ-
ξάντων 4, 2, 23; ἡ φάραγξ εἶργε —

ὥστε Inf. 7, 2, 13; 7, 2, 17 Pass. εἰρ-
γοντο τῶν καρπῶν
ἀν-zurückhalten τοὺς στρατιώτας 7,1,31
ἀπ- abhalten φυγῇ ἀπειργόμενος 1, 4, 15
εἰργμο-φύλαξ ακος ὁ Kerkermeister
5, 4, 8
εἴρημαι u. ɔ. w. ɔ. εἶπον
εἰρήνη ἡ Friede, ποιεῖν stiften, zu-
stande bringen 6, 3, 3; γίγνεται kommt
zustande 3, 2, 31; 6, 5, 5; ποιεῖσθαι
εἰρήνην τῇ πόλει πρός τινα (ɔt. ποιεῖν)
zustande bringen für jdn. mit jdm.
4, 8, 12; Frieden schliefsen μετά τινος
πρός τινα ποιεῖσθαι im Verein mit
jdm. gegen — 7, 4, 7; 6, 1, 18 εἰρήνην
ἦγον halten; ἔχειν halten 3, 4, 6; 2, 4,
38; εἰρήνης τυχεῖν 4, 5, 6; 6, 3, 18
εἰρήνην δέχεσθαι; τῇ εἰρήνῃ χρῆσθαι
ᾗ αὑτὸς ἔλεγεν den vorgeschlagenen
Frieden annehmen 5, 1, 25; εἰρήνην
πράττειν auszuwirken suchen 3, 4, 6;
εἰρήνην διαπράξασθαι zustande brin-
gen 6, 3, 4; ἐμμένω τῇ εἰρήνῃ 5, 1, 35
Frieden getreulich halten, ἣν κατ-
έπεμψε βασιλεύς vorschreiben; πέμ-
πειν περὶ εἰρήνης 5, 3, 26; πράττειν
περὶ εἰ. wirken für 6, 3, 3; ἐπορεύοντο
ἐπὶ Θήβας ἐπὶ τὴν εἰρήνην 7, 4, 10
εἰρηνικός 3, Adj. friedlich 3, 1, 22
εἰρηνο-ποιός 2 Frieden stiftend, ὁ εἰ.
Friedensvermittler 6, 3, 4
εἰρκτή ἡ Gehege, abgeschlossener
Raum 4, 7, 7
(εἴρομαι hom.) Aor. ἤρετο, ἐρομένου
3, 1, 28; ἐρήσομαι 3, 5, 6 fragen
ἐπ-ήρετο 2, 3, 56 fragte τὸν Ἀπόλλω
4, 7, 2; -ερομένου; Fut. 7, 4, 6 ἔπεμ-
ψεν ἐπερησομένους
(εἴρω homerisch) sagen, Fut. ἐρῶ, Pf.
εἴρηκα, ὡς ὀρθῶς τε καὶ δίκαια εἰρη-
κότος 6, 5, 37; Pf. Pass. εἴρημαι, Aor.
Pass. ἐρρήθην 4, 1, 4; εἰρήσθω 5, 2, 6;
ῥηθήσεται 6, 3, 7; εἰς ῥητὴν ἡμέραν
3, 5, 6; ἐπὶ τούτοις ῥηθεῖσι darauf
hin 3, 4, 6; 3, 2, 6 Δερκυλίδᾳ ἐροῦντες
μένοντι ἄρχειν mitteilen; ɔ. εἶπον und
Komposita
εἷς μία ἕν einer, ἐπὶ μιᾶς in einer
Linie Schiff neben Schiff 1, 6, 29; ὑφ'
ἑνός, καθ' ἕν einzeln 3, 2, 16, auch
— vereinigt 3, 4, 27; ἔπεμπον καθ'
ἕνα ξεναγόν einen einzigen für die
Gesamtheit 5, 2, 7
εἰς Präpos. zur Angabe der Bewegung
der Handlung in das Innere eines
Gegenstandes oder auf einen Gegen-
stand hin; in — auf die Frage wohin?

in — hinein, nach, bis zu (Ort, Zeit, Zahl), zu (Zweck), inbezug auf —: εἰς Ἑλλήσποντον εἰσέπλει 1, 1. 2; ἐπορεύοντο εἰς Κολοφῶνα 1, 2, 4; εἰς ἑσπέραν gegenAbend;(Annäherung) bis zu, ungefähr εἰς χιλίους; ὡς εἰς ἑπτακοσίους; ungefähr gegen 700 4, 1, 18; εἰς δύο zu zweien, zwei Mann hoch (vom Standpunkte des vor der Front Stehenden die Tiefe der Aufstellung bezeichnend, weil bis zu der Zahl hin gezählt wird); 3, 1, 22 εἰς δύο auch von der Breite der Glieder gebraucht; 4, 2, 13 εἰς ὁπόσους τάττεσθαι; hinsichtlich; inbezug εἰς τὰ πολεμικὰ καταφρονούμενος 7, 4, 30; εἰς τὸ ἐκείνου δυνατόν nach Kräften 1, 6, 14

εἰσ-βολή ἡ Einfall, Zugang, Paſs 6, 2, 1

εἴσ-οδος ἡ Eingang παρασχεῖν 4, 4, 7 ermöglichen

εἴσ-πλους ὁ Einlaufen der Schiffe, Einfahrt 2, 2, 9

εἰσ-φορά ἡ Beitrag, Beisteuer, χρημάτων 6, 2, 1 ausserordentliche Vermögenssteuer

εἴσω Adv. hinein, nach innen, Gen. οὐ δέχοιντο εἴσω τῶν πυλῶν 5, 2, 8

εἶτα (Partikel eine temporale oder logische Folge bezeichnend) dann 2, 2, 17, hierauf; 1, 7, 18 infolgedessen; in der Frage = das wäre eine Folge, ei wirklich? (mit iron. Bitterkeit den Mangel einer vernünftigen Gedankenfolge bemerklich machend); mit καί bildet es Krasis: κᾆτα s. dieses

εἴτε — εἴτε sive — sive sei es daſs — oder daſs; ὁπότερα μὲν οὖν, εἴτε ἐπέπεισο, εἴτε ..., ἄδηλον 3, 5, 19

εἴωθα (Pf. zu ἔθω) ich bin gewöhnt, pflege, εἰώθεσαν 4, 7, 3

ἐκ ἐξ Präpos. aus dem Innern, aus der Mitte heraus, von der Zeit — seit, unmittelbar nach; kausal — infolge von; ἐκ μάχης gleich nach oder infolge 1, 2, 17; ἐκ δὲ τούτου 2, 3, 54, ἐκ τούτων gleich darauf oder infolgedessen 1, 1, 31; ἐξ ὧν infolgedessen 5, 4, 64; ἐξ ὧν δή 6, 5, 3 (die unmittelbare, natürliche Folge ausdrückend); ἐξ ἀρίστου gleich nach — 6, 5, 17; τὰ ἐκ τούτων das Weitere —, das, was hieraus folgt 2, 3, 54; 4, 6, 4 οἱ ἐκ τῶν ἀγρῶν Ἀκαρνᾶνες die auf dem Lande Befindlichen (die Präposition ἐκ durch Attraktion des Verb. ἔφυγον veranlaſst); 3, 1, 6 δῶρον ἐκ

βασιλέως ἐδόθη; ὁ δὲ ἐκ τῆς Παρυσάτιδας υἱὸς αὐτοῦ von der P. geborene Sohn 4, 1, 39

ἑκασταχόθεν Adv. von jeder Seite her 3, 4, 3

ἕκαστος 3 jeder, mit und ohne Artikel ἐν ἑκάστῃ πόλει 3, 5, 13; καθ' ἑκάστην ἡμέραν 2, 1, 27; als distributive Apposition zu einem Plural 1, 7, 5 οἱ στρατηγοὶ ἕκαστος ἀπειλήσατο die F. u. zwar jeder für sich 4, 8, 16 ἀπῆλθον οἴκαδε ἕκαστος; ἐκ μίαν ἑκάστην τῶν πόλεων 4, 8, 28; τοῖς ἄλλοις ὡς ἕκαστοι ἄξιοι εἶεν 3, 2, 10 τῶν συμμάχων ὁποῖοι ἕκαστοι 5, 2, 8 2, 4, 28; ὅσας ἕκαστοι ἀπώλεσαν 1, 1, 2! jede Partei für sich; 1, 6, 21 τῶν ἐφορμούντων ὡς ἕκαστοι ἤνοιγον d. i. nicht zugleich, sondern nach u. nach ver einzelt; καθ' ἕνα ἕκαστον jeder ein zeln für sich; ἕκαστός τις jeder ein zelne 2, 4, 17

ἑκάστοτε Adv. jedesmal 4, 8, 18

ἑκάτερος 3 jeder von beiden 3, 2, 1! ἑ. αὐτῶν; Pl. jede von beiden Parteien, — Seiten 4, 2, 20; m. Artike! ἑκατέρωθεν Adv. von beiden Seiten 3, 2, 16

ἑκατόν hundert 1, 1, 34

ἐκ-δρομή ἡ Ausfall 3, 2, 4

ἔκ-δρομος ὁ Ausläufer, Tirailleu (ein zu Ausfällen bestimmtes Corps) 4, 5, 16

ἐκεῖ Adv. dort 1, 1, 14, dorthin 7, 1, 27 bei Verbis der Bewegung

ἐκεῖθεν Adv. von dort 1, 1, 19

ἐκεῖνος 3 Pron. demonstr. jener; 1, 3, 10 auf das zunächst Vorhergehende hinweisend statt eines zu erwartenden αὐτός; 1, 1, 27 ἀντ' ἐκείνων = ἀνθ' ἑαυτῶν (vom Standpunkte der Schriftstellers), ebenso 1, 6, 14 εἰς τι ἐκείνου δυνατόν vgl. 3, 4, 2; 6, 4, 2! u. 27; 7, 5, 2; τῶν κατ' ἐκεῖνα χωρίων den in jener Gegend umher befind lichen Orten 3, 5, 17

ἐκεῖσε Adv. dorthin 1, 1, 11

ἐκε-χειρία ἡ Waffenstillstand, ἔχειν 4, 2, 16 Waffenruhe haben

ἐκκαίδεκα sechzehn 4, 2, 18

ἐκκλησία ἡ Volksversammlung, [die V. in Athen hatte die Entscheidung über alle Staatsangelegenheiten. Sie be schloſs über neue Gesetze, Steuern, Beamtenwahl, Krieg u. Frieden, Ver träge u. sprach in besonderen Fällen Recht. Das Recht der Teilnahme

hatte jeder unbescholtene Bürger vom
20. Lebensjahre an. Jeder Eintretende
erhielt eine Marke, gegen welche er
den Sold (1 später 3 Obolen) empfing.
Das Wort erhielt jeder, der es be-
gehrte (ἰσηγορία). Der Redner trug
als Zeichen der Unverletzlichkeit einen
Kranz u. stand auf der Rednerbühne.
Die V. fand früher auf dem Markte,
später auf der Pnyx statt. Viermal
in jeder Prytanie wurden ordentliche
V. (νόμιμοι) berufen, aufserordentliche
(σύγκλητοι) bei dringenden Anlässen.
Einberufen wurde dieselbe durch den
ἐπιστάτης u. die für die Verhandlung
bestimmten Gegenstände vorher durch
Anschläge bekannt gemacht. Nach-
dem die Versammlung durch Opfer
u. ein Gebet des Herolds eröffnet war,
legte der Vorsitzende die Tagesord-
nung vor u. richtete an das Volk die
Frage, ob es dem Ratsgutachten bei-
treten wolle. Geschah dies, so wurde
dasselbe zum Beschlufs erhoben, an-
dernfalls die Debatte eröffnet. Das
Abstimmung geschah durch Händeauf-
heben (χειροτονία), in persönlichen An-
gelegenheiten durch Stimmtäfelchen
(ψῆφοι). Der Beschlufs (ψήφισμα)
wurde im Archiv aufbewahrt. Der
Vorsitzende entliefs die Vers. (λύειν)
durch den Herold.] Versammlung der
Soldaten; 1, 1, 14 ἐ. ποιεῖν berufen;
1, 6, 8 ἐκκλησίαν ἀθροίσας τὸν Μι-
λησίων berufen; ἐγένετο wurde ab-
gehalten 1, 7, 4; ἀνέστησε aufheben
2, 4, 42; τὴν μικρὰν καλουμένην ἐκ-
κλησίαν συλλέξαντες 3, 3, 8 (die μικρά
ἐκκλ. gebildet durch die ὅμοιοι oder
vielleicht durch einen Ausschufs von
diesen, der mit den Ephoren und Ge-
ronten sich zur Beratung und Be-
schlufsfassung versammelte)
ἔκκλητος 2 οἱ ἔκκλ. — ἐκκλησία 2, 4,
38; 6, 3, 3; 5, 2, 33
ἔκ-λειψις εως ἡ Verlassen, ἠλίου Son-
nenfinsternis 2, 3, 4
ἔκ-πλεως αν angefüllt, reichlich 3, 2,
11 τὰ ἐπιτήδεια ἔκπλεω
ἔκ-πληξις εως ἡ Betäubung, Schreck,
Bestürzung ἐποίησε 4, 7, 3 verursachen
ἔκ-πλους ὁ Auslaufen der Schiffe, 2,
1, 17 Ausgang (λιμένος) 1, 6, 18
ἐκ-ποδών Adv. aus dem Wege, 2, 3,
13 ἐ. ποιεῖσθαι aus dem Wege räu-
men, töten 4, 4, 2; ἐ. γενέσθαι nicht
mehr im Wege stehen 6, 5, 38

ἔκ-πωμα τό Becher 4, 1, 24
ἔκ-σπονδος 2 vom Bündnis, Frieden
ausgeschlossen 5, 1, 32
ἐκτός Adv. aufsen, aufserhalb; Präp.
Gen. ἅπαντες ἐκτὸς ὀλίγων 1, 2, 3
ausgenommen (st. πλήν)
ἐκ-τροπή ἡ Abweichung, Nebenweg
7, 1, 29
ἑκών οὖσα ὄν freiwillig, aus eigenem
Antriebe, 6, 1, 18 mit freiwilliger Zu-
stimmung, geflissentlich, absichtlich
ἐλαττόω (verkleinern); Pass. kleiner
werden, schwächer werden, gekränkt
werden τί ὑπό τινος 3, 4, 10; nach-
stehen τινός 1, 4, 16; ὅ,τι worin 7,
5, 6; gekränkt werden 3, 4, 10.
ἐλάττων (Komp. zu ὀλίγος, μικρός)
geringer, weniger (zahlreich) νῆες 4,
3, 12; οὐκ ἐλάττους διακοσίων 5, 1, 12;
κατέλιπε φρουροὺς οὐκ ἔλαττον τε-
τρακισχιλίων 4, 2, 5; οὐκ ἐλάττω ἑκα-
τὸν ταλάντων 4, 3, 21; οὐκ ἐλάττω
ὄντας ἢ τριακοσίους 5, 4, 56; 7, 2, 9
ἀπέθανον οὐκ ἐλάττους τῶν ὀγδοήκοντα;
7, 4, 23 οὐκ ἔλαττον τῶν τριάκοντα;
5, 4, 16 ὡς ἐδύνατο ἐλάχιστα (Adv.
Superl.); οὐκ ἐλάχιστον δυνάμενοι ἐν
τῇ πόλει 6, 4, 18 von sehr bedeutendem
Einflufs; 7, 1, 4 τοῦτο οὐκ ἐλάχιστον
πρὸς ἡγεμονίαν von grofser Bedeu-
tung für —; ἔλαττον ἔχειν den Kür-
zeren ziehen 3, 4, 8
ἐλαύνω treiben, wegtreiben, wegneh-
men 4, 8, 18; reiten intr. (sc. ἵππον)
5, 2, 41; 3, 4, 13; marschieren, ziehen,
heranrücken 4, 3, 7; rudern 6, 2, 29
εἰ ἐλαύνειν (ναῦν) δέοι
ἀπ- weg- zurücktreiben; 3, 2, 31 τοῦ
προεστάναι berauben des Oberauf-
sichtsrechtes
ἐξ- heraustreiben, intr. herausziehen,
heraussprengen 2, 4, 13; 3, 2, 21
ἐπ- herantreiben; intr. einsprengen
auf jdn. τινί 4, 3, 4
ἐπ-εξ- gegen einen ausrücken lassen
5, 3, 6 οἱ Ὀλύνθιοι τοὺς ἱππεῖς
παρ- vorbeitreiben, intr. vorbeireiten
5, 2, 42; 5, 4, 52
περι- herumtreiben, intr. 6, 5, 14 εἰς
τὰ ὄπισθεν περιελάσαντες τῶν Μαν-
τινέων sie umgehend und in den
Rücken fallend
προσ- herantreiben, heranrücken,
heranreiten, -fahren 4, 1, 18; ἱππεῖς
Subj. 4, 3, 20; ἐφ' ἵππων
ἐλαφρός 3 schnell, gewandt; 4, 5, 13
πελτασταῖς

ἐλάω 2, 4, 32 παρήγγειλε τοὺς ἱππέας
ἐλᾶν εἰς αὐτοὺς ἐνέντας heransprengen
mit verhängten Zügeln

ἐλέγχω überweisen, überführen 3, 3,
11; 2, 3, 49 ἐὰν ἐλεγχθῶ ταῦτα πράτ-
των ἢ πεποιηκώς

ἐλεέω bemitleiden ἐλεήσαντες 1, 5, 19

ἐλευθερία ἡ Freiheit 2, 2, 23; 2, 4, 20

ἐλεύθερος 3 frei 4, 1, 36

ἐλευθερόω freimachen ἀπό τινος 5,
2, 12 freisprechen, Med. sich frei-
machen 3, 1, 16

ἐξ-ελίσσω entfalten, τὴν φάλαγγα 4,
3, 18 rottenweise den Kontremarsch
ausführen (durch das das Heer ohne
Änderung der Aufstellung seiner Glie-
der nur die Front verändert)

ἕλκω ziehen, schleppen εἷλκε 2, 3, 55
ἀπὸ τοῦ βωμοῦ τινα wegschleppen;
6, 2, 36 τὰς τριήρεις ἕλκων κατηγάγετο;
τοὺς νεκροὺς ἑλκύσαντες 7, 1, 19
ἀν- heraufziehen, τὰς ναῦς 7, 1, 36
ans Land ziehen, -ελκύσας 1, 5, 10
(ναῦς); 5, 4, 66
καθ- herabziehen, (Schiffe vom Lande
ins Meer ziehen), von Stapel laufen
lassen, segelfertig machen; 1, 1, 3
-ελκύσας

ἕλος τό Sumpf 1, 2, 7

ἐλπίζω hoffen Inf. Fut. 6, 5, 42

ἐλπίς ἴδος ἡ Hoffnung, ἐλπὶς εἴη Inf.
Aor. 6, 3, 20; ἐν ἐλπίδι ἐγένετο τρο-
πὴν ποιήσασθαι Hoffnung fassen 5, 4,
43; ἐν ἐλπίδι εἶναι H. hegen 7, 2, 10
Inf. Fut.; ἐλπίδας ὑποθεὶς einflössen
τοῖς Μυτιληναίοις ὡς ἔσονται 4, 8, 28;
2, 3, 34 τῶν ἔξω ὑποτέμοι ἄν τὰς
ἐλπίδας abschneiden; πάντα μεστὰ
ἐλπίδων ἀγαθῶν 3, 4, 18; ἐλπίδας
ἔχοντα μεγάλας 3, 5, 1 Inf. Fut.

ἐμ-βολή ἡ Einfall; Stoß eines Schiffes
gegen ein anderes und die dadurch
verursachte Beschädigung 4, 3, 12;
Eingang 4, 3, 10; Paß, Engpaß 4, 7, 7

ἔμ-βολον τό das Eingeschobene, Keil,
(keilförmige?) Angriffskolonne 7, 5, 22

ἔμπαλιν Adv. τοὐμπαλιν ἐπορεύετο 4,
4, 13 umgekehrt, rückwärts, zurück
2, 1, 27

ἐμπειρία ἡ Erfahrung περὶ τὰ ναυ-
τικά 7, 1, 4

ἔμπειρος 2 erfahren; 1, 6, 5 περὶ τὰ
ναυτικά Kompar.

ἐμ-ποδών Adv. im Wege stehend,
hinderlich; πόλεμον ἐμποδὼν εἶναι
σφίσι 3, 5, 5; 2, 3, 28 ἐ. εἶναι τῷ
ποιεῖν; ἐμποδὼν γενέσθαι σφίσι in

den Weg treten, hinderlich werde
sich widersetzen, 6, 5, 35; ἐμποδ.
καταβάλλειν τὰ δένδρα als Hindern
in den Weg werfen 5, 2, 39; 6, 5, ;
ἐμποδὼν γενέσθαι τοῦ ἄρξαι αὐτο.
τὸν Ἑλλήνων

ἐμπολή ἡ Ware 5, 1, 23

ἐμπόριον τό Handelsplatz 5, 2, 16

ἔμπορος ὁ Kaufmann (1, 6, 37, welch
das Heer mit den notwendigen B·
dürfnissen versahen und auch d
gemachte Beute kauften) — Arme·
lieferant

ἔμπροσθεν Adv. τὰς ἔμπροσθεν τύχ·
4, 5, 12; m. Gen. 4, 3, 11, vor, davo·
τὸ ἔμπροσθεν τοῦ βουλευτηρίου δ·
Vorplatz des Rathauses; τἄμπροσθε·
die vor ihnen liegende Gegend 3, ·
13; ἔμπροσθεν ποιησάμενοι τὴν χαρά
δραν 4, 2, 15; Gegensatz οὐρά 4, 3, 4
zeitlich: früher 4, 5, 12

ἐμ-φανής εἰς sichtbar, öffentlich ἐκ το·
ἐμφανοῦς offen(bar) 2, 1, 2; τὰ ἐμ·
φανῆ κτήματα das nachweislich ihne·
gehörende Eigentum 5, 2, 10

ἔμ-φρουρος 2 zur Besatzung gehörig
Ἀθηναίων Besatzungstruppen 1, 6, 1·

ἐν Präpos. m. Dat. in — auf die Frag·
wo? innerhalb; ἐν Νοτίῳ 2, 1, 6 i·
der (unmittelbaren) Nähe; ἐν τού·
τοις unter diesen 3, 8, 6; ἐν τούτ·
unterdessen 4, 2, 9; ἐν ᾧ (ἄν) wäh·
rend; ἐν τούτοις ὄντες hiermit be·
schäftigt 5, 3, 19 ebenso ἐν τοιούτο·
ἦν 4, 2, 1

ἐναντιόομαι Gegner —, Widersache·
sein, sich widersetzen 1, 6, 12; 2, 3, 3, 3·

ἐναντίος 3 gegenüber (stehend) 7, 5, 2·
φάλαγγος; 7, 5, 24 (ἐπὶ γηλόφων τινῶ·
ἐναντίους αὐτοῖς gegenüber; im Wider·
spruch stehend 6, 3, 8 τὰ ἐναντιώτατ·
αὐτονομία; τὰ ἐναντιώτατα πράττει·
sich widersprechende Dinge zu ver·
einigen suchen 2, 3, 19; τἀναντί·
γιγνώσκοντες politische Gegner 3,
38; τἀναντία ἰέναι τοῖς Θηβαίοις; τὰ
ἐναντία das Gegenteil 2, 3, 38; εἰ·
τἀναντία nach der entgegengesetzten
Richtung 2, 3, 31; ἐκ τοῦ ἐναντίου von
vorn (συμβάλλειν) 4, 2, 22; οἱ ἐκ τοῦ
ἐναντίου die gerade Gegenüberstehen·
den 4, 5, 15; ὑμῶν τὰ ἐναντία ἐμοὶ
στρατευομένων entgegen 6, 1, 5; 6, 4, 8·
πάντα τἀναντία ἐγίγνετο fiel ungünstig
aus; Adv. συνασπιδοῦντες ἐναντία τοῖς·
Λακεδ. 3, 5, 11 u. ἐναντίον; zB. ᾖει·

τοῖς Ἀργείοις 4, 4, 10; ὁ ἐν. Gegner, Feind

ἐνδεής ἐς ermangelnd, nachstehend; οὐδενός 4, 1, 6 Kompar. 6, 1, 3 (besser ἐνδεήσειε)

ἔνδεια ἡ Mangel 2, 2, 2 τῶν ἐπιτηδείων

ἕνδεκα elf, οἱ ἑ. die Elfmänner (10 aus den Phylen erloste und 1 Schreiber, welche die Aufsicht über Gefängnisse und Vollstreckung der Todesstrafen hatten)

ἔν-δηλος 2 offenbar, ruchbar 5, 3, 16

ἔνδοθεν Adv. von drinnen; ἔνδοθεν ἴθεον ἔξω aus den Häusern auf die Straßen 5, 1, 22; drinnen = ἔνδον, οἱ ἔνδοθεν die Städter 3, 1, 18 (Attraktion des Verbums)

ἔνδον Adv. innen, drinnen 4, 2, 12

ἐν-έδρα ἡ Hinterhalt, ποιεῖσθαι sich legen in den H. 4, 8, 35; ἐνέδραν ποιεῖν τῶν ὁπλιτῶν 6, 5, 31 die H. in den Hinterhalt legen; 4, 8, 37 τὴν ἐνέδραν ἐξανιστάναι die in den Hinterhalt gelegten Soldaten herausführen

ἕνεκα u. ἕνεκεν Präpos. m. Gen. 5, 1, 17 ἕνεκα μισθοῦ; τοῦ ἀρέσκειν ἕνεκα 2, 3, 15; 2, 1, 14 τούτου ἕνεκα soweit es darauf ankomme; 6, 3, 13 ὧν ἕνεκα = τούτων ἕνεκα ὅτι

ἐνενήκοντα neunzig 1, 5, 10

ἐνενηκοστός 3 der neunzigste 1, 2, 1

ἐνεργός 2 thätig, fruchtbar (vom Lande) 4, 4, 1

ἔνθα Adv. demonstr. da, dort (von Ort und Zeit), ἔνθα μὲν — ἔνθα δέ hier und dort 6, 3, 8; auch zur Bezeichnung der Lage und Umstände 3, 4, 23 ἔνθα δή da nun; 2) relativ = ubi ἀφίκηται ἔνθ' ἂν ὡρμημένος ᾖ 6, 1, 15

ἐνθάδε Adv. dorthin, hierher, hier 1, 6, 5

ἔνθαπερ Adv. (verstärktes ἔνθα) gerade da, wo 3, 1, 28; 6, 5, 20

ἔνθεν Adv. demonstr. von da, von dort; 3, 2, 4 ἔνθεν καὶ ἔνθεν von beiden Seiten; 5, 4, 18 τοῦ ἄκρου; ἔνθεν μὲν — ἔνθεν δέ von dieser Seite — von jener Seite 7, 1, 43 — 2) relativ von wo, 6, 5, 1 ἐπάνειμι ἔνθεν ἐπὶ ταῦτα ἐξέβην von wo ich ausging; ferner — woher, weswegen

ἔνθενπερ Adv. (verstärktes ἔνθεν) gerade von wo 6, 5, 20

ἐν-θυμέομαι s. Buchstabe ϑ

ἐν-θύμημα τό Gedanken, Einfall μικρῷ καιρίῳ δὲ ἑ. 4, 5, 4

ἐνιαυτός ὁ Jahr τούτῳ δὲ τῷ ἐνιαυτῷ; τὸν ἐπιόντα ἐνιαυτόν 8, 2, 6; ἐν ὀκτὼ μησὶ καὶ ἐνιαυτῷ 5, 8, 25; κατ' ἐνιαυτόν jährlich; περιιόντι δὲ τῷ ἐν. im Laufe des Jahres 8, 2, 25; ἐνιαυτοὶ τρεῖς ἦσαν 3 Jahre verflossen waren 1, 4, 7; ἦρξεν ἐνιαυτόν ein Jahr lang 6, 4, 34

ἔνιοι αι α einige, ἐνίας τῶν πόλεων 4, 6, 12

ἐνίοτε Adv. bisweilen 6, 3, 10

ἐννέα neun 1, 1, 36

ἔν-νομος 2 gesetzlich, gesetzmäfsig τὰ πάντων ἐννομώτατα 2, 3, 52

ἔν-ορκος 2 durch einen Eid verbindlich gemacht; 6, 3, 18 durch einen Eid verpflichtet sein τινί m. Inf.

ἔν-οχος 2 befangen, schuldig τούτοις dieser Punkte 7, 3, 8

ἐνταῦθα Adv. vom Orte — hier, da; von der Zeit — da nun 1, 3, 5; 2, 1, 31 ἐνταῦθα δή da freilich (von den Umständen)

ἐντεῦθεν Adv. (vom Orte —) von hier aus, von dort aus; (von der Zeit —) hierauf, gleich darauf 1, 7, 9; (vom Grunde —) deswegen, infolgedessen

ἔν-τιμος 2 geehrt; ἀτίμους ἐντίμους ποιεῖν 2, 2, 11 die bürgerlichen Ehrenrechte zurückgeben

ἔν-τονος 2 gespannt, Adv. hitzig, eifrig 2, 4, 23 ἔλεγον

ἐντός Adv. innerhalb ἐντὸς ἀκοντίσματος auf Schufsweite 4, 4, 16; ἐντὸς τοῦ τείχους ποιεῖν einschliefsen 3, 2, 10; (von der Zeit —) binnen ἐντὸς πένθ' ἡμερῶν 3, 3, 4

ἐνωμοτία ἡ Sektion 6, 4, 12; die spartan. Heeresmacht zu Fufs wurde in 6 Moren eingeteilt, von denen eine jede aus 4 λόχοι bestand, der λόχος aus 2 πεντηκοστύες oder 4 ἐνωμοτίαι (circa 25—36 Mann); die Mora wurde von einem πολέμαρχος, der λόχος von einem λοχαγός, die πεντηκοστύς von einem πεντηκοστήρ, die ἐνωμοτία von einem ἐνωμοτάρχης befehligt

ἕξ sechs

ἐξ s. ἐκ

ἐξ-αίσιος 2 über Gebühr, ungeheuer, ungewöhnlich ἄνεμος 5, 4, 17; φυγή 4, 3, 8

ἐξ-αίφνης Adv. plötzlich 3, 2, 14

ἐξακισ-χίλιοι 3 sechstausend 3, 4, 2

ἐξακόσιοι 3 sechshundert 5, 3, 1

ἐξά-μηνος 2 sechsmonatlich, sechs

3*

Monate dauernd ἐξαμήνου (χρόνου) σῖτον 3, 4, 3

ἐξαπιναῖος 3 Adv. -αίως plötzlich 1, 6, 28; θάνατος 6, 4, 33

ἐξέτασις εως ἡ Prüfung, Musterung ποιεῖν ansetzen unter Angabe der Sammelplätze 2, 3, 20; 6, 4, 31

ἑξήκοντα sechzig 1, 1, 11

ἔξ-οδος ἡ Ausgang, Auszug, Streifzug 1, 2, 17 ἄλλας ἐξόδους ἐξῆλθον unternehmen; Ablauf τῆς ἀρχῆς 5, 4, 4

ἔξω Adv. aufserhalb, auswärts, οἱ ἔξω auch — die Verbannten, Geflohenen 2, 3, 24 ἴθεον ἔνδοθεν ἔξω 5, 1, 22; m. Gen. aufserhalb; aufser 2, 3, 19 (Gegensatz ἐντὸς τούτων) aufser dieser Zahl; ἔξω τοῦ σταυρώματος 7, 4, 22; nachgestellt dem Gen. 5, 4, 13

ἔξωθεν — ἔξω; 5, 1, 22 οἱ δὲ ἔξωθεν

ἔοικα (Pf. zu εἴκω) ich bin ähnlich, gleiche, mache den Eindruck, als ob 7, 5, 22 ποιήσουσιν ἐῴκεσαν; ἐοικότος ἀγαλλομένῳ 4, 5, 7 u. 5, 4, 40; ἐῴκει (Dind. Keller ἐδόκει) mit Inf. 3, 3, 8 videri die Vermutung erregen; mit Part. (bin) anscheinend 6, 3, 8 ἐοίκατε τυραννίσι μᾶλλον ἢ πολιτείαις ἡδόμενοι (st. ἥδεσθαι oder Dat. Dind.); impers. ὡς ἔοικε wie es scheint 6, 4, 23; ἔοικε es ziemt sich, ist billig τινί

ἑορτή ἡ Fest 2, 4, 20

ἐπαινέω s. unter α

ἔπαινος ὁ Zustimmung, Lob, ἐπαίνου ὀρεγόμενοι 6, 5, 42; τυγχάνειν 7, 3, 10

ἐπ-ακτρίς ίδος ἡ ein kleines Küstenfahrzeug 1, 1, 11

ἔπ-αλξις εως ἡ Brustwehr 4, 7, 6

ἐπάν (ἐπεὶ ἄν) nachdem, wann, sobald als m. Konj.

ἐπανάστασις εως ἡ Aufstand, Aufruhr

ἐπάριτοι οἱ 7, 4, 22 die aus auserlesenen arkadischen Bürgern bestehende Bundesmiliz, welche um Sold diente und beständig unter Waffen war

ἐπεί Konj. zur Angabe 1) der Zeit — nachdem; ἐπεὶ τάχιστα 2, 3, 11 sobald als; 3,2,4 ἐπεὶ εὐθέως (ἤσθοντο) — wie sonst ἐπεὶ ταχύ — ubi primum — 2) des Grundes — da, weil, indem ἐπεί γε μήν 7, 5, 25 da ja nun aber

ἐπείγω (treiben, drängen), Med. eilen 1, 7, 25

κατ- drängen, οὐδέν τι κατήπειγον τὴν μάχην συνάπτειν sich garnicht beeilen 4, 2, 18

ἐπειδάν (Konj. m. Konjunktiv) nac[h] dem, sobald als

ἐπειδή (von der Zeit —) nachd[e] einmal, nachdem nun, als vollen[ds] als denn wirklich; (vom Grunde · weil einmal, da ja

ἐπείπερ weil ja (einmal) 7, 1, 2

ἔπειτα Adv. darauf, dann, ferner

ἐπ-έκεινα Adv. nach jener Seite, j[e] seit 5, 1, 10 ἀνέβαινον τοῦ Ἡρακλε[ι] ἐπέκεινα ὡς ἑκκαίδεκα σταδίους

ἐπί Präpos. 1) mit Gen. auf, an (
bezug auf die berührte Oberfläch[e] auf dem Wege nach, zur Z[iel] (bes. unter der Herrschaft jds.); ὁρ[ᾶν] σκοποὺς ἐπὶ τῶν μνημάτων 8, 2, [ ] ἐπὶ τεύχους; ἐπ᾽ ἀγροῦ; ἐπὶ τοῦ Κ[ ] δάου ποταμοῦ παρετάξαντο am Flu[ss] 7, 4, 29; 1, 3, 17 ναῦς ἃς εἶχεν [ ] Θρᾴκης an der thrak. Küste; ([ ] Λέσβον und ἐπὶ Λέσβον unterscheid[et] sich so, dafs letzteres blofs die Ric[h] tung nach dem Orte, ersteres d[en] Begriff des Erreichens u. Erreiche[n] wollens involviert) 1, 2, 11 ἔπλεον [ ] Λέσβον auf dem Wege nach —, [ ] Lesbos zu; 3, 4, 12; 5, 4, 60 διεβίβα[ζε] στράτευμα ἐπὶ Κρεύσιος auf dem We[g] über —; ἐφ᾽ ἡμῶν zu unserer Z[eit] 4, 3, 16; ἐπὶ τῶν τριάκοντα zur Z[eit] der Dreifsig, unter den — u. 3, 4, [ ] ἐπὶ πεντήκοντα ἀσπίδων 500 Ma[nn] tief 6, 4, 12 (d. i. auf 50, welche a[ls] Grundlage dienen) u. 2, 4, 11; 7, 2, [ ] ἐπὶ τῆς σωτηρίας τοὺς ἄνδρας δεξιο[υ]μένους ἀλλήλους auf Grund —, wege[n] αὐτὴ ἐφ᾽ αὐτῆς 5, 1, 34 selbst f[ür] sich, von sich selbst abhängig, sel[b]ständig — 2) m. Dat. auf, an, b[ei] (in erweiterter Bedeutung auf d[ie] Frage wo?); in jds. Gewalt (pene[s]) auf jdn. folgend — hinter, nac[h] über (etwas gesetzt sein), über wegen (bei den Begriffen der G[e]fühle und Ansichten), in der A[b] sicht, zu (Zweck), (auf Grund vo[n]) unter der Bedingung — ἐπὶ [ ] νηὶ μαχόμενον ἀποθανεῖν 4, 3, 12; [ ] 3, 11 ἐπ᾽ ἐκείνοις γεγένηται unt[er] der Botmäfsigkeit sein; ἐπί τινι εἶν[αι] unter der Botmäfsigkeit jds. stehe[n] oder in der Macht jds. stehen ἐ[ ] σοὶ δήπου ἔσται ... δοῦναι 3, 1, 11 ὀλίγου τῶν ἐπὶ πᾶσιν ἀπέθανον (τοι Nachtrab) 1, 1, 34; 4, 4, 9 τὴν ἐπὶ τ[ῆς] νυκτὶ — ἡμέραν auf die Nacht folgend ἐπὶ ταύταις hinter diesen 1, 6, 29 υ[ ]

2, 4, 12; ἐπὶ τούτοις hierauf; 1, 5, 11 κατέλιπεν ἐπὶ ταῖς ναυσὶν Ἀντίοχον τὸν αὐτοῦ κυβερνήτην (als Befehlshaber über); 6, 5, 49 ἐπὶ ταύτῃ τῇ διατριβῇ ἔψεγον αὐτόν (wegen); 7, 1, 46 ὅσους ἐξέβαλεν ἐπὶ Λακωνισμῷ (wegen); οὐδ' ἐπὶ μιᾷ αἰτίᾳ ἑτέρᾳ 2, 2, 10 aus keinem anderen Grunde; ἐπὶ πολέμῳ zum Zweck des Krieges 4, 2, 1; 4, 8, 17 ἐπὶ πολέμῳ πέμπουσιν zum Zwecke, Krieg zu führen; 5, 4, 30 ἐπὶ κακῷ τῆς πόλεως zum Nachteile der Stadt; ἀπήγγελλον οἱ πρέσβεις ἐφ' οἷς οἱ Λακεδ. ποιοῖντο τὴν εἰρήνην unter welchen Bedingungen; ἐπὶ τούτοις unter diesen Bedingungen 2, 2, 11; ἐφ' ᾧ Acc. c. Inf. 2, 2, 20 unter der Bedingung, daſs, ebenso ἐφ' ᾧτε Inf. 7, 4, 10; 3, 5, 1; ἐφ' ἑκάστῃ ἐκδρομῇ bei jedem Ausfall (bei obwaltenden Umständen) 3, 2, 4 — 3) m. Acc. auf oder an (einen Ort), bis (zu einem Orte), auf jdn. los (feindlich), zu (Zweck); über etwas hin (sich erstreckend): ἐβοήθει ἐπὶ τὴν θάλατταν 1, 1, 4; ἐπ' αὐτοὺς ἰέναι gegen; 1, 1, 8 ἐπ' ἀργυρολογίαν ᾤχοντο (Zweck); ἐξῄεσαν ἐπὶ λείαν 3, 2, 2; 2, 2, 15 ἐπὶ δέκα σταδίους über eine Strecke von 10 Stadien

ἐπι-βάτης ου ὁ ein (zum Kriege auf dem Lande ausgerüsteter) Seesoldat; 1, 3, 17 eine Art Unterbefehlshaber

ἐπιβολή ἡ Geldstrafe, ἐπιβάλλειν 1, 7, 2 auferlegen (Geldstrafe, welche jeder att. Beamte einem Bürger bis zu einer gewissen Höhe ohne vorhergegangenes Urteil auferlegen konnte)

ἐπιβουλή ἡ Nachstellung, Verschwörung 3, 3, 4

ἐπιγαμία ἡ gegenseitige Heirat (von Bürgern zweier Staaten, welche nur auf Grund geschlossener Verträge stattfand) 5, 2, 19

ἐπι-δέκατον τό der zehnte Teil 1, 7, 10 u. 20

ἐπι-εικής ές gebührend, tüchtig οἱ ἐπιεικέστατοι τριηράρχων 1, 1, 30, Adv. ἐπιεικῶς geziemend, genügend, sehr

ἐπι-θαλαττίδιος 3 u. 2 am Meere gelegen 3, 4, 28; 3, 1, 18 πόλεις

ἐπι-θαλάττιος 2 πόλεις am Meere gelegen

ἐπι-καίριος 2 am rechten Orte, angemessen, geeignet, bedeutend; Superl. 3, 3, 11 τοὺς ἐπικαιριωτάτους

die Bedeutendsten (unter den Verschworenen)

ἐπικουρία ἡ Hülfe, Hülfstruppen, Unterstützung, ἐπικουρίας τυγχάνειν 6, 5, 45; 6, 5, 40 τινός durch etwas

ἐπίκουρος 2 helfend, ὁ Helfer, Pl. Hülfstruppen 7, 4, 6

ἐπι-κυδής ές ruhmvoll, stolz; 5, 1, 36 (Komparativ) anmaſsend u. einfluſsreich

ἐπίλεκτος 2 auserwählt 5, 3, 23, οἱ Kerntruppen

ἐπιληΐς ίδος erbeutet, erobert, durch das Recht des Krieges erworben πόλεις 3, 2, 23

ἐπίμαχος 2 leicht angreifbar; κατὰ τὸ ἐπιμαχώτατον an der am leichtesten zugänglichen Stelle 7, 1, 15

ἐπιμέλεια ἡ Fürsorge, Sorgsamkeit, (οὐδεμίαν) ἐπιμέλειαν ποιεῖσθαι Gen. Sorge tragen 4, 6, 2; κατ' ἐπιμέλειαν durch eigene Bemühung 4, 4, 8

ἐπιμελητής οῦ ὁ Aufseher, Befehlshaber 3, 2, 11

ἐπιμιξία ἡ gegenseitiger Verkehr, commercium; 5, 1, 1 ἐπιμιξίας χρῆσθαι πρός τινα

ἐπί-πεδος 2 eben, flach χωρίον 7, 1, 29; ἐπιπεδέστερον χωρίον 7, 4, 13; τὸ ἐ. Ebene, Fläche

ἐπίπλους ὁ das Heranschiffen, Angriff mit der Flotte ἀλλήλοις 4, 8, 11

ἐπισιτισμός ὁ Verproviantierung, Streifzug nach Lebensmitteln; 3, 2, 26 ἐγένετο αὕτη ἡ στρατεία ὥσπερ ἐπισιτισμός hatte die Bedeutung einer V.

ἐπί-σταμαι s. Buchstabe σ

ἐπιστολεύς έως ὁ Unterbefehlshaber des Admirals oder Nauarchen auf der spartan. Flotte 1, 1, 23; 2, 1, 7

ἐπιστολή ἡ Brief, Schreiben

ἐπιστολια-φόρος ὁ = ἐπιστολεύς 6, 2, 25

ἐπιστρεφής ές gespannt, scharfsinnig, aufmerksam, streng sachgemäſs ῥήτωρ 6, 3, 7

ἐπιστροφή ἡ Zukehr, Beachtung, Berücksichtigung, 5, 2, 9 Ahndung

ἐπι-τείχισμα τό Bollwerk, Grenzfestung 5, 1, 2 Ausfallsplatz

ἐπιτειχισμός ὁ Verschanzung, Anlegen einer Grenzfestung 5, 1, 2

ἐπιτήδειος 3 tauglich, geeignet; ὁ ἐ. Angehörige, Freund, günstig gesinnt 6, 2, 39, befreundet 6, 3, 14; τὰ ἐπιτήδεια Lebensmittel, ἔφοδον ἐπιτηδείων ἀποκλείειν 2, 4, 3; ἐπὶ τὰ ἐ.

πορεύεσθαι ausziehen um Lebensmittel zu holen; λαμβάνειν ἐπιτήδεια 4, 1, 17 holen, requirieren

ἐπίτιμος im Genuſs der vollen bürgerlichen Rechte; ἄτιμον ἐπίτιμον ποιεῖν dem der b. R. beraubten Bürger dieselben wieder zuerkennen 2, 2, 11

ἐπιφανής ές ausgezeichnet

ἐπί-φθονος 2 neidisch, ἐπιφθόνως ἔχειν πρός τινα n. sein auf einen (Sauppe ὑποφθόνως) 7, 1, 26

ἐπιχείρημα τό Beginnen, Unternehmen, Absicht, Versuch 1, 2, 6

ἔπ-οικος ὁ neue, spätere Ansiedler, Kolonist; ἔποικοι sind neue Ansiedler neben der vorhandenen Bevölkerung, ἄποικοι Ansiedler an einem bisher von den Griechen nicht besiedelten Platze 1, 2, 18

ἕπομαι folgen τινί, Heeresfolge leisten 2, 2, 20; μετὰ τῶν κρατούντων ἕπεσθαι 5, 2, 19 es mit jdm. halten παρ- τινί nebenbei folgen, begleiten 3, 1, 22

περι- umgeben, mit Sorgfalt behandeln; Pass. περιείποντο καλῶς gut behandelt werden 3, 1, 16

σύν- zugleich folgen 2, 4, 32

ἑπτά sieben

ἑπτακαίδεκα siebzehn 3, 1, 14

ἑπτακόσιοι 3 siebenhundert 6, 4, 15

ἐραστής οῦ ὁ Liebhaber, Verehrer, Freund τοῦ ζῆν 5, 2, 28

ἐράω lieben jdn. τούτου 5, 4, 25; πολέμου 5, 2, 30; Aor. ἠράσθην Gen. gewann lieb 4, 1, 40; 7, 5, 16 ἐρῶντες ἀνασώσασθαι τὴν πατρῴαν δόξαν voll Verlangen u. s. w.

ἐργάζομαι arbeiten, thun, μέγα ἀγαθόν grofse Wohlthaten erweisen 2, 2, 20; ἐ μισθοῦ für Lohn arbeiten 2,1,1; anbauen τὴν Χερρόνησον 3, 2, 8; bearbeiten γῆν, χώραν 3, 2, 8; 3, 3, 7 ξύλα καὶ λίθους; λαμπρόν τι ἐ. 4, 1, 21 eine ruhmvolle That ausführen; Pf. Pass. 3, 1, 28 μισθὸς εἴργασται τῇ στρατιᾷ ist beschafft

ἐξ- ausführen; 5, 2, 4 ἐπεὶ δὲ ἐξείργαστο ἡ τάφρος vollendet; χώρα ἐξειργασμένη angebaut 6, 2, 6

κατ- vollführen 2, 1, 30 ταῦτα

προσ- (durch Arbeit) noch dazu erwerben, — gewinnen 3, 1, 28

ἐργαστήριον τό Werkstätte 8, 4, 17

ἐργάτης ου ὁ Feldarbeiter 7, 5, 15

ἔργον τό Werk 1, 4, 12 σπουδαίου ἔργου ἅψασθαι unternehmen; ἔργον

διδόναι ein Unternehmen ausführ lassen 4, 4, 12; 7, 1, 31 ὥστε ἔργ εἶναι τοῖς ἡγεμόσι Inf. Mühe habe ἔργον (scil. ἐστί) ἀριθμῆσαι es ist ei schwierige Aufgabe 6, 1, 19; Arbe Kampf ἔργον εἶχοντο 7, 2, 19 sie l gannen den Kampf; ἔργον πράττε betreiben die Arbeit; 7, 1, 10 ἐκ τ ἔργων γιγνώσκειν aus der Geschich Feldarbeit 5, 4, 3

ἀντ-ερείδω dagegen stemmen, 5, 2 ξύλα (τινί) durch dagegen gestemm Balken stützen

ἐρέτης ου ὁ Ruderer 1, 6, 16

ἐρημία ἡ Einsamkeit, Verlassenhe δι' ἐρημίας πολεμίων πορεύεσθαι 4, 21 durch eine von Feinden fre Gegend; unbewachter Punkt 5, 4, 4 Isoliertheit d. i. Verlassensein v Bundesgenossen 6, 5, 25

ἔρημος 2 einsam 2, 4, 23, verlasse entblöfst, unbewacht, Gen.; 4, 8, ; Superl.

ἐρημόω leermachen, verlassen, ve einzeln 5, 3, 27

ἐριουργέω Wolle bearbeiten, in V arbeiten 5, 4, 7

ἔρομαι s. εἴρομαι

ἔρρω untergehen, mit Pfbedtg. - dahin sein ἔρρει τὰ κᾶλα 1, 1, 23 d Schiffe sind dahin

ἐρρωμένος 3 Komp. -μενέστερος ῥώννυμι

ἔρυμα τό Verschanzung, Kastell τε χίζειν anlegen 2, 3, 46

ἔρχομαι gehen, kommen, σὺν ὅπλοι ἔρχεσθαι ἐπί τινα 6, 5, 10; 3, 1, 2 εἰς λόγους ἔρχεσθαί τινι zur Unte redung kommen, — zugelassen we den 3, 1, 10; 6, 2, 6 στρατιώτας ε τοῦτο τρυφῆς ἐλθεῖν bis zu einer solchen Grade — kommen; ἔρχετα m. Inf. es kommt ihm der Befehl z 3, 4, 27, καὶ οἴκοθεν ἄλλα ἐλθόντι was sie mitgenommen hatten vo Hause 7, 2, 23

ἀν- hinaufziehen 2, 4, 39

ἀντ-εξ- dagegen ausrücken 7, 2, 1 οἱ ἱππεῖς

ἀπ- weggehen, abziehen, sich zurück ziehen, zurückkehren; ἀπὸ τοῦ τε χους (μάλα χαλεπῶς) ἀπῆλθον 6, 5, 1 der Angriff auf die Mauer miſslan δι-hindurchgehen 7, 5, 15 τὰς Κλεωνάς durchlaufen 6, 5, 35 Φροῦς; ὁ ἐνιαυτό διεληλύθει war verstrichen 3, 4, 2(διεξ- hindurchgehen 6, 5, 17

εἰσ- hineinkommen, hineingelangen
ἐξ- herausgehen, ἐπί τινα gegen jdn.
zufelde ziehen 5, 3, 10; 5, 2, 2 ἐλέγοντο
αἱ σπονδαὶ ἐξεληλυθέναι ablaufen
ἐπ- angreifen τινί 7, 4, 24
ἐπ-αν-hinaufgehen nach einem Punkte
εἰς τὰ ὄρη (ἐπί deutet auf das Ziel
εἰς τὰ ὄρη hin) 4, 8, 35; zurückkehren
3, 2, 5; ἐπὶ τὰ πράγματα eingehen
auf etwas 1, 7. 29
ἐπ-εξ- gegen jdn. ausrücken, gegen
jdn. einen Ausfall machen
κατ- zurückkehren 7, 1, 43; 7, 3, 11
παρ- vorbeiziehen Acc. 4, 2, 21, vor-
beigehen, verflieſsen 4, 7, 1; τὸν παρελ-
θόντα χρόνον 6, 3, 17; τὸ παρελθόν
die verflossene Zeit 3, 2, 7; τοῦ χει-
μῶνος παρελθόντος 4, 7, 1; 1, 5, 1
παρεληλυθυίας ναυαρχίας abgelaufen
war; wohin kommen εἴσω; ἐπὶ τὸν
λιμένα; auftreten 1, 7, 11 παρῆλθε
δέ τις εἰς τὴν ἐκκλησίαν φάσκων
περι- herumgehen, Umwege machen
7, 2, 11
προ- vorrücken, vorgehen πρὸς τοὺς
ἀγγέλους 3, 2, 18; 6, 1, 5 τοὺς προ-
ειληλυθότας ἤδη ταῖς ἡλικίαις in vor-
gerücktem Alter
προσ- herangehen 4, 7, 6
συν- zusammenkommen, zusammen-
gehen, sich aneinander anschlieſsen
4, 8, 39
συν-εξ- mit zufelde ziehen 3, 4, 2
αὐτῷ; 6, 2, 19
ὑπ- unbemerkt herankommen 5, 4, 50
ἐρῶ s. εἶπον
ἐρωτάω fragen ἠρώτα 3, 1, 25
ἐπ- befragen τὸν θεόν 4, 7, 2; 6, 4, 2
ἔρως ωτος ὁ Liebe, Verlangen; 5, 3, 19
ἔρως αὐτὸν τότ’ ἔσχε Gen. erfaſste ihn
Verlangen nach —
ἐσθίω essen αὐτῶν ὡμῶν 3, 3, 6 Präs.
ἐσμός ὁ Niederlassen, ἑ. μελιττῶν Bie-
nenschwarm 3, 2. 28
ἑσπέρα ἡ Abend ἀφ’ ἑσπέρας vom
— an; τὸ μὲν ἀφ’ ἑσπέρας die Zeit
vom Anbruch des Abends an 2, 4, 24;
6, 4, 25 εὐθὺς ἀφ’ ἑσπέρας gleich mit
Anbruch des Abends; ἑσπέρας συν-
εδείπνουν αὐτῷ 4, 1, 6 abends, am
Abend; eines Abends 1, 6, 1; 4, 4, 18
τὸ πρὸς ἑσπέρας den westlichen Teil;
7, 5, 21 τὰ πρὸς ἑσπέραν ὄρη die west-
lich gelegenen —; εἰς ἑσπέραν bis
zum Abend; ἐπεὶ δὲ πρὸς ἑσπέραν ἦν
da es anfing Abend zu werden 4, 3, 22;
ἑσπέρας ἐπιγιγνομένης 6, 5, 17

ἔστε bis, ἔστ’ ἄν Konjunktiv 3, 1, 15
ἐσχατιά ἡ äuſserste Grenze 2, 4, 4
ἔσχατος 3 letzte, äuſserste, entle-
genste; ὑπὸ τῆς πόλεως τὰ ἔσχατα
πάσχειν 6, 4, 5 das Äuſserste, den Tod
erleiden, ebenso — τὰ ἐσχατώτατα
πάσχειν 2, 3, 49; 5, 4, 33 ἠνίασεν εἰς
τὰ ἔσχατα aufs äuſserste; τὸ ἔσχατον
τῆς ἀγορᾶς das äuſserste Ende d. M.
3, 3, 5; δίκην ἐσχάτην διδόναι 7, 3, 6
ἑταίρα ἡ Freundin, Geliebte, Dirne
5, 4, 5
ἑταιρία ἡ Freundschaft; Hetärien sind
polit. Vereine zum Zweck der gegen-
seitigen Unterstützung ;der Mitglieder
bei Wahlen u. vor Gericht, dann auch
Vereinigungen für polit. Parteizwecke
— συνωμοσίαι; 2, 4, 21 Kameradschaft
(siehe συγχορευταί § 20)
ἑταῖρος ὁ Freund, Parteigenosse 5,
4, 25
ἕτερος 3 mit Artikel — der andere
von beiden, wenn der eine schon
bekannt ist (οἱ ἕτεροι die Gegenpartei),
dann — der eine von beiden,
gleichviel welcher — einer oder der
andere (alteruter); ohne Artikel —
ein anderer als der schon bekannte;
ein zweiter; ein anderer — ein ver-
schiedener; Pl. πέμπωσιν ἑτέρους
πρέσβεις 2, 2, 14; ἕτερος τῷ ἑτέρῳ
παραγγέλλων 2, 2, 3; τὰ ἕτερα (Dind.
Keller θάτερα) 1. 2, 7 τῆς πόλεως die
andere Seite; 6, 2, 7 εἰς τἀπὶ θάτερα
τῆς πόλεως auf die andere Seite
ἔτι Adv. zeitlich — noch 3, 2, 28
ἔτι καθεύδων; οὐκέτι, μηκέτι nicht
mehr; οὐδεὶς ἔτι keiner mehr 3, 2, 26;
in Aufzählungen — ferner ἔτι δέ
4, 3, 15 noch dazu, auſserdem 6, 2, 9;
beim Komparativ — noch; ἔτι μήν
für τέως μέν eine Zeitlang 2, 4, 11
(eigentlich bis zu dem im nächsten
Satze bezeichneten Augenblicke)
ἕτοιμος 3 bereit 3, 2, 13
ἔτος τό Jahr τῷ ἄλλῳ ἔτει im folgen-
den Jahre, τῷ ὑστέρῳ ἔτει 7, 1, 1;
τοῦ ἐπιόντος ἔτους während des fol-
genden Jahres; τῷ ἐπιόντι ἔτει 1, 6, 1;
ἐκείνῳ τῷ ἔτει; εἶναι ἐτῶν πλέον ἢ
τετταράκοντα alt sein 3, 1, 14; δυοῖν
ἐτοῖν 5, 4, 56 seit 2 Jahren
εὖ Adv. gut, glücklich; 4, 3, 2 ἐὰν
καὶ τάδε εὖ γένηται glücklich von-
statten gehen
εὐαγγέλια ων Lohn für eine gute
Botschaft; 1, 6, 37 ἔθυε τὰ εὐαγγέλια

er opferte die zum Dank für eine glückliche Nachricht üblichen Opfer; 4, 3, 14 ἐβουθύτει ὡς εὐαγγέλια er brachte Opfer gleichwie für eine gute Nachricht

εὐαποτείχιστος 2; 2, 4, 31 ὁ Πειραιεύς leicht durch eine Mauer oder ein Bollwerk abzuschneiden und zu befestigen .

εὔβατος 2 leicht zugänglich 4, 6, 9 εὐβατώτερον ὄρος

εὐγενής ἐς von edler Abkunft 4, 1, 7

συν-ευδαιμονέω mit oder zugleich glücklich sein, 5, 1, 16 Freude teilen

εὐδαιμονικός 3 glücklich Adv. 3, 2, 9

εὐδαίμων ον glücklich 2, 4, 17

εὔδηλος 2 sehr klar, sehr deutlich ὅτι 2, 3, 40

εὐδία ἡ heiteres Wetter, Windstille 6, 2, 29 εἰ εὐδία εἴη

εὐδιάβατος 2 leicht zu überschreiten, von Flüssen 4, 2, 11

εὔδιος 2 still, heiter, ruhig; 1, 6, 38 ὁ ἄνεμος εὐδιαίτερος ἦν

εὐδοκιμέω 6, 1, 2 (μάλα) im Ansehen stehen, Aor. Beifall finden, Ruhm gewinnen

εὐδόκιμος 2 berühmt, angesehen 5, 4, 25

εὐδοξέω in gutem Rufe stehen, Ansehen genießen 1, 1, 31

καθ-εύδω schlafen; 4, 6, 7 ἐκάθευδον überliefsen sich der Ruhe

ἐκκαθ- draufsen schlafen, Nachtwache halten excubias agere 2, 4, 24

εὐειδής ἐς schön gestalten, wohl gewachsen 5, 3, 9

εὐεξάλειπτος 2 leicht auszuwischen 2, 3, 53

εὐεργεσία ἡ Wohlthat, der Titel „Wohlthäter", Vorrecht eines Euergeten 1, 1, 26; die εὐεργ. oft zugleich mit dem Titel eines πρόξενος verbunden, verleiht eine Reihe besonderer Ehrenrechte

εὐεργετέω Gutes thun, nützen τινά 4, 1, 8

εὐεργέτης ου ὁ Wohlthäter 4, 8, 4 — 2) Ehrentitel, von einem Staate durch Gemeindebeschlufs anderen ganzen Staaten oder einzelnen Männern für geleistete Dienste erteilt. Mit diesem Titel waren gewisse Ehrenrechte verbunden wie ἀσυλία u. ἀτέλεια 6, 1, 4; 1, 1, 26 Ehrenrechte eines εὐεργ.

εὐετηρία ἡ gesegnetes Jahr, Fruchtbarkeit 5, 2, 4

εὐήθης ἐς gutmütig, einfältig 2, 3, 11

εὐήλατος 2 bequem für Reiter 5, 4, 51

εὐημερία ἡ schöner, heiterer Tag 2, 4, 2 εὐημερίας οὔσης

εὐθαρσής ἐς unerschrocken, mutig

εὐθύς Adv. von εὐθύς sogleich 1, 4 18; ἐπεὶ εὐθέως — cum primum 3, 2, 4

εὐθύ (εὐθύς) Adv. in gerader Richtung auf — zu 1, 4, 11 ἀνήχθη εὐθὶ Γνδείου s. εὐθύς

εὐθυμέω (guten Mutes sein), Med guten Mutes sein 7, 4, 36

εὔθυμος 2 mutig 4, 3, 2 εὐθυμότεροι εἶχον 7, 4, 24

εὐθύνη ἡ Rechenschaft, εὐθύνας διδόναι R. ablegen 7, 4, 34

εὐθύς Adv. gerade darauf zu, in gerader Richtung 1, 4, 8 εὐθὺς ἐπὶ Σάμον; sofort, sogleich; 4, 1, 15 εὐθὺς ... ἐπεὶ sobald als; mit Part. 7, 4, 17 εὐθὺς ἐξιόντες sogleich beim —

εὔιππος 2 wohlberitten 4, 2, 5 τάξις Superl.

εὐκατάλυτος 2 leicht aufzulösen, — zu zerstören 3, 5, 15 πλεονεξία

εὐκαταφρόνητος 2 leicht zu verachten, verächtlich 6, 4, 28 ὑπό τινος

εὐκατέργαστος 2 leicht ausführbar, 6, 1, 12 -τερόν ἐστι m. Inf.

εὐκλεής ἐς berühmt; Superl. εὐκλείέστατος 7, 2, 21

εὔκλεια ἡ Ruhm 5, 1, 17

εὐ-κρινέω wohl aussuchen, gut ausrüsten; 4, 2. 6

εὔλυτος 2 leicht zu lösen, — zu trennen 5, 2, 19 (von der Treue)

εὐμεγέθης ἐς sehr grofs 5, 2, 4

εὐμενής ἐς freundlich, wohlgesinnt; 5, 4, 64 πόλεις εὐμενεστέρας ἔσχε er gewann ihr Wohlwollen

εὐμετάβολος 2 veränderlich, wankelmütig 2, 3, 32

εὐμεταχείριστος 2 leicht zu bezwingen 5, 2, 15

εὐνή ἡ Lager 2, 4, 6

εὐνοϊκός 3 Adv. -κῶς ἔχειν τινί wohlgesinnt sein jdm. 4, 4, 15

εὐνομία ἡ Gesetzmäfsigkeit, gesetzmäfsige Verfassung χρωμένους 4, 4, 6

εὔνους ουν wohlgesinnt 1, 4, 12

εὔοπλος gut bewaffnet; εὐοπλοτάτην τάξιν 4, 2, 5

εὐορκέω seinen Eid halten 1, 7, 25

εὔ-ορκος 2 seinem Eide getreu

εὐπετής ἐς leicht, bequem, Adv. εὐπετῶς leicht 6, 1, 8; 7, 1, 21

εὐπορέω Vorrat haben an etwas;

Aor. in Besitz von etwas gelangen 1, 6, 19 σίτων
ὑπορία ἡ Überfluſs χρημάτων 4, 8, 28
ὕπορος 2 leicht, gangbar ὁδός; 6, 3, 10 εὐπορώτεροι (ἄνϑρωποι) gewitzigter, klüger; εὐπόρως Adv. mit Bequemlichkeit, ohne Schwierigkeit 5, 4, 57 σῖτον παρεκομίζοντο εὐπόρως
ὑπραξία ἡ glückliche Unternehmung 4, 8, 4
ὑπρόσοδος 2 leicht zugänglich; 6, 5, 24 ἐπὶ τοῖς εὐπροσοδωτάτοις an den Stellen, wo es noch am leichtesten zugänglich war
!ὕριπος ὁ Meerenge; 1, 6, 22 der schmale Eingang zu dem nördl. Hafen von Mytilene
!ὑρίσκω finden, befinden Acc. c.' Part. 1, 7, 19; 2, 3, 27; εὕρετο ὅπως (elliptisches χρή) Inf. 6, 2, 32 Mittel finden wie — ; von verkauften Gegenständen — einbringen 3, 4, 24 ἅ (Subj.) εὗρε πλέον ἢ ἑβδομήκοντα τάλαντα (Dind. ηὗρε)
ἐξ- ausfindig machen, entdecken 4, 1, 10 ἀγαϑόν τι
εὐρυχωρία ἡ weiter Platz, Ebene 7, 4, 24
εὔ-ρωστος 2 kräftig 4, 3, 6 tüchtig, τὴν ψυχήν 3, 3, 5 entschlossen
εὐσεβέω gottesfürchtig sein 1, 7, 25
εὔτακτος 2 wohlgeordnet, ordentlich, gehorsam 5, 3, 17
εὐτρεπίζω bereit machen, instandsetzen τὰ τείχη 2, 2, 4, herstellen; 4, 8, 12 πόλεις Ἀϑηναίοις εὐτρεπίζοι für die A. zu gewinnen suchen; Med. 4, 8, 6 πόλεις für sich g.
εὐτυχέω glücklich sein 6, 3, 17; 3, 5, 12 Aor., 7, 1, 11 εὐτυχοῖτε fast = χαίρετε
εὐτύχημα τό Glück, glückliches Ereignis 4, 5, 9
εὐτυχής ἐς glücklich 7, 5, 8
εὐτυχία ἡ Glück 1, 7, 33
εὐφραίνω erfreuen; Pass. ἐφ' οἷς Imperf. 4, 1, 33 sich erfreuen
εὔ-φωνος 2 mit starker Stimme 2, 4, 20
εὔχαρις ιτος anmutig, liebenswürdig 4, 8, 22
εὐ-χείρωτος 2 leicht zu bewältigen 5, 3, 4
εὔχομαι wünschen 5, 1, 3 εὔχοντο αὐτῷ πολλὰ καὶ ἀγαϑά (Dind. ηὔχοντο) προσ- zu einer Gottheit beten; 3, 2, 22 νίκην πολέμου erbitten, erflehen etwas

εὐ-ώνυμος 2 links; τὸ εὐώνυμον der linke Flügel; ἔχειν τὸ εὐώνυμον innehaben 4, 2, 16; ἐπὶ τοῦ εὐωνύμου auf d. l. Fl. 7, 5, 25
ἐφεξῆς Adv. der Reihe nach, hintereinander, ein Stück nach dem andern 4, 6, 4
ἐφόδιον τό Reisegeld, Reiseproviant, Zehrgeld 1, 1, 24
ἔφ-οδος ἡ Zugang, Zufuhr, 2, 4, 3 ἀποκλείσαντες τὰς ἐφόδους τῶν ἐπιτηδείων Zufuhr abschneiden; (feindliches) Heranrücken
ἔφ-ορος ὁ Ephor. Eine Behörde in Sparta mit richterlicher (Civilprozesse) u. verwaltender Macht. Ihre richterliche Macht erweiterte sich bis zu der Befugnis, die übrigen Behörden sowie auch die Könige zur Verantwortung zu ziehen. So entwickelte sich aus der richterlichen Befugnis allmählich ihre polit. Gewalt. Sie bildeten zuerst ein Gegengewicht gegen die Könige u. die Gerusia, bekamen aber allmählich das Recht, in Kriegszeiten Heere abzusenden, Feldherrn zu ernennen, die Könige in den Krieg zu begleiten. Die Quelle ihrer Macht war die ἐκκλησία, deren eigentliche Vertreter sie sind. Aufserdem hatten sie die Aufsicht über den gesamten Handelsverkehr Spartas. Nach dem ersten der jährlich wechselnden E. wurde das Jahr bezeichnet 1, 2, 1
ἐφορεύω Ephor sein 1, 3, 1
ἀπ-εχϑάνομαι sich verhafst machen τινί 5, 3, 16; 7, 1, 40
ἔχϑρα ἡ Feindschaft πρός τινα 5, 1, 33; 3, 5, 9; κατασκήσαντες ὑμᾶς εἰς ἔχϑραν τῷ δήμῳ verwickeln in Feindschaft; 2, 8, 21 ἀπέκτεινον ἔχϑρας ἕνεκα ihrer Privatrache zu genügen
ἐχϑρός 3 verhafst, feindselig; ὁ ἐχϑρός sowohl persönlicher Feind wie Feind im Kriege 2, 3, 29; 5, 4, 12
ἐχυρός 3 fest πόλεις 3, 1, 15
ἔχω haben, halten; 1, 2, 16 ἐδίωκε ἔχων τοὺς ἱππέας mit den Reitern (so bei Verbis der Bewegung); πλέον ἔχειν im Vorteil sein, gröfsern Einfluſs haben; ἔχειν τὴν Στρούϑα ϑυγατέρα zur Frau haben 4, 8, 21; ἕξοι τἀπιτήδεια (vgl. σχήσοι 6, 4, 6; τὸν ἔκπλουν ἔχειν besetzt halten 1, 6, 18; φιλίας ἔχειν πρός τινα in freundschaftlichem Verhältnis stehen zu —;

οὐδὲν ἔχοντες ὅ. τι ποιήσειαν nicht wissen 1, 3, 21; 1, 4, 16 βελτίοσιν οὐκ εἶχον χρῆσθαι keine Bessern zur Verwendung haben; ἔχω μηδένα ἐγκαλεῖν keinen Grund haben 6, 1, 13; ἔχω διδόναι 2, 3, 21, εἰπεῖν; 1, 4, 15 οὐκ εἶχε ὅπως ὠφελοίη er wußte nicht wie —; οὐκ ἔχω τί ποιῶ ich weiß nicht, was ich thun soll; οὐκ εἶχον ὅποι ἀποσταῖεν 3, 5, 10; 5, 4, 29 ὅπως ἔλθοι πρὸς αὐτὸν οὐκ εἶχεν er konnte es nicht über sich gewinnen, zu gehen; τάξιν ἔχειν Ordnung beobachten 1, 1, 28; Fut. σχήσω 1, 1, 35 in Besitz nehmen, besetzen; Aor. ἔσχον 5. 4, 58 οὐκ ἐδύναντο σχεῖν τὸ ῥεῦμα stillen; 6, 5, 47 σχόντες τὴν ὕβριν Einhalt thun; πόλεις εὐμενεστέρας ἔσχεν er gewann ihr Wohlwollen 5, 4, 64; 4, 8, 5 τούτους ἔσχε τοῦ ἐκπεπλῆχθαι er schützte vor —; ἔσχεν αὐτὸν ἔρως erfaßte Liebe 5, 3, 19; 4, 8, 5 in Besitz nehmen — 2) sich verhalten intrans. 1, 4, 11 ὅπως ἡ πόλις πρὸς αὐτὸν ἔχει gesinnt sein, gegen jdn.; συνθήκας οὕτως ἐχούσας so lautend 1, 5, 5; ἀθύμως ἔχειν mutlos sein. καλῶς ἔχειν gut stehen 3, 5, 5 εὖ ἔχειν, ἀπόρως, ὀλιγώρως, ὑπόπτως; 1, 6, 32 ὅτι εἴη καλῶς ἔχον ἀποπλεῦσαι daß es geraten sei —; κακῶς ἔχειν ὑπό τινος heimgesucht werden von —; οὕτω δ' ἔσχον πρὸς τὸ πρᾶγμα, ὥστε so dachten sie über die Sache, daß 3, 3, 10; 3, 4, 16 ἥτις ἄριστα (Adv.) σωμάτων ἔχοι sich am tüchtigsten in ihren körperlichen Leistungen zeigen; 4, 5, 15 ὡς τάχους ἕκαστος εἶχεν so schnell jeder konnte: ὥσπερ εἶχε wie er ging und stand 4, 1, 30; ἔστι δὲ οὐχ οὕτως ἔχον ὡς es steht nicht so um uns, daß 4, 8, 4; Adj. verbale ἑκτέος an etwas festhalten müssen 6, 1, 13; Med. sich an etwas halten, sich festhalten, Gen. ῥόπτρου 6, 4, 36; sich anschließen 4, 4, 9, angrenzen 3, 2, 25; 6, 5, 16 ἐχόμενοι τῶν ὀρῶν sich anlehnend an die Gebirge; 7, 2, 19 ἔργου εἴχοντο sie begannen den Kampf

ἀν- hochhalten, anhalten 1, 6, 28 ἐπεὶ δὲ ἀνέσχε (Regen) aufhören; Med. ertragen θάλπη 5, 1, 15; mit Part. τὸν καπνὸν ὁρῶσαι ἠνείχοντο 6, 5, 28; ταῦτα ἀνέξεται 4, 8, 4; 5, 1, 15

ἀντ- Widerstand leisten 7, 4, 23 ἀντέχειν τῷ πλήθει; 2, 2, 16 ἀντέχουσι

περὶ τῶν τειχῶν bestehen auf etw in sententia perseverare

ἀπ- entfernt sein τινός 6, 5, 20 κέτι στάδιον ἀπεχόντων 4, 2, 20; M sich enthalten τινός 4, 1, 38; fern halten αἰσχρῶν ἔργων 6, 5, δι- auseinandergehen, eine Ausd nung haben 2, 1, 21 διεῖχεν ὁ Ἑλλ σποντος σταδίους ὡς πεντεκαίδεκα πολὺ διεχόντων τῶν τειχῶν ἀπ' ἀλλήλων 4, 4, 9

ἐπ- anhalten, zurückhalten von ἐπ ἔσχον αὐτοὺς τῆς διώξεως 6, 5, 14 intr. warten 1, 6, 6 αὐτῷ εἶπε δε ἡμέρας ἐπισχεῖν; abstehen von Ge 4, 8, 25; 6, 5, 4 τειχίσεως

κατ- innehalten, festhalten 4, 8, drängen 4, 6, 10 μάλα κατεῖχον βάλλοντες; andrängen 1, 3, 21, behaup ten, hinhalten 1, 4, 6; 2, 2, 17; Aor. besetzen 5, 4, 1, hinsteuern κατασχῶν ἐπὶ τὴν Ἀβαρνίδα 2, 1, 29

μετ- teilhaben, teilnehmen 2, 3, 18 τῆς ἁρπαγῆς 3, 2, 26; 4, 3, 13; 2, 4, 20 Pf. τινί τινος

παρ- darreichen, stellen εἰς τὸ κοινὸν ὁπόσους 7, 4, 38; πόλεμον verursachen 2, 4, 22; πειθομένους in Gehorsam erhalten 6, 2, 19; πράγματά τινι Umstände, Not verursachen; παρέχειν ὑποχειρίους αὐτοὺς sich der Unterwerfung preisgeben 5, 4, 22; Med. aus seinen Mitteln gewähren τριήρεις 2, 3, 40; μάρτυρας stellen 1, 7, 6; τούτους πιστοὺς sich diese treu erhalten 5, 3, 22

περι- rings einschließen 4, 6, 8

προ- überlegen sein γνώμῃ 2, 4, 41 an Einsicht; Vorsprung haben 5, 1, 27 (ναῦς)

προ-κατ- vorher in Besitz haben 5, 4, 59 τὸ ἄκρον

προ-παρ- vorausgeben; 5, 1, 18 προπαράσχεσθε μιᾶς ἡμέρας σῖτον sich vorausgeben lassen

προσ- daranhalten; προσέχειν τὴν γνώμην τινί sein Augenmerk richten auf 4, 8, 17; τὸν νοῦν τινι 4, 8, 26 Aufmerksamkeit auf jdn. wenden, jdm. Gehör schenken

ὑπ- unterhalten, λόγον Rede u. Antwort geben, Rechenschaft ablegen 1, 7, 31

ὑπερ- überragen, überlegen sein 4, 2, 18 ὅπως ὑπερέχοιεν τῷ κέρατι τῶν πολεμίων; 5, 4, 66 πολὺ ὑπερεῖχε ναυτικῷ; τὰ ὑπερέχοντα χωρία höher liegen 7, 1, 19

ἐωϑινός morgendlich, ἐξ ἐωϑινοῦ vom frühen Morgen an 1, 1, 5

ᾦος 3 morgendlich, gegen Morgen gelegen, östlich 4, 4, 9 πρὸς τῷ ἐῴῳ τείχει

ἕως ἡ Morgenröte, τὰ πρὸς ἕω τῆς πόλεως den östlichen Teil (Gegend) 5, 4, 49

ἕως temporale Konjunktion s. Gramm. = so lange als; ἕως m. Ind. 1, 1, 29; ἕως ἄν mit Konj. 1, 3, 9; 1, 1, 24 ἕως ἄν so lange nur = wofern nur; ἕως m. Opt. 2, 3, 13

ἕωσπερ gerade so lange wie 6, 5, 12

Z

ζάω leben, ζῶντας ἔλαβε 7, 1, 28; ἀπὸ συκοφαντίας 2, 3, 12; ἐκ τούτου hiervon 3, 2, 11

δια- καλῶς διαζῆν 7, 1, 8 sein Leben fristen — hinbringen

ἀνα-ζεύγνυμι (wieder) anspannen, aufbrechen, στόλον ἀναζεύξασα 3, 1, 10 zu einer Fahrt mit grofsem Gefolge anspannen lassen

ζεῦγος τό Joch, Gespann, Zugvieh 7, 2, 23

ζηλόω nacheifern, bewundern, beneiden 6, 5, 45 τὴν πόλιν

ζημία ἡ Strafe, ϑάνατον τὴν ζημίαν ἐπικηρύττω drohen mit Str. des Todes 1, 1, 15

ζημιόω bestrafen ϑανάτῳ mit dem Tode 1, 7, 10; ζημιωϑεὶς ἔφυγε wurde mit Verbannung bestraft 3, 1, 8

ἐπι- bestrafen στατῆρι κατὰ τὸν ἄνδρα 5, 2, 22

ζημίωμα τό Strafe 3, 1, 9

ζητέω suchen 3, 4, 15

ζωγράφος ὁ Maler 3, 4, 17

ζωγρέω (lebendig) gefangen nehmen 1, 5, 14 ἐζωγρήϑησαν

ζωός (Dind. ζώς Acc. ζών 1, 2, 5) lebendig ἔλαβεν ἕνα ζωόν 1, 2, 5

ἀνα-ζωπυρέω wieder anfachen, anfeuern, beleben 5, 4, 46

ζώς s. ζωός.

H

ᾗ (ὅς) Adv. an welcher Stelle, wo 4, 8, 35 ᾗ ἐρημότατον ἦν; 6, 4, 3; wie, ᾗ δυνατὸν τάχιστα 6, 3, 6 möglichst schnell; ᾗ ἑκατέροις συνοίσει, ταύτῃ συνϑήκας ποιησόμεϑα unter solchen Bedingungen wie 7, 1, 2

ἦ Adv. (an der Spitze des Satzes stehend) wahrlich, fürwahr, gewöhnlich ἦ μήν. Es beteuert die Wahrheit, am häufigsten in der Schwurformel 3, 4, 6 ὤμοσε τοῖς πεμφϑεῖσι.. ἦ μὴν πράξειν u. 3, 4, 5; ἦπου (durch die Hinzufügung von πού wird die versichernde Kraft gemildert) sicherlich wohl — 2) Fragepartikel ja? wirklich? (Wenn der Fragende ein bes. Interesse hat, den Thatbestand zu ermitteln)

ἤ 1) disjunkt. Part. oder, auch in Doppelfragen πότερον — ἤ, also — aut u. an; ἤ — ἤ aut — aut; 2) Vergleichungspart. als nach dem Komparativ; 5, 1, 14 οὐδὲν ἧττον ζῆν ὑμᾶς ἢ καὶ ἐμαυτόν (ἢ καί nach einem Komparativ mit der Negation 6, 5, 39); auch nach den Begriffen der Verschiedenheit wie ἄλλος — ἤ; Nach einer Negation ἀλλ' ἤ = aufser, als 1, 7, 15 οὐκ ἔφη ἀλλ' ἢ κατὰ νόμον ποιήσειν; οὐδένας ἀλλ' ἢ τούς —; 7, 5, 2 τί γὰρ βούλονται ἢ ἵνα... (ohne dafs ἄλλος vorhergeht); 3, 3, 1 ἔτυχε σεμνοτέρας ἢ κατὰ ἄνϑρωπον ταφῆς (quam pro) mehr als sich in Gemäfsheit einer Sache erwarten läfst

ἡβάω mannbar sein, Jüngling sein 5, 4, 32

ἥβη ἡ Alter der eintretenden Mannbarkeit; 2, 4, 32; 3, 4, 23 τὰ δέκα ἀφ' ἥβης (scil. ἔτη = Jahrgänge) die zehn ersten Jahrgänge der Dienstpflichtigen (das erste Aufgebot); τὰ τετταράκοντα ἀφ' ἥβης das letzte Aufgebot (vom 40. bis 60. Lebensjahre) 6, 4, 17; so auch noch τὰ πεντεκαίδεκα ἀ. ἥ.

die Fünfunddreifsigjährigen 4, 6, 10;
u. τὰ πεντεκαιτριάκοντα ἅ. ἤ.

ἡβητικός 3 jugendlich, Jünglinge betreffend; λόγος Gespräch 5, 3, 20
ἡγεμονία ἡ oberste Leitung 4, 2, 13,
Oberherrschaft 7, 1, 33
ἡγεμών όνος ὁ Führer, Urheber 1, 4,
17 καταστῆναι erscheinen; βοῦς ἡγε
μών der dem Zuge voranschreiten
sollte 6, 4, 29; τῶν μελιττῶν Königin
der Bienen 3, 2, 28
ἡγέομαι vorangehen 2, 4, 18; 5, 2, 28,
führen, geleiten τινί, befehligen ναυσί
1, 6, 29; 7, 5, 9 ἡγεῖτο τῷ στρατεύ
ματι εὐθὺς ἐπὶ Σπάρτην führte; 4,
2, 9 ἡγεῖσθαι τῇ στρατιᾷ ἐκέλευον τ.u
führen; absol. 3, 5, 6; 4, 2, 20 οἱ Λακε
δαιμόνιοι ἡγοῦντο ἐπὶ τοὺς ἐναντίους
zogen; οὐ πόρρω εἰς τὴν χώραν 4, 7,
5; 3, 1, 19 Δερκυλίδας ἡγεῖτο πρὸς
τὰς πύλας zog vor; 3, 3, 3 οἱ ἀφ'
Ἡρακλέους τῆς πόλεως ἡγοῦντο an der
Spitze stehen u. 4, 1, 8; τὸ ἡγούμενον
Spitze des Zuges 4, 2, 19; 2) meinen,
glauben 4, 4, 18 ἡγήσαντο κράτιστον
εἶναι hielten es für das Geratenste;
3, 2, 24 θεῖον ἡγησάμενος hielt es für
eine göttliche Fügung; ἡγήσαντο Acc.
c. Inf. 3, 3, 8; 2, 3, 50 τοῦτο οὐ βιωτὸν
ἡγησάμενος
ἀφ- vorangehen 6, 5, 18, voransegeln
5, 1, 8; Vortrab bilden 4, 8, 37
δι- erzählen περί τινος 1, 7, 3; τὰ
πεπραγμένα 1, 7, 5; 4, 8, 1, Schilderung geben 4, 2, 2; τὴν μάχην πῶς
ἐγένετο 4, 3, 16
εἰς- einführen, beantragen πόρον
χρημάτων 1, 6, 12
ἐξ- vorangehen, Weg angeben, gutes
Beispiel geben τινί 1, 6, 9
ὑφ- vorangehen, δρόμῳ 3, 4, 23; 4, 5, 8
κατ-ηγορέω wider einen reden, Anklage erheben, anklagen αὐτῶν τὰ
αὐτά 1, 7, 14; jdm. etwas vorwerfen,
etwas als Beschuldigung aussprechen
gegen jdn. οὐκ ἂν δικαίως προδοσίαν
τις ὑμῶν τοῦτο κατηγοροίη 7, 4, 40;
τινὸς ποιήσαντος 4, 1, 32; τινὸς ὡς
ἐθέλοι 7, 1, 38; 7, 4, 39; κατηγόρουν
αὐτοῦ ὡς δεῖν (= δέον? δέοι Grofser)
ἀποθανεῖν absolute Participialkonstr.;
persönl. Passiv 3, 5, 25 κατηγορου
μένου αὐτοῦ ὅτι ὑστερήσειε er angeklagt wurde; 5, 2, 35 τότε δὴ κατη
γορεῖτο τοῦ Ἰσμηνίου καὶ ὡς βαρβα
ρίζοι — es wurde Anklage gegen ihn
erhoben weil —; 1, 7, 2 κατηγόρει δὲ

καὶ (περὶ στρατηγίας); 1, 7, 9 κα[τ]
τινος: ἀκηκόασι κατηγορούντων κα[τ]
τῶν στρατηγῶν (κατά hier der Deu[t]
lichkeit wegen)
προ- das Wort führen 1, 1, 27; α[ι]
τῶν προηγόρει 2, 2, 22
ἤδη temporal. Adv. (= iam) hinweise[n]
auf eine naheliegende, geschehe[ne]
oder erwartete Handlung — scho[n]
bereits, nunmehr 5, 2, 4; sofor[t]
—; 3, 3, 11 sofort ἐκ τούτου μέντο[ι]
ἤδη δεδεμένοι; gleich jetzt τί οὖ[ν]
μέλλεις καὶ οὐκ ἤδη στρατεύεις; 6, 4[,]
35 ὡς εἰ μὴ ἤδη πράξοιεν; scho[n]
jetzt 4, 1, 14 κατὰ θάλατταν ἤδη ἂ[ν]
πέμποιτο; schon an und für sich
ὡς ἀνωφελὲς ἤδη ἐστί 1, 7, 27; 7, 1[,]
12 ἤδη γὰρ ἡγήσεσθε schon, d. i.
ohne weiteres, ohne Zweifel.
Zur Steigerung des Superlativs 3, 5,
14 ὑμᾶς πολὺ ἤδη μεγίστους τῶν
πώποτε γενέσθαι sicherlich die
gröfsten
ἥδομαι sich freuen τῷ ἔργῳ 4, 8, 9;
τοῖς πεπραγμένοις 3, 1, 21; 7, 1, 32
ἐπὶ τῇ τύχῃ; m. Part. ἥδεσθαι ἐπαι
νούμενος 6, 3, 8; ἡδόμενος gern 5, 2, 40
ἐφ- sich über etwas freuen 4, 5, 18
τῷ δυστυχήματι
ὑπερ- sich über die Mafsen freuen
5, 1, 13
ἡδονή ἡ Vergnügen, τῶν περὶ τὸ σῶμα
ἡδονῶν sinnliche Genüsse 6, 1, 16;
4, 8, 22
ἡδύς εῖα ὑ süfs, angenehm, schön,
freundlich 3, 1, 12 ἥδιστα ἐδέχετο
αὐτόν; ἡδέως gern; πολὺ ἥδιον viel
lieber 3, 1, 9
ἥκιστος 3 (Superl. zu ἥττων) ἥκιστα
am wenigsten; οὐχ ἥκιστα ganz besonders, gewaltig 3, 5, 8
ἥκω mit Pfbedtung — ich bin gekommen, oft — wiederkommen, redire 2, 2, 18 αὐτοὺς ἐκέλευον ἥκειν
κάλλιον βουλευσαμένους; Impf. ἥκον
mit Aoristbedeutung; Imp. ἥκετε ἐπὶ
τὰς ναῦς 5, 1, 18; ὅ, τι ἥκοιεν zu welchem Zweck 4, 5, 9
δι- hindurchgehen, ἡ οἰμωγὴ ἐκ τοῦ
Πειραιῶς εἰς ἄστυ sich verbreiten
2, 2, 3
ἐξ- vorbei —, vergangen sein ὁ χρό
νος 7, 1, 28; 7, 5, 18
καθ- herab-, hinkommen, sich hinziehen, sich erstrecken; ὄρος ἐπὶ
θάλατταν καθῆκον 5, 4, 17; 6, 2, 9
πόλεων αἳ ἐπὶ τοῦτον καθήκουσι; (zur

bestimmten Zeit) eintreten ὁ χρόνος
4, 7, 2
προ- hervorkommen, hervorragen χρή-
μασι 7, 1, 23
προσ- zukommen, herankommen, an-
grenzen τοῦ πρὸς ταῦτα προσήκον-
τος θεάτρου 7, 4, 31; imperson. προσ-
ήκει μοί τινος es kommt mir ein
Teil davon zu, es schickt sich, ge-
ziemt sich; οὐδὲν ὑμῖν προσήκει ihr
habt Anspruch auf nichts 2, 4, 40
τί τοῦτο αὐτονομίᾳ προσήκει verein-
bar mit 6, 3, 7; Inf. 5, 2, 32; 6, 5, 40
ἡλικία ἡ Alter, τοὺς μὲν προειληλυθό-
τας ἤδη ταῖς ἡλικίαις ἔχει Leute in
vorgerücktem Alter 6, 1, 5; 1, 6, 24
τοὺς ἐν ἡλικίᾳ ὄντας die in dienst-
pflichtigem Alter (von 18—60 Jahren)
Stehenden; 6, 5, 12 ἐν τῇ στρατευ-
σίμῳ ἡλικίᾳ dienstpfl. Alter; ἡλικίαν
ἔχων τὴν ἄρτι ἐκ παίδων 5, 4, 25
ἡλικιώτης ου ὁ Altersgenosse 1, 4, 16
ἧλιξ ικος ὁ Altersgenosse 5, 4, 25
ἥλιος ὁ Sonne; ἐκλάμψαντος ἡλίου 1,
1, 16; ἅμ' ἡλίῳ δύνοντι 1, 6, 21; περὶ
ἡλίου ἔκλειψιν 2, 3, 4; μικρὸν πρὸ
ἡλίου δυσμῶν kurz vor Sonnenunter-
gang 5, 1, 7; μικρὸν πρὸ δύντος ἡλίου
7, 2, 22; ἅμα τῷ ἡλίῳ ἀνίσχοντι 2, 1, 23
κάθ-ημαι sitzen 3, 5, 8 ἐν συμμά-
χοις, ἐφ' οὗ; versammelt sein βουλῇ
6, 4, 20
παρα-κάθ- dabei sitzen 5, 4, 7
προ-κάθ- davor sitzen, verteidigen
τινός 5, 2, 4
συγ-κάθ- bei einander sitzen, zu
einer Sitzung versammelt sein ἐν τῷ
συνεδρίῳ 2, 4, 23
ὑπο-κάθ- sich darunter niederlassen,
im Versteck liegen 7, 2, 5
ἡμέρα ἡ Tag ἅμ' ἡμέρᾳ mit Tages-
anbruch; τῇ ἄλλῃ ἡμέρᾳ am folgen-
den T.; ἑκάστης ἡμέρας 1, 1, 30, καθ'
ἑκάστην ἡμέραν 6, 1, 6; στατῆρι τῆς
ἡμέρας 5, 2, 22; 7, 2, 23; πρὸ ἡμέρας
vor Tagesanbruch; ἐπεὶ πρὸς ἡμέραν
ἐγίγνετο 2, 4, 6 gegen Tagesanbruch;
μέχρι πόρρω τῆς ἡμέρας bis spät in
den Tag hinein 7, 2, 19; ὀλίγων ἡμε-
ρῶν innerhalb weniger Tage 7, 5, 18;
μεθ' ἡμέραν nach Tagesanbruch, bei
Tage 6, 2, 30; ἐκείνῃ τῇ ἡμέρᾳ 7, 4,
30, τῇ τετάρτῃ ἡμέρᾳ, πέμπτῃ δὲ ἡμέρᾳ
1, 6, 20; τῇ δὲ τετάρτῃ πρωί 6, 5, 20;
τῇδε τῇ ἡμέρᾳ — heute 5, 2, 26; τῇ
μὲν πρώτῃ (scil. ἡμέρᾳ) 6, 5, 15; ἐν

ταύτῃ τῇ ἡ. 4, 5, 5 im Verlauf dieses
Tages; ἐκ δὲ τούτου τρίτῃ ἡμέρᾳ 4,
1, 20; ἡμέραν πέμπτην vor 4 Tagen
2, 4, 13; ἐν ὀκτὼ ἡμέραις innerhalb
8 T., im Verlauf 3, 2, 1; ἐν μίᾳ ἡ.
3, 1, 16 im Verlauf eines Tages;
dagegen ἐν ἡμέρᾳ an einem Tage
(Gegensatz ἐν πολλῷ χρόνῳ) 7, 4, 32;
τὴν μὲν ἡμέραν den Tag über 1, 6,
20; τὴν ἐπιοῦσαν ἡμέραν 7, 4, 32 den
folg. Tag über; τῇ ὑστεραίᾳ 7, 4, 32;
εἰς ῥητὴν ἡμέραν zum bestimmten
Tage; ἐπεὶ ἡμέρα ἐγένετο 7, 4, 37;
ἡμέρα ὑπέφαινε 5, 1, 21; ἐπεὶ δὲ ἡμέρα
ἦν 5, 4, 9; ὅλην τὴν ἡμέραν 6, 4, 36;
τὴν ἡμέραν den Tag über 7, 4, 13;
μέσον ἡμέρας ἦν 1, 6, 20; παρ' ἑκά-
στην ἡμέραν 1, 4, 15 während —;
ἐλάττονα καθ' ἡμέραν täglich, von
Tag zu Tag 6, 5, 50
ἡμερεύω den Tag zubringen 5, 4, 3
δι- den Tag zubringen
ἡμερο-σκόπος ὁ Schildwache bei Tage
1, 1, 2
ἡμερο-φύλαξ ακος ὁ Schildwache bei
Tage 7, 2, 6
ἡμέτερος 3 unser
ἥμισυς εια υ halb τὸν ἥμισυν σῖτον
τελεῖν ἢ πρόσθεν 5, 3, 21; das Neutr.
ἥμισυ μέρας. 4, 3, 15; ἐν τῷ ἡμίσει
τοῦ Ὠιδείου 2, 4, 10; τοὺς ἡμίσεις τῶν
ἱππέων 4, 3, 4; οἱ ἡμίσεις ἑκάστων
4, 1, 21
ἤν — ἐάν
ἡνίκα zur Stunde wo, wann ἡνίκα ἄν
5, 2, 28; gerade als 4, 3, 17
ἡνίκαπερ gerade um die Zeit, wann —
5, 4, 3
ἡνίοχος ὁ Wagenlenker 3, 2, 21
ἤπειρος ἡ Festland 4, 8, 12; 3, 1, 5
ἠπειρωτικός 3 auf dem Festlande
befindlich ἔθνη 6, 1, 12
ἤπερ gerade wie, verstärktes ἤ
ἤπου s. ἤ
ὑπ-ηρετέω dienen, Dienst leisten τινί
τοιαῦτα 3, 3, 9; πάντα 4, 4, 12; προ-
θύμως 5, 2, 37; Λακεδαιμονίοις ἔτι
πλείω 5, 2, 37; τἆλλα ὑπηρετεῖν ἀρίστα
5, 4, 2; Pass. als Dienst geleistet
werden πάντα ὑπηρετεῖσθαι 5, 2, 34
ἠρινός 3 χρόνος Frühlingszeit 3, 2, 10
ἦρος s. ἔαρ
ἡσυχῇ Adv. gemächlich, ohne Über-
stürzung 5, 3, 3
ἡσυχία ἡ Ruhe, ἡσυχίαν ἄγειν sich
ruhig verhalten, ἔχειν 3, 2, 37; 2, 3,

55 rubig bleiben; καθ' ἡσυχίαν in aller Muße (unbehelligt) 4, 4, 18
ἥσυχος 2 ruhig, gemächlich ἥσυχοι πορευόμενοι 5, 3, 8
ἡττάομαι unterliegen Gen.; das Präs. oft, bes. im Part., besiegt sein, ἡττώμενος auch — überstimmt 6, 5, 7; ἡττωμένους ἀπέπεμπε — unverrichteter Sache 3, 4, 8; 1, 2, 16 μάχῃ ἡττηθείς ἔφυγε; ἡττημένοι εἶεν τῇ ναυμαχίᾳ 4, 3, 10; ἡττηθείς τοῦ δικαίου dem Rechte sich fügend 5, 4, 31; 5, 2, 5 ἡττᾶντο τοῦ ὕδατος nicht mehr Herr sein, überwältigt werden von —;

7, 5, 18 ἡττημένος ἐν Λακεδαίμοσ σὺν πολλῷ ὁπλιτικῷ ὑπ' ὀλίγων; ἡττ μένος δὲ ἐν Μαντινείᾳ ἱππομαχί 7, 5, 18
ἥττων ον (Komparativ zu κακός) ge ringer, schwächer, abhängig von — Gen. 2, 3, 19; μηδενὸς ἥττων εἶνα nachstehen 3, 3, 11; ἥττων τῶν ἐναν τίων nicht gewachsen; οὐδὲν ἥττο — ἢ ebensosehr — als 5, 3, 7; 5, 1 14; οὐδὲν ἥττον um nichts wenige 6, 2, 15
ᾐών (aus ἠϊών) όνος ἡ Gestade (poe1 Wort) 1, 1, 5

θάλαμος ὁ Ehegemach, Ehebett 3, 3, 2 ἐκ τῶ θαλάμω dor. Gen.
θάλαττα ἡ Meer καὶ κατὰ γῆν καὶ κατὰ θάλατταν zu Wasser und zu Lande; κατὰ θάλατταν auf dem Seewege 4, 5, 10 κατὰ θάλατταν εἰς Κρεῦσιν ἀπέπεμψεν
θαλαττο-κρατέω das Meer beherrschen, Seeherrschaft ausüben 4, 8, 10; 1, 6, 2
θαλαττο-κράτωρ ορος ὁ Beherrscher des Meeres 1, 6, 2
θάλπος τό Wärme, Hitze; Pl. 5, 1, 15 θάλπῃ ἀνεχόμενον
θαμίζω häufig kommen 5, 4, 29
θανατη-φόρος ὁ todbringend μεταβολαὶ πολιτειῶν θ. 2, 3, 32 θ. Hinrichtungen veranlassend
θάνατος ὁ Tod, Todesstrafe θανάτῳ ζημιοῦν; θανάτῳ αὐθαιρέτῳ ἀποθνήσκειν eines freiwilligen T. sterben 6, 2, 36
θανατόω töten, hinrichten 2, 3, 15
θάπτω bestatten, begraben τέθαπται liegt begraben 2, 4, 19
θαρραλέος 3 mutig, zuversichtlich; θαρραλεώτερον sicherer, weniger zu befürchten 6, 5, 32
θαρρέω mutig, getrost sein 3, 5, 10, τινί vertrauen auf; τί hoffen ταῦτα θαρρῆτε καὶ φοβῆσθε 2, 4, 9
ἀνα- sich wieder ermutigen 4, 4, 15, Aor. sich vom Schrecken erholen
θάρρος τό Mut, Kühnheit, Vertrauen, 7, 1, 31 θάρρος τοῖς στρατιώταις φασὶν ἐμπεσεῖν beseelen
παρα-θαρρύνω ermutigen 2, 1, 5; 6, 4, 7

θάτερον mit Krasis st. ἕτερον
θαυμάζω sich verwundern, staunen οὐ θαυμάζω τὸ Κριτίαν παρανενομηκέναι 2, 3, 36; 2, 3, 53 ὑμῶν θαυμάζω εἰ μὴ βοηθήσετε sich über jdn. wundern, etwas an jdm. unbegreiflich finden (mit dem Nebenbegriff des Tadelns); 3, 2, 8 οὐκ ἂν θαυμάζεις εἰ καὶ πεμφθείη τις ungehörig finden, es ungern sehen, wenn —; ἄνευ τοῦ ἐκείνους θαυμάζειν ohne jenen zu huldigen (Hof zu machen) 1, 6, 11; θαυμάζω mit folgendem Fragesatz bezeichnet das Gefühl zweifelnder Besorgnis 2, 3, 17; Adj. verb. θαυμαστός wunderbar, seltsam, τῶν θαυμαστῶν εἴη Inf. es gehörte zu den Wunderdingen 6, 3, 5; 4, 8, 4 φαίνεσθαι οὐδὲν θαυμαστόν
θέα ἡ das Anschauen, Zusehen θέας ἄξιος sehenswert 3, 4, 17
θεάομαι zuschauen 3, 1, 13, sehen 4, 4, 12; τὸ εὐτύχημα 4, 5, 9
θεαροί οἱ (dor. für θεωροί) 6, 5, 7 eine Aufsichts- und Regierungsbehörde in Tegea (ähnlich wie die Ephoren in Sparta), ἐν τοῖς θεαροῖς in einer Sitzung der Th.
θέατρον τό Theater 2, 4, 32
θεῖος 3 göttlich, von der Gottheit eingeflößt 7, 2, 21; θεῖον ἡγησάμενος für eine göttliche Fügung halten 3, 2, 24; 4, 4, 12; τὸ θεῖον die Gottheit 4, 3, 20
θέλω wollen ἂν θεὸς θέλῃ 2, 4, 17; 3, 4, 5 εἰ τοίνυν θέλεις
θεμέλιοι οἱ (λίθοι) Grundsteine, Grundmauer 5, 2, 5

·εός ὁ ἡ Gott, Göttin, σὺν τοῖς θεοῖς 6, 6, 11; ἐκ θεῶν τινος durch die Gunst eines der Götter 6, 5, 41

·εράπαινα ἡ Dienerin 5, 4, 6

·εραπεία ἡ Dienst, rücksichtsvolle Behandlung 2, 3, 14 ἐθεράπευον πάσῃ θεραπείᾳ huldigten ihm in jeder Weise; 6, 1, 6 νόσων sorgfältige Pflege in Krankheiten

·εραπευτικός 3 dienend, dienstwillig 3, 1, 28

·εραπεύω Diener sein, freundlich behandeln, huldigen, sich bei jdm. einschmeicheln, αὐτόν 3, 4, 7 τινὰ πάσῃ θεραπείᾳ (in jeder Weise) 2, 3, 14

·εράπων οντος ὁ Diener 4, 1, 30

·ερίζω einernten, abmühen 7, 2, 8

·έρμη ἡ warme Quelle 4, 5, 3 (Dind. θερμαῖς)

·ερμός 3 warm, τὰ θερμά warme Quellen 4, 5, 3

·έρος τό Sommer, τελευτῶντος τοῦ θέρους 2, 3, 9; τοῦ ἐπιόντος θέρους während des folgenden S. 3, 2, 30; εἰς τὸ ἐπιὸν θέρος 4, 6, 13; κατὰ θέρους ἀκμήν um die Mitte des Sommers

·εσμο-φοριάζω die Thesmophorien feiern (ein mystisches, zu Ehren der Demeter von den Frauen allein gefeiertes Fest) 5, 2, 29

·έω laufen θεῖν ὁμόσε αὐτοῖς 3, 4, 23 im Sturmschritt den Kampf eröffnen mit ihnen; ἐκ τῶν ὁπλιτῶν ἔθει 4, 6, 10; 6, 2, 29 θέοντες ἅμα ἀνεπαύοντο segelnd δια- sich verbreiten 6, 5, 36 θόρυβος ἐν τῇ ἐκκλησίᾳ

ἐπ- Ausfall machen 3, 1, 7; 5, 3, 22, herausfliegen von Geschossen, (Wespen) 4, 2, 12

ἐπ-εκ- dagegen einen Ausfall machen 5, 3, 6

κατα- herabrennen, 3, 2, 14 καταθέοντες φέρωσι καὶ ἄγωσι τὴν χώραν durch Streifzüge ausplündern; einlaufen in den Hafen πλοῖα εἰς Πειραιᾶ 1, 1, 35

παρα- vorbeilaufen 4, 2, 22 vorbeisprengen

προ- voranlaufen, vorauseilen 7, 4, 22

προσ- hinzulaufen, Angriff machen auf jdn. 2, 4, 32

·εωρέω betrachten, Pass. b. werden 4, 5, 6

·ήρα ἡ Jagd; abstr. pro concr. Jagdbeute, Wild Pl. 4, 1, 15

·ηράω (er)jagen τοὺς σφῆκας 4, 2, 12

·ηρευτικός 3 Jagd betreffend

θηρίον τό Tier 4, 1, 33

ἀπο-θνήσκω sterben, fallen 7, 3, 11; 1, 3, 6; hingerichtet werden 7, 4, 38, getötet werden 6, 4, 83; zum Tode verurteilt werden ὑπό τινος: Pf. τεθνάναι 4, 3, 1, Part. τεθνεώτων und τεθνηκότας

συν-απο- zugleich mit fallen 4, 8, 39

·ορυβέω lärmend, τεθορυβημένως außer Fassung 5, 3, 5

ἐπι- lärmend seinen Beifall zu erkennen geben 1, 7, 13; 6, 5, 37

·όρυβος ὁ Lärm, διίει verbreitete sich 6, 5, 36

·ρασύνω ermutigen; Med. u. Pass. verwegen handeln

·ρασύς εῖα ύ verwegen, keck; θρασύτερον, θρασέως 8, 2, 24; rücksichtslos 5, 3, 10

δια-θροέω ausschreien, aussprengen, unter die Leute bringen 1, 6, 4

·ρόνος ὁ Thronsessel 1, 5, 3

·ροῦς ὁ Lärm, Gemurmel einer Volksmenge 6, 5, 35 θροῦς τις τοιοῦτος διῆλθε

·υγάτηρ τρός ἡ Tochter τὸν τὴν Στρούθα ἔχοντα θυγατέρα 4, 8, 21

ἐν-θυμέομαι bedenken, erwägen οἵων τιμῶν ἀπεστερεῖτο 4, 2, 3; 3, 5, 10 u. 4, 3, 13 ὅτι; ἐκ τῶνδε ἐνθυμήθητε 7, 1, 5; ὡς; Acc. c. Part. 4, 4, 19

προ- eifrig wünschen, erstreben ταῦτα 6, 4, 24

συμ-προ- etwas mit jdm. eifrig betreiben, gleichen Eifer mit jdm. haben; 5, 4, 5 animieren; 5, 1, 14 mit guten Willen haben

ἐπι-θυμέω wünschen ἰσχυρῶς 5, 1, 29; 4, 4, 1 εἰρήνης sich sehnen nach Frieden 4, 6, 13; ἡσυχίας 6, 3, 4; Inf. 4, 2, 5; πάλαι τούτου ἐπιθυμῶν — τοῦ ἀφιστάναι τὸ ἔθνος ἀπὸ βασιλέως 4, 1, 2

·ύρα ἡ Thür, Pforte, κόπτειν θύραν 5, 1, 14

·υρωρός ὁ Thürhüter 7, 1, 38

·υσία ἡ Opfer 4, 5, 1 θυσίαν ποιεῖν τῷ Ποσειδῶνι veranstalten; καταλύω 4, 1, 22

·ύω Rauchopfer verbrennen, opfern τὰ εὐαγγέλια 1, 6, 37; 3, 2, 22; 8, 2, 26 ἔθυε τῷ θεῷ; Med. θυομένῳ αὐτῷ οὐκ ἐγίγνετο τὰ ἱερά 3, 1, 17; 6, 4, 19 ἐθύετο ἐπὶ τῇ διαβάσει; Pass. τὰ τεθυμένα die Opfer, das Opferfleisch 4, 5, 1; 4, 3, 14; τὰ ἱερά 3, 5, 5

ἀπο- opfern τὴν δεκάτην 3, 3, 1 (ἀποθύειν dasjenige opfern, was man zu opfern verpflichtet ist)

I

ἐξ-ιάομαι ausheilen, gänzlich heilen 6, 4, 24 (Dind. ἐπιλαθέσθαι)
ἰατρεῖον τό Wohnung eines Arztes 2, 1, 3
ἰατρός ὁ Arzt 5, 4, 58
ἐξ-ιδιόομαι sich ganz zu eigen machen; 2, 4, 8 in seine Gewalt bringen Ἐλευσῖνα
ἴδιος 3 eigen τῶν ἰδίων ἐπιμελόμενοι indem ihr euren Privatbeschäftigungen nachgeht 7, 1, 4; Adv. ἰδίᾳ für sich allein, für seine Person, privatim
ἰδιώτης ου ὁ Privatmann, Unterthan 3, 4, 7
ἱδρόω schwitzen μάλα ἱδρῶντι τῷ ἵππῳ 4, 5, 7
ἱέρεια ἡ Priesterin 6, 4, 7
ἱερός 3 heilig, gottgeweiht; τὸ ἱερόν Tempel, Opfertier; τὰ ἱερά Heiligtümer, Opfer ἱερὰ ἐγίγνετο αὐτῷ θυομένῳ fielen günstig aus 3, 1, 17; τὰ ἱερὰ καλά 4, 2, 18; τὰ ἱερὰ δείξαι 6, 3, 6 stehender Ausdruck für das Zulassen zu den heiligen Ceremonien bei den eleusin. Mysterien; Orakelstätten 4, 7, 3
ἱερό-συλος ὁ Tempelräuber 1, 7, 22
ἵημι in Bewegung setzen, Med. sich in Bewegung setzen, eilen
ἀν- hinaufschicken, herauflassen 2, 4, 11; 7, 2, 12; nachlassen 2, 3, 46; 5, 3, 2 οὐκ ἀνῆκεν .. διώκων; freilassen 2, 3, 51; 3, 5, 25; verschonen, verzichten auf 5, 2, 38
ἀφ- entsenden, wegschicken, freilassen; 1, 7, 18 κλῆσιν ἀφιέναι Klage fallen lassen; δόρατα; τὰ ἄλλα βέλη ἠφίεσαν 4, 6, 11; 2, 4, 16; ἀφιέναι αὐτονόμους τοὺς Ἕλληνας 6, 4, 3; entbinden von etwas, mit etwas verschonen 5, 2, 3 ἀφεῖναι αὐτὸν τῆς στρατηγίας; τινί mit Inf. jdm. überlassen 6, 1, 13; Med. διὰ τῶν πυλῶν ἀφεῖντο sich losmachen, entkommen 7, 4, 37; Pass. ἀφείθησαν wurden freigesprochen
δι- durchschießen, hindurchdringen 2, 2, 3 entlassen, auseinandergehen lassen
δι-αφ- entlassen, gehen lassen τὸ στράτευμα 3, 2, 24
εἰς- hineinschicken; Med. zu sich einlassen

ἐν- hineinsenden; anreizen, antreib τοὺς ἱππέας ἱλᾶν εἰς αὐτοὺς ἐνίει (scil. τοὺς ἵππους) mit verhängt Zügel 2, 4, 32
ἐφ- zusenden, zulassen, gestatten 1, 1; 3, 1, 8; 3, 1, 18 κατηγόρουν αἱ ὡς ἐφείη τῷ στρατεύματι ἁρπάζ τοὺς φίλους; 7, 4, 7 ἐφέντων δὲ τοῖ πράττειν τῶν Θηβαίων; 5, 1, 1 ; anz zen Acc. c. Inf., veranlassen 6, 1,
καθ- herabsenden, zurückrufen τ φυγάδας 2, 2, 20
καθ-υφ- gehen lassen, Med. nai geben τινί 2, 4, 23
παρ- vorbeilassen, übergehen 4, 8 durchlassen εἰς τὴν πόλιν 5, 2, 9 5, 2, 29; den Vortritt lassen παρ τούτους διαλέγεσθαι αὐτῷ 5, 4, 26
προ- fahren lassen; Med. preisgeb προέμενοι ἀπολέσθαι 2, 3, 35; 7, 5, τοὺς φιλίους νεκροὺς οὐ προήκαντ
συν- vernehmen, verstehen
ὑφ- niederlassen, Med. nachlasse nachgeben, sich darein ergeben 7, 4 ὑφήσεσθαι οὐδέποτε .. ταύτης στερ θῆναι
καθ-ίζω lasse Platz nehmen 5, 4, εἰσήγαγε τὰς ἑταίρας καὶ ἐκάθιζε πα ἑκάστῳ; intr. sich setzen, sitzen 4, 30 ῥαπτά, ἐφ' ὧν καθίζουσιν οἱ Πέρσ μαλακῶς; εἰς τὸ συνέδριον 7, 1, 3 Med. sitzen; 5, 4, 6 ἐπεὶ καθίζοιν wenn sie säßen
συν-καθ-ίζομαι s. -έζομαι
ὑπο-καθ- Med. im Hinterhalt liege 7, 2, 5 ὑπεκαθίζοντο ὑπ' αὐτῷ τῷ τείχ
ἱκανός 3 hinreichend, geeignet, tücl tig, imstande sein Inf. 4, 8, 28; 5, 17; ἱκανὴν πέμπειν συμμαχίαν ἐμοὶ πολεμεῖν 6, 1, 13; Adv. in au reichender, befriedigender Weise 7, 31
ἱκετεύω anflehen 2, 3, 52; 6, 3, 1
ἀφ-ικνέομαι wohin kommen, gelange πρὸς τὴν πόλιν 3, 2, 26; παρὰ Φαρνά βαζον 1, 1, 31; εἰς Ἔφεσον; εἰς πᾶ ἀφίκετο 6, 1, 12 in die höchste Gefah kommen
ἐξ- erreichen τινός 7, 5, 17, treffer 2. 4, 15; 5, 4, 40
ἱμάτιον τό Obergewand, Mantel [ein viereckiges oder rundlich geschnitte nes Stück Tuch, welches vom linken

Arme aus nach hinten unter dem rechten durchgenommen und mit dem Endzipfel über die linke Schulter geworfen wurde] *να* final. Konj. — damit s. Gramm.

ἱπ-αγρέτης οὗ ὁ Anführer der *ἱππεῖς* in Sparta (die 3 H. befehligten 300 Ritter, welche aus den vornehmsten Epheben erwählt, eine Leibgarde der Könige bildeten) 3, 3, 9

ἱππάζομαι reiten 3, 4, 16

ἱπ-αρμοστής οῦ ὁ lakon. st. *ἵππαρχος* Reiteroberst 4, 4, 10

ἱππαρχέω die Reiterei befehligen 4, 3, 8

ἱππ-αρχος ὁ Reiteroberst s. *φυλή*

ἱπάσιμος 3 für die Reiterei bequem 7, 2, 12

ἱππεύς έως ὁ Reiter

ἱππεύω Reiter sein 6, 1, 8; *κράτιστα* am besten reiten 3, 4, 16

ἱππικόν τό Reiterei 3, 1, 5

ἱππικός 3 Pferde betreffend, zum Roßspann gehörig, *ὅπλα ἱππ.* 4, 2, 7; *ἀγών* Wettkampf im Wagenlauf 3, 2, 21; *ἱππική* Reitkunst, Reiterei 4, 3, 9

ἱπποδρομία ἡ Pferderennen, Wettrennen zu Wagen 3, 2, 5 *ποιεῖν*; 7, 4, 29

ἱππό-δρομος ὁ Rennbahn für das Wettrennen der Rosse u. das Wettfahren 3, 4, 16

ἱππο-κόμος ὁ Pferdeknecht 2, 4, 6

ἱππομαχέω zu Pferde kämpfen *πρός τινα* 4, 3, 5

ἱππομαχία ἡ Reitergefecht; *γενομένης*; *ἱππομαχίᾳ ἡττημένος* 7, 5, 18

ἵππος ὁ Pferd. Pl. Reiterei; ἡ *ἵππος* Reiterei 3, 2, 1; *ἀναβὰς ἐπὶ τὸν ἵππον* 4, 1, 39; *ἀναπηδήσας ἐπὶ τὸν ἵππον* 4, 1, 39; *ἀφ' ἵππου μαχόμενος* zu Pferde kämpfend 4, 1, 32; *ἐφ' ἵππον προσελάσας* 5, 2, 29; *μεθ' ἵππων καὶ μετ' ἀσπίδων* zu Roß u. zu Fuß 2, 3, 48

ἱπποτροφέω Pferde halten 3, 4, 15 Reiterdienste thun

ἱπποφόρβιον τό eine Schar von Pferden 4, 6, 6

ἰσθμός ὁ Landenge, Landzunge 3, 2, 10

ἰσο-μέτωπος 2 mit (in) gleicher Front 4, 5, 16

ἰσόπεδον τό gleicher Boden, Ebene 4, 8, 37; 7, 5, 11 *ἐν ἰσοπέδῳ μάχεσθαι*

ἴσος 3 gleich *ἐμοὶ ἴσα ποιεῖν* 6, 1, 5; *ἐκ τοῦ ἴσου μάχεσθαι* unter gleichen Umständen kämpfen 2, 4, 16; *ἐπὶ τοῖς ἴσοις καὶ ὁμοίοις τὴν συμμαχίαν εἶναι* unter gleicher rechtlicher Stellung der beiden Parteien, mit gleichen

Rechten u. Pflichten 7, 1, 1 u. 7, 1, 45; *ἐν ἴσῳ δικαστηρίῳ* vor einem unparteiischen Schiedsgerichte 5, 3, 10; *ἰσαίτερον* Komp. mit größerer Gleichberechtigung 7, 1, 14

ἰσοτέλεια ἡ Steuergleichheit (die *ἰσοτελεῖς* waren Nichtbürger (Metöken) in Athen mit größeren Rechten, als die *μέτοικοι*, denn sie bedurften nicht mehr des *προστάτης* und waren vom Kopfgelde der Metöken befreit, nahmen aber an der Staatsregierung nicht teil, im übrigen waren sie den Bürgern gleichgestellt und wurden zum Kriegsdienst und Kriegssteuern herangezogen) 2, 4, 25

ἵστημι aufstellen *τρόπαιον* 1, 2, 3 oder *ἐστήσαντο*; intr. Aor. *ἔστησαν* sie machten halt 3, 4, 13; 5, 2, 23 nicht (zum Anschluß an Olynth) kommen; Med. *ἵστατο* hielt stand 5, 3, 6; *ἐστάθη* 3, 1, 9 Pass.

ἀν- trans. aufstehen lassen, aufheben *ἐκκλησίαν ἀνέστησε* 2, 4, 42; intr. aufsteben, sich erheben 6, 5, 37, auftreten

ἀφ- trans. wegstellen, entfernt aufstellen 7, 5, 23, absetzen *τὸν πρόσθεν ἄρχοντα ἀποστήσας* 7, 1, 45; zum Abfall bringen *τινός* 3, 5, 6; *ἀπὸ βασιλέως* 4, 1, 2; *ἀποστῆσαι πρὸς ἑαυτοὺς τὸν Τιρίβαζον* abtrünnig machen und auf ihre Seite bringen 4, 8, 12; intr. abfallen *τινός* 3, 2, 25; 3, 5, 18; *ἀφεστάσας εἰς τὸ Κορυφάσιον* abtrünnig wohin gehen 1, 2, 18; *ἀφεστηκότας*, *ἀποστήσοιντο* 6, 4, 6; *κινδύνου μηδενὸς ἀφίστασθαι* vor keiner Gefahr zurückschrecken 7, 5, 19; 2, 3, 5 *ἀπέστησαν εἰς τὴν αὑτῶν πόλιν ἀπὸ Διονυσίου* abgefallen und zurückgekehrt

δι- trennen, veruneinigen 2, 4, 35 *διίστη τοὺς ἐν ἄστει*

ἐν- hineinstellen, *τὰ ἐνεστηκότα πράγματα* Sachlage

ἐξ-αν- aufstehen lassen; intr. aufstehen, aufbrechen 4, 8, 37

ἐπ-αν- worauf stellen; *ἐπαναστὰς ἐπὶ τοῦ καταστρώματος* 1, 4, 18 (etwas zurücktreten), sich erheben (vom Sitze)

ἐφ- aufstellen, einsetzen absol. 6, 2, 4; setzen über *τριηράρχους ἐπὶ τὰς τριήρεις* 2, 1, 12; *ἐπὶ ταῖς ἄλλαις Νικόλοχον ἐπέστησε τὸν ἐπιστολέα* 5, 1, 6; *φυλακάς*; intr. herantreten Aor., Pf. dabeistehen; *ἐπίστη τὸ ἔαρ* 5, 4, 47 erscheinen

καθ- niedersetzen, einsetzen, machen

μέγιστόν σε μετ' ἐμὲ καταστήσειν 6,
1, 8; ἐπὶ τὸ ξενικὸν καθίστησιν 'Αδέαν
machte zum Befehlshaber über 7, 1,
45; φυλακάς 6, 2, 29; (Pass.) βασιλέα
3, 3, 1; φυλακὰς εἰς τὰ ἐρύματα 3,
2, 14; καταστήσας ἐνταῦθα φρουροὺς
8, 1, 19; aufstellen ἀντιπράφρους κα-
ταστήσας τὰς τριήρεις 6, 2, 28; καθί-
στασθαι τοὺς πελταστὰς ἑκατέρωθεν
3, 2, 16; ἐγγυητάς; ὁπλίτας, 3, 4, 21
τὸ ἱππικὸν εἰς τὸ πεδίον κατέστησε;
1, 3, 17 καταστήσας ἄπαντα ὡς ἐδύ-
νατο κάλλιστα anordnen; τὰ ἐν Λαμ-
ψάκῳ κατεστήσατο die Angelegenheit
ordnen 2, 1, 1; πολιτείαν καταστή-
σαιντο Verfassung in ihrem Sinne
einrichten 2, 8, 13; 3, 4, 27 καταστή-
σασθαι ναύαρχον; κατέστησε ναύ-
αρχον 3, 4, 29; intr. auftreten, er-
scheinen 1, 4, 17 ἡγεμὼν καταστῆναι;
(eingesetzt) werden ταγὸς ἀπάντων
κατασταίην 6, 1, 18; καθεστηκότων
φρουρῶν; καταστῆναι εἰς τὴν βουλείαν
in die Ratsherrnwürde eingesetzt wer-
den; καταστῆναι εἰς τοιοῦτον ἀγῶνα
sich einlassen 6, 3, 17; εἰς πόλεμόν τινι
καθίστασθαι 7, 4, 10; καθίστασθαι εἰς
τοὺς ἐπαρίτους worunter treten; wohin
gelangen κατέστησαν ἐπὶ τοὺς ἐκκλή-
τους 6, 3, 8; Aor. 2 Act. auch — sich
festsetzen, sich aufhalten 4, 1, 25;
6, 1, 8 ὁπλῖται πλείους ἢ μύριοι κα-
θίστανται — γίγνονται betragen; τὰ
καθεστῶτα der Stand der Dinge 1,6, 5
μεθ- umstellen, abändern, νόμους
μετέστησε 5,4,64, πολιτεῖαι μεθίσταν-
ται 2, 8, 24; 4, 8, 27 μετέστησε δὲ ἐξ
ὀλιγαρχίας εἰς τὸ δημοκρατεῖσθαι τοὺς
Βυζαντίους; Med. abtreten lassen
(Aor.) 4, 1, 5; 2, 5 πάντα πρὸς
Λακεδαιμονίους μετέστησεν unter die
Botmäßigkeit der L. bringen; intr.
1, 4, 9 χωρία τὰ πρὸς Λακεδαιμο-
νίους μεθεστηκότα übergehen, abfal-
len zu —
παρ- zur Seite stellen; 3, 2, 11 auf
seine Seite, zur Unterwerfung brin-
gen αὐτοὺς παραστησάμενος und 7, 2,
10; intr. παρέσταντο ἀλλήλοις zur
Seite stehen; 2, 8, 56 τοῦ θανάτου
παρεστηκότος bevorstehen; 4, 5, 6 Pf.
zur Seite stehen; 7, 2, 10 Fut. Med.
προ- voranstellen, προστησάμενος τὰ
ἅρματα 4, 1, 18; intr. vorstehen, an
die Spitze treten προστῆτε τῶν ἀδι-
κουμένων 8, 5, 14; 6, 4, 6 τῶν Θη-

βαίων προεστῶτες; οἱ προεστηκό-
τοῦ δήμου Führer des Volkes (]
magogen); 8, 2, 31 προεστάναι
ἱεροῦ Aufsichtsrecht haben 7, 4,
ὁ τῶν Κυρείων προεστηκώς Anführ
3, 2, 7
συν- zusammenbringen, vereinen(r
Bündnis) 3, 5, 2 συνίστασαν τὰς ι
λεις πρὸς ἀλλήλας; intr. sich ver
nigen 7, 1, 48, sich zusammenrott
4, 2, 1 πόλεις συνεστηκυίας ἐπὶ ι
λέμῳ πρὸς ἑαυτούς; Med. συνίστα
ἀλλήλοις 2, 1, 1; 6, 1, 4 ἐάν τί
χαλεπὸν ὑμῖν συνιστῆται eine Gefa
zu entstehen droht
συγ-καθ- zugleich mit einsetzen
1, 18 ταγὸν αὐτόν
συν-αν- zugleich aufrichten; τὰ μαχ
τείχη 4, 8, 9 wiederherstellen
ὑφ- unterset zen, unter der Hand hi
stellen, unvermerkt zum Aufpass
hinstellen 4, 1, 26 ταξιάρχους κ
λοχαγοὺς ὑποστήσας; intr. sich wide
setzen, Widerstand leisten 6, 5, 2(
7, 5, 12; 7, 1, 40 ὑποσταίη; sich ve.
bindlich machen, übernehmen In
3, 4, 2 ὑποστῆναι στρατεύεσθαι
ἱστίον τό Segel, τὰ μεγάλα ξ. die ai
Hauptmaste befestigten Segel
ἱστός ὁ Mastbaum
ὑπ-ισχνέομαι versprechen (im Sinn
von: in Aussicht stellen); Inf. fut. ⟨
8, 32; Inf. Aor. 3, 5, 10
ἰσχυρός 8 stark, mächtig, entschiede
streng ψήφισμα 1, 7, 20; χωρίον 4, (
9 πρὸς τοῖς ἰσχυροῖς an den sichere
u. gedeckten Orten; τῷ ἰσχυροτάτ
ἀγωνίζεσθαι mit den Kerntruppen '
5, 23; ἰσχυρᾶς ἥρεσκον sehr 4, 8, 15
ἰσχύς ύος ἡ Stärke, Kraft, Gewal
κατ' ἰσχὺν διαπράξασθαι 1, 8, 16
Streitmacht 3, 4, 27; τοῖς πολεμίοι
μεγάλην ἰσχὺν προσβάλλειν 6, 2, 9 ver
schaffen
ἰσχύω stark sein, kräftig sein; 6, 4
18 ἐκ τῆς ἀσθενείας οὔπω ἴσχυεν
ἀν-ίσχω intr. aufgehen ἅμα τῷ ἡλίῳ
ἀνίσχοντι 2, 1, 23
ἰχθύς ύος ὁ Fisch 4, 1, 16
ἴσως Adv. in gleicher Weise 6, 8, 13,
vielleicht, wahrscheinlich; 6, 8, 13
ἴσως δὲ καὶ βουλοίμεθ' ἄν; mit atti-
scher Urbanität auch bei bestimmten
Behauptungen, wie unser „hoffentlich,
natürlich, doch wohl" Ind. 3, 4, 9; 6,
5, 37; ἴσως τάχα εὑρήσετε 7, 1, 24

K

ά (enkl.) dor. Form für κέν, ἄν 3, 3, 2
ἀϑαίρεσις εως ἡ Niederreifsung τὼν
τειχῶν 2, 2, 15; 5, 1, 35
ἀϑάπερ Adv. ganz so wie, wie ge-
rade 5, 4, 54; καϑάπερ τὸ πρόσϑεν 3, 4, 21
·αϑαρός 3 rein Gen. 4, 4, 6
ἄϑ-οδος ἡ Rückkehr 4, 4, 15
·αί und, sogar, auch; und zwar
5, 4, 22 καὶ ταῦτα (et id quidem),
·αὶ (οὗτοι) ἀπεχώρησαν und zwar
hatten sich diese entfernt 3, 2, 4; 2,
4, 2 καὶ μάλ᾽ εὐημερίας οὔσης und
zwar; πολλοὶ καὶ ἀγαϑοὶ ἄνδρες und
zwar tapfere Männer 7, 2, 14. Vor
einem bedeutsamen Begriffe — gar
καὶ μάλα gar sehr; καὶ πάσας gar
alle 1, 5, 13; καὶ μηδένα 2, 3, 41
sogar. Vor einem Begriffe von (rela-
tiv) geringer Bedeutung — auch nur
6, 1, 19 ἔργον καὶ πόλεις ἀριϑμῆσαι.
Bei Zeitbestimmungen — καὶ πρόσϑεν
5, 3, 15 schon früher; καὶ νῦν schon
jetzt. Vor einem Verbum häufig —
(auch) wirklich ἐπεὶ δὲ καὶ ἤρξατο
3, 4, 8, ebenso 1, 7, 2 καὶ ἔδοξε auch
wirklich; ὅμως καί mit Part. — ὅμως
καίπερ 5, 1, 3. Καί nach fragendem
Pronomen oder Adverbium urgiert
die Frage — nur, eigentlich τί καὶ
δεδιότες 1, 7, 25; 3, 3, 11; 2, 3, 47 τί
ποτε καὶ καλέσαι χρή wie denn nur
in aller Welt soll man nennen? 5, 4,
4 καὶ δὴ καί und sogar, und so denn
auch, und sofort auch 6, 4, 13; καὶ
ἄλλους δὲ δύο aber auch zwei an-
dere 2, 4, 6 und 6, 3, 11; καὶ γάρ —
etenim; denn sogar noch 4, 1, 6 (s.
γάρ) nam etiam; nam et (— et); καὶ
γὰρ ἀεί denn schon immer 4, 3, 2;
καὶ γὰρ δή denn fürwahr; καὶ γάρ
οὖν darum natürlich. Zu Anfang des
Satzes zur lockeren Verbindung oder
die Handlung als in Übereinstimmung
mit einer vorhergehenden bezeichnend,
vergleiche 3, 4, 29 καὶ Πείσανδρος ..
ἔπραττεν mit dem vorhergeh. Satze;
οἱ αὐτοὶ — καὶ πέρυσιν — wie (ebenso
atque bei Begriffen der Ähnlichkeit);
bei Zeitbestimmungen, wenn das
gleichzeitige Eintreten zweier Um-
stände ausgedrückt werden soll 4, 8,
39 καὶ ταῦτ᾽ ἔλεγε καὶ λαβὼν —
ἀποϑνήσκει — u. (gleichzeitig) mit

diesen Worten fand er auch schon
seinen Tod. Καί für ὥστε 1, 7, 13
καὶ ἠναγκάσϑησαν — ὥστε ἠ.
καινός 3 neu, ungewohnt; κ. πράγματα
Neuerungen 1, 4, 16
καινουργέω Neuerungen machen; περί
τινα Neuerungen einführen bei jdm.,
eigenmächtig verfahren gegen jdn.
6, 2, 16
καίπερ mit dem Part. bezeichnet das-
selbe in Beziehung auf den Haupt-
satz als konzessives — obwohl
καίριος 3 am rechten Orte geschehend,
passend, glücklich 4, 5, 4
καίτοι und doch, indes — leitet kon-
zessive Hauptsätze ein 5, 2, 27 und
vermittelt den Übergang zu einem
neuen Gedanken — atqui 4, 1, 36
καιρός ὁ das rechte Mafs, das rechte
Verhältnis; πλέονας τοῦ καιροῦ 2, 3,
24 — ἢ καιρὸς ἦν mehr als billig ge-
wesen war; τοῦ καιροῦ ἐγγυτέρω τεί-
χους näher an die Mauer als ratsam
war 5, 3, 5; πορρωτέρω τοῦ καιροῦ 7,
5, 13 unverhältnismäfsig weit; der
richtige Zeitpunkt, ἐν καιρῷ zur rech-
ten Zeit 1, 18; 7, 4, 8; κατὰ τὸν
καιρὸν τοῦτον um diese Zeit; ἐν τούτῳ
τῷ καιρῷ 3, 1, 16; 3, 4, 9 ἐν καιρῷ
σοι εἶναι dir nützlich sein; ἐν καιρῷ
γένοιτο, εἰ — von Nutzen sein 4, 3,
2; καιρὸν ἡγήσατο μάχην συνάψαι 3,
4, 23; 3, 5, 5 καλὸν καιρὸν εἶναι τοῦ
ἐξάγειν στρατιάν; 6, 4, 22 καιρὸς εἴη
ἐπιτίϑεσϑαι; 6, 5, 38 ἐν τοῖς μεγί-
στοις καιροῖς in den entscheidendsten
Augenblicken; καιρὸς παραγεγένηται
Inf. 6, 5, 41
καίω und κάω anzünden, anbrennen,
verbrennen, ἔκαε καὶ ἐπόρϑει τὴν
χώραν 4, 1, 1 verheeren mit Feuer und
Schwert; κόπτω καὶ κάω τὴν πολεμίαν
χώραν 5, 2, 39; 3, 2, 5 ἄγω καὶ καίω
τὴν Βιϑυνίδα; τέμνοντες καὶ κάοντες
τὴν χώραν 4, 2, 15; νύκτωρ πῦρ οὐκ
ἔκαε 6, 2, 29; λύχνος ἐκάετο 6, 4, 36
brannte; φανερὸς ἐγένετο ὁ νεὼς
καιόμενος 4, 5, 4 (Dind. καόμενος)
κατα- niederbrennen τὰς ναῦς 1, 1,
18; 4, 1, 33 κατακεκαυμένα
κακο-πράγμων ονος 2 arglistig,
tückisch, Böses im Schilde führend
5, 2, 36

4 *

κακός 3 schlecht, κακῶς auch — in
übler Absicht; κακὰ πάσχειν καὶ ποιεῖν
3, 5, 21; κακὸν ἐργάζεσθαι 2, 3, 15;
κακῶς ποιεῖν τινα u. χώραν schädigen,
verwüsten 6, 2, 39; κακῶς πάσχειν
Schaden erleiden; κακῶς ἀπεχώρησαν
übel zugerichtet 5, 3, 5; κακοὶ φα-
νεῖησαν περὶ ὑμᾶς sich schlecht be-
weisen gegen 6, 5, 42; κακῶς φέρεσθαι
τὰ ἑαυτοῦ schlecht vonstatten gehen;
κακῶς ἔχειν λιμῷ 5, 3, 26 schwer zu
leiden haben; τὰ κακά Unfälle, Un-
glück, Übel 1, 6, 8

κακουργέω Schaden zufügen, ver-
heeren χώραν 5, 4, 42; αὐτόν 4, 3, 3
κακόω schädigen, verheeren χώραν
3, 2, 10

κᾶλα τά (= κῆλα) die Hölzer (dor.
Wort von καίω (Brenn)holz = Schiff)
ἔρρει s. ἔρρω 1, 1, 23

καλαμη-φόρος 2 Rohrhalme tragend
2, 1, 2

κάλαμος ὁ Rohr 2, 1, 1; 2, 1, 4

καλέω rufen, nennen 2, 3, 47 τοῦτον
τί ποτε καλέσαι χρή = wie soll man
ihn denn nur nennen? καλεῖν (scil.
εἰς δίκην) vor Gericht ziehen 1, 7, 15;
τὸ Θράκιον καλούμενον das sogenannte
Thr.; τὴν μικρὰν καλουμένην ἐκκλη-
σίαν 3, 3, 8; 6, 2, 31; τῶν τροφίμων
καλουμένων 5, 3, 9
ἀνα- aufrufen, zurückrufen 6, 2, 54,
herbeirufen, Med. vor in Gericht
vorladen, 7, 4, 33 εἰς τοὺς μυρίους
ἀπο- nennen 2, 3, 47· κόθορνόν με
ἐγ- vorwerfen jdm. etwas μηδέν 6, 1, 13
ἐκ- herausrufen, rufen jdn., um ihn
zum Herauskommen zu veranlassen
7, 4, 27 Impf.
ἐπι- herbeirufen, benennen, τινί τι
einem etwas vorhalten, zur Last legen
1, 1, 28; Med. 2, 3, 55 anrufen τοὺς
θεούς; Pass. 2, 3, 30 genannt wer-
den; τὸν καλὸν ἐπικαλούμενον 2, 4, 6
παρα- herbeirufen, entbieten ἡμᾶς
ἐπὶ τὸν Πειραιᾶ 3, 5, 8, zuhülfe rufen
τὸν Ἐννάλιον 2, 4, 17
προ- Med. Forderung stellen, Vor-
schläge machen, beantragen 2, 2, 15
ἐφ' οἷς προύκαλοῦντο εἰρήνην ποι-
εῖσθαι; 7, 4, 11
προσ- herbeirufen, vorlassen 4, 5, 9;
Med. vor Gericht fordern 7, 4, 38,
anklagen 1, 7, 12
συγ- zusammenrufen 7, 3, 1; 7, 1, 44
συμ-παρα- mit einladen 4, 8, 13
καλλιερέω unter günstigen Vorzei-

chen opfern, günstige V. erlan[
3, 3, 4; 3, 1, 19 ebenso Med. 4, 1,[
6, 5, 17; 3, 1, 17 οὐδὲ ταῦτα ἐ[
λιερεῖτο

καλός 3 schön 4, 1, 39; καλός [
zeichnung für den Geliebten (Li[
ling) 2, 3, 56; καλὸς κἀγαθός (erst[
bezeichnet ideale Gesinnung, letzt[
praktische Tüchtigkeit) guter Pat[
Aristokrat, Vornehmer 2, 8, 12, so[
— edel und brav, also = Ehrenma[
τὸ καλόν alles zur Erziehung u[
Ausbildung eines edlen Bürgers 6
hörige 5, 4, 32 die durch die öffe[
liche Erziehung gewonnenen Vorzü[
5, 3, 9; die Ehre 2, 3, 38; ἐν κα[
(Neutr.) τοῦ κόλπου (τοῦ βλάπτε[
günstig inbezug auf den Meerbu[
6, 2, 9; ἐν καλῷ εἶναι Inf. zwe[
mäſsig sein 4, 3, 5; καλῶς γενέσθ[
nach Wunsch gehen 4, 2, 3; καλ[
ἔχειν τινί Inf. für jdn. vorteilhaft se[
7, 1, 7; κάλλιον βουλεύεσθαι 2, 2, 1
sich eines Bessern besinnen; ὡς ἐδ[
νατο κάλλιστα so gut als möglich [
3, 17; ὅπῃ δύναιντο κάλλιστα 2, 4, 3
so gut sie könnten

κατα-καλύπτω ganz verhüllen 1, 4, 1
ἀνα- enthüllen, Med. sich enthülle[
entschleiern 5, 4, 6

κάμηλος ὁ Kamel 3, 4, 24

κάμνω ermüden, ermatten, erkranke[
Aor. 3, 3, 1; 5, 3, 19
ἀπο- aus Ermüdung aufgeben πόνο[
7, 5, 19
ἐπι-κάμπτω umbiegen, eine Schwen[
kung machen lassen 4, 2, 20 τὸ ὑπερ[
έχον εἰς κύκλωσιν

καπνός ὁ Rauch 6, 5, 48

κάρανος ὁ (κάρα) Oberhaupt, Ober-
feldherr, Herr 1, 4, 3

καρπός ὁ Frucht, Getreide, εἰληφέναι
geerntet haben 5, 4, 56
καρπόω Med. Nutzen ziehen, genieſsen
τί 4, 4, 19 ausbeuten

καρτερέω standhaft aushalten 2, 2, 11,
mit Part. 3, 1, 17 beharrlich fortfahren:
πάντα 5, 1, 15
δια- standhaft aushalten mit Part.
7, 4, 8; ἐν τῇ συμμαχίᾳ 7, 2, 1
προσ- noch weiter ausdauern, nicht
ermüden 7, 5, 14

καρτερία ἡ Beharrlichkeit, διὰ καρ-
τερίας unter Not und Entbehrungen
7, 2, 17

καρτερός 3 stark, fest, χωρίον, τεῖχος
7, 4, 32

κα st. καὶ εἶτα und dann, dann
al s o (die Partikel zieht im Tone
williger Verwunderung ein auf-
llendes Ergebnis aus einer vorher-
hehenden Behauptung) 7, 3, 10, s. εἶτα
κά Präpos. 1) m. Gen. (zur Angabe
ner von oben nach unten hingehen-
en Bewegung) abwärts von, an etwas
nunter, auf jdn. von der Redner-
bühne herab sprechen — gegen jdn.
κατὰ τοῦ τείχους ἥλλοντο von der
Mauer herab 4, 4, 11; 2, 3, 35 ὃ τε-
λευταῖον κατ' ἐμοῦ εἶπε gegen mich
Beschwerde führen; κατὰ τοῦ Τισσα-
φέρνους ἔλεγον ἃ πεποιηκὼς εἴη 1, 5, 2.
2) m. Acc. das Erstrecken über einen
Gegenstand bezeichnend (von oben
nach unten und umgekehrt) über —
hin, auf — in (lokal); entlang,
längs, (überhaupt) in, zur Zeit,
gemäſs nach (Art und Weise); 4,
5, 10 πένθος ἦν κατὰ τὸ Λακωνικὸν
στράτευμα überall in —; ὁ κατὰ γῆν
πόλεμος auf dem Lande 4, 8, 1; τῶν
κατ' ἐκεῖνα πόλεων in jener Gegend
umher 6, 2, 38; κατὰ μέσον τὸν πλοῦν;
κατὰ Λάρισον längs 3, 2, 23; 4, 4, 11
κατὰ τὰς κλίμακας ἀναβαίνοντες; κατὰ
τὴν ἠόνα längs; 2, 4, 10 ἐχώρουν κατὰ
τὴν εἰς τὸν Πειραιᾶ ἁμαξιτὸν (längs)
auf; ἐμβαλεῖν κατὰ Οἰόν 6, 5, 25 ein-
fallen (längs) auf dem Wege über O.,
5, 1, 8 ἐπηκολούθει κατὰ τὸν λαμπτῆρα
in der Richtung; 4, 2, 19 οἱ Ἀθηναῖοι
κατὰ Λακεδαιμονίους ἐγένοντο (längs
der laked. Schlachtreihe d. i.) gegen-
über; 4, 5, 17 κατὰ τὸν γήλοφον dem
Hügel gegenüber; κατὰ τὰς πύλας
ἱέναι auf dem zu den Thoren führen-
den Wege 5, 4, 20. — Temporell zur
Angabe der Ausdehnung in der Zeit,
der Zeitdauer: während, um, zur
Zeit κατὰ τὸν καιρὸν τοῦτον um diese
Zeit; 6, 4, 28 μέγιστος ἦν τῶν καθ'
ἑαυτόν (von den Leuten seiner Zeit).
— Zur Angabe der Gemäſsheit, die
als ein Entlang gedacht wird, so dafs
das Subj. einem Gegenstande folgt
(secundum) διεσκεδασμένοι κατὰ τὰς
ἰδίας λείας (in Rücksicht auf) 1, 2, 5;
κατὰ πόρον χρημάτων ἀφιγμένος 5, 1, 1;
6, 4, 2 κατὰ τοὺς ὅρκους gemäſs; καθ'
ὅ,τι (= ἐπὶ τίσιν) συμμαχία ἔσοιτο
gemäſs welcher Bestimmung 7, 1, 1;
2, 3, 30 κατὰ τὸν πατέρα (gemäſs),
nach Art seines Vaters; 1, 6, 5 τὸ
κατ' ἐμέ soweit es auf mich ankommt;

κατὰ τὸ αὑτοῦ δυνατόν nach Kräften
1, 6, 7; κατὰ τὴν παραγγελίαν infolge
—; 3, 3, 1 σεμνοτέρας ἢ κατὰ ἄνθρω-
πον ταφῆς mehr als einem Menschen
zukommt; 7, 1, 1 καθ' ὅ,τι ἡ συμμα-
χία ἔσοιτο unter welchen Bedingungen
(s. vorher.). — Aus dem Begriff der
Gemäſsheit, der Absonderung geht die
distributive Bedeutung hervor; 2, 3, 3
διέλυσε κατὰ πόλεις ἑκάστους in die
einzelnen Städte; καθ' ἕνα ἕκαστον
1, 7, 19 jeden einzeln für sich; κατ'
ἄνδρα für jeden Mann; καθ' ἡμέραν
(ἐλάττονα) von Tage zu Tage, in dies
6, 5, 50; καθ' ἓν οὔσης τῆς ἰσχύος
3, 4, 27 vereinigt auf einem Punkte
(sonst καθ' ἕν — einzeln). — Aus der
distributiven Bedeutung geht die ab-
geschwächte Bedeutung der Art und
Weise hervor κατ' ἰσχύν mit Gewalt,
κατὰ τύχην τινά durch Zufall 3, 4, 13
καταγωγή ἡ Ort zum Einkehren, Unter-
kommen 3, 2, 11
κατά-δηλος 2 sichtbar, offenbar, be-
kannt
καταδρομή ἡ Streifzug 5, 3, 1; ποιεῖ-
σθαι 5, 4, 42
κατάλογος ὁ Aufzählung, Verzeichnis;
ἐξαλείφειν ἐκ τοῦ καταλόγου aus der
Liste streichen 2, 3, 51
κατάλυσις εως ἡ Auflösung, Auf-
hebung τοῦ δήμου, Sturz der Demo-
kratie 2, 3, 28, Einstellung τοῦ πο-
λέμου 6, 3, 4; 3, 5, 8
κατ-άντης ες bergab, τὸ κάταντες
Bergabhang, εἰς τὸ κάταντες berg-
abwärts 3, 5, 20; ἀπὸ τοῦ κατάντους
vom Bergabhange weg 3, 5, 20; 4, 8,
37 ἐν τῷ κατάντει ἦν auf dem B.
κατ-αντικρύ Adv. gegenüber 4, 8, 5
Ἀβύδου
κατά-πλους ὁ das Herabschiffen, Heim-
kehr 1, 4, 21
κατα-σκοπή ἡ Auskundschaften; 1,
4, 11 ἐπὶ κατασκοπὴν τῶν τριήρων
ἀνήχθη
κατάστασις εως ἡ Zustand, bestehende
Verfassung 2, 3, 26
κατάστρωμα τό Schiffsverdeck 1, 4, 18
καταφανής ές sichtbar; καταφανεῖς
ἦσαν προσιόντες 6, 5, 8
καταφρονητικός 3 Adv. -κῶς mit
Geringschätzung d. i. sorglos 4, 1, 17;
5, 8, 1
καταφυγή ἡ Zufluchtsort 2, 4, 8
κατηγορέω s. unter η

κατηγορία ἡ Anklage, κατηγορίαι ἐγίγνοντο τῶν Ἀθηναίων wurden erhoben 2, 1, 31

κάτω unten, οἱ κ. Küstenbewohner 1, 4, 3

καῦμα τό Hitze, κ. πυριφλεγὲς λαμβάνει αὐτόν hitziges Fieber 5, 3, 19

κάω s. καίω

κεῖμαι liegen 3, 1, 26
δια- sich in irgend einer Lage befinden 6, 5, 1; 4, 1, 33 οὕτω διάκειμαι ὑμῶν ὡς .. ἔχω in einen Zustand versetzt worden sein von jdm.
ἐγ- darauf liegen, bedrängen, zusetzen 3, 5, 20; τινί
ἐπί- darauf liegen, τινί angreifen 4, 5, 15 θρασύτερον, zusetzen 6, 5, 35; absol. 6, 5, 13 θρασέως; 5, 2, 1 feindlich, aufsässig sein ἐν τῷ πολέμῳ
κατά- daliegen, 4, 1, 30; 5, 4, 7 ruhen, oft: unthätig daliegen
πρό- vorliegen τὰ προκείμενα 5, 4, 1 der vorliegende Fall
πρόσ- anliegen τινί 3, 4, 7 προσέκειντο αὐτῷ ἀξιοῦντες; 4, 6, 8 angreifen; bedrängen 5, 4, 42
σύγ- zusammen liegen, vereint sein 5, 1, 10 ὥσπερ συνέκειτο wie verabredet war; τὸ συγκείμενον χωρίον 3, 2, 19

κείρω scheren 1, 7, 8

κελευστής οῦ Rudermeister, welcher auf dem Schiffe durch eine Art von Gesang oder durch Klopfen mit Steinen den Takt zum Rudern angiebt 5, 1, 8

κελεύω befehlen, auffordern Inf. 6, 5, 25, Acc. c. Inf.; ἐπὶ τὰ ὅπλα zu den Waffen rufen, das Kommando zum Antreten geben 2, 3, 20; 2, 3, 54 ἐκέλευσε (Dind. ἐκάλεσε) τοὺς τριάκοντα ἐπὶ τὸν Θηραμένην entbieten; τὰ κελευόμενα πράττειν den Auftrag vollziehen 3, 5, 6
δια- Med. anbefehlen Dat. c. Inf., antreiben m. Inf.
ἐπι- Akt. zurufen, ermuntern, Zustimmung geben 4, 7, 4

παρα-κελεύομαι zurufen, ermutigen 1, 1, 6 τινί; einem gebieten, heißen Dat. c. Inf. 4, 8, 8; 5, 4, 43; 1, 1, 24; blofse Inf. 3, 1, 21 auffordern; 7, 1, 30 τοιάδε ermahnend sagen; αὐτοῖς ὅτι ἀνάγκη εἴη stellte ihnen vor, dafs 1, 1, 14

κέλης ητος ὁ Schnellsegler, schnellsegelndes Schiff mit einer Ruderbank;

1, 6, 36 ὑπηρετικός κ. ein zu diesen lichen Meldungen benutzter Sch.

κενός 3 leer ἱερὰ κενὰ ἀπέδειξε machen 7, 3, 8

κεντέω stechen μαστιγοῦν καὶ τεῖν 3, 3, 11 mit der Stachel peitschen

κεραμίς ίδος ἡ Dachziegel 6, 5, 9

κέρας τό Horn, Flügel; κατὰ κ ἐπιπέσοιεν in den Flanken angre 6, 5, 16; ἐπὶ κέρως 1, 7, 29 in ei Linie hintereinander (so dafs ein Sc hinter dem andern steht); 7, 5, τοὺς ἐπὶ κέρως πορευομένους in lan Kolonne, in langer Reihe hintere ander, ebenso 7, 4, 23 κατὰ κέρ ἐν (oder ἐπὶ τῷ) δεξιῷ κέρατι auf d rechten Flügel 3, 2, 15

κεραυνός ὁ Blitz πίπτει εἰς τὸ στρ τόπεδον 4, 7, 7

κερδαλέος 3 gewinnreich, ersprief lich 5, 2, 19

κέρδος τό Gewinn, Nutzen ἰδίων κε δέων ἕνεκα aus Gewinnsucht 2, 4, 2

κεφαλή Kopf, κατὰ κεφαλὴν τ τεῖχος διώρυττον 7, 2, 8 an der Stir d. i. an der höher gelegenen „Vorder seite" der Burg im Ggstz zum Fuf derselben, wo die Stadt unterhall lag; 7, 2, 11 „von oben her", über den Hals (kommen)

κηδεστής οῦ ὁ jeder durch Heira Verwandte, Verschwägerte, Schwage 4, 1, 8

κηδεστία ἡ Verschwägerung, Verwandtschaft durch Heirat, Schwägerschaft 2, 4, 21

κήδομαι Sorge tragen, begünstigen τινός 6, 4, 5; 7, 5, 1

κηλίς ίδος ἡ Fleck, Schandfleck, Tadel, Strafe 3, 1, 9

κήρυγμα τό Heroldsruf 5, 4, 10, Belohnung, ausgesetzter Preis

κῆρυξ υκος ὁ Herold, ὁ τῶν μυστῶν κῆρυξ d. i. der ἱεροκῆρυξ der eleusin. Mysterien aus dem alten Geschlecht der Keryken 2, 4, 20

κηρύττω (durch Heroldsruf) bekannt machen, ζεύγη Gestellung von Wagen fordern (= imperare) 7, 2, 23; ἐκηρύττοντο νικῶντες als Sieger ausgerufen werden 3, 2, 21
ἀπο- durch öffentlichen Ausruf bekannt machen, — verbieten lassen Acc. c. Inf. μηδένα στρατεύειν 5, 2, 27
ἐπι- durch den Herold ausrufen lassen, androhen θάνατον τὴν ζημίαν 1, 1, 15

ρδυνεύω Gefahr laufen 1, 6, 4 Inf.; ,4,15;(von nicht gefährlichen Dingen) auf dem Wege sein, scheinen, wahrscheinlich sein 6, 2, 23 ἄν Inf. δια- eine Gefahr durchmachen, sich einer Gefahr aussetzen, sein Leben wagen, eine Schlacht wagen 6, 4, 24 παρα- wagen, unternehmen Inf. 3, 5, 16; 7, 3, 5 παρακινδυνεύουσι καὶ ἀποσφάττουσι
ἰνδυνος ὁ Gefahr κ. γενομένοις τῇ Ἑλλάδι 2, 2, 20; 6, 5, 43 ἔλθοι τῇ Ἑλλάδι κίνδυνος ὑπὸ βαρβάρων; διὰ κινδύνων ἐπικουρεῖν unter Gefahren 6, 5, 47; 7, 1, 7 οὐ περὶ τῶν ἴσων ὁ κίνδυνός ἐστι es steht nicht Gleiches auf dem Spiele; 7, 1, 10 περὶ γυναικῶν .. κίνδυνος αὐτοῖς ἐγένετο es steht auf dem Spiele; ἀφίστασθαι κινδύνου vor Gefahr zurückschrecken 7, 5, 19
ινέω bewegen, forttreiben; Pass. sich bewegen, sich rühren, sich verscheuchen lassen 7, 4, 21
ιύ-κρᾶνον τό Säulenknauf 4, 4, 5
τίων ονος ὁ Säule 4, 4, 5
ελαίω (Dind. κλάω) weinen 5, 4, 27
ελαυσί-γελως ωτος ὁ das mit Weinen vermischte Lachen εἶχε πάντας 7, 2, 9 — alle lachten und weinten abwechselnd
κλείω verschliefsen; θύραν κεκλεῖσθαι 5, 4, 7; τὰς πύλας κλείσαντες 7, 4, 34 ἀπο- abschliefsen πυλῶν 5, 4, 42, nicht einlassen, abschneiden τὰς ἐφόδους τῶν ἐπιτηδείων 2, 4, 3; τῶν ἐπιτηδείων τινά; ἀποκλεισθέντων τῆς ἐξόδου 7, 1, 25; 2, 4, 28 ἐπιτηδείων ἀποκλεισθείησαν
ἐγ- einschliefsen, Med. 6, 5, 9 sich einschliefsen
κατα- einschliefsen εἰς τὴν πόλιν 1, 4, 22; verschliefsen 3, 1, 27
συγ- zusammenschliefsen; συγκλεισθήσονται ταῖς ἐπιγαμίαις eng verbinden 5, 2, 19
κλέπτω verhehlen, unterschlagen 3, 1, 27 stehlen
ἐκ- heimlich wegbringen 5, 4, 12
ἐκ-κλησιάζω Volksversammlung abhalten, Impf. ἐξ-εκλ. (Dind. ἠκκλησίαζον) 5, 3, 16
κλῆσις εως ἡ Vorladung vor Gericht, d. i. anhängig gemachte Klage 1, 7, 13 ἀφιέναι τὰς κλήσεις fallen lassen
κλῖμαξ ακος ἡ Leiter κατὰ τὰς κλίμακας ἀναβαίνω 4, 4, 11; Treppe 7, 2, 7 Pl.

κλινο-πετής ές bettlägerig 5, 4, 58
κλίνω neigen; 5, 2, 5 τεῖχος ἐκλίνετο neigte sich
ἀπο- intr. sich umwenden 4, 4, 11 ἀπέκλιναν πάλιν
ἐγ- intr. (von Truppen) weichen 3, 4, 24 sich zur Flucht wenden 2, 4, 34; 4, 4, 17; 4, 5, 16 ὡς ἐνέκλιναν οἱ πελτασταί . . .
κατα- niederlassen, Aor. Pass. κατεκλίθη sich niederlegen 4, 1, 30
κλοιός ὁ Halseisen 3, 3, 11, κλοιῷ δήσαντες 2, 4, 41
ἀπο-κναίω abquälen, erschöpfen; Pass. gequält werden 6, 2, 1
κνέφας τό Finsternis; ἅμα κνέφᾳ bei Beginn der Morgendämmerung 7, 1, 15
κνήμη ἡ Schienbein, Wade 5, 4, 58
κόθορνος ὁ Kothurn (Fufsbekleidung für tragische Schauspieler, für beide Füfse passend) — wetterwendischer Mensch 2, 3, 30
κοῖλος 3 hohl κοίλη ναῦς der untere Schiffsraum; ἐν κοίλῳ χωρίῳ in einer Schlucht 5, 1, 10
κοιμάω einschlafen machen; Pass. Aor. sich zur Ruhe legen 4, 3, 20
ἀπο- Dep. Pass. sich durch Schlaf stärken
κατα-κοιμίζω zu Bett bringen 6, 4, 36
κοινο-λογέομαι sich verabreden τινί 3, 1, 9 sich verständigen 5, 4, 36
κοινόομαι τινί jdm. mitteilen, um ihn zurate zu ziehen 7, 1, 27 τῷ θεῷ ὅπως ἂν γένοιτο
ἀνα- Med. τινί mitteilen, mit jdm. zurate gehen 6, 3, 8 τοῖς συμμάχοις; 7, 2, 20 ἀνακοίνωσαι τοῖς θεοῖς θυόμενος
κοινός 3 gemeinschaftlich, κοινῇ gemeinsam, von Staatswegen; τὸ κοινόν das Wohl des Ganzen, Bundesversammlung 6, 1, 2; die Regierungsbehörde 4, 6, 4; οἱ ἀπὸ τοῦ κοινοῦ die, welche die Regierung führten 2, 4, 37; Bundesbehörde 6, 5, 6; κοινῇ vonseiten des Staats 1, 2, 10 (Gegensatz ἰδίᾳ); κοινῇ πράττειν 6, 5, 34
κοινότης ητος ἡ Leutseligkeit 1, 1, 30
κοινωνέω τινί τινος teilnehmen mit jdm. an etwas 5, 2, 18; κ. ὧν ἔπραττον gemeinschaftliche Sache machen 6, 3, 1
κοινωνός ὁ Teilnehmer 2, 3, 17 u. 19
κολάζω züchtigen, strafen ὀργῇ 5, 3, 7; Fut. 1, 7, 19 κολάσεσθε
κολακεύω schmeicheln τινά 1, 6, 7

κόλπος ὁ Meerbusen, Thalgrund 6, 5, 17
κομίζω bringen 2, 4, 15 κεκομίκασιν ἡμᾶς εἰς χωρίον; Med. wegtragen, sich holen, wiedererhalten
ἀνα- hinaufbringen 2, 3, 20
ἀπο- wegbringen; Med. wegbringen, wegholen, zurückholen 5, 1, 5
δια- hinüberschaffen, übersetzen 6, 2, 11 -κομισθέντες
παρα- zuführen, geleiten 1, 4, 7; σῖτος παρεκομίσθη 5, 4, 61; Med. einführen σῖτον 5, 4, 57
προσ- hinzutragen; 5, 1, 19 κάπαις (ναύτας) προσκομιζόμενος (— ἐμβάλλειν κελεύων) indem er zu den Rudern greifen liefs
κόπτω (ab)schlagen, τὴν θύραν 5, 4, 7, τὰ δένδρα; verwüsten 3, 2, 24 κοπτομένης τῆς χώρας; κόπτων καὶ κάων τὴν χώραν sengen und brennen 3, 2, 26, brandschatzen
ἀντι- intr. sich widersetzen ἀντέκοπτε λέγων ὅτι 2, 3, 15; 2, 3, 31 ἦν δέ τι ἀντικόπτῃ im Wege stehen
ἀπο- abschneiden τὰς ἀγκύρας 1, 6, 21, abschlagen τὴν χεῖρα τῶν ζωγρηθέντων 2, 1, 31
δια- durchbrechen 4, 3, 18; 7, 5, 23 ὅπῃ ἐμβαλὼν διακόψειε
ἐκ- umhauen, (Bäume) 6, 5, 37; 7, 4, 26 τοὺς ἐπὶ τῷ λόφῳ durch Waffengewalt vertreiben; τὰ σκηνώματα abbrechen 7, 4, 32
κατα- nieder-, zerschlagen 4, 1, 33, niedermachen 4, 8, 30 ἐν τῇ σκηνῇ αὐτόν; ἀνθρώπους 6, 2, 17
προ- intr. Fortschritte machen, οὐδὲν εἰς τὸ ἀπολέσαι ὑμᾶς 7, 1, 6
κόρη ἡ Ärmel am pers. Kleide, welcher über die Hand hinausreicht 2, 1, 8
κορυφή ἡ Gipfel ὄρους 7, 4, 13
κοσμέω schmücken τὸ μνῆμα 6, 4, 7; Ehre machen 5, 4, 33
κόσμος ὁ Ordnung, Schmuck, καὶ περὶ ταφὰς κόσμῳ ehrenvolle Bestattung 6, 1, 6
ἀπο-κοτταβίζω 2, 3, 56 die letzten Weintropfen aus dem Becher gegen die Erde oder ein ehernes Becken schleudern, dafs es klatscht. Das Gelingen des Wurfes wurde als ein günstiges Zeichen betrachtet
ἐπικουρέω Beistand leisten, verteidigen τινί 4, 8, 4
ἀντ-επι- gegenseitig beistehen, Hülfe leisten 4, 6, 3

ἀνα-κουφίζω erleichtern, Pass. Ho... nung fassen 5, 2, 28
κρανέϊνος 3 von Hartriegel, dem Ho... der Kornelkirsche, gemacht παλ... 3, 4, 14
κράνος τό Helm 7, 5, 20
κράσπεδον τό Saum, Rand τὰ κρ... σπεδα τῶν ὀρῶν die Abhänge d... Berge 4, 6, 8; κράσπεδα στρατοπέδο...
κρατέω (be)herrschen τοῦ κόλπου 4, ... 11; θαλάττης 5, 1, 28; πολιορκία 2, 2, ... μάχῃ κρατεῖν 6, 4, 13 im Vorteil sei... im Kampfe; (τῇ) ναυμαχία κρατεῖ siegen 1, 6, 2; 3, 2, 29 μάχης γιν... μένης ἐκράτησεν ὁ δῆμος; besiege τινός 7, 4, 30; 3, 5, 13; 4, 4, 10 τοῦ Σικυωνίους ἐκράτησαν schlagen; κρα... τουμένους im Nachteil 7, 4, 6; ἐκρα... τήθησαν ὑπὸ τῶν πολεμίων wurde... besiegt 4, 2, 20; 5, 4, 1
ἐπι- sich bemächtigen τοῦ σταυρώ... ματος 7, 4, 27; absol. siegen 7, 5, 1... und 6, 4, 18 μαχόμενοι Oberhan... haben
κράτιστος 3 (Superl. zu ἀγαθός stärkste, mächtigste, beste, κράτιστοι εἶναι ἡγήσαντο für das Geratenste 4 4, 18; τὰ κράτιστα τῆς χώρας 3, 4, 20; οἱ κράτιστοι Aristokraten 7, 3, 1; κρά... τιστοι γενόμενοι sich bewähren, verdient machen; τὸ κράτιστον τῆς πόλεως Kern der Einwohner 2, 3, 44
κράτος τό Gewalt 5, 3, 18, κατὰ κράτος αἱρεῖν (ἁλῶναι 4, 8, 8); λαμβάνω 8, 1, 7 πόλεις; κατὰ κράτος in scharfem Trabe (zur Attaque) οἱ ἱππεῖς ἤλαυνον 7, 2, 22
κραυγή ἡ Geschrei, ποιεῖν erheben st. ποιεῖσθαι 6, 4, 16; κραυγῆς εἰς τὴν πόλιν ἀφικομένης 7, 2, 6
κρείττων (Komparat. zu ἀγαθός) stärker, mächtiger, besser, vorteilhafter; κρείττοσιν οὖσι Sieger sein 3, 5, 23; überlegen τῶν ἀντιπάλων 7, 5, 8; λογίζοντο κρεῖττον εἶναι geratener 6, 4, 6 Acc. c. Inf.
κατα-κρημνίζω (von einer steilen Anhöhe) herabstürzen 2, 1, 31; 5, 4, 17
κρήνη ἡ Quelle, Brunnen (gefafste Quelle); πηγή Naturquelle
κρίνω entscheiden τὰ ἀμφίλογα 5, 3, 10, beurteilen, 2, 3, 37 richten, τί sich für etwas entscheiden, γνώμην Antrag 1, 7, 34; κρίνω ἐκεῖνο .. ἀγαστόν, τό Inf. erachten für 2, 3, 56; in ius vocare, zur Verantwortung ziehen κρι... θέντα ἐν δικαστηρίῳ 1, 7, 22 vor Ge...

richt stellen 1, 7, 34 Pass.; verurteilt werden Pass. τῇ αὑτῇ ψήφῳ 1, 7, 32; ἐκρίνετο περὶ θανάτου 3, 5, 25 auf Leben und Tod angeklagt werden; δίκην κρίνειν 5, 4, 24 Prozeſs entscheiden; ἐκεῖνοι κριϑέντες μὴ συνιιδέναι man entschied, daſs jene 5, 4, 23

ἀνα- ausforschen, verhören, prüfen, bestimmen 5, 3, 25

ἀπο- Med. antworten; κατὰ ταὐτά in derselben Weise 4, 7, 3; τὸ ψήφισμα als Bescheid erteilen 3, 5, 16 δια- entscheiden; 5, 2, 10 δίκῃ durch einen Prozeſs

ἐγ- darunter wählen, für gut befinden; 4, 1, 40 ἐγκριϑείη (τὸ στάδιον Acc. der Beziehung) zugelassen werden

κατα- verurteilen; 2, 3, 54 κατακεκριμένος κατὰ τὸν νόμον; 7, 4, 83 τοὺς κατακεκριμένους

προ- vorziehen, auswählen 6, 5, 34 κρίσις εως ἡ Entscheidung, Verurteilung; 5, 2, 35 κρίσιν ποιεῖν τινι jdm. den Prozeſs machen; dagegen 4, 2, 6 die Entscheidung über die zu verteilenden Preise treffen; εἰς τὴν κρίσιν οὐχ ὑπακούειν 5, 4, 24 gerichtliche Untersuchung

κριτής οῦ ὁ Kampfrichter, 4, 2, 8 κατέστησαν; Preisrichter 4, 4, 8 συγ-κροτέω zusammenschlagen, zurechtmachen, einüben ναῦς συγκεκροτημένας — mit wohlgeübter Rudermannschaft versehene Schiffe 6, 2, 13 ἀπο-κρούω wegschlagen, zurückschlagen 5, 3, 22; Med. (einen Feind zurückschlagen) 4, 4, 4; Pass. 6, 4, 5 ἀπεκρούσϑης τῆς ἐμβολῆς; 7, 4, 26 ἀποκεκρουμένοις ἐκ τῶν Θαλαμῶν ἐκ- herausschlagen, vertreiben αὐτούς 7, 4, 16

κρύπτω verhehlen τί 3, 5, 10 κτάομαι sich (zu) erwerben (suchen), Aor. erwerben, erbeuten 2, 3, 8 ἐν τῷ πολέμῳ; πολεμίους τοὺς ϑεούς sich machen zu Feinden 3, 4, 11; Pf. besitzen

ἐπι- dazu erwerben 7, 1, 3 ἀπο-κτείνω töten, hinrichten, die Hinrichtung veranlassen 2, 3, 35; zum Tode verurteilen 1, 7, 26; gnom. Aor. 4, 1, 34; ἀπεκτόνει 4, 8, 34 ἀντ-απο- zur Vergeltung töten 2, 4, 27 κτῆμα τό Besitz, Pl. Eigentum, Kostbarkeiten 4, 1, 24

κτῆνος τό (Stück zahmes) Vieh 3, 2, 10; 3, 2, 26

ἀπο-κτίννυμι 5, 4, 32; 5, 3, 2 und ἀποκτιννύω 5, 2, 43; 4, 4, 2; töten, hinmorden; 7, 3, 8 -εκτίννυε (Dind. -εκτίννυ) ebenso 7, 4, 26 u. 4, 4, 2

κυβερνάω steuern, Steuermann sein 1, 6, 32

κυβερνήτης ου ὁ Steuermann (führte 2 auf beiden Seiten des Hinterteils angebrachte Schaufelruder); der St. des Admiralschiffes ist als ἄρχων τῶν κυβερνητῶν in Abwesenheit des Admirals Viceadmiral 1, 5, 11

κυβευτής οῦ ὁ Würfelspieler 6, 3, 16 κυβεύω Würfel spielen περὶ διπλασίων 6, 3, 16

κύκλος ὁ Kreis ἐν κύκλῳ συνεστηκότα 4, 4, 8; κύκλῳ ὄρη ἔχοντα im Kreise 6, 5, 17 und 3, 4, 24; 4, 6, 8, κύκλῳ περὶ τὸ ἄστυ 4, 4, 17; 6, 1, 9 τὰ κύκλῳ ἔϑνη; 7, 2, 13 κύκλῳ τοῦ Τρικαράνου in einem Bogen auf den Abhängen des Tr.; Umfang, Ringmauer 4, 4, 11 τοῦ περὶ τὸ ἄστυ κύκλου; auch — Belagerungswerke rings herum

κυκλο-τερής ἐς abgerundet, rundgebaut 4, 5, 6

κυκλόω einschlieſsen 4, 1, 25 κυκλωϑεὶς πολιορκοῖτο; Med. 4, 2, 21 umzingeln κυκλωσάμενοι (τῷ ὑπερέχοντι); οἱ Ἀργεῖοι περὶ τὴν πόλιν ἐκυκλοῦντο sich herumziehen 7, 2, 8

κύκλωσις εως ἡ Umzingelung, παρέχειν κύκλωσιν τοῖς πολεμίοις 4, 2, 18 U. möglich machen

ἐπι-κυλινδέω dagegen wälzen, πέτρους ἐπί τινα 3, 5, 20 προσ-κυνέω fusfällig —, knechtisch verehren 4, 1, 35

κύριος 3 herrschend, gebietend; bestimmt für jdn., bindend — 6, 5, 6 τοῦτο κύριον εἶναι τῶν πόλεων; bevollmächtigt 2, 2, 12; Entscheidung habend über 2, 2, 17; befugt mit Inf.

κύων κυνός ὁ Hund 2, 4, 41 κώλυμα τό Hindernis 7, 5, 12 ἔχειν κωλύω verhindern, abhalten von — πορείας 4, 3, 4 ausschlieſsen von — Gen., τοῦ γυμνικοῦ ἀγῶνος 3, 2, 21; Inf. mit μή 3, 2, 22; blofse Inf. 5, 1, 28; 6, 4, 14; τοὺς ἱσταμένους ἐκώλυον 7, 5, 26

ἀπο- hindern, zurückhalten 7, 1, 25 αὐτούς

δια- verhindern 3, 5, 18, hintertreiben

τινί τι 4, 6, 13 τὸν σπορητὸν αὐτοῖς;
μηδὲν πρᾶξαι 1, 7, 32
κατα- aufhalten, an Ort und Stelle
zurückhalten, -κωλυθείς 1, 6, 17
κωμαστής οῦ ὁ Nachtschwärmer,
lustiger Zecher 5, 4, 7
κώμη ἡ Dorf 4, 8, 22

κώνειον τό Schierlingskraut, der G
trank πίνειν 2, 8, 56
κώπη ἡ (capio) (Griff) Ruder; Rud
werk 6, 2, 27 τῇ δὲ κώπῃ τὸν πλο
ποιούμενος
κωφός 3 stumpf, still λιμήν 2, 4, 31 (ε
unbekannter Lage beim Piräus), ta

Λ

λαγχάνω durchs Los erlangen Inf.
7, 2, 2
λάθρᾳ Adv. heimlich 4, 8, 16
λακωνίζω es mit den Laked. halten,
Aor. auf ihre Seite treten 4, 4, 2
λακωνισμός ὁ das Parteinehmen für
die Laked. 4, 4, 15; 7, 1, 46
λακωνιστής οῦ ὁ lakonisch gesinnt
1, 1, 32
λαμβάνω nehmen 3, 1, 7 πόλεις κατὰ
κράτος festnehmen 5, 2, 30, fassen
empfangen παρά τινος 2, 3, 8; Part.
ὃν δ' ἂν προδιδόντα λαμβάνωσι be-
finden, erkennen als; 5, 4, 7 εἰ λήψοιντο
ἀνεωγμένην τὴν θύραν vorfinden;
ἐλάβετο τῆς χειρὸς αὐτοῦ 4, 1, 38 er-
griff ihn an der Hand; πολλὰ τὰ ἐπι-
τήδεια erbeuten 4, 5, 5; ernten καρ-
πόν 5, 4, 56
ἀνα- aufnehmen, ὅπλα zu den Waf-
fen greifen; δυνάμεις ἀναλαμβάνων
ἦγε 3, 4, 12 an sich ziehen, mit sich
vereinigen 4, 7, 3; 1, 1, 4; 2, 2, 8
ἀναλαβὼν αὐτοὺς πρὸς τὴν πόλιν
an sich ziehen und führen; wieder-
bekommen τὴν ἀρχήν 3, 5, 10; wie-
der ermutigen 6, 5, 21 τὴν πόλιν,
3, 2, 29 τὸν δῆμον; 6, 5, 9 ἀναλαβόν-
τες ἐπὶ τὴν ἁρμάμαξαν — (Keller ἀνα-
βαλόντες)
ἀπο- empfangen, nehmen, abschnei-
den ἀπειλημμένας ναῦς 1, 1, 16, τοὺς
Ἀρκάδας 7, 4, 20; 4, 6, 14 wiederer-
halten 3, 2, 5; sich wieder bezahlt
machen 6, 1, 3
ἐγ-κατα- darin oder darauf ertappen,
ergreifen 6, 4, 32
ἐπι- dazunehmen, Med. anfassen,
tadeln ψηφίσματος 2, 1, 32; angrei-
fen ἐπελάβοντο Κορινθίων ἀναχω-
ρούντων 4, 2, 22; auf etwas stofsen,
erreichen, berühren πολλῶν καὶ χα-
λεπῶν χωρίων 6, 5, 52
κατα- in Besitz nehmen Κρᾶμνον 7,
4, 20; 7, 4, 17 καταλαμβάνουσιν αὐτῶν

Ὄλουρον sie besetzten vor ihnen
(der Gen. wie bei den Verbis d
Wegnehmens); überrumpeln κατι
ληφθεῖεν ὑπὸ τῶν Ἀθηναίων 6, 2, 2ι
Part. antreffen 1, 5, 20 τὸ ναυτικὸ
κατέλαβεν ἀθύμως ἔχον
μετα- Anteil bekommen an etwα
τινός 3, 5, 2
παρα- an sich nehmen, — ziehe
(πόλεις), empfangen, übernehmeι
3, 1, 16 πόλεις ἑκούσας παρέλαβε nac
freiwilliger Unterwerfung in Besit
nehmen; ἀρχήν erlangen 6, 1, 10
προ-κατα- vorher wegnehmen, -
besetzen τὸν Κιθαιρῶνα 5, 4, 36
προσ- dazunehmen, an sich zieheι
ναῦς 4, 8, 23; 4, 1, 1 πόλεις τὰς με
βίᾳ, τὰς δ' ἑκούσας προσελάμβανε αι
sich ziehen nach freiwilliger Unter
werfung, auf seine Seite ziehen, iι
seine Gewalt bringen, 3, 1, 6; 4, 6, 13ι
τὴν πόλιν φιλίαν 4, 8, 35
συλ- festnehmen, verhaften 3, 3, 9
(comprehendere)
συμ-παρα- mit dazu annehmen, über
nehmen 5, 1, 6
ὑπο- aufnehmen, 3, 5, 20 στενοπορία
ὑπελάμβανεν αὐτούς; annehmen, da
für halten 5, 1, 19 ὡς; in die Rede
fallen, einwenden 6, 1, 7 τάχα οὖν
ὑπολάβοι ἄν τις
λαμπρός 3 glänzend, hell, klar (ὑδά-
των), stolz 4, 5, 10; λαμπρόν τι ἐρ-
γάσασθαι 4, 1, 21 glänzende Waffen
that verrichten; 5, 2, 28 λαμπρόν τι
ποιῆσαι
λαμπρύνω Med. glänzend machen,
putzen 7, 5, 20 τὰς ἀσπίδας
λαμπτήρ ῆρος ὁ Leuchte, Feuerzei-
chen, Schiffsfackel, 5, 1, 8 ἐπηκολού-
θει κατὰ τὸν λαμπτῆρα
ἐκ-λάμπω hervorleuchten, ἡλίου ἐκ-
λάμψαντος aufleuchten, die Wolken
durchbrechen 1, 1, 16
λανθάνω unbemerkt sein, — bleiben

3, 22 ἔλαθεν ἀποδράς; λάθῃ προσ-
ὸν 6, 2, 29; 3, 5, 19 εἴτε λαθόντες
ὸν Λύσανδρον ἐπέπεσον αὐτῷ; μὴ
ἔθοι αὐτὸν ἐξελθών 5, 4, 28
ἐπι- Med. vergessen Gen. ὑμῶν 4, 2, 3;
3, 4, 24 τὸ γεγενημένων πάθος (Keller
ἐξιάσασθαι)
λάσιος 3 dichtbehaart, dichtbewach-
sen χωρίον 2, 4, 4; 4, 2, 19
ἄφυρον τό Beute, Pl. 5, 1, 24
αφυρο-πώλης ου 4, 1, 26 Beute-
verkäufer (welche das Heer beglei-
teten und die Beute für Rechnung
des Staates verkauften)
λέγω lesen, sammeln 4, 2, 17; sagen,
sprechen ἔλεξε τοιάδε 4, 8, 3; λέξον
μοι 4, 1, 6; λέγε 2, 3, 49; ἔλεγε πρὸς
τὸν . . 4, 8, 13; λέξοιεν οἱ πολῖται ὡς
Opt. 5, 4, 13; 6, 4, 2 λέξαντος ὅτι αὐτῷ
δοκοίη; erzählen, schildern τὴν ἐρη-
μίαν λέγοντες 6, 5, 23; ἔλεξεν ὅτι machte
die Mitteilung, dafs 7, 4, 5; ἔλεγον
ὅτι 1, 4, 2; λεχθέντων ἄλλων τοιούτων
1, 4, 20; καλῶς λέγειν recht haben;
τὰ λεχθέντα Verhandlungen 3, 2, 20;
οἱ Θηβαῖοι παρεῖναι ἐλέγοντο; οἱ λε-
γόμενοι αὐτόνομοι εἶναι die angeblich
Unabhängigen 6, 3, 8; ὁ χρησμὸς ὁ
λεγόμενος der im Volksmunde ver-
breitete 6, 4, 7; 6, 3, 20; τὸ λεγόμενον
wie man zu sagen pflegt 6, 3, 20; 1,
5, 2 κατὰ τοῦ Τισσαφέρνους ἔλεγον ἃ
πεποιηκὼς εἴη gegen jdn. Beschwerde
führen; εἴρημαι und ἐρρήθην s. εἴρω
und εἶπον
ἀντι- sich dagegen erklären 3, 2, 18;
2, 3, 16 ἀντέλεγεν ὅτι οὐκ ἐγχωροίη;
6, 5, 2 ἀντέλεγον ὡς οὐ δέοι; 2, 2, 19
ἀντέλεγον μὴ σπένδεσθαι; 3, 3, 1
ἀντέλεγον περὶ βασιλείας; streiten
um —; 3, 2, 30 τὸν ὑπό τινος ἀν-
τιλεγόμενον ein Ort, auf welchen jd.
Anspruch macht; ἀντιλέγεται, τίνες
ἦσαν es ist streitig, wer 6, 5, 37.
Vgl. ἀντεῖπον
δια- Depon. Pass. sich unterreden,
unterhandeln τινί 2, 3, 50; 3, 1, 19
διαλεγομένων ταῦτα hierüber ver-
handeln; πρός τινα περί τινος 6, 5, 8
ἐκ- auswählen, erheben δεκάτην 1, 1,
22; Med. auswählen 7, 4, 3
κατα- auswählen 3, 4, 15 ausheben
Med. στρατιὰν κατελέξατο 1, 4, 21
συλ- zusammenlesen, 2, 1, 28; συν-
ειλεγμένων εἰς τὴν Φυλὴν περὶ ἑπτα-
κοσίους versammeln; συλλεγέντων τῶν
συμμάχων εἰς Λακεδαίμονα 5, 4, 60;

συλλέξομαι zusammenraffen 4, 1, 33;
Pass. οἱ συλλεγέντες ἐν τῇ Ἀσίᾳ sich
versammeln 6, 5, 15; συνελέγησαν
εἰς τὴν πόλιν 4, 8, 5; Präs. 3, 3, 8;
συνελέγη αὐτῷ τὸ ναυτικόν 6, 2, 5
λε-ηλατέω Beute machen, plündern
χρήματα 4, 8, 30 und 4, 4, 15
λεία ἡ erbeutetes Vieh, Kriegsbeute
ἐξῇεσαν ἐπὶ λείαν 3, 2, 2; Habe τὴν
λείαν κατέθετο εἰς τοὺς Θρᾷκας 1, 3, 2
λειμών ἄνος ὁ Wiese 4, 6, 8
λείπω lassen, verlassen, übrig lassen;
Pass. zurückbleiben, übrig bleiben τὸ
λειπόμενον Rest 2, 3, 56; 7, 4, 24 πλή-
θει ἐλείποντο zurückstehen
ἀπο- verlassen τὰς ναῦς 4, 8, 12, Aor.
τὸ παιγνιῶδες ἀπολιπεῖν ἐκ τῆς ψυχῆς
2, 3, 56
δια- einen Zwischenraum lassen οὐ
πολὺ διαλείποντες 6, 4, 4 — in ge-
ringer Entfernung
ἐγ-κατα-darin, daselbst zurücklassen,
imstiche lassen; räumen ἀκρόπολιν
5, 4, 18
ἐκ- verlassen (pflichtwidrig) verlassen
1, 1, 19; sich einer Sache entziehen
τὴν στρατιάν die Gestellung beim
Heere unterlassen 5, 2, 22; intr. aus-
gehen 1, 5, 8 sich verfinstern 1, 6, 1
σελήνη
ἐλ- (st. ἐν) unterlassen, versäumen
οὐδέν 7, 5, 8
ἐπι- verlassen, ausgehen ὁ σῖτος ἐπ-
ελελοίπει 2, 2, 11
κατα- zurücklassen, überlassen 4, 1, 3;
Pass. 3, 5, 11 übrig bleiben 5, 1, 27
παρα- (unbeachtet) lassen ἀφύλακτόν
τι 6, 5, 51; übrig lassen 4, 6, 4 οὐδέν
ὑπο- zurücklassen. Pass. zurückblei-
ben 4, 1, 39; 5, 1, 8; ὑπολειπομένους
Rest 5, 2, 24
λεύκ-ασπις ιδος weißbeschildet 3, 2, 15
λευκός 8 weiß, mit weißer Hautfarbe
3, 4, 19
λευκόω Med. sich weiß anstreichen
τὰ ὅπλα 2, 4, 25; sich putzen τὰ κράνη
7, 5, 20
κατα·λεύω steinigen, -λευσθέντες 4,
3, 23
λήγω aufhören, zuende gehen ὁ ἐνι-
αυτός 1, 1, 37; 3, 2, 31 πόλεμος ἔληξε;
μάχης ληξάσης 7, 1, 32; φυλακή; θυ-
σίας ληγούσης 3, 3, 4
ληίζομαι (Dind. Keller λήξομαι 1, 5,
20) Beute machen ἐκ τῆς Ἀττικῆς
5, 1, 1
ληστεία ἡ Räuberei, Raubzug 6, 2, 1

λῃστήριον τό Räuberbande, streifende Banden 5, 4, 42

λῃστής οῦ ὁ Räuber, Freibeuter; Streifzügler, der auf Rekognoszierung Ausziehende 3, 4, 19; Plänkler, Fourageur 2, 4, 26

λίαν Adv. sehr, allzusehr πολλοί 6, 5, 29; 2, 1, 9 τὴν λίαν ὕβριν τούτου übermäfsig

λιθο-λόγος ὁ Maurer 4, 4, 18

λίθος ὁ Stein 2, 4, 27

λιθο-τομία ἡ Steinbruch 1, 2, 14

λιμήν ένος ὁ Hafen; der innere Teil desselben heifst ὅρμος; κωφὸς λιμήν ein Teil d. Piräus 2, 4, 31 (stille Hafen)

λίμνη ἡ See 4, 6, 8

λιμός ὁ Hunger; εἷλον Ἀκράγαντα λιμῷ aushungern 1, 5, 21 u. 5, 4, 60; λιμῷ ἀπέθανε 1, 7, 35; κακῶς ἔχοντες λιμῷ 5, 3, 26

λιπαρέω beharrlich —, inständig bitten 3, 5, 12; Pass. ὑπ' ἐκείνων

λιπαρός 3 fett, glänzend, heiter 6, 4, 16

λιπο-ψυχέω in Ohnmacht fallen 5, 4, 58

λιτανεύω flehen πολλά inbrünstig 2, 4, 26

ἀπο-λογέομαι sich verteidigen, — rechtfertigen, zu seiner Rechtfertigung sagen, ὡς 1, 4, 20; 2, 3, 35; ὑπὲρ ἑαυτῶν 1, 7, 19; πρὸς πάντα ταῦτα 5, 2, 36; ἀπελογήθη ὡς 1, 4, 13

ὑπερ- für einen sprechen, ihn verteidigen 1, 7, 16

λογίζομαι berechnen, ἐκ τῶνδε 6, 1, 5 bedenken, erwägen τὸ ἱππικὸν ὡς 3, 5, 23 und 3, 4, 2, ὅτι 6, 1, 5; Aor. Gedanken fassen Acc. c. Inf. 3, 5, 5; ὅτι βοηθήσοιεν 7, 5, 14; 6, 5, 24 Part. ἐλογίζοντο τοῦτο ὡς καὶ συνελθοῦσαν τὴν δύναμιν; τὰς μόρας ὅσαι εἷεν 6, 1, 17; Pass. ὁπλῖται ἐλογίσθησαν οὐκ ἐλάττους δισμυρίων wurden berechnet auf —

ἀνα- bei sich überlegen, — erwägen 3, 5, 11

ἀντι- dagegen in Erwägung ziehen, ὅτι 6, 5, 24

ἀπο- Rechenschaft ablegen 6, 1, 3

δια- überlegen πῇ 6, 4, 20

ἐπι- dabei bedenken, — in Anschlag bringen ὅτι (Dind. ὑπο- 7, 5, 16)

κατα- in Anschlag bringen, überlegen 3, 2, 18 ὡς

ὑπο- mit in Anschlag bringen 7, 5, 16 s. ἐπι-

λογισμός ὁ Erwägung τοιῷδε λ. 3, 4, 27; Gedanken, Plan

λογιστικός 3 geneigt zu überlegen geeignet zum Nachdenken, verständig berechnend 5, 2, 28

λόγος ὁ Wort, Rede, Erzählung; 7, 1, εἶπε τόνδε τὸν λόγον hielt folgend Rede; τις λόγος γένοιτο περὶ Σπαρ τιατῶν es kommt die Rede auf jd 3, 3, 6; 5, 2, 20 λόγον διδόναι da Wort verstatten; λόγος προυτέθη 7, 5; 1, 7, 31 λόγον ὑπέχειν Rechen schaft ablegen 1, 7, 4; εἰς λόγους ἐλθεῖ zur Unterredung kommen, zugelassen werden 3, 1, 11; εἰς λόγους αὐτῷ ἀφι κέσθαι 3, 2, 18; 4, 1, 2 εἰς λόγους ἄγει zur Unterredung veranlassen; συναγα γεῖν αὐτῷ εἰς λόγους 4, 1, 29; λόγο διασπείρας ὡς μεταπεμπομένων τῶ Καλχηδονίων 5, 1, 25 die Rede ver breiten, als ob —; λόγον προσήνεγκαι ὡς machten den Vorschlag 7, 2, 5 5, 2, 21 λόγοι ἐγένοντο Inf. Vorschläg wurden gemacht; 2, 2, 19 ἐπὶ τίνι λόγο unter welcher Bedingung, mit wel chen Aufträgen; λόγος κατά τινος An klage gegen jdn.; ἐν οὐδενὶ λόγῳ ποιεῖσθαί τι für nichts achten, nich berücksichtigen 7, 1, 26; λόγῳ ὡς Δα κεδαιμονίων νικώντων infolge der Er zählung, als ob 4, 3, 14

λόγχη ἡ Lanze, Wurfspiefs λόγχῃ πλη γείς 6, 4, 32

λοιδορέω schmähen; λελοιδορημένο 5, 4, 29

λοιπός 3 übrig (gelassen); τοῦ λοιποῖ fernerhin 2, 3, 29; 4, 1, 38; ἐκ τοῖ λοιποῦ im übrigen, wenigstens 3, 4, 9 τὸ λοιπόν 3, 2, 5, τὰ λοιπά künftig fortan; τὸ λοιπὸν τῆς ἡμέρας der Res des Tages 7, 2, 10

λούομαι sich baden, Part. λουομένου (Dind. λουμένους) 7, 2, 22

λόφος ὁ Anhöhe, Hügel 5, 4, 52

λοχαγός ὁ Hauptmann (Führer eines λόχος) s. μόρα 3, 1, 18

λόχος ὁ Abteilung, Kompagnie (vor wechselnder Stärke) circa 100 Mann zerfiel in 2 Pentekostyen (50) und 4 Enomotien (25) s. μόρα 4, 2, 5; 1, 2, 3

λυμαίνομαι beschimpfen, beschädigen 5, 1, 21 (Dat. instrum.), untergraben τὴν πολιτείαν 2, 3, 23 und 51; Dat. τῇ καταστάσει 2, 3, 26 und 7, 5, 18; verwüsten τὰ προάστεια 3, 2, 27; verführen (von einer γυνῄ) Acc.3, 3, 8

λυπέω betrüben, schädigen, beeinträchtigen 6, 3, 14; Pass. sich betrüben

λύπη ἡ Trauer ὑπὸ λύπης aus Gram 2, 36

λύτρον τό Pl. Lösegeld; 7, 2, 16 ἀφῆ-ταν ἄνευ λύτρων

λύχνος ὁ Leuchte, Lampe 6, 3, 36

λύω lösen τὰς σπονδὰς πρὸς τοὺς ξυμμάχους brechen 3, 5, 3; befreien δεσμώτας

δια- Med. wieder gut machen 7, 5, 18 (Bild des gelösten Knotens)

ἀπο- freigeben τινός für etwas 4, 8, 21; freisprechen 5, 4, 31; entlassen οἴκαδε — ἀφιέναι 6, 5, 21

δια- auflösen τὸ πεζὸν στράτευμα entlassen; στρατιὰ διελύθη 3, 5, 24;

versöhnen 2, 4, 35 διαλυθέντες; σπει-σαμένους διαλυθῆναι 7, 4, 25

ἐκ- Med. auslösen, befreien 7, 1, 25, Entsatz bringen

κατα- auflösen, beendigen τὴν θυ-σίαν 4, 1, 22, τὸν δῆμον die Volks-herrschaft zu beseitigen suchen, Med. τὸν πόλεμον 6, 3, 6 unter einander beilegen; Pass. πόλεμοι γίγνονται καὶ καταλύονται 6, 3, 15

παρα- entkräften, wehrlos machen; 2, 4, 41 lahmlegen παρελύθητε (Dind. παραλέλυσθε)

λῴων ονος (Komparativ zu ἀγαθός) lohnender, besser (vom Erfolg), Superl. ὦ λῷστε bester Freund 4, 1, 38

M

μά eine Beteuerungspartikel (= für-wahr) mit dem Acc. der Gottheit oder Sache, bei der man schwört. οὐ μὰ Δί' ἔφη Nein beim Zeus 3, 1, 24 (in negativen Sätzen); Ναὶ μὰ Δί', ἔφη ja beim Zeus 8, 4, 9; 4, 1, 14 (in affirmat. Sätzen); ohne ναί und οὐ — μὰ τοὺς θεούς .. οὐκ ἐκέλευσε 4, 1, 10; 5, 4, 32 μὰ Δία οὐκ ἄρα .. ποιήσομεν 2, 3, 53 μὰ τοὺς θεοὺς οὐκ ἀγνοῶ (der Acc. ist vom gedachten ὄμνυμι ab-hängig)

μαίνω rasend machen, zornig machen; ἔμηνα 3, 4, 8

κακαρίζω glücklich preisen 4, 4, 19

μακάριος 3 selig, glücklich μακα-ριώτατα 5, 1, 3

μακρο-λογέω lang und weitschweifig reden 4, 1, 13

μακρός 3 lang 2, 2, 20; 4, 4, 18

μάλα Adv. sehr μάλα πολύς; οὐ μάλα nicht leicht 6, 1, 15; καὶ μάλα u. zwar sehr 4, 5, 7; μάλα ἀχθόμενοι höchst unzufrieden; bei Subst., die einen adjekt. Begriff in sich schliefsen μάλα στρατηγός 6, 2, 39; 5, 4, 14 μάλα χει-μῶνος ὄντος obwohl es ein sehr strenger W. war; 2, 4, 2 μάλ' εὐημερίας οὔσης (Die Partikel bezeichnet hier den höch-sten Grad der im Subst. liegenden Eigenschaft)

μαλακία ἡ Schlaffheit 5, 4, 60

μαλακός 3 verweichlicht, weich, schwach 4, 5, 16, schlaff; τὰ μαλακά der Genufs 6, 1, 15

μᾶλλον (Kompar. zu μάλα) mehr,

πολὺ μᾶλλον viel lieber; οὐδὲν μᾶλ-λον um nichts mehr, ebensowenig, οὐδέν τι μᾶλλον 7, 4, 5; τί δεῖ ἀνα-μένειν .. μᾶλλον ἢ οὔχ .. τὴν εἰρή-νην ποιήσασθαι 6, 3, 15 (Nach μᾶλ-λον im negat. Satze ἤ οὔχ statt ἤ)

μάλη ἡ Achsel, Arm 2, 3, 23

μάλιστα (Superl. zu μάλα) am mei-sten, am (aller)liebsten, 1, 5, 6; 1, 4, 4; in der stark bejahenden Antwort = ja wohl 3, 1, 25; 5, 2, 31 μάλιστα τρια-κόσιοι ungefähr, höchstens, nahezu; δι' οὓς μάλιστα quibus potissimum 1, 7, 29

μανθάνω lernen, kennen lernen, er-kennen 2, 1, 1; erfahren Acc. c. Part. 5, 4, 36; 6, 5, 52 μαθεῖν βουλόμενος εἰ .. εἰεν — ob

κατα- genau erfahren, wahrnehmen Nom. c. Part. 1, 6, 4 καταμαθὼν κατασταθιαζόμενος; Acc. c. Part. 3, 5, 1; 4, 8, 26; 3, 2, 10

μαντεία ἡ Orakelspruch κατὰ μαν-τείαν — nach 3, 2, 22

μάντις εως ὁ Seher 2, 4, 18; 3, 3, 4

κατα-μανύω (dorisch st. -μηνύω) σεῦ ψευδόμενα 3, 3, 2 (anzeigen), jdn. (der Lüge) überführen

μαρτυρέω Zeugnis ablegen 1, 1, 31

συμ- das Zeugnis jds. bestätigen αὐτῷ 3, 3, 2

μαρτύριον τό Zeugnis, Beweis 1, 7, 4

δια-μαρτύρομαι bezeugen, versichern ὅτι 3, 2, 13

ἐπι- zum Zeugen anrufen τοὺς θεούς 3, 4, 4

μάρτυς υρος ὁ Zeuge, παρέχεσθαι beibringen, anführen 1, 7, 6; ἐκ' ὀλίγων μαρτύρων vor wenigen Zeugen 6, 5, 41

μαστιγόω peitschen 3, 2, 21

μάτην Adv. vergeblich 5, 3, 8 μ. τὰ πεποιημένα γένοιτο

μάχαιρα ἡ leicht gebogenes einschneidiges Messer, kleines Schwert, Dolch 8, 8, 7

συμ-μαχέω Bundesgenosse sein τινί 2, 2, 10; 7, 1, 43

μάχη ἡ Kampf, Schlacht; μάχην ποιεῖσθαι 4, 2, 10 liefern, μάχη ἐγένετο 3, 1, 2; μάχης γενομένης ὁ δῆμος ἐκράτησε 8, 2, 29; μάχην συνάπτειν Kampf beginnen, handgemein werden 4, 2, 18; εἰς μάχην ἰέναι τινί sich in den Kampf einlassen 6, 4, 24; διὰ μάχης πειράσθαι ἀναιρεῖσθαι mit den Waffen in der Hand 6, 4, 14; μάχῃ ἡττηθείς ἔφυγε 1, 2, 16; μάχης ληξάσης 7, 1, 32; μάχῃ κεκρατηκότας 4, 8, 25; ἐνενικήκεσαν οἱ Θηβαῖοι μάχῃ ἐν Λεύκτροις 7, 1, 35

μάχομαι kämpfen τινί 1, 1, 17; μετά τινος auf jds. Seite τινί 3, 5, 16; ἐκ χειρὸς μάχεσθαι in der Nähe kämpfen, handgemein werden 7, 2, 14

ἀπο- abwehren, abschlagen τινά 6, 5, 34 Aor.

δια- den Entscheidungskampf kämpfen 6, 5, 39

προσ- bekämpfen, bestürmen, dagegen ankämpfen 7, 2, 7

συμ- im Kampfe unterstützen τινί 7, 1, 34

μεγαλεῖος 3 grofs, ansehnlich, prächtig; Kompar. 4, 1, 9 -λειοτέρως

μεγαλο-πράγμων ον Adj. grofse Thaten unternehmend 5, 2, 36

μεγαλο-πρεπής ές einem grofsen Mann geziemend, freigebig, auf grofsem Fufse lebend, prachtliebend 7, 1, 3; 6, 2, 6

μεγαλό-φρων ον Adv. hochherzig, Adv. -φρόνως 4, 5, 6 hochmütig, stolz

μεγαλο-ψυχία ἡ hoher Mut, Kühnheit 6, 1, 9

μεγαλύνω grofs machen, Med. sich brüsten 7, 1, 24

μέγας μεγάλη μέγα grofs; Kompar. μείζων; Superl. μέγιστος; τὸ δὲ μέγιστον was die Hauptsache ist 3, 5, 23

μέγεθος τό Gröfse 1, 7, 6; 3, 3, 10

μέδιμνος ὁ Mafs für trockene Dinge, Scheffel (15 Metzen); μεδίμνῳ ἀπομετρήσασθαι mit Scheffeln messen 3, 2, 27

μεθύσκομαι Pass. ἐμεθύσθη sich rauschen 3, 2, 28

μεθύω trunken sein 6, 4, 36

μειόω verkleinern, klein machen τι φίλους 3, 4, 9, demütigen

μείων ον (Kompar. zu μικρός u ὀλίγος) kleiner, geringer, οὐδὲν μεῖ 7, 4, 2 um nichts weniger

μέλας μέλαινα μέλαν schwarz

μέλει (μέλω) μοι es liegt mir im Sinn denke darauf, am Herzen 2, 4, ; ὅσοις τὸ πλεονεκτεῖν ἔμελε; 3, 3, ἐμεμελήκει αὐτοῖς ὅπως mit dem Op Sorge tragen; μελήσει αὐτῷ 6, 4, 3 τὰ δὲ μετὰ ταῦτα ἄλλῳ μελήσει d Sorge wird obliegen einem ander das nächstfolgende zu behandeln 5, 27

μετα-μέλει μοι 1, 7, 35 es gereut mic

μελετάω sorgfältig betreiben, übe absol. sich üben 3, 4, 16; Inf. 8, 4, 18 6, 1, 12 ἀλκὴν μεμελετηκότας geüt in; τὸ ἱππικὸν μεμελέτηκός einexerzier 6, 4, 10; Pass. 6, 2, 32 ταῦτα πάντ μελετᾶται

μέλι ἴτος τό Honig 5, 3, 19

ἐπι-μελέομαι Sorge tragen, Gen. τ κατὰ θάλατταν 4, 8, 17; 4, 1, 40; 4, 4 τὰ ἄλλα ἐπεμελεῖτο τοῖς πολεμάρ χοις er machte die andern Besorgunge für —; τούτων τῶν ἀρχόντων ὅπω Konj. 6, 3, 8; 5, 4, 56; ἰσχυρῶς ἐπι μελητέον 6, 2, 10

ἐπι-μέλομαι Sorge tragen 2, 3, 35 -μελόμενος τοῦ πλεονεκτεῖν; Impf. 2 4, 24

μέλλω (ich gedenke) bedenke mich zu thun, zögere οὐκ ἔμελλε 5, 1, 33, οὐκ ἐμέλλησε 3, 2, 10, Inf. 2, 3, 11; gedenke Inf. Fut. 6, 1, 16, Inf. Präs. 1, 1, 30, will, bin im Begriff, soll, bin bestimmt 6, 2, 34, Inf. Präs. 6, 3, 7 λέγειν, 4, 4, 5 ἀπιέναι, πλεῖν, πράττεσθαι 3, 8, 7; Inf. Fut. 2, 3, 42 es läfst sich erwarten, dafs, (voraussichtlich können oder müssen), soll 7, 5, 11; 3, 2, 9; Inf. Präs. 3, 3, 10; 3, 5, 6; Inf. Fut. 4, 8, 5 (Je nachdem in dem Ausdrucke „ich gedenke" eine selbstthätige oder eine durch äufsere Umstände gegebene Bestimmung liegt, heifst es „ich will" oder „ich soll"); τὸ μέλλον die Zukunft; τὸ μέλλον ἔσεσθαι 4, 4, 4 das Bevorstehende

μέμφομαι vorwerfen, tadeln τινί ὅτι 7, 4, 2; οὐδέν τινι 4, 8, 31; ὡς ὧν πρόσθεν ἐποίουν μέμφοιντο αὐτοῖς 3,2,6

en. der Sache statt des Acc., wie
bei den Verbis der Affektsäußerungen;
1, 2, 34 *προεῖπε μὴ μέμψεσϑαι τὴν
δίκην* er sollte seine Strafe nicht für
gering anzusehen haben; *μέμψεσϑε
μῖν ὡς* Gen. absol. (st. Dat.) 3, 5, 8
ἐν postpos. Partikel (abgeschwächte
Form von *μήν*) bekräftigende, be-
teuernde Partikel — fürwahr, aller-
dings; im Sinne der ursprünglichen
Form *μήν*: 5, 5, 39 und 4, 1, 7 *ἐγὼ
μέν*, 4, 1, 36; 5, 2, 12; *μὲν (— μήν)
ἄρα* also doch (Ausdruck der Ent-
täuschung 3, 4, 9); *μὲν οὖν* allerdings
ja; *πάνυ μὲν οὖν* ganz gewiß; *μέν —
δέ* korrelativ bei Gegenüberstellung
einzelner Begriffe oder ganzer Sätze,
wo meistens *μέν* (zwar [aber], einer-
seits [andrerseits] oder während heißt
oder) unübersetzt bleibt, *δέ* durch
„aber" oder „und" wiederzugeben ist
μένος τό Kraft, Stärke *μένος ἐμπε-
σεῖν τοῖς στρατιώταις* 7, 1, 31
μέντοι bestätigende (in Antworten)
und bekräftigende Partikel — frei-
lich, fürwahr. Adversativ — jedoch,
aber *καί μέντοι* und in der That et
profecto; 6, 3, 15 *ἀλλὰ μέντοι* at vero;
καί ταύτην μ. — *καί* — *δέ* aber auch
3, 1, 7; *οὐδὲ μέντοι* aber auch nicht
4, 1, 36
μένω bleiben, standhalten 3, 2, 17;
6, 5, 31; 7, 5, 24
ἀνα- erwarten *τινά* 6, 5, 12; *τί* 3, 5,
18, abwarten 5, 4, 13; 6, 3, 15 *ἐκεῖ-
νον τὸν χρόνον ἕως ἄν*
δια- Bestand haben, fortdauern *φι-
λία* 6, 3, 7; bleiben *πιστοὶ διαμένουσι*
6, 5, 44; *ὑμῖν* treu bleiben 7, 1, 44
ἐμ- darin bleiben, *ὅρκοις* getreu blei-
ben, getreulich halten 2, 4, 43; *τῇ
εἰρήνῃ* 5, 1, 35
ἐπι- verweilen, 4, 6, 11; ausharren
ἐπέμενε ταῖς σπονδαῖς 3, 4, 6
ἐπι-κατα- noch dazu bleiben, noch
länger verweilen 7, 4, 36
κατα- verbleiben 4, 4, 7
παρα- bei jdm. aushalten, -bleiben,
dableiben 7, 1, 28; 4, 8, 39
περι- (ab)warten *μέχρι* 1, 3, 11; *ἕως*
4, 5, 2; *τινά* erwarten 3, 5, 7; 5, 4, 48
προσ- dableiben, ausharren, warten
ἕως Ind. 2, 4, 7
συμ- zusammenbleiben, *φιλία* be-
stehen 7, 1, 2
ὑπο- zurückbleiben, dableiben 5, 4,
19, verweilen, standhalten 3, 5, 19;

erwarten *τοῖς ἐπελαύνουσι* 5, 4, 40
(ungewöhnliche Konstr.)
μέρος τό Teil; 2, 1, 5 *ἐν μέρει* der
Reihe nach, abwechselnd 7, 1, 14;
κατὰ μέρος abwechselnd 6, 2, 29; *κατὰ
μέρη* streckenweis 3, 2, 10; *τὸ γιγνό-
μενον μέρος* der auf sie fallende Teil
7, 4, 33; *διελὼν κατὰ μέρη τινί* nach
Losen verteilen 8, 2, 10
μεσεύω in der Mitte sein, sich neutral
halten 7, 1, 48
μεσ-ημβρία ἡ Mittagszeit 5, 2, 29;
ἅμα μ.; *ἐν μ.* 5, 4, 40
μεσό-γαια μεσόγεια 7, 1, 8 Binnen-
land; 4, 7, 1
μέσος 3 mitten *ἐν μέσοις τοῖς πολε-
μίοις* 5, 4, 33; *τὸ μέσον τῆς ἀκρο-
πόλεως* 7, 2, 7; *μέσον ἡμέρας*; *κατὰ
μέσον στάς*; *ἐν μέσῳ ἔχειν* in der Mitte
haben 7, 2, 10; *τοὺς διὰ μέσου* die
Unparteiischen 5, 4, 25
μεσόω in der Mitte sein, halb sein;
ἐνιαυτὸς ἐν ᾧ μεσοῦντι 2, 2, 24
μεστός 3 voll Gen. *πάντα μεστὰ ἐλ-
πίδων ἀγαθῶν εἶναι* 3, 4, 18; 6, 5, 27
μετά Präpos. zur Angabe einer in-
neren Gemeinschaft, während *σύν*
bloß die Verbindung (Gesellschaft)
eines Gegenstandes mit einem andern
bezeichnet; (vwdt. *μέσος*) 1) Gen.: mit
(Teilnahme); 3, 5, 16 *μεθ' ὑμῶν μα-
χούμεθα* auf eurer Seite; 5, 2, 14 *μετά
τινος γενέσθαι* auf jds. Seite treten;
3, 3, 11 *αὐτός τε καὶ οἱ μετ' αὐτοῦ*
und seine Anhänger (sonst seine Leute,
Truppen); 4, 8, 24 *πλεῖν μετὰ δέκα
τριήρων.* — 2) Acc. nach — von Zeit
und Reihenfolge *μετὰ δὲ ταῦτα* 1, 1, 1;
μέγιστον μετά τινα 6, 1, 8; *μετ' αὐτοὺς
τεταγμένοι* hinter ihnen 7, 2, 4
μεταβολή ἡ Änderung *πολιτειῶν* 2, 3,
32, Verfassungswechsel
μετ-αίτιος 2 mitschuldig *τοῦ ἔργου*
5, 1, 34; *τινι ἀπολωλέναι* 2, 8, 32
μετ-αλλαγή ἡ Veränderung, Wechsel
7, 4, 10
μεταξύ Adv. zwischen Gen., *τὸ με-
ταξὺ τοῦ . . . καὶ τοῦ* der Raum zwi-
schen 7, 4, 31; *τὴν μ. πόλιν Ἡραίας
καὶ Μαντίου* 3, 2, 30 die zwischen
H. u. M. gelegene Stadt
μετάστασις ἕως ἡ Veränderung, Ver-
fassungsänderung 1, 4, 16
μέτοικος ὁ Fremde, welche in Athen
wohnten, einen Bürger als Patron (bei
Prozessen) haben und ein Schutzgeld
an den Staat zahlen mußten, ohne

dafür die Gerechtsame eines Bürgers zu geniefsen. Im Kriege dienten sie meist als Seesoldaten, die Vermögenden auch als Hopliten; Schutzbürger, Ansiedler

μετ-όπωρον τό Herbst 4, 6, 12, ἅμα μετοπώρῳ 4, 1, 1

μετρέω messen

ἀπο- μεδίμνῳ ἀπομετρήσασθαι mit Scheffeln messen 3, 2, 27

μέτριος 3 das rechte Mafs habend, mafsvoll 6, 3, 11, hinreichend 1, 6, 20; ἐν τῇ φιλίᾳ 6, 3, 11

μέτωπον τό Stirn, Front, παρετάξαντο ἐν μετώπῳ 2, 1, 23 mit der Front in einer Linie dem Feinde zugekehrt

μέχρι 1) Konjunktion — bis, so lange als mit Ind. 1, 1, 3; 1, 1, 6 soweit, so lange μέχρι δυνατὸν ἦν; μέχρι ἄν Konj. 1, 1, 27; περιέμενε μέχρι Opt. 1, 3, 11 — 2) Präpos. Gen. μέχρι δείλης; μέχρι οὖ Ind. 1, 5, 1; μέχρι ὁπόσον 4, 5, 12 und μέχρι ὅσον bis wie weit 7, 5, 13; μέχρι τοῦ . . . καταστῆναι 2, 3, 88 bis zu der Zeit wo —; μέχρι ποῖ bis wohin 4, 7, 5; μέχρι πρὸς τὰ ὅρια 4, 3, 9

μή nicht; Negation des Begehrungssatzes, des Bedingungsvordersatzes, des Inf. — 2) Absichtspart.: damit nicht — 3) Fragepart.: doch nicht (num); οὐδέ — μὴ ὅτι nicht einmal — geschweige denn

μηδαμῶς Adv. keineswegs 6, 5, 23

μηδέ Adv. = ne — quidem 1, 5, 9 auch nicht, nicht einmal; nach vorausgehendem negat. Gliede = und nicht, neque

μηδείς μηδεμία μηδέν auch nicht einer, keiner, niemand; μηδέν nichts; μηδὲν δικαιότερον 3, 2, 31

μηδέ-ποτε Adv. gar niemals, durchaus nie

μηδέτερος 3 keiner von beiden 2, 3, 47

μηδίζω es mit den Medern halten (die Perser urspr. von den Griechen Meder genannt); Aor. Partei der M. nehmen 3, 1, 6

μηκέτι Adv. nicht mehr, nicht länger 4, 3, 6

μῆκος τό Länge, ὁδοῦ 7, 1, 25

μήν ὁ Gen. μηνός Monat, τοῦ μηνός monatlich

μήν (postpositiv) teils (bekräftigend =) doch, allerdings, teils (adversativ =) jedoch, aber vollends

(ἡ μήν siehe ἦ); καὶ μήν (wie μέντοι) jedoch auch 3, 5, 17; ja wa lich, et vero und doch, und in That 7, 5, 8; wie ἀλλὰ μήν — feri aber beim Übergang zu einem nei Gedanken 3, 5, 10; 4, 1, 9; — καὶ δέ (ferner) aber auch 4, 2, 16; μήν 4, 6, 12 jedoch nicht, waß lich nicht; γε μήν statt eines einem μέν gegenübergestellt 4, 2, : 5, 1, 29; 6, 1, 8; beim Übergange einem neuen Gedanken oder Begri der nachdrücklich hervorgehoben w den soll als Gegensatz zu dem V hergehenden 3, 1, 7; 3, 5, 13; 4, 17; von der logischen Unterordnu in Schlüssen = nun aber 2, 3, : ὅστις γε μήν; γε μήν nach einer Ko junktion hebt den ganzen Gedank hervor 3, 5, 7 ἐπεί γε μήν; ἀλλὰ μή at vero leitet einen Einwurf ei nun aber, teils fügt es etwas Neu gegensätzlich an: ferner aber 5, 13; 5, 2, 17

μηνο-ειδής ἐς mondsichelförmig, hall mondförmig 4, 3, 10

μηνύω anzeigen, verraten, μεμήνυντ 3, 3, 10

μηρός ὁ Schenkel 7, 4, 23

μήτε — μήτε weder — noch 4, 1, 3

μητρῷος 3 von der Mutter ererbt mütterlich θεῶν πατρῴων καὶ μ. : 4, 20 angestammt

μηχανάομαι Mittel anwenden, be werkstelligen, aussinnen ὡς μή ἀντι- dagegen ein Mittel aussinnen 5, 3, 16

μηχανή ἡ Maschine, Werkzeug προσ ἄγειν (τῇ πόλει) 2, 4, 27

μηχάνημα τό Kunstwerk, Kriegslis 5, 1, 4

μηχανητικός 3 erfinderisch, schlau 3, 1, 8

μηχανο-ποιός ὁ Maschinenbaumeister 2, 4, 27

μιαιφόνος ὁ Mörder 4, 4, 6

μιαρία ἡ Schlechtigkeit, Gottlosigkeit 7, 3, 6

συμ-μίγνυμι vermischen, intr. zusammenkommen τινί 8, 1, 20; sich vereinigen πρός τινα 1, 3, 7; τινί 6, 5, 16; ins Handgemenge geraten 4, 2, 23 u. 20 τοῖς πολεμίοις; -μιγνύουσι sich vereinigen 6, 5, 22

μικρο-λογέομαι über Kleinigkeiten streiten 3, 1, 26

ιϰρο-πολίτης ου ὁ Bewohner einer tleinen Stadt 2, 2, 10

ιϰρός 3 klein μιϰρὸν πρὸ ἡλίου ἰνσμῶν 5, 1, 7 kurz vor

ιμνήσϰω (erinnern), Dep. Pass. sich rinnern μέμνημαι eingedenk sein ὁας; μέμνησο 4, 1, 39 nimm zum Anlenken; ἐμνήσθην gedenken, Erwähnung thun περί τινος 4, 4, 15; ἐμέ-ινητο περὶ εἰρήνης 4, 5, 9; μνησθήσομαι ich werde gedenken 2, 3, 35

ἰνα- erinnern ὑμᾶς τὰ πεπραγμένα 2, 3, 30 ἀνα-μνήσω; -μνῆσαι ὅτι 2, 4, 13; -εμίμνησϰον τοὺς Ἀθηναίους ὡς 6, 5, 33; Passiv. ἀνεμιμνήσϰοντο ὡς 3, 5, 5; -μνησθήσονταί σου ... ὅτε 6, 4, 5 sie werden an dich denken von der Zeit her, wo —; -μνήσθητε ὡς bedenken wie — 1, 7, 27; -μνή-σθητε ὅτι ϰαὶ ἐψηφίσασθε 7, 3, 11

ἐπι- Dep. Pass. sich erinnern, gedenken ἐπεμνήσθη ὅτι 3, 2, 8 erwähnen; -εμνήσθην τινός gedenken 6, 3, 14, erwähnen

ὑπο- erinnern, in Erinnerung bringen ὡς 6, 5, 34

ἰξοβάρβαρος 2 halb barbarisch, halb griechisch 2, 1, 15

ισέω hassen; 1, 7, 35 Pass. 1, 7, 35

ισθο-δοτέω Sold zahlen 4, 8, 31

ισθός ὁ Sold, γένηται bezahlt würde 1, 5, 4; λαβεῖν, διαδιδόναι, παρέχειν

ισθο-φορέω Söldner sein 3, 1, 23

ισθο-φόρος ὁ Söldner 4, 2, 5; τοῖς Θηβαίοις 5, 4, 54

ισθόω (vermieten), Med. in Sold nehmen φρουρούς 2, 3, 42

προσ- Med. dazu in Sold nehmen 4, 8, 7

ισό-δημος 2 das Volk hassend; 2, 3, 47 Feind der Demokratie Superl.

ῖσος τό Haſs τινὰ εἰς μῖσός τινος προάγειν 3, 5, 2 bei jdm. verhaſst machen; διὰ τὸ μῖσος τῶν Λαϰεδ. 5, 2, 25

ισό-χρηστος 2 die Gutgesinnten hassend, 2, 3, 47 Superl. grofser Feind der Vornehmen

ινᾶ ᾶς ἡ Mine = ¹/₆₀ Talent = 100 Drachmen = früher 75 Mk., nach Solon 67¹/, Mk.

ινῆμα τό Denkmal, Grabhügel 3, 2, 14

ινημεῖον τό Denkmal, Grabmal τεύξεται 2, 4, 17

ινημονεύω eingedenk sein; Pass. 4, 8, 4 erwähnt werden

ινησι-ϰαϰέω eines erlittenen Unrechts gedenken; 2, 4, 43 μὴ μ. Amnestie erteilen

μνηστεύω freien γυναῖϰα 6, 4, 37

μοῖρα ἡ (Teil) Verhängnis ὑπὸ μοίρας τινὸς ἀγόμενος getrieben 2, 4, 19; θείᾳ τινὶ μοίρᾳ 7, 5, 10

μοιχάω zum Ehebruch verführen, τὴν θάλατταν 1, 6, 15 auf dem Meere sein Unwesen treiben

μόλις Adv. mit Mühe, kaum 3, 3, 4

μονό-ϰροτος 2 durch einen Ruderschlag bewegt, 2, 1, 18 ναῦς Schiff, in welchem von den 3 Ruderreihen nur eine mit Ruderern besetzt ist

μόνος 3 allein, einzig; οὐ μόνον — ἀλλὰ ϰαί; μόνον nur 2, 1, 8; εἰ ... μόνον dummodo 7, 2, 5; 6, 5, 25 εἰ μόνον

μόρα ἡ Abteilung des spartan. Heeres zu Fuſs, welches aus 6 Moren bestand; jede More enthielt (3, 2, 16) 2 τάξεις oder 4 λόχοι, jeder λόχος 2 πεντηϰοστύες, jede π. 2 ἐνωμοτίαι. Die μόρα (Bataillon) wurde von einem πολέμαρχος, der λόχος (Kompagnie) von einem λοχαγός, die πεντηϰοστύς (Zug) von einem πεντηϰοστήρ, die ἐνωμοτία von einem ἐνωμοτάρχης befehligt. Ebenso wurde die Reiterei in 6 Moren eingeteilt 3, 3, 10; 4, 5, 11. Die ἐνωμοτία ist in 3 Rotten von je 12 Mann aufgestellt (= 36 Mann), doch wechselte die Stärke entsprechend der Zahl der ausgehobenen Altersklassen

μορμών όνος ἡ Gespenst 4, 2, 17

μοχθηρός 3 elend, schlecht, μοχθη-ρότατα λέγειν 1, 4, 13 weniger gute Ratschläge

παρα-μυθέομαι beruhigen durch Versicherung 4, 8, 2 τινὰ ὡς; 4, 8, 29 ταῦτα -μυθησάμενος zur Ermutigung sagen

μυριάς άδος ἡ Myriade, Zahl v. 10 000 1, 1, 37

μύριοι zehntausend; 7, 1, 38 τοὺς μυρίους die Bundesversammlung, welche die Angelegenheiten Arkadiens leitete

μυριό-λεϰτος 2 unzähligemal gesagt 5, 2, 17

μύστης ου ὁ Eingeweihte (in die eleusin. Mysterien) 2, 4, 20

μυστήριον τό Pl. Mysterien, Geheimkulte, besonders zu Ehren der eleusin. Demeter, in denen man Trost und Beruhigung für das Jenseits suchte

μῶρος 3 stumpf, thöricht 5, 4, 22

N

ναός ὁ (= νεώς) Tempel 2, 3, 20
νάπη ἡ Thal, Schlucht, 5, 4, 44 ἀδιάβατος
ναυάγιον τό Pl. Schiffstrümmer 1, 7, 29
ναυαγός 2 schiffbrüchig
ναυαρχέω Nauarch sein, Oberbefehl zur See haben
ναυαρχία ἡ Amt eines Flottenbefehlshabers 1, 5, 1; 2, 1, 6
ναύαρχος ὁ Flottenbefehlshaber der Lakedämonier 5, 1, 3. Bei den Athenern Befehlshaber kleiner detachierter Flottenabteilungen, oder Befehlshaber der 3 Staatsschiffe Athens (Πάραλος, Σαλαμινία, Δηλιάς) 1, 6, 29; 5, 1, 5; ναύαρχον ἐπιστήσαντες 4, 8, 10
ναί unser ja in Antworten. Bei Schwüren in Verbindung mit μά: ἀλλὰ ναὶ μὰ Δία ἄν πέμποιτο = fürwahr beim Zeus 4, 1, 14; ναὶ μὰ Δία τόδε δοκεῖ εἶναι 5, 1, 4; ναὶ τὼ σιώ 4, 4, 10; s. μά
ναύκληρος ὁ Schiffseigentümer, Schiffsherr 3, 4, 1
ναυκρατέω im Seetreffen siegen; 6, 2, 8 Pass.
ναυμαχέω Seeschlacht liefern 1, 1, 14; πρός τινα 5, 4, 61; ναυσί 5, 4, 65 κατα- in einer S. überwinden 7, 1, 10
ναυμαχία ἡ Seeschlacht ὅσας ν. νικᾶν 1, 1, 28; ναυμαχία νενικηκώς 1, 6, 2; τοὺς νικήσαντας ἐν τῇ ν. 1, 7, 9; ναυμαχίᾳ κρατεῖν 4, 8, 4; τῇ ν. νικᾶν 4, 3, 13; ν. ἐγένετο 4, 8, 3
ναυπηγέω Schiffe bauen; Med. sich — 1, 1, 25
ναυπηγήσιμος 2 zum Schiffsbau gehörig 5, 2, 16 ξύλα
ναῦς νεώς ἡ Schiff, κοίλη ν. der untere Schiffsraum; ναυπηγεῖσθαι 5, 4, 34
ναύτης ου ὁ Seemann, Matrose ναύτας τρέφειν 6, 1, 11
ναυτικός 3 zum Seewesen gehörig, ναυτικῇ δυνάμει χρῆσθαι Seemacht; τὸ ναυτικόν Flotte, κατασκευάζω, ἀθροίζω 4, 8, 6; συνελέγη 6, 2, 5; τὰ ναυτικά das Seewesen, der Seekrieg πράττειν 3, 4, 29 das Seewesen leiten; τὸ ναυτικόν Seekrieg? 2, 1, 12
νεανίσκος ὁ Jüngling 3, 3, 5; 6, 4, 37
νεκρός ὁ der Tote, Gefallene, ἀνελέ-

σθαι bestatten, ν. ὑποσπόνδους ἀ: διδόναι u. ἀπολαμβάνω 7, 5, 26
δια-νέμω verteilen, -ενεμήθην 7, 4,
νεο-δαμώδης ὁ neuerdings frei, ὁ Neubürger, d. i. Heloten, welche (Staat zur Belohnung geleisteter Dien mit der Freiheit ohne Bürgerrec beschenkte 1, 3, 15; 3, 1, 4
νέος 3 jung, νεωτέρων ἐπιθυμοῦν: πραγμάτων rerum novarum cupidi
νεοττιά ἡ Nest mit Jungen 7, 5, 1
νεώριον τό Schiffswerft 4, 4, 19
νεώς ὁ Tempel (s. ναός) 4, 3, 20
νεώσοικοι οἱ Schiffshäuser (in den Schiffe gebaut wurden auf dem νε ριον) 4, 4, 12
νεωστί Adv. jüngst, kürzlich 4, 7,
νεωτερίζω Neuerungen anfangen, Αι ruhr anfangen 2, 1, 5
νή Beteuerungspartikel mit Acc. d Person, bei der man schwört, nur affirm. Sätzen νὴ Δία 4, 1, 6; 6, 1, 7, 1, 37
νησιώτης ου ὁ Inselbewohner 3, 5, 1
νῆσος ἡ Insel 6, 2, 26
νησύδριον τό kleine Insel 6, 1, 12
νικάω Sieger sein, siegen, ὅσας ναι μαχίας νικᾶν 1, 1, (28) 27; νενίκη ναυμαχῶν 1, 6, 36; ἐν τῇ ναυμαχίᾳ 7, 9; τὴν ἐν Νοτίῳ ναυμαχίαν νικᾶ 2, 1, 6; τῇ ναυμαχίᾳ νικᾶν 4, 3, 13 4, 8, 1; ναυμαχίᾳ ν. 1, 6, 2; Stimmen mehrheit erhalten 6, 5, 6; ν. μάχῃ (Λεύκτροις 7, 1, 35
σύν- τινι gemeinschaftlich siege: 7, 5, 25
νίκη ἡ Sieg προσεύχεσθαι νίκην 3, 2 22; φαίνειν verheißen 6, 4, 7; ἡ νίκη ἐγεγένητο (Ἀγησιλάου) 4, 8, 20; 5, 2 43 νίκη τῷ Τελευτίᾳ ἐγεγένητο zutei werden; νίκης στερηθῆναι um die Früchte des S. kommen 6, 4, 22; νίκι χρῆσθαι ausnutzen 7, 5, 25
νικητήριον τό Siegespreis 4, 2, 5 διδόναι
νικη-φόρος ὁ Sieger 4, 5, 10
νίφω schneien; beschneien Pass. 2, 4, 3
νοέω denken, Aor. Gedanken fassen, bemerken 5, 4, 31
ἀπο-νοέομαι Depon. Pass. von Sinnen kommen, verzweifeln Aor. Pass. 6, 4, 23; ἀπονενοημένως in der Verzweiflung 7, 2 8

ἱει-νοέομαι Dep. Pass. nachdenken, erwägen, gedenken Inf. 3, 5, 1; beabsichtigen Inf. 6, 1, 13; 6, 4, 30; περί τινος 6, 4, 30 glauben, meinen ν- bedenken, Präs. ὅτι 4, 8, 4; Depon. Pass. 4, 8, 5
ατα- betrachten, überlegen, 2, 3, 27; Aor. bemerken 4, 8, 18 ὅτι
ιετα- bereuen 1, 7, 19
ὑπο- vermuten ὅτι 4, 8, 35
ϑος 3 unehelich, unecht (von einem ἱebsweibe geboren) 3, 4, 13; νόϑοι ϑei den Spartanern Söhne aus nicht ϑenbürtiger Ehe, deren Mütter nicht ϑu den Spartiaten gehörten 5, 3, 9
ϑμάς άδος ὁ Nomade 4, 1, 25
κρα-νομέω gesetzwidrig handeln ἱς τινα 2, 1, 32
ομή ἡ Weide 3, 1, 25; 3, 2, 10
ομίζω als Sitte anerkennen, glauϑen, überzeugt sein Acc. c. Inf. 3, 3, ϑ, Aor. auf den Gedanken kommen ῑ, 1, 33; 3, 4, 21; οὐ νομίζω χρῆναι; halten νομίζω κέρδος τῷ δήμῳ 3, 1, 4; τὸν αὐτὸν ἐχϑρὸν νομίζειν 2, 2. 20; νομίζεται es ist Gebrauch, Herkommen 2, 4, 36
ὁμιμος 3 gesetzmäfsig, rechtlich ἄνϑρωποι 4, 4, 3 gebräuchlich, herkömmlich; τὸ ἀρχαῖον νόμιμον das alte Herkommen 3, 2, 22; 4, 4, 3 νόμιμον ϑρονεῖν rechtliche Gesinnung hegen; Adv. νομίμως ἄρχειν gesetzmäfsig 6, 3, 8
ὁμος ὁ Gesetz, κατὰ τὸν νόμον; τοῦ ν. κελεύοντος 5, 2, 30; τῷ νόμῳ durch gesetzliche Wahl 6, 4, 28; νόμους τιϑέναι geben 5, 3, 25; συγγράφειν abfassen, redigieren 2, 3, 11; γράφειν

aufstellen; ἀποδεικνύναι veröffentlichen, publizieren 2, 3, 11; νόμον τὸν αὐτὸν βασιλεῦσι ὄντα (gelte) ἀπεδείκνυε 5, 4, 13; τοῖς ν. τοῖς ἀρχαίοις χρῆσϑαι nach den alten Gesetzen leben 2, 4, 42; τοῖς πατρίοις νόμοις χρῆσϑαι Selbständigkeit haben 6, 5, 6; νόμος, ὅς ἐστιν ἐπὶ προδόταις (wo es sich um — handelt) 1, 7, 22
νόσος ἡ Krankheit, νόσῳ ἀποϑανεῖν, τελευτᾶν 3, 5, 25
νουϑετέω warnen, zurechtweisen 2, 3, 43
νοῦς ὁ Verstand, Gedanken, Aufmerksamkeit; πρὸς τούτους τὸν νοῦν εἶχε seine A. auf etwas richten 7, 2, 5; τοῖς Ἀϑηναίοις προσέχειν 4, 8, 26; Rücksicht nehmen auf 7, 1, 41; 5, 2, 34 gespannt sein
νυκτερεύω übernachten 4, 5, 3
δια- übernachten 5, 4, 3
νυκτερινός 3 nächtlich φυλακή 7, 1, 16; 5, 4, 10
νυκτερίς ίδος ἡ Fledermaus 4, 7, 6
νύκτωρ Adv. 5, 3, 24
νύμφη ἡ Braut 4, 1, 9
νῦν Adv. jetzt νῦν δή 6, 4, 5; νῦν δέ 7, 3, 3 so nun aber
νυν (enklit., geschwächtes νῦν) beim Imper. — δή 4, 1, 39, sonst tritt τοίνυν dafür ein — nun also
νύξ κτός ἡ Nacht, νυκτός nachts 5, 4, 3; τῆς νυκτός in der (bestimmten) N.; τῆς ἐπιούσης νυκτός während der folgenden N. 1, 1, 13; τῇ ἐπιούσῃ νυκτί 2, 1, 22; ἐν νυκτί im Verlauf der N. 3, 5, 21; εἰς τὴν νύκτα bei Anbruch der Nacht 4, 6, 7; νυκτὸς ἐπιγενομένης 5, 1, 8 nach Eintritt der Nacht; περὶ μέσας νύκτας 1, 6, 28

Ξ

ξεναγέω Mietstruppen anführen 4, 3, 15 ξενικοῦ
ξεναγός ὁ Anführer der Söldner; bei den Spartanern Aushebungsoffiziere ϑ, 2, 7; 3, 5, 7
ξενίζω bewirten; 3, 1, 24 Pass.
ξενικόν τό Söldnerheer 4, 3, 15, κατεσκευάσατο zustande bringen, τρέφειν 5, 4. 36; προσμισϑοῦσϑαι 5, 4, 15; συνέλεγε 7, 1, 27
ξένιος 3 gastlich, τὰ ξένια gastliche Bewirtung, Gastgeschenk, βοῦν ξένια

ἔπεμψαν 7, 2, 3; ξένια παρασκευάζειν 3, 1, 24; 6, 4, 20 ἐπὶ ξένια καλεῖν gastlich einladen
ξενόομαι Pass. gastlich aufgenommen werden; τινί Gastfreundschaft mit jdm. schliefsen 4, 1, 29 ἐξενώϑη; οἱ ἐξενωμένοι — ξένοι Gastfreunde 4, 1, 34
ξένος 3 ὁ ξ. Gastfreund 2) Söldner μισϑοῦσϑαι
ξιφίδιον τό kurzes Schwert, Dolch 5, 4, 3

5*

ξίφος τό Schlachtschwert mit gerader
Klinge (zum Handgemenge) zwei-
schneidig von Erz, 1—2½ Fuſs lang,
zum Stoſs und Hieb eingerichtet und
an einem Gurt über die Schultern
getragen; σπασάμενοι 4, 4, 3
ξύλινος 3 hölzern τείχει 1, 3, 4

ξύλον τό Holz, Plur. Schiffsbauhc
1, 1, 24; 6, 1, 11
ἀνα-ξυνόω Med. mitteilen 1, 1,
(Dorismus für ἀνεκοινοῦτο)
ξυνωρίς ίδος ή Zweigespann 1, 2,
ή ξ. ἐνίκα Εὐαγόρου

O

ὁ ή τό demonstr. Pron. ὁ δέ der aber,
τὸν δέ 8, 3, 7; ὁ μέν — ὁ δέ der eine,
der andere; (τὰς μὲν τῶν πόλεων —
ἐκ δὲ τῶν 4, 8, 30; τὰ μέν — τὰ δέ
teils — teils, bald — bald 1, 1, 5;
τὸ μέν — τὸ δέ 2, 4, 24; οἱ μέν τινες
— οἱ δέ 4, 7, 7; 4, 4, 3; τό τε — τό
τε einerseits — andererseits 2, 1, 2
— 2) der Artikel zur Bezeichnung
eines (schon erwähnten) bestimmten
Gegenstandes; elliptisch τὰ ἐν Ἀσία
3, 5, 5; τὰ ἐν πόλει die Angelegenheit
in der Stadt; ή βασιλέως (scil. χώρα);
5, 4, 16; τὴν ἐπὶ Προικοννήσου (ὁδόν)
5, 1, 26; τό mit Acc. c. Inf. der Um-
stand, daſs 4, 8, 4; 6, 1, 13; τό mit
absol. Inf.: τὸ ἐπ' ἐκείνοις εἶναι 3,
5, 9 soweit es auf jene ankam; τὸ
κατ' ἐμέ soweit es auf mich ankommt
1, 6, 5; οὐ θαυμάζω τὸ Κριτίαν παρα-
νενομηκέναι über den Umstand, daſs;
τὸ μέρος 6, 1, 1 den betreffenden
Teil; τῆς δίκης ἔτυχον die gebüh-
rende Strafe 3, 3, 11; τῷ βουλομένῳ
ἀεί 1, 2, 10; wer jedesmal wollte;
ταῖς εἴκοσι τῶν νεῶν Artikel bei Zah-
len, um einen Teil aus einem be-
kannt gedachten Ganzen zu bezeichnen
1, 1, 18
ὀβελίσκος ὁ kleiner Spieſs 3, 3, 7
ὀβολός ὁ kleine Münze aus Kupfer
— ⅙ Drachme oder 11 Pf. 1, 5, 7
ὅγε ἥγε τόγε hervorgehobenes de-
monstr. Pronom. ὁ — dieser hier,
— da.
ὅδε ἥδε τόδε Demonstrativpron. der
oder dieser hier, dieser da, ge-
braucht inbezug auf die Nähe eines
Gegenstandes — 2) von der Zeit:
das jetzt Vorliegende — 3) inbezug
auf das Nächstfolgende; τάδε fol-
gendes
ὀγδοήκοντα achtzig 1, 1, 13
ὀγκηρός 3 prachtvoll, überladen,
prunkvoll; τῆς βασιλείας ὀγκηρότερον

διάγειν 3, 4, 8 prunkvoller auftrete:
als es der Königswürde zukäme
ἐφ-οδεύω begehen, die Runde mache:
um nachzusehen, beaufsichtigen φι
λακάς 5, 8, 22; 2, 4, 24
ἐφ-οδιάζω mit Reisebedürfnissen ve:
sehen, Med. jdm. als Reisegeld zahle
lassen 1, 6, 12 πεντεδραχμίαν ἑκάστ(
ὁδο-ποιέω einen Weg bahnen, τῶ·
ὡδοπεποιημένων ἐξόδων 5, 4, 39
ὁδός ή Weg, ὁδοὺς πορεύεσθαι 4, 6
14; φέρει πρὸς τὸ ἱερόν 2, 4, 11
Straße ή ἐπὶ Κεγχρείας ὁδός; καθ
ὁδὸν πορευόμενοι 7, 4, 23 den Weg
entlang; ἀνέβαινε κατὰ τὴν εἰς Πλα-
ταιὰς φέρουσαν 5, 4, 14; τὴν ἐπι
Προικοννήσου (ὁδόν) 5, 1, 26
ὀδύνη ή Schmerz 5, 4, 58
ὅθεν Adv. von wo, woher; ohne
Beziehungswort 1, 1, 35; ὅθεν τῆς χώ-
ρας 6, 2, 33; ὅθεν δή infolgedessen
6, 5, 33
ὅθενπερ (verstärktes ὅθεν) woher eben,
von wo gerade 5, 1, 17
οἶ Adv. rel. wohin, 2, 3, 54 (οὐ Keller)
ἀν-οίγω -οίγνυμι -οίγειν 3, 1, 22
(er)öffnen; 1, 1, 2 ἥνοιγε die offene
See gewinnen (zu erg. etwa ὁδόν oder
πλοῦν, ubi viam sibi aperuit) ebenso
ἥνοιξε 1, 5, 18; 1, 6, 21 ἀνεῴγοντο 6,
4, 7; -οῖξαι 3, 1, 22; -έῳκτο; -εῳγμένος;
-εῴξεται 5, 1, 14 wird offen sein (ἥ γε
μὴν θύρα)
οἶδα s. εἶδον
οἴκαδε Adv. nach Hause 1, 4, 4; 2, 2, 14
οἰκεῖος 3 zur Familie gehörig, ver-
wandt, eigen; χώραν οἰκείαν ποιεῖ-
σθαι sich zu eigen machen 2, 4, 30;
οἰκείως χρῆσθαί τινι 2, 3, 16 zu jdm.
in vertrautem Verhältnis stehen; οἰ-
κείως συνεῖναί τινι mit jdm. vertrau-
ten Umgang haben 7, 3, 5
εἰς-οικειόω als Freund in ein Haus
bringen, zum Vertrauten machen 5,
2, 25

οἰκέτης ου ὁ Hausgenosse, Sklav 5, 3, 7
οἰκέω wohnen ἐν αὐτῇ; bewohnen
χωρία ἃ δύνανται οἰκεῖν 4, 8, 5; οἰκεῖν
von Städten, öfter intr. — bewohnt
werden, regiert werden, gelegen sein
7, 1, 3; τὰς ὑπὸ τῇ Θράκῃ οἰκούσας
πόλεις 4, 8, 26; 7, 5, 5; ἡ Σπάρτη
οἰκεῖται οὐδὲν κάκιον befindet sich
nicht schlechter 1, 6, 32
δι- verwalten 6, 1, 3 τἄλλα
ἐν- darin wohnen, οἱ ἐνοικοῦντες
  Einwohner 2, 1, 15
κατ- bewohnen 2, 4, 39 sich ansie-
  deln Ἐλευσῖνα
συν- zusammenwohnen 2, 3, 5 τινί
  bei jdm. sich niederlassen
οἴκημα τό Wohnsitz, Haus, Palast
4. 1, 33
οἴκησις ἑως ἡ (das Wohnen), Woh-
  nung, Wohnsitz 3, 1, 27; 6, 2, 6
οἰκία ἡ Haus; δημοσία οἰκία Amtshaus
7. 4, 36 (Bestimmung unbekannt)
οἰκίζω bewohnt machen, anlegen,
  gründen
δι- in getrennte Wohnsitze verwei-
  sen Μαντίνεια διῳκίσθη τετραχῇ 5,
  2, 7 die Stadtgemeinde von M. wurde
  in 4 Dorfschaften zerteilt; Med. sich
  umsiedeln 5, 2, 5, umziehen
οἰκο-δομέω erbauen τεῖχος 5, 2, 4
ἀν- wieder aufbauen; 4, 4, 19 Pass.
ἐπ- ausbessern 6, 5, 12 τὸ τεῖχος
οἰκο-δόμημα τό Gebäude 4, 5, 6
οἰκο-δόμος ὁ Baumeister 7, 2, 20
οἴκοθεν von Hause, aus der Heimat
1. 4, 10
οἴκοι zu Hause, in der Heimat 1, 6, 5
οἶκος ὁ Haus, Heimat, Vermögen; 4,
4, 1 ἀπέκλευσεν ἐπ' οἶκον nach Hause
4, 8, 6: ὁρμώμενος 5, 1, 3; 4, 5, 18 u.
7, 4, 20; τῆς ἐπ' οἶκον ὁδοῦ 7, 1, 29;
οἱ ἐν οἴκῳ Ἀθηναῖοι (= οἴκοι) 1, 5, 16
οἶμαι (s. οἴομαι) in der direkten Rede
  eingeschoben
οἰμωγή ἡ Wehklagen 2, 2, 3
οἰμώζω wehklagen. In Drohungen
2, 3, 56 ὅτι οἰμώξοιτο — es würde ihm
  schlecht gehen
οἶνος ὁ Wein 2, 1, 19; 3, 25
οἰνο-χόος ὁ Mundschenk 7, 1, 38
οἰνῶν ῶνος ὁ Weinkeller 6, 2, 6
οἴομαι zusammengez. οἶμαι 6, 1, 5; ὡς
ἐγὼ οἶμαι meinen, glauben (von et-
was Ungewissem); οἴοιτο συναγαγεῖν
  glaubte führen zu können 4, 1, 29;
  für gut halten, ᾤοντο ἀπιέναι meinten
  abziehen zu müssen 4, 7, 4; 5, 1, 15;

οἰηθέντες 6, 2, 23; ᾗ τις ἂν ᾤετο wie
  man hätte glauben sollen 5, 3, 20
οἷος οἵα οἷον wie beschaffen; οἷον
μὲν εἴη ἡττημένον στράτευμα, οἷον
δὲ νενικηκός welcher Unterschied zwi-
schen — 6, 4, 24; mit Inf. nach vor-
hergeh. τοιοῦτος, τοιοῦτος ἦν οἷος μὴ
βούλεσθαι 6, 5, 7; ohne τοιοῦτος 2,
3, 45 ἐγώ εἰμι οἷος ... μεταβάλλεσθαι
  der Art daß (geneigt sein, die Ge-
  wohnheit haben) vgl. 4, 3, 13; 6, 3, 3;
οἷός τ' εἰμί m. Inf. ich bin imstande;
ὅσον οἷόν τε ἦν soweit es möglich
war; Neutr. οἷον als Adv. ὡς οἷόν τε
τάχιστα so schnell als möglich 5, 4,
41; Pl. οἷα — gleichwie, οἷα δή wie
ja (natürlich) 5, 2, 9; ἔχοντες — οἷα
δὴ θέρους — σπειρία 4, 5, 4 wie ja
natürlich im Sommer; 4, 1, 24 ἄλλα
δὴ οἷα Φαρναβάζου κτήματα wie sie
besitzen mußte; 5, 4, 39 οἷα δή m.
Part. zur Bezeichnung des wirklich
vorhandenen, bekannten Grundes,
sonst ἅτε; τοῖς οἵοις ἡμῖν 2, 3, 25 für
solche wie wir (Assimilation) προστά-
του οἷον δεῖ
οἷόσπερ οἷαπερ οἷόνπερ gerade so
wie 1, 4, 16; 3, 1, 1
οἷς οἰός ἡ Schaf 6, 4, 29
οἰσύινος 3 aus Weidengeflecht 2, 4, 25
οἴχομαι weggehen, fortgehen, fort-
segeln 1, 1, 36 (das Präs. mit perf.
Bedeutung 1, 6, 10; ᾤχετο in aor.
Bedeutung); mit Part. (die Eile aus-
drückend) zu übersetzen durch —
fort, weg; ἀπιὼν ᾤχετο 7, 1, 39; —
ἄγοντες fortführen, — ἀποδράντες
παρ- vorübergehen, vergehen 1, 4, 17
τῶν παροιχομένων κακῶν αἴτιος
οἰωνίζομαι den Flug oder die Stim-
men der Vögel beobachten, als Vor-
bedeutung ansehen 5, 4, 17
ὀκνέω säumen, Anstand nehmen, Be-
denken haben, fürchten τοὺς πολίτας
3, 1, 20; Inf. 5, 3, 17; 3, 1, 22; 4, 4,
16 sich scheuen, Bedenken tragen
μὴ Konj. befürchten, daß 3, 2, 14
ὀκτακισχίλιοι 3 achttausend 6, 1, 19
ὀκτακόσιοι 3 achthundert 5, 2, 14
ὀκτώ acht 1, 7, 30
ὀκτωκαίδεκα achtzehn 4, 3, 23
ὀλιγαρχία ἡ Oligarchie ἐγένετο kam
  zustande 2, 3, 1, Verfassung eines
  Staates, in dem wenige Personen (Fa-
  milien) herrschen; ὑμᾶς εἰς ὀλιγ. κατα-
στήσαντες 3, 5, 9; 7, 4, 15
ὀλίγος 3 wenig, τινὲς αὐτῶν ὀλίγοι

einige wenige; μετ᾽ ὀλίγον δὲ τούτων
1, 1, 2 (der Gen. abhängig von dem
in μετ᾽ ὀλίγον liegenden, gleichsam
komparativ gefaſsten Begriffe — ὕστε-
ρον) kurz darauf; μετ᾽ ὀλίγον 2, 3, 5
bald darauf; ὀλίγον δεῖν — faſt; ἐν
ὀλίγῳ in kurzer Zeit 4, 4, 12; ὀλίγου
ἄξιος wenig wert 2, 3, 14 nichtswür-
dig; Adv. ὀλίγα χρῆσθαι in wenigen
Fällen 6, 2, 27

παρ-ολιγωρέω etwas nachlässig sein;
ein wenig vernachlässigen 7, 4, 13

ὀλίγ-ωρος 3 unachtsam, ὀλιγώρως
ἔχειν 1, 6, 20

ὀλκάς άδος ἡ Zugschiff, Lastschiff
5, 1, 23

ἀπ-όλλυμι Akt.; Präs. (zu) verderben
(suchen); Aor. verlieren; Med. zu
Grunde gehen, verloren gehen, ἡ πόλις
ἀπωλώλει zerstört war 1, 2, 10; ἀπο-
λωλότα ὑπὸ τῆς πόλεως zum Tode
verurteilt 5, 4, 23

ἐν-απ- Med. darin zu Grunde gehen
3, 1, 4

ὅλος 3 ganz, völlig, gänzlich; ὅλην
τὴν ἡμέραν

ἀπ-ολοφύρομαι beklagen; 1, 1, 27
τὴν ξυμφοράν

ὀλυμπιο-νίκης ου ὁ Sieger in den
olymp. Spielen 2, 4, 33

ὁμαλής ἐς eben; τὸ ὁμαλές Ebene
4, 6, 7

ὁμαλός 3 eben, τὸ ὁ. die Ebene 2, 4, 19

ὅμηρος ὁ Geisel λαβεῖν, ἔδωκε 3, 1, 20

προσ-ομιλέω in Verkehr stehen πρός;
τινα 1, 1, 30

ὄμμα τό Auge; ὀρθοῖς ὄμμασι 7, 1, 30

ὀμνύω schwören; ὀμνύοντες 4, 4, 5;
ὤμνυσαν 5, 1, 32 und ὄμνυμι ὀμνύ-
ναι 1, 3, 11; ὀμόσαντες 1, 1, 29; τινὶ
ὀμεῖται 1, 3, 11; ταῦτα ὀμνύναι 7, 1,
39; συμμαχίαν ὀμνύναι 7, 4, 10; eine
Bundesgenossenschaft durch eidlichen
Vertrag schlieſsen; 7, 4, 10 ὠμόσθη-
σαν οἱ ὅρκοι; ὤμοσεν ἦ μὴν πράξειν
τὴν εἰρήνην 3, 4, 6; 5, 3, 26; 3, 4, 6
ἃ ὤμοσεν εὐθὺς ἐψεύσατο er brach
s. Schwur; ἐπὶ τούτοις auf diese Be-
dingungen hin 6, 3, 19

ἀντ- seinerseits schwören ὑπὲρ Ἀγη-
σιλάου (im Namen) ἦ μὴν ἐμπεδώ-
σειν 3, 4, 6

ὑπ-όμνυμαι unter einem rechtlich
gültigen Vorwande, dessen Richtig-
keit durch einen Eid bekräftigt wird,
Aussetzung des gerichtl. Verfahrens
(oder Abstimmung in der Ekklesie)

nachsuchen; auf Grund eines Eides
Einsprache erheben 1, 7, 34

ὁμογνωμονέω einerlei Meinung haben
6, 3, 5

ὁμο-γνώμων ονος gleichgesinnt.
Gesinnungsgenosse τινί 2, 3, 15; 3
2, 28

ὁμό-δουλος ὁ Mitsklav τινί 4, 1, 30

ὁμο-θυμαδόν Adv. einmütig 2, 4, 1

ὅμοιος 3 ähnlich, gleich 3, 2, 27; το
ὅμοια τούτοις; ὅμοιος — οἷόσπερ ι
2, 11; Adv. ὁμοίως; Subst. Vollbür
ger in Sparta, welche ein Erblos be
saſsen und streng nach den Satzungen
des Lykurgos lebten und erzoge:
wurden 3, 3, 5

ὁμο-λογέω beistimmen, zugestehen
sich bereit erklären ταῦτα 5, 2, 29
eingestehen πάντα 3, 8, 11; einräumen
nachgeben, Zugeständnisse machen
sich zu etwas verstehen, Inf. 2, 3, 6
Inf. Fut. 5, 2, 5; ὁμολογουμένως ein
gestandenermaſsen, notorisch 2, 3, 30
δι- Med. sich unter einander verstän
digen, εἰς ὁπόσους δέοι τάττεσθα
4, 2, 13

συν- übereinkommen, vereinbaren
7, 1, 2 Pf. Pass.; 7, 2, 5 ταῦτα συν
ωμολογήθη

ὁμο-νοέω übereinstimmen 6, 5, 35

ὅμορος 2 angrenzend, Subst. Grenz
nachbar 4, 7, 2

ὁμόσε Adv. nach einem und dem
selben Orte hin, in krieger. Sinne
ὁμόσε θεῖν αὐτοῖς 3, 4, 23 im Sturm
schritt entgegen gehen — den Kampf
eröffnen; ὁ. χωρεῖν τινι entgegen gehen
6, 5, 13; ὁμόσε φέρεσθαι δρόμῳ im
Laufe entgegen eilen 4, 3, 17; ὁ. ἐλθεῖ
7, 4, 13

ὁμοῦ Adv. zusammen ὁμοῦ ὄντες ver
einigt 4, 8, 28; ὁμοῦ γενέσθαι zusam
menkommen, sich vereinigen 6, 5, 16
6, 5, 23; ὁμοῦ γενέσθαι handgemein
werden 4, 5, 15

ὁμο-φρονέω übereinstimmen von Ver
schwornen conspirare 7, 5, 7

ὅμως Adv. gleichwohl, dennoch; ὅμως
καὶ ἀναγομένου — ὅμως καίπερ 5, 1,
3; ὅμως μέντοι dennoch aber

ὄνομα τό Name, Βοιώτιος ὄνομα 1, 4,
2 mit Namen; Σάμιος ὀνόματι Ἱππεύς
1, 6, 29; υἱός . . . Κλεώνυμος ὄνομα
5, 4, 25; πόλει ὄνομα Κεδρείαις 2, 1, 15

ὀνομάζω nennen 4, 4, 6

ὀνομαστός 3 berühmt 6, 1, 4

ὄνος ὁ u. ἡ Esel

ὄντως (εἰμί) in Wahrheit 3, 4, 17; 4, 8, 4

ἐξυ-λαβέω (Gelegenheit) schnell ergreifen 7, 4, 27

παρ-οξύνω anreizen, antreiben, οἶνος erhitzen 6, 4, 8; Pass. -οξύνετο πρὸς τὸ μάχην συνάπειν 6, 4, 6

ἐξύς εἶα ύ scharf; Adv. (μάλα) ὀξέως schnell 6, 2, 14

ὄπη (Dind. ὁπη) auf welchem Wege, wo, wie, ὅπῃ δύναιντο 4, 3, 12; 7, 4, 18; ὅπῃ δύναιντο κάλλιστα so gut sie könnten

ὄπισθεν Adv. hinten, ὄπισθεν γενόμενος hinten Stellung genommen 4, 1, 18; 4, 1, 41 ὅ. ποιεῖσθαί τινα hinter sich lassen; οἱ ὅ. Nachtrab 4, 3, 4; ἐκ τῶν ὅ. von hinten 6, 5, 16; 6, 5, 14 εἰς τὰ ὅ. περιελάσαντες sie umgehend und in den Rücken fallend; ὄπισθεν τῆς φάλαγγος 6, 5, 18

ὀπισθοφυλακέω den Nachtrab decken 7, 2, 4

ὀπισθο-φύλαξ κος ὁ die Nachhut habend, οἱ die Nachhut 7, 2, 4

ὁπλίζω bewaffnen, ausrüsten; Med. sich bewaffnen 2, 3, 36

ἀνϑ- Med. sich ebenfalls waffnen 6, 5, 7

ἐξ- vollständig rüsten; -ωπλισμένοι ἦσαν standen unter den Waffen 2, 4, 10

ὁπλίτης ου ὁ 2, 4, 25; Schwerbewaffnete, mit Schutz- und Angriffswaffen für den Nahkampf versehen (κράνος, θώραξ, κνημῖδες, ἀσπίς, δόρυ, ξίφος)

ὁπλιτικός 3 den Schwerbewaffneten betreffend; τάξεις ὁ.; ὅπλα ὁ. 4, 2, 7; ὁπλιτικόν schweres Fußvolk 6, 1, 19

ὅπλον τό Waffe 5, 1, 11; (πολεμικὰ) ὅπλα κατασκευάζων 3, 4, 17; ἐκπορίζειν beschaffen 5. 3, 17; 5, 3, 18 πρὸς τῇ πόλει ὅπλα θέσθαι Stellung nehmen, halt machen u. 4, 5, 8 sich lagern, Stellung nehmen 7, 3, 9; περὶ τὰ τείχη 3, 1, 23; ἐπὶ τῷ στόματι 3, 1, 23; ὅπλα ἐπιφέρειν τινί Waffen erheben gegen jdn. 6, 5, 36; 6, 5, 7 ἐκφέροντας τὰ ὅπλα sie versammeln sich öffentlich mit ihren Waffen, 3, 2, 28. εἰς τὴν ἀγοράν; 6, 5, 18 τὰ ὅπλα πρὸς τοὺς πολεμίους φαίνων Front gegen die Feinde machen; ἀναλαβόντες τὰ ὅπλα 2, 4, 6; ὅπλα (λαμβάνειν καὶ) εἰς τάξιν τίθεσθαι in Reih und Glied treten 6, 5, 28; κελεύειν ἐπὶ τὰ ὅπλα Kommando zum Antreten

geben 2, 3, 20; ὅπλα = ὁπλῖται, ὅπλα — das Lager 4, 5, 6; 2, 4, 6; σὺν τοῖς ὅπλοις οἱ ὁπλῖται unter den Waffen

ὅποι Adv. wohin ὅποι (ἀφίκοντο) τῶν πόλεων 6, 4, 32; ὅποι ἄν Konj. 4, 6, 2

ὁποῖος 3 qualis, wie beschaffen; εἰρήνην, ὁποίαν ἄν τινα δυνώμεθα 4, 6, 2; 5, 4, 58 ῥήγνυται — ὁποία δὴ — φλέψ irgend eine, ich weiß nicht, welche —

ὁπόσος wie groß, wie viel (relat. u. interrog.) 3, 3, 5

ὁπότε Konj. wann, zu welcher Zeit, so oft (Opt.); kausal — ὁπότε καὶ ἀγαλλόμεθα da schon — quandoquidem 6, 5, 48; ὁπότε πρῶτον ἐδυνάσθητε sobald als

ὁπότερος 3 uter, welcher von beiden ὁπότερα μὲν οὖν — εἴτε ἐπέπεσον, εἴτε . . . ἄδηλον 3, 5, 19

ὑπ-οπτεύω vermuten, argwöhnen τί 4, 4, 4; Pass. 5, 4, 20

ὅπου Adv. wo mit Opt. iterat. 3, 3, 6; 6, 2, 8 Dind. ὅπῃ

ὀπώρα ἡ Frühherbst 3, 2, 10; 2, 4, 25 Ernteertrag, Baumfrüchte

ὅπως Adv. wie, auf welche Weise, relat., ὅπως ἂν πλεῖστα δύνωνται 6, 3, 9 soviel sie können; οὐχ ὅπως — ἀλλ' οὐδέ nicht nur nicht, sondern nicht einmal 2, 4, 14; 6, 4, 3; οὐχ ὅπως — ἀλλὰ καί nicht nur nicht, sondern sogar 5, 4, 34; 1, 6, 9 ἐξηγεῖσθαι ὅπως ἂν βλάπτωμεν; ἐβουλεύετο ὅπως ἂν εἴη 3, 2, 1; 7, 1, 27; 2, 3, 13 — 2) final. Konj. damit — Opt. 1, 1, 4; Konj. σκοπεῖν ὅπως 1, 5, 9; ἔδωκεν ὅπως ἂν . . . προσδέοιντο (die Erfüllung der Absicht von dem Eintritt gewisser Umstände bedingt) 4, 8, 16; 4, 8, 30; ὁρᾶτε ὅπως μὴ οὐκέτι statt μή nach den Verb. der Besorgnis 5, 2, 15 Ind. Fut.; ὅπως mit d. Inf. εὐρετο ὅπως μήτε ἀνεπιστήμονας εἶναι 6, 2, 32

ὁράω sehen Aor. εἶδον (s. dieses); ὀφθείς gesehen 6, 4, 21; τείχους εἰς τὸ ἄστυ ὁρῶντος hingewendet 7, 2, 6 (so βλέπω 7, 1, 17); οὐκ ἀχθεινῶς ἑώρα ὅτι πλείστους παρόντας nicht ungern sah 4, 8, 27

καθ- (von oben herab) sehen 4, 5, 13 Acc. c. Part.; 1, 1, 16 Acc.c. Part.; 6, 2, 29; s. εἶδον

παρ- übersehen, nicht achten ταῦτα 7, 4, 21 Impf.

περι- τί etwas übersehen, zulassen

-όψεται τὴν ὕβριν 2, 1, 9; lmpf. ταῦτα
7, 2, 13; s. εἶδον
προ- vor sich sehen, 4, 3, 23 τοὺς
ἔμπροσθεν προορᾶν; s. εἶδον
ὑπερ- τινός verachten 7, 3, 7; s. εἶδον
ὄργανον τό Werkzeug 3, 3, 7
ὀρέγω reichen (χεῖρα s. χείρ); Med.
Gen. wonach trachten 6, 5, 42 ἐπαί-
νον; 4, 4, 6
ὀργή ἡ Zorn, ὀργῇ 5, 3, 7; μετ' ὀργῆς
im Zorn 5, 3, 7
ὀργίζομαι zürnen τινί; τινός wegen
etwas 3, 5, 5; ἀνθ' ὧν ἐπεπόνθει 4, 8, 6
ὀρεινός 3 gebirgig 6, 4, 3
ὀρεω-κόμος ὁ Maultiertreiber 5, 4, 42
ὄρθιος 3 gerade aufwärts; 2, 4, 15
πρὸς ὄρθιον ἰέναι bergauf; διώκειν
πρὸς ὁ. 5, 4, 54; πρὸς ὀρθίῳ an einem
Abhang
ὀρθός 3 aufgerichtet, gerade; ὁ. ὄμ-
μασι mit aufgeschlagenen Augen 7,
1, 30; οὐκ ὀρθῶς nicht mit Recht 3,
5, 8; ὀρθῶς ἔχειν angemessen sein 5,
2, 39 Inf.; πολὺ ὀρθότερον ποιεῖν 7,
4, 40 viel mehr in seinem Rechte sein
ὀρθόω aufrichten πολὺ τοῦ τείχους
4, 8, 10
ἀν- wieder aufrichten, — aufbauen
τὸ τεῖχος 4, 8, 12
κατ- gerade machen; glücklich voll-
bringen, Glück haben 7, 1, 5 πλεῖστα
δὲ κατωρθώκατε; Pass. glücklich von
statten gehen 6, 4, 8 τοῖς δὲ πάντα
καὶ ὑπὸ τῆς τύχης κατωρθοῦτο
ὄρθρος ὁ Aufstehezeit, Frühmorgen;
τὸ πρὸς ὄρθρον 2, 4, 24; ὄρθρον am
frühen Morgen 4, 5, 18; τοῦ ὁ. 5, 4,
28 am folgenden Morgen
ὀρίζω (begrenzen, bestimmen) Med. 7,
3, 12 bestimmen, auch dahin entschei-
den, erklären, definieren
δι- abgrenzen, genau bestimmen 7,
4, 2, festsetzen, ins klare zu bringen
suchen 6, 5, 37
ὄρια τά (ὅρος) Grenze 4, 6, 4
ἐπι-ορκέω einen Meineid schwören
3, 4, 11
ὅρκος ὁ Eid ὅρκους ἄμοσαν 5, 4, 11;
ὅρκους ὀμόσαι ἀλλήλοις 5, 4, 55; οἱ
ὅρκοι ὠμόσθησαν 7, 4, 10; ὅρκων γενο-
μένων 7, 4, 36; Pl. 1, 3, 9 ὅρκους ἔδο-
σαν καὶ ἔλαβον παρά τινος Eid leisten
und sich schwören lassen (sich durch
Eid gegenseitig verpflichten); 2, 4, 43
ὅρκοις ἐμμένειν getreulich halten;
ὅρκους δέχεσθαι 5, 1, 32; 1, 3, 12 τὸν
κοινὸν ὅρκον Eid im Namen des

Staates; κατὰ τοὺς ὅρκους ge⟨
dem Vertrage; μετὰ τοὺς ὅ. τοὺ⟨
νομένους nach Abschluſs des V⟨
ges 6, 4, 1; παρὰ τοὺς ὅρκους ποι⟨
6, 5, 87
ὁρκόω schwören lassen, τινά ve⟨
gen 6, 5, 3
ὁρκωτής οὐ ὁ. jd., der schwören ⟨
6, 5, 3
ὁρμάω Akt. in Bewegung setzen;
sich —; aufbrechen 3, 4, 12, a⟨
geln; εἰς τὰ ὅπλα zu den W⟨
greifen 2, 1, 2; ἐπί τινα angreife⟨
1, 21 lmpf.; εἰς φυγὴν ὥρμησαν ⟨
1; εἰς μάχην ὥρμησαν 6, 5, 7; πρό⟨
ὥρμησαν rückten vor 3, 4, 13; F⟨
sich in Bewegung setzen, von et⟨
aus als Stützpunkt militärischer C
rationen — etwas zum Stützpunkt n
tärischer Unternehmungen mac⟨
3, 2, 11; 1, 4, 23 κάκεῖθεν ὁρμώμε⟨
ἐπολέμει; sich aufmachen ὡρμημέν⟨
ἀπιέναι 6, 4, 9
ἀφ- Akt. aufbrechen, abziehen ἐκ τ
Νεμέας -ορμήσας ἀφικνεῖται 7, 5,
ἐξ- antreiben Inf. 2, 3, 28; Pass.
4, 7 -ωρμημένον εἰς τὴν μάχην au
brechen; 4, 5, 18;
προ- vorausgehen, voranrücken, we
ter rücken 5, 2, 28 Aor. Akt.
ὁρμέω in einer sichern Bucht v⟨
Anker liegen, ἐν καλῷ ὁ. einen gü⟨
stigen Ankerplatz haben 2, 1, 25;
1, 21; 1, 2, 12
ἐφ- vor Anker liegen, um dem Feind⟨
aufzulauern 1, 6, 35 τῇ Μυτιλήν⟨
ἐπὶ τῷ λιμένι 6, 2, 7
ὁρμίζω sicher vor Anker legen; Pas⟨
πρὸς τὴν γῆν ὁρμισθείς anlanden
4, 18; ὡρμίσθη τῆς Κυθηρίας ε
Φοινικοῦντα 4, 8, 7; Med. vor Ank⟨
gehen 5, 1, 9; 1, 6, 18 ἐν τῷ λιμέ⟨
(in unmittelbarer Nähe) ὁρμισάμενο⟨
1, 6, 22 ὡρμίσατο εἰς τὸν εὔριπο⟨
ὡρμίσατο εἰς τὸν ποταμόν 4, 8, 3⟨
ὡρμίσατο πρὸς (vor) τὸν Πειραιᾶ ⟨
2, 9; ὡρμίσατο τῆς Χερρονήσου ⟨
Ἐλαιοῦντι 2, 1, 20; 6, 2, 31 ὑπὸ τὸ
Ἰχθῦν (Vorgebirge) ὡρμίσατο
μεθ- aus einer Bucht in eine ander
bringen εἰς Σηστὸν πρὸς λιμένα ⟨
1, 25
συν- mit oder zugleich in den Hafe⟨
einlaufen lassen, neben einander vo⟨
Anker legen τὰς ναῦς 1, 1, 17
ὀρνιθεύω Vögel fangen 4, 1, 16
ὄρος τό Berg 3, 5, 19

ρος ὁ Grenze, Grenzstein 4, 4, 6; 7, 2, 20
ροφή ἡ Dach 6, 5, 9
ῤῥωδέω fürchten τινά 6, 5, 29
ῤύγμα τό Graben, Mine, Grube 3, 1, 7 Vertiefung
ῤύττω graben 3, 1, 7; 5, 2, 4
δι- durchgraben 1, 2, 14
ς ἤ ὅ Relativpron. welcher s. Gramm.; 2. 3, 45 ἃ δ' αὖ εἶπεν quod vero dixit, was ferner das anbetrifft, dafs —; ἤν δ' ἃς einige 3, 1, 7, ἔστι δ' ὄν manchen. s. εἰμί; ᾗ auf welche Weise s. dieses
σιος 3 durch göttliches u. natürl. Recht bestimmt, heilig, gewissenhaft, gottesfürchtig; ὁσίως ἂν ἔχοι αὐτῷ μὴ δεχομένῳ 4, 7, 2 ob es ihm nach göttl. Recht gestattet sei, nicht anzunehmen; ὅσια καὶ δίκαια göttliches und menschliches Recht 4, 1, 33
ιόω heiligen, weihen, der frommen Trauer widmen ἡμέραι ὡσιώθησαν 3, 3, 1
ισος 3 Relativpron. u. indir. Fragepron. wie grofs, wie weit, wie viel; ὅσον χρόνον wie lange 4, 4, 15; ἐν ὅσῳ während 6, 5, 16; πάντα — ὅσα εἰς ναυμαχίαν — alles — Erforderliche 6, 2, 27; Neutr. Adv. ὅσον εἴκοσι σταδίους ungefähr 6, 5, 16; ὅσον ἀπὸ βοῆς ἕνεκεν 2, 4, 31 nur zum Schein; ὅσον οὐκ (ἐκπεπτωκότα) ἤδη fast schon 5, 2, 13; ὅσον δυνάμεθα; τῆς Ἀρκαδίας ὅσα ἐδύνατο 7, 4, 21; ὅσον ἐδύνατο στρατεύματος πλεῖστον möglichst grofsen Teil 3, 4, 4; ὅσῳ — τοσούτῳ je — desto (Komparat.) 4, 2, 11; 4, 6, 13
ὅσοσπερ 3 wie viel eben, wie grofs eben 7, 1, 21; Neutr. Adv. ὅσαπερ 6, 1, 15 νυκτὶ ὅσαπερ ἡμέρᾳ χρῆσθαι gerade so wie
ὅσπερ 3 gerade der, welcher (und kein anderer) 3, 1, 1; ἅπερ ebenso wie
ὅστις ἥτις ὅ,τι wer irgend (bezieht sich auf jeden beliebigen Gegenstand derselben Gattung zurück, ὅς auf einen bestimmten Gegenstand);' 4, 5, 9 ἐρωτώμενοι ὅ,τι ἥκοιεν weshalb sie gekommen wären (wie τί warum?)
ὅταν Konjunktion m. dem Konjunktiv — zu der Zeit wo, wann, so oft (futurisch u. iterativ)
ὅτε Konj. — zu der Zeit, wo, als, da Ind. 4, 4, 19; 1, 6, 2 s. Gramm. ἔστιν ὅτε, ἔσθ' ὅτε 5, 3, 22; ἤν δὲ ὅτε zuweilen, einigemal, mitunter

ὅτεπερ gerade zu der Zeit wo 4, 5, 19
ὅτι Konj. — dafs (bei Verbis der Aussage, der Wahrnehmung); ὅτι mit Inf. 2, 2, 2 ὅτι ... ἔσεσθαι (Vermischung der Konstr. von ὅτι mit Verb. fin. u. der des Acc. c. Inf.), ebenso 5, 4, 35 εἰπὼν ὅτι ... ἀντειπεῖν — 2) weil. — Beim Superl. ὅτι πλεῖστον χρόνον 7, 1, 2 möglichst lange Zeit; οὐδέ ... μὴ ὅτι nicht einmal — geschweige denn 2, 3, 35; ferner nach Verbis des Sagens auch vor — Sätzen in Form der direkten Rede 1. 5, 6; 3, 3, 7
(οὐ) οἱ (ἑ) enkl. indir. Reflexiv — κελεύει σῶσαί οἱ πατέρα 5, 4, 30; betont οἱ (γέ) — ἑαυτῷ 7, 1, 38; σφίσιν (für αὐτοῖς), weil der selbständig eingesetzte Satz doch mit Beziehung auf das Subjekt gedacht wird 1, 7, 5; σφίσιν αὐτοῖς für ἀλλήλοις 1, 7, 8
οὐ Adv. wo, ubi 1, 3, 7
οὐ οὐκ οὐχ nicht, 1) Negation des Urteilssatzes — 2) nein — in der Antwort — 3) für ἆρ' οὐ — nonne in der direkten Frage 3, 5, 11; μόνον οὐ — beinahe; ὅσον οὐ ... ἤδη — beinahe s. ὅσος; οὐ μή m. Konj. (— οὐ φόβος ἐστὶ μή) — schwerlich, nimmermehr 4, 2, 3 ὅτι οὐ μὴ ἐπιλάθωμαι ὑμῶν. Betont vor Interpunktion 1, 1, 21 ἐδέξαντο μὲν οὔ, χρήματα δὲ ἔδοσαν
οὐδαμῇ Adv. keineswegs, durchaus nicht 3, 5, 1
οὐδαμόθεν Adv. nirgends her 1, 6, 19
οὐδαμοῖ Adv. nirgends hin 5, 2, 8 (5 4, 42 Sauppe οὐδαμῶς)
οὐδαμοῦ Adv. nirgends 5, 2, 8; 6, 5, 24
οὐδαμῶς Adv. auf keine Weise, durchaus nicht 5, 4, 42 (Dind. οὐδαμοῖ)
οὐδέ 1) und nicht (neque) (knüpft an ein vorangegangenes negat. Glied ein zweites negatives an 3, 5, 22, nach positivem Gliede steht καὶ οὐ) — 2) ohne vorhergehendes negat. Glied — auch nicht — ne quidem 4, 4, 12, οὐδ' ὥς, οὐδὲ οὕτω auch so nicht; οὐδέ ... οὐδέ nicht einmal — noch auch 3, 5, 14; οὐδὲ μέντοι 4, 1, 36 aber auch nicht; οὐδὲ γάρ nam ne quidem 5, 1, 13; οὐδὲ ... μὴ ὅτι nicht einmal — geschweige denn 2, 3, 25
οὐδ-είς οὐδεμία οὐδέν (οὐδὲ εἷς) auch nicht einer d. i. keiner, Pl. οὐδένας 7, 1, 23; οὐδένων 7, 4, 8; οὐδένος οὐδέν (— τί) ἐπαιτιωμένου 1, 1, 29; οὐδεὶς τῶν στρατιωτῶν ὃς οὐκ

ἐδέξατο — jeder 5, 1, 3; οὐδεὶς γὰρ ὅστις 6, 2, 34; οὐδεὶς οὐδενί keiner dem anderen 7, 4, 37; Neutr. —nichts, als Adv. beim Kompar. οὐδὲν ἧττον um nichts weniger; (— verstärktem οὐ) gar nicht, durchaus nicht, keineswegs 7, 4, 35; οὐδέν τι gar nicht, auf keine Weise 4, 2, 18; οὐδέν τι πάνυ ganz und gar nicht; οὐδὲν μή beteuernd (— οὐδὲν δέος μή) 1, 6, 32

οὐδέ-ποτε Adv. niemals; — ἔτι niemals mehr

οὐδέτερος 3 keiner von beiden, Pl. keine von beiden Parteien

οὐκέτι Adv. nicht mehr; — non iam

οὐκοῦν Adv. 1) in der Frage—nonne (igitur)? also nicht? nicht wahr? 4, 1, 37 — 2) folgernd (weil in dieser Frage die Andeutung einer Folgerung liegt) also, sonach, folglich 1, 7, 31 (ergo, strenge log. Folgerung ziehend) 7, 1, 12; — einem stärkeren οὖν 2, 3, 38

οὖν Adv. (postpos.) 1) bekräftigend: freilich, allerdings πάνυ μὲν οὖν; μὲν οὖν allerdings ja — 2, bes. auf das Vorhergehende kräftig zurückweisend oder es wieder aufnehmend; wie gesagt, sag ich, nun also ἐκ τούτων οὖν (epanaleptisch) 3, 2, 23 — 3) folgernd: nun, also, folglich 6, 5, 18 εἰ (μὲν) οὖν

οὖπερ verstärktes οὖ — wo 3, 2, 28; 5, 4, 56

οὖποτε Adv. niemals 2, 3, 25

οὖπω Adv. noch nicht 3, 3, 4

οὐρά ἡ Schwanz, Hinterteil, Nachtrab, Nachhut 6, 5, 18; οἱ ἀπ' οὐρᾶς die Nachhut 6, 5, 18; ἔχων ἐν οὐρᾷ τοὺς ἡμίσεις 4, 3, 4

ὑπουργέω dienen, Dienst leisten τινί 5, 2, 37; 5, 2, 26 μέγιστα ἀγαθὰ τῇ πατρίδι

οὔριος 3 günstig (Wind) 1, 6, 37

οὖρος ὁ günstiger Fahrwind; 2, 3, 31 εἰς οὖρον καταστῆναι vor den Wind kommen

οὐσία ἡ Vermögen, Besitztum 5, 2, 7

οὔτε Adv. οὔτε — οὔτε weder — noch; οὔτε — τε neque et einerseits nicht — andrerseits aber 4, 8, 1

οὖτος αὕτη τοῦτο Pron. demonstr. dieser, gew. in Beziehung auf das Nächstvorhergehende: τὴν λίαν ὕβριν τούτου 2, 1, 9; ἐν ταῖς αὐταῖς ταύταις ναυσί 5, 4, 60; καὶ οὖτος u. dieser,

— gleichfalls 3, 4, 13; u. zwar ταύτης οἷασπερ 4, 8, 14; καὶ τα (auf das vorhergehende Verbum o den ganzen Gedanken bezogen) u zwar eaque 6, 5, 37; ἐν τούτῳ un dessen; εἰς τοῦτο τρυφῆς ἐλθεῖν bis zu dem Grade — 6, 2, 6; 2, 3, τοῦτο auf das Folgende bezogen, den Inhalt des folgenden Satzes zudeuten, wenn dieser mit ὅτι ein führt ist, oder wie 6, 5, 24 in ei mit ὡς eingeleiteten Participialko besteht, oder wie 7, 2, 16 als se ständiger Satz mit γάρ erscheint

οὑτοσί αὐτηί τουτί dieser (durc das demonstr. Jota der Att. stärke auf einen vorliegenden Gegenstand hinweisend als οὖτος) 3, 5, 9; 2, 3, 2

οὕτω(ς) Adv. auf diese Weise, so οὐδ' οὕτω trotzdem nicht; καὶ οὖτα auch so, trotzdem 4, 7, 5. Nach einem Particip den Inhalt des darin enthaltenen Gedankens wieder aufnehmend 4, 4, 2. So steht es auch nach e. Gen. absol. u. nach ἐάν auf den Inhalt des Vordersatzes zurückweisend und nochmals den durch dasselbe bezeichneten Zustand fixierend 3, 2, 9; 7, 1, 2

ὀφείλω schuldig sein 6, 2, 16; Pass. Part. schuldig, rückständig 1, 3, 9 προ- vorher schulden; -οφειλόμενος rückständig μισθός 1, 5, 7

ὄφελος τό Nutzen οὐδὲν ὀφελός ἐστ nutzlos, zwecklos; 6, 2, 23 οὐδέν τ ὄφελος αὐτῶν; ὅ,τιπερ ὄφελος ἦ was kampffähig war, Kern des Heeres 5, 3, 6

ὀφθαλμιάω an den Augen leiden 2, 1, 3

ὄχημα τό Wagen 3, 4, 19

ὄχλος ὁ Haufe, Volksmenge, Pöbel, πολύς; ἀγοραῖος 6, 2, 23 Tross der Handelsleute, welche im Lager Geschäfte mit Lebensmitteln und anderen Dingen trieb vgl. 1, 6, 37; 6. 4, 9; ἐν τῷ ὄχλῳ in dem Gewühl

ὀχύρωμα τό Burg, Festung 3, 2, 3

ὀψέ Adv. spät, zu spät; Sup. ὀψιαίτατα; ἢν ἤδη ὀψέ 4, 3, 20

ὀψίζω zu spät kommen, sich verspäten 6, 5, 21

ὄψιος 3 spät Sup. ὀψιαίτατος die zuletzt kommenden 5, 4, 3; ὀψιαίτατα 4, 5, 1

ὀψο-ποιέω Speisen lecker zubereiten; Med. 7, 2, 22

ὀψοποιός ὁ der Koch 7, 1, 38

Π

πάγ-καλος 3 u. 2 (ganz) sehr schön, Adv. παγκάλως

παγκρατιαστής οῦ ὁ 7, 1, 33 der Pankratiast (Das παγκράτιον (d. i. Gesamtkampf) ist eine Leibesübung, welche das Ringen (πάλη) und den Faustkampf (πυγμή) zugleich umfaſst)

πάθος τό Leid, Unglück 4, 5, 7

παιάν ᾶνος ὁ Festgesang, Schlachtgesang; ἐξάρχειν παιᾶνα 2, 4, 17 anstimmen; ὑμνεῖν 4, 7, 4 ὕμνησαν τὸν περὶ τὸν Ποσειδῶ παιᾶνα; σπονδὰς καὶ παιᾶνας ἐποιήσαντο 7, 4, 36 (Der Päan, ein Lied an die helfende Gottheit, also zunächst an Apollo, dann auch an Poseidon u. andere Götter, wurde vor dem Beginn des Kampfes vom Feldherrn angestimmt und von den Soldaten nachgesungen, und dann der Kriegsgott Ἐννάλιος mit lautem Geschrei (ἐλελεῦ u. ἀλαλά) angerufen) παιανίζω Schlachtgesang anstimmen, λαμπρόν laut 7, 2, 15

παιγνιώδης ες scherzhaft, τὸ π. muntere Laune 2, 3, 56

παιδάριον τό Knäblein, Kindlein 4, 4, 17

παιδεύω erziehen; 6, 3, 11 πεπαιδευμένοι ὡς ... ἐστί darin Erfahrungen gemacht haben, dafs ... ist

παιδικός 3 Knaben u. Mädchen betreffend 5, 8, 20, τὰ παιδικά der Liebling 4, 8, 39

παιδίσκος ὁ Knäblein 5, 4, 82

παῖς δός ὁ u. ἡ Knabe, Sohn, Tochter, Pl. παῖδες καὶ γυναῖκες; εὐθὺς ἐκ παίδων von Kindheit an 7, 1, 8; 5, 4, 25 ἡλικίαν ἔχων τὴν ἄρτι ἐκ παίδων — das Alter, wo er eben aus den Kinderjahren war, dem Knabenalter eben erst entwachsen; οἱ παῖδες die Nachkommen

παίω hauen, verwunden, einhauen Acc. 5, 4, 52, niederstofsen (Hieb u. Stofs in der Nähe) mit den Schwertern 4, 4, 3; 3, 4, 14 mit den δόρατα; losschlagen 5, 4, 6

πάλαι Adv. längst, καὶ πάλαι schon längst

παλαιός 3 alt, ἐκ παλαιοῦ von früher her 4, 1, 29 u. 5, 1, 28; τὸ παλαιόν vor alters, früher

παλαίω ringen 7, 4, 29

πάλη ἡ das Ringen, der Ringkampf 7, 4, 29

πάλιν Adv. 1) zurück — 2) wieder(um) αὖ πάλιν u. πάλιν αὖ s. αὖ

πάλιν-αὐτόμολος ὁ Überläufer, der wieder zur Gegenpartei übergeht 7, 3, 10

παλλακίς ίδος ἡ Kebsweib 8, 1, 10

παλτόν τό Wurfspiefs κρανέϊνα 3, 4, 14

πάμπαν Adv. ganz, vollständig 4, 1, 36 π. εὐδαίμων

παμ-πληθής ές sehr viel τῶν πολεμίων παμπληθεῖς 7, 1, 32 sehr zahlreich στράτευμα 4, 1, 41; τάξεις 3, 4, 22 dichte Scharen

πάμ-πολυς παμπόλλη πάμπολυ sehr viel, sehr grofs — στράτευμα 5, 4, 21; Adv. πάμπολλα vielfach

παμ-φόρος 2 fruchtbar 3, 2, 10 χώραν παμφορωτάτην

πανδημεί Adv. mit dem ganzen Volke, mit dem ganzen Volksaufgebot, mit der ganzen Streitmacht; in grofser Macht 4, 4, 18

παν-ήγυρις εως ἡ Festversammlung, διατιθέναι anordnen, leiten 6, 4, 30, Pass. ἀθροίζεσθαι 7, 4, 28

παντά-πασι(ν) Adv. ganz u. gar, durchaus 4, 4, 15

παντα-χόθεν Adv. von allen Orten oder Seiten 4, 1, 41

πανταχοῦ Adv. überall 2, 3, 24

παντελῶς Adv. gänzlich, vollkommen 3, 2, 27 κατηθύμησε; ὀλίγην π. 5, 3, 2

πάντη Adv. (Dind. πάντῃ) überall, allenthalben 2, 3, 6

παντοδαπός 3 von allerlei Art, mannigfaltig, buntgemischt, 3, 2, 10; 4, 6, 6 βοσκήματα

πάντοσε Adv. überallhin; 7, 4, 4 πέμψαντες φρουροὺς πάντοσε ὅπου

πάνυ Adv. ganz, sehr; πάνυ δή; οὐ πάνυ nicht sehr, nicht eben (mit iron. Wendung bisweilen gebraucht) durchaus nicht; οὐ πάνυ τι keineswegs sehr, durchaus nicht 3, 1, 16; 3, 2, 1 οὐδὲ ... πάνυ τι ἀχθόμενον; ὀλίγους τινὰς πάνυ 7, 4, 37

παρά von Seite, neben a) m. d. Gen. von seiten jds., von einer Person her (Bewegung, Empfangen) 6, 1, 8 παρ᾽ ἑαυτοῦ προστιθέναι τι von sich, aus eigenen Mitteln; ἔχειν παρά τινος 6, 3, 12; πεμφθέντα γράμματα παρά τινος 1, 1, 23; τοῖς παρ' αὑτοῦ ἑπομένοις den auf sein Geheifs Folgenden 2, 1, 27; παρὰ πολεμάρχων im Auftrage der P. 5, 4, 8: τὰ παρὰ τῆς πόλεως die Antwort der Stadt 3, 4, 26. — b) m. Dat.: (an der Seite) bei einer Person; παρ' αὑτοῖς πολιτεύοντα 1, 5, 19 bei ihnen das Bürgerrecht erhalten hatte; 3, 2, 15 τὰ παρ' ἑαυτοῖς μνήματα in ihrer Nähe; bei Sachen: παρὰ τῷ σφυρῷ 5, 4, 58 — c) m. dem Acc. an die Seite hin, zu einer Person hin; längs einer Sache hin, an — vorbei, über — hinaus, gegen (Gesetze): ἐλθὼν παρ' αὑτόν zu jdm. hin 2, 1, 11; παρὰ τὰς πρώρας längs — vorbei; παρὰ τὸν νόμον gegen das Gesetz; παρὰ ταῦτα ποιεῖν 6, 3, 18; 1, 5, 5 παρὰ ἃ ἐπέστειλεν ἄλλα ποιεῖν gegen den Auftrag —

παράβλημα τό Schutzbekleidung, welche um das Verdeck der Schiffe herum gelegt wurde zum Schutz gegen den Einblick u. die Geschosse der Feinde παραβάλλειν 2, 1, 22

παραγγελία ἡ Bekanntmachung, Armeebefehl 2, 1, 4

παραγωγή ἡ τῶν κωπῶν schräge Führung der Ruder (geräuschlos) 5, 1, 8

παράδεισος ὁ Tiergarten, Park 4, 1, 15

παρα-θαλάττιος 3 am Meere gelegen, γῆ π. Küstenland 1, 1, 24; 4, 8, 7

παρά-νομος 2 gesetzwidrig; παράνομα συγγράφειν g. Antrag stellen 1, 7, 12; παράνομα ποιεῖν g. handeln 3, 4, 8

παρα-πλήσιος 3 beinahe gleich, ähnlich 4, 3, 15; παραπλήσια λέγειν in ähnlichem Sinne sich aussprechen 6, 5, 33

παρά-πλους ὁ Vorbeifahrt, Fahrt zur See an der Küste entlang 6, 2, 9

παραπομπή ἡ Begleitung, Geleit, Zufuhr; παραπέμπειν 7, 2, 18 die Zufuhr durch sein Geleit decken

παράρρυμα τό Schutzbekleidung d. i. Decke von Leder oder Haaren, mit denen man die Seiten u. das Verdeck des Schiffes gegen feindlichen Angriff (oder Einblick) schützte 1, 6, 19 παραβαλών

παρα-σκευή ἡ Rüstung, Vorhaben, 7, 5, 22 πρὸς μάχην; gerüstete Macht ἀθροίζοιτο 5, 2, 23 Streitmacht

παρά-σπονδος 2, vertragswidrig **2** 30 μηδὲν παράσπονδον ποιοῦντες

παραστάτης ου ὁ Begleiter 4, **3**, : Beschützer, Verbündeter 6, 5, 43 (v Völkern gesagt)

παρα-χρῆμα Adv. sogleich 3, **3**,) ἀπὸ τοῦ π. λέγειν aus dem Stegr 1, 1, 30; ἐξ τοῦ π. στρατεύεσθαι oh lange Vorbereitung 6, 4, 11

παρθένος ἡ Jungfrau, Mädchen 6, **4**, πάροδος ἡ Zugang 6, 4, 27

παρόμοιος 2 fast ähnlich, ziemli gleich τὸν ἀριθμόν 3, 4, 13

πᾶς πᾶσα πᾶν all, jeder; οἱ πάντ: im ganzen; οἱ ἐπὶ πᾶσι die Nachh 1, 1, 34; ἐν παντὶ ἦσαν μή — ware in höchster Besorgnis, dafs 5, 4, 21 6, 1, 12 εἰς πᾶν ἀφίκετο in die höchst Gefahr kommen; 2, 3, 23 τῷ πλ εκείνων ἀδικώτερα (höchste Gradbe stimmung beim Komparativ, so auc 3, 5, 14; 6, 1, 7; 7, 5, 12) in jede Hinsicht, unendlich

πασσυδίᾳ Adv. mit aller Macht, – Eile 4, 4, 9

πάσχω erleiden τί ein Ungemach κακὰ πάσχειν übel daran sein (verheer werden — Καρία). Verluste haben 5, 16; χαλεπὸν πείσεσθαι 4, 4, 6 Un gemach erleiden; οὐ δίκαια πάσχο ὑπό τινος Unrecht erleiden 4, 6, 1 δίκαια πάσχειν 5, 3, 11; εὖ πάσχει ὑπό τινος Gutes erfahren von — 6 5, 41

πατάσσω schlagen 6, 2, 19 τῷ στύρακι κατα-πατέω niedertreten, τῇ ἵππω niederreiten 3, 4, 12; Pass. 4, 4, 11

πατήρ πατρός ὁ Vater 1, 5, 3

πατρικός 3 vom Vater her übernommen, väterlich, φίλος πατρικός 6, 5, 4

πάτριος 3 den Vätern gehörig, vaterländisch πολιτεία, νόμοι; πάτριον ὑμῖν ἐστι ererbte Gewohnheit 7, 1, 3

πατρίς ίδος ἡ Vaterland 6, 1, 8

πατρῷος 3 vom Vater ererbt, angestammt, θεῶν πατρῴων 2, 4, 20; τὰ πατρῷα das Vermögen vom Vater; 7, 5, 16 τὴν πατρῴαν δόξαν

παύω aufhören machen, veranlassen aufzuhören Acc. c. Part. 1, 6, 15; στρατηγοὺς ἔπαυσαν absetzen 1, 7, 1; παύειν αὐτοὺς τῆς ὕβρεως 5, 2, 38 ein Ende machen; ὑμᾶς τῆς ἀρχῆς παῦσαι eure Herrschaft stürzen 2, 3, 37; Med. Gen. παυσάμενοι τῆς συμμαχίας 4, 6, 4 aufhören mit —, ablassen von —; τοῦ

πλέμου die Feindseligkeiten einstellen 4, 37
ῥα- ausruhen lassen 4, 5, 8; Med. ἀνσρuhen, aufhören
λα- Med. aufhören, Pass. 4, 4, 14 στρατιαὶ διεπέπαυντο die Heere (aus Bürgern) wurden aufgelöst
κτα- absetzen 2, 4, 23
δίον τό Ebene 3, 1, 5
ὑ-πεδόω befestigen, τὰς σπονδάς ἀνverbrüchlich halten 3, 4, 6 ὅρκους; αὖτα 5, 1, 32
ἑζικός 3 zu Fuſs (Dind. πεζά) στρατεύματα 5, 1, 35, τὸ π. das Fuſsvolk, ἀndheer
ζο-μαχεῖν zu Fuſs oder zu Lande ἀmpfen 1, 1, 14
ἐζός 3 zu Fuſs gehend πεζοὺς ἄγωσι ἐοὺς ληφθέντας 3, 3, 9; πεζῇ στρατιά 1, 5, 21; ὁ πεζός u. οἱ πεζοί das Fuſsvolk; τὸ πεζόν das Landheer 3, 4, 2; 1, 6, 38; ὅσα εἰς πεζόν was zur Rüstung des Fuſsvolkes gehört 7, 2, 21; τὸ πεζὸν στράτευμα διαλύειν 2, 3, 3; κεζῇ auf dem Landwege, zu Lande 4, 5, 19; 5, 1, 25; καὶ πεζῇ καὶ κατὰ θάλατταν 5, 1, 31
πειθαρχέω dem Vorgesetzten gehorchen, gehorsam sein 3, 4, 18
πειθαρχία ἡ Gehorsam, Mannszucht 5, 2, 6
πείθω überreden, überzeugen, jdn. bestimmen, πεισθῆναι ὑπὸ σοῦ 4, 1, 12; Impf. ἔπειθε suchte zu — Inf. 3, 5, 18; war nahe daran zu überzeugen 1, 7, 7; αὐτοῦ πείσαντος auf s. Rat 4, 1, 3; οὐκ ἠδυνάμην ἐμαυτὸν πεῖσαι Inf. konnte es nicht über mich gewinnen 1, 6, 10 (sonst πείθω ἐμαυτόν ich bin überzeugt); Pass. gehorchen, sich bereden lassen ὑπό τινος auf etwas eingehen; οὐκ ἐπείθοντο leisteten nicht Folge 2, 4, 31; ταῦτα ἐπείθετο er glaubte dieses, oder er folgte ihm hierin 4, 8, 3; 7, 3, 3; ἐπείσθησαν lieſsen sich überzeugen 4, 8, 5; wurden überredet 6, 5, 25
ἀνα- überreden Pass. 7, 4, 16
μετα- umstimmen 7, 17; 7, 1, 14
πεινάω hungern, Hungersnot leiden; πεινῶντι — πεινάοντι dor. für πεινάουσι, πεινῶσι 1, 1, 23
πεῖρα ἡ Erfahrung, Versuch, πεῖραν λαμβάνειν τινός jdn. erproben 6, 1, 6
πειράομαι versuchen Impf. 3, 1, 18 Inf.
πελάγιος 3 auf hohem Meere befind-

lich; ἀνήγοντο πελάγιοι durch das h. M. 2, 1, 17 (nicht l. der Küste)
πέλαγος τό offne Meer 1, 6, 20. 21. 29
πέλεκυς εως ὁ Beil 3, 3, 7
πελταστής οῦ ὁ Leichtbewaffnete (Speer, Schwert, kleiner mit Leder überzogener Schild, πέλτη, ἀκόντιον)
πελταστικός 3 τὸ π. eine Schar Leichtbewaffneter 5, 4, 43; 6, 1, 19
πελτο-φόρος ὁ Leichtbeschildete —
πελταστής 2, 4, 42
πεμπάς άδος ἡ eine Anzahl von 5 Mann 7, 2, 6
πέμπω schicken 2, 2, 7 ἔπεμψε πρὸς Ἄγιν ὅτι προσπλεῖ schickte und lieſs sagen; ἔπεμπε διδάσκων ὅκε 5, 2, 38; sch. u. befehlen 3, 1, 7 πέμπουσι οἱ ἔφοροι — στρατεύεσθαι schicken und die Weisung geben; πέμπει πρέσβεις λέγοντας 3, 4, 25; ἐπὶ βοήθειαν um H. zu holen 5, 4, 10; 5, 4, 56
ἀνα- hinaufsenden 7, 1, 33
ἀντ-εκ- dagegen ausschicken 4, 8, 25 und 34
ἀντι- ebenfalls schicken 4, 8, 13
ἀπο- wegschicken, zurückschicken 3, 3, 10
δια- an mehrere Personen, nach verschied. Richtungen schicken 2, 4, 4; 4, 8, 35
εἰσ- hineinschicken 2, 4, 43
ἐκ- entlassen, absenden 4, 6, 3
κατα- herabsenden, 5, 1, 35 εἰρήνην Friedensbedingungen vorschreiben
μετα- Med. nach jdm. schicken, holen lassen, χρήματα 5, 4, 66, einladen 1, 4, 12: μετάπεμπτος geholt
παρα- vorbeisenden, wohin senden, zu Hülfe senden 4, 3, 4 τὴν παρακομπήν s. dieses
προσ- vorausschicken, entsenden, geleiten 4, 1, 9; αὐτούς nachziehen 7, 2, 13; absol. Boten vorausschicken 5, 2, 38
συμ- mitsenden, mitgeben 5, 2, 15; 2, 3, 14
συμ-προ- mit begleiten 3, 1, 21
συν-εκ- zugleich mit aussenden 5, 2, 37
πέμπτος 3 der fünfte 2, 1, 27; 5, 1, 5
πέμπτος ου ὁ Dienstmann, Sklav; Penesten in Thessalien sind Leibeigene wie Heloten in Sparta 2, 3, 36
πένης ητος arm 4, 1, 36
πενθέω betrauern 2, 2, 3
πενθήμερος 2 fünftägig; 7, 1, 14 κατὰ πενθήμερον ἑκατέρους ἡγεῖσθαι — je 5 Tage

πένθος τό Trauer 4, 5, 10

πέντ-αθλον τό Fünfkampf (ἅλμα, ποδωκείην, δίσκον, ἄκοντα, πάλην) 7, 4, 29

πέντ-αθλος ὁ der Kämpfer in allen 5 Kampfarten s. d. vorh. 4, 7, 5

πεντακισχίλιοι 3 fünftausend 5, 3, 16

πεντακόσιοι 3 fünfhundert 4, 2, 16

πέντε fünf 1, 1, 11

πεντεκαίδεκα fünfzehn 1, 1, 36

πεντεδραχμία ἡ Summe von fünf Drachmen

πεντήκοντα fünfzig 1, 1, 34

πεντηκοντήρ ηρος ὁ 3, 5, 22 Anführer von 50 Mann s. μόρα (Befehlshaber einer πεντηκοστύς)

πέπρωται s. πόρω

πέραθεν von jenseits her 3, 2, 2

περαίνω zu Ende führen, ausrichten, ausführen δόξαντα δὲ ταῦτα καὶ περανθέντα 3, 2, 19; ἡ συμμαχία ἐπεραίνετο trat in Kraft, kam zustande 7, 4, 3; (τὴν ὁδὸν) Weg zurücklegen 6, 2, 30; οὐδὲν ἐπέραινε πρὸς τὸ καταστρέφεσθαι 4, 8, 6

πέρᾱν Adv. jenseits, εἰς τὸ πέραν nach dem jenseitigen Ufer 1, 1, 15

περάω überschreiten, 3, 2, 14 πεπερακότες εἰσὶ τὸν Μαίανδρον

ἐκ- heraus- und hindurchgehen, an etwas vorbeikommen 4, 5, 8

περί Präpos. über (höher als) und ringsum a) m. Gen. α) über, höher als (vieles) περὶ πολλοῦ ποιεῖσθαι — hoch schätzen — β) über, inbetreff (de) 1, 6, 5 συμβουλεύετε περὶ τοῦ ἐμὲ μένειν; ἔφρασε τὰ περὶ τοῦ Ἐτεονίκου (inbetreff) 1, 6, 38, aber m. Acc. 1, 6, 36 ἐξήγγειλε τὰ περὶ τὴν ναυμαχίαν. Es steht περί m. Gen. in solchen substantivierten Präpositionsausdrücken, wenn der ganze Ausdruck von einem Verbum abhängig ist, das περί mit dem Gen. nach sich haben kann. — b) m. Acc.: um (von Ort, [ungefähre] Zeit, Zahl u. Beschäftigung) inbetreff, περὶ τὸ Ῥοίτειον 1, 1, 2 in der Nähe, in der Gegend; 7, 4, 26 περὶ τὸν Κρῶμνον ἦσαν vor K. lagen; περὶ ἄριστον ὥραν um die Mittagszeit; ungefähr um diese Zeit περὶ τούτους τοὺς χρόνους 1, 2, 33; ἀπέθανον περὶ πεντήκοντα καὶ διακοσίοις 4, 5, 17; συνειλεγμένων περὶ ἑπτακοσίους 2, 4, 5; 6, 5, 10; 2, 2, 4 περὶ ταῦτα ἦσαν waren damit beschäftigt; τὰ περὶ Λάμψακον Vor-

gänge, Ereignisse bei L.; ἔμπει. περὶ τὰ ναυτικά 1, 6, 5; τέτταρες ᵡ ἑκάστην ναῦν (inbetreff) 4 auf je Schiff 1, 7, 30: οἱ περί τινα — se Umgebung, seine Leute, seine Par 3, 2, 30 — c) m. Dat. zur Anga des ruhigen Verweilens — um, φάλαρα ἔχοντος περὶ τῷ ἵππῳ 4, 1, περίβλεπτος 2 angesehen, geacht 7, 1, 30

περιβολή ἡ Umfassen, Trachten, Ja nach etwas τῆς ἀρχῆς 7, 1, 40

περιοικίς ίδος (Fem. zu περίοικι umliegend, daranliegend 3, 2, 23

περί-οικος 2 umwohnend; οἱ π. si in Lakedämon die ursprünglichen v den Herakliden unterworfenen Bewo ner des Landes, welche freie Bürg waren, aber Tribut entrichten ur Kriegsdienste leisten mußten, ohn an der Regierung teilzunehmen 1, 15; 3, 3, 6

περίπλους ὁ das Umsegeln, Umgehe 6, 2, 27

περιτείχισμα τό Verschanzung 1, 3,

περιττός 3 überflüssig, entbehrlic 1, 6, 10

περι-φανής ἐς von allen Seiten deu lich, sehr hell, klar, offenbar 7, 1, 1

πέρυσι(ν) Adv. vorm Jahre, vorhe 3, 2, 7

ἀνα-πεττάννυμι öffnen, Part. P -πεπταμένος offen 6, 4, 27; τόπος d. i nicht eingehegt 4, 1, 15

πέτρα ἡ Fels, 1, 2, 14

πετρο-βόλος 2 Steine schleudernd 2 4, 12 Schleuderer

πέτρος ὁ Stein 4, 2, 15; 3, 5, 20

πῇ Adv. wie, auf welche Weise 6, 4, 2(

πῆ Adv. enkl. irgendwie, irgendwo

πηγή ἡ Quelle (als Flußursprung 4, 2, 11

ἀνα-πηδάω emporspringen, aufsprin gen ἐπὶ τὸν ἵππον 4, 1, 39

ἐκ- hervorspringen, herausspringen 2, 4, 19; κατὰ τοῦ τείχους 7, 4, 37

πηλός ὁ Thon, Lehm, Sumpf 2, 4, 34

πιέζω bedrängen τῷ λιμῷ 2, 3, 41; Pass. 4, 6, 1; 7, 1, 43

πίνω trinken, τὸ κώνειον ἔπιε 2, 3, 56

ἐκ- austrinken πολὺν οἶνον ἐπ᾽ αὐτοῖς ihnen zu Ehren 3, 2, 5

προ- zutrinken 1, 5, 6

ὑπο- etwas d. i. tüchtig trinken, sich berauschen 5, 4, 40; 6, 4, 8

ἀντι-πίμπλημι dagegen füllen, seinerseits —

ausfüllen, τὰς γνώμας ἐκπλῆσαι 1, 15 die Wünsche befriedigen anfüllen — Gen. 5, 4, 18; φρο-ματος 7, 1, 23

πι- sehr oder ganz füllen; 3, 2, 38 πλήσθη wurde ringsum angefüllt vermutlich περι-κλήω); von einer Menschenfülle umstanden 3, 2, 28

πράσκω verkaufen, πραθῆναι 4, 5, ; πιπράσθαι 6, 2, 15

πίμπρημι in Brand stecken 1, 2, 4 πρησθη 4, 5, 4 Aor. Pass. auch in Flammen aufgehen; und

-πιμπράω verbrennen Impf. 6, 5, 22 τὰς οἰκίας

πίπτω fallen, ὑπό τινος niedergemacht werden 4, 4, 5; 7, 2, 25

απο- herabfallen 1, 6, 33

δια- durchfallen, durchkommen, entwischen ἐν τῇ μάχῃ 3, 2, 4; durchbrechen, sich durchschlagen 4, 3, 18 πρὸς τοὺς ἑαυτῶν; 7, 5, 25

εἰσ- einfallen, eindringen εἰς τὰς πύλας

ἐκ- heraus-, herabfallen 5, 4, 17 ἐξέπεσεν εἰς τὴν θάλατταν (Dind. ἐξέπνευσεν), hervorbrechen 3, 2, 27, vertrieben werden 4, 8, 5; δεκαρχίας ἐκπεπτωκυίας abgeschafft 3, 4, 2; οἱ ἐκπεπτωκότες ὑπὸ τοῦ δήμου vertrieben 4, 8, 20; οἱ ἐκπεσόντες die Verbannten 7, 1, 43

ἐμ- hineinfallen, einfallen, εἰς ἀθυμίαν 7, 5, 6, geraten; εἰς θάλατταν sich stürzen 4, 5, 17, einschlagen κεραυνός, 4, 7, 7; 1, 3, 1; πολεμίοις 2, 4, 19 sich werfen auf — 6, 4, 13 Angriff machen auf αὐτῷ 3, 5, 19; φόβος ἐμπίπτει τινί befällt 5, 4, 42; θάρρος ἐμπίπτει τοῖς στρατιώταις Mut beseelt 7, 1, 31

ἐπ-εισ- dabei einen überfallen 2, 4, 24, τινί

ἐπι- überfallen τινί 6, 5, 16 ἐκ τῶν ὄπισθεν; 3, 5, 19

παρα- daneben fallen, daneben geraten μέγιστα παραπίποιεν ἐν τῷ διαλλάττειν 1, 6, 4 den größten Fehler begehen

περι- in etwas geraten αἰσχύνη 7, 3, 9

προσ- überfallen 3, 2, 3, heranstürmen δρόμῳ 2, 4, 6, angreifen τινί 5, 3, 6, inständig bitten 7, 1, 42 τινί; sich rasch anschließen 7, 1, 42

συν-εισ- gleichzeitig mit Eindringen 4, 7, 6 κατὰ τὰς πύλας; τινί mit andringen 7, 2, 7

πιστεύω vertrauen, Glauben, Vertrauen schenken δημοκρατίᾳ Aor. 2, 3, 45, mit Inf. sich bewußt sein Dat. c. Inf. 5, 2, 1

πίστις εως ἡ Treue, Bündnis, Einvernehmen 2, 3, 28 ἄρξας τῆς πρὸς Λακεδαιμονίους πίστεως; 7, 2, 17 τὴν πίστιν τοῖς φίλοις διασώζειν Treue bewahren; πίστεις πεποιημένος (πρός τινα) Vertrag schließen 1, 3, 4; 1, 3, 12 ἀλλήλων πίστεις ἐποιήσαντο; πίστιν λαβεῖν Bürgschaft empfangen 3, 4, 5; πίστιν ἐμαυτοῦ δώσω τινί 7, 1, 44 jdm. Sicherheit für seine Person (d. i. für s. Treue) verbürgen; πίστεως ἕνεκα 2, 2, 16 der Sicherheit wegen, d. i. um eine Garantie für ihre Treue zu haben

πιστός 3 treu, dienstpflichtig; ἔργον πιστόν 5, 3, 15 eine Handlung, die Sicherheit bietet; 5, 3, 22 τούτους πιστοὺς παρέχεσθαι sich ihrer Treue zu versichern; 2, 3, 29 πιστοὶ γίγνονται treues Bündnis eingehen; πιστὰ δοῦναι Pfänder der Treue geben, das heilige Versprechen geben 2, 4, 25; ἀλλήλοις π. δ. 6, 1, 18; πιστὰ δοῦναι καὶ λαβεῖν 5, 4, 2, sich gegenseitig Treue schwören vgl. 8, 5, 1 πιστὰ (τὰ μέγιστα) λαμβάνειν (παρά τινος) sich Bürgschaft geben lassen von — 3, 5, 1

πιστότης ητος ἡ Treue, Glaubwürdigkeit 4, 8, 4

πλάγιος 3 schräg; ἐκ πλαγίου 4, 5, 15 von der Seite; ἔχοντες πλαγίους τοὺς ἵππους ἠλίσκοντο 4, 3, 7 noch in der Schwenkung begriffen

πλαίσιον τό Viereck; ἦγεν ἐν πλαισίῳ τὸ στράτευμα 4, 3, 4 (Aufstellung im länglichen Viereck, wobei der Troß u. die Leichtbewaffneten in die Mitte genommen wurden, war die gewöhnliche Marschordnung für den Rückzug im feindlichen Lande)

πλανάομαι herumirren, verirren 5, 1, 8

πλάτανος ἡ Platane 7, 1, 38

πλατύς εῖα ύ glatt, breit, ausgedehnt τῆς Θετταλίας 6, 1, 9 τὸ πλατύ (τοῦ Ληγαίου) die Ebene 4, 5, 8

πλέθρον τό Längenmaß 100 griech. Fuß — ⅙ Stadium = 30,7 m

πλείων (Kompar. zu πολύς); πλείονας τοῦ καιροῦ ἀποθνήσκειν mehr als die Zeitumstände verlangen 2, 3, 24; οἱ πλείονες die Mehrzahl 2, 3, 34; πολλῷ πλέονες ἦσαν viel zahlreicher 1, 6, 32; πλείους zahlreicher 4, 5, 16; πλείονες

zahlreicher 4, 2, 12; τῶν τοιούτων τοὺς πλείους die Mehrzahl 6, 3, 16; περὶ πλείονος ποιεῖσθαι höher schätzen 1, 7, 22; πλείους ἢ διακόσιοι 3, 5, 20; πλείονες τῶν ἑκατόν; οὐ πλεῖον ὀκτὼ σταδίων 4, 8, 5; ἔχον ἱππεῖς πλείους τριακοσίων 1, 3, 10; οὐσῶν πλέον ἢ ἑκατόν 1, 5, 20; πλέον ἢ εἴκοσιν 5, 4, 10; συμμάχων πλέον ἢ τετρακισχιλίους 3, 3, 5; λίμνη πλέον ἢ σταδίου 3, 2, 19; ἐπὶ πλέον (καθορᾶν) 6, 2, 29 weiter; πλέον ἔχειν Vorteil haben, größern Einfluß haben 1, 4, 16; τρεῖς μῆνας καὶ πλείω (Dind. πλείον) 2, 2, 16; und πλεῖστος (Superl.) meiste, τῶν ἀνδρῶν οἱ πλεῖστοι; οἱ πλεῖστοι die grofse Menge 7, 3, 12; 7, 1, 23 πλεῖστον φῦλον der an Menschen reichste Stamm; ὅσους ἐδύνατο πλείστους; 4, 8, 27 Ἀθηναῖοι ὅτι πλεῖστοι παρόντες möglichst viele; τὸ πλεῖστον die meiste Zeit; τὸ πλεῖστον τῆς ἡμέρας; τὸ πλεῖστον τοῦ στρατεύματος 4, 3, 13; τῆς χώρας τὰ πλεῖστα 4, 6, 5
πλεονεκτέω im Vorteil sein, Oberhand haben 3, 5, 15 Gen., Aor. Vorteil erreichen 7, 1, 33; πολὺ ἐπλεονέκτει παρὰ τῷ Πέρσῃ galt mehr als andere beim — 7, 1, 34; übervorteilen, durch Übervorteilung gewinnen 6, 3, 9
πλεονεξία ἡ Mehrhaben, Überfluß, Überlegenheit 3, 5, 15, Vergröfserungssucht, Eigennutz, Anmafsung
πλέω segeln, schiffen πλεῖν τὴν θάλατταν 5, 1, 13; ναῦς τὰς ἄριστα πλεούσας (βραχύτατα) 5, 1, 27
ἀνα- aufwärts segeln 4, 8, 36
ἀπο- absegeln, zurücksegeln 1, 4, 8
δια- hindurch-, hinüberschiffen 1, 1, 15
εἰσ- hineinsegeln, einfahren, 1, 5, 12
ἐκ- auslaufen, absegeln 3, 2, 11
ἐπ-ανα- auf die hohe See fahren ἐπ' ἀργυρολογίαν 4, 8, 35; zurücksegeln 4, 8, 24
ἐπ-εισ- noch dazu heransegeln 1, 1, 5
ἐπι- heransegeln, ἐπὶ τὰς ναῦς zum Angriff heranfahren 1, 5, 11
κατα- herabschiffen, d. i. von der hohen See nach der Küste zufahren, einlaufen 3, 4, 1; 1, 7, 29 εἰς τὴν γῆν; πάλιν εἰς τὰς Ἀργινούσας 1, 6, 33; ἀπὸ τῶν νήσων 5, 1, 23
παρα- vorbeisegeln, längs der Küste segeln 1, 3, 3; παρὰ τὴν Χερρόνησον 4, 8, 35

περι- herumsegeln τὰς νήσους 4, 8
Κέρκυραν 5, 4, 64
προσ- heransegeln 2, 2, 7
συμ- mitfahren 1, 7, 6
συν-εισ- gleichzeitig mit einlau 1, 6, 16
πλῆθος τό Menge, Zahl, Volk 1, 1,
πλήν Adv. aufser dafs, ausgenomm dafs, nur dafs 3, 5, 17 πλὴν Κορίνθ οὐκ ἠκολούθουν 4, 2, 21 οὐκ ἀπέθαι πλὴν εἴ τις; πάντες . . πλὴν οἱ ἐτύγχανον 4, 3, 3. 2) Präpos. m. 3, 2, 25 aufser, ausgenommen 1, 1, und 18; πλὴν δώδεκα 2, 3, 8
πλήρης ἐς voll, hinlänglich Gen. 1, 16
πληρόω füllen, bemannen ναῦς, Me (sich) bemannen 6, 2, 14 ναῦς
ἀντι- dagegen bemannen τὰς να 4, 8, 11
προσ- noch dazu bemannen 1, 6, ναῦς; Med. 5, 1, 27
συμ- ergänzen, vollständig bema nen 1, 5, 20; 4, 8, 7
πλήρωμα τό Bemannung 1, 6, 16
πλησιάζω sich nähern ἀλλήλοις 7, : 23; 5, 2, 25
πλησίον Adv. nahe m. Gen. 3, 2, 29
πλήττω schlagen, πληγέντες 4, 4. (κεραυνῷ) vom Blitz getroffen; λόγι πληγείς 6, 4, 32
ἐκ- herausschlagen, Pass. erschrecke 4, 4, 12; ἐκπεπληγμένοι τῷ πράγμα 5, 4, 22; 4, 8, 5
κατα- niederschlagen, schrecken; Pass -επλάγησαν erschraken 4, 4, 15
πλίνθος ἡ Ziegel
πλοιάριον τό kleines Fahrzeug 4, 5, 1;
πλοῖον τό Fahrzeug, Schiff, Lastschiff 2, 1, 17 Getreideschiff
πλοῦς ὁ Fahrt πλοῦν κώπῃ ποιεῖσθαι 6, 2, 27
πλούσιος 3 reich
πνεῦμα τό Wind, φορόν 6, 2, 27
πνέω schnauben πῦρ 7, 5, 12
ἀνα- verschnaufen, sich erholen 6, 4, 24
ἐκ- wegwehen ἐκ τῆς θάλατταν ὅπλα 5, 4, 17 (Keller ἐξέπεσε)
ἐμ- einhauchen, eingeben Aor. 7, 4, 32
ἀπο-πνίγω erdrosseln, ersticken 3, 1, 14 und 4, 4, 11
πόα ἡ Gras, Rasen, Grasplatz 4, 1, 30
πόθεν Adv. woher 3, 8, 7
ποθέν Adv. irgendwoher, enkl. 4, 8, 21
ποθέω verlangen, begehren, vermissen 1, 1, 30 Aor.
ποῖ Adv. wohin? 4, 7, 5

οἱ enkl. Adv. irgendwohin εἴ ποι τῆς Ἑλλάδος βούλοιτο πορεύεσθαι 6, 4, 27; :ὸ ἐπιβαίνειν ποι (Dind. ποῦ) τῆς ;ώρας 2, 3, 44

οἰέω thun, machen ποιεῖν ἡδομένους :ούς ἀχθομένους 6, 3, 10, bewirken, ιύδὲν ποιεῖν nichts ausrichten 3, 2, ἱ; 3, 1, 7; κακὸν ποιεῖν τοὺς πολεμίους ἱ, 8, 23; ποιεῖν τὰ κελευόμενα 1, 6, 5 sich den Anordnungen fügen; κακῶς ποιεῖν 4, 2, 14; εὖ ποιεῖν Schaden, Gutes zufügen; 1, 1, 14 ἐκκλησίαν ποιεῖν berufen; 7, 4, 21 πάντα ἐποίησεν ὅπως Opt. alles aufbieten 4, 1, 40; dahin wirken, streben ὅπως Ind. Fut. 2, 4, 17; bewirken Inf. 3, 1, 1; 6, 2, 27; ὥστε Acc. c. Inf. 6, 5, 4; πάντα ποιεῖν ὥστε Inf. 6, 1, 10 alles thun, um zu —; οὗτω ἐποίησεν ὥστε ἐστήσαντο 7, 5, 26 bewirkte, daſs (thatsächlich); Med. ποιεῖσθαι ὑφ' αὑτοῖς sich unterwürfig machen, Κέρκυραν 5, 4, 64; 2, 3, 46; 1, 7, 22 περὶ πλείονος ποιεῖσθαι höher schätzen, περὶ παντὸς κ. über alles hoch anschlagen 7, 1, 26; 4, 1, 34 Inf. und 4, 8, 6; ἐν οὐδενὶ λόγῳ ποιεῖσθαι 7, 1, 26 für nichts achten

ἀντι- Med. τινί τινος jdm. etwas streitig machen 4, 8, 14; Ansprüche auf etwas machen 3, 2, 31; sich etwas anmaſsen, etwas geltend machen ἀλκῆς 4, 8, 18 auf etwas halten

προσ- Akt. hinzugewinnen, -erwerben 4, 8, 28 ὡς φίλην Λέσβον τῇ πόλει; Med. Καλχηδονίους φίλους προσποιησάμενος 4, 8, 28; m. Inf. sich stellen, als ob, sich den Anschein geben, als ob; sich anmaſsen 5, 4, 20; Inf. Fut.; 5, 4, 48 ἰέναι

τοῖος 3 wie beschaffen 4, 1, 6

τολεμάρχειον τό Wohnung, Gerichtshof des Polemarchen 5, 4, 6

τολεμαρχέω Polemarch sein 5, 4, 2

τολέμ-αρχος ὁ Polemarch (in Sparta Befehlshaber einer μόρα 4, 4, 7, in Theben oberste Regierungsbehörde 5, 2, 25, in Athen der dritte der 9 Archonten)

τολεμέω Krieg führen τινί 4, 1, 27, im Kampfe liegen πρός τινα; μετά τινος 7, 1 27 jdn. im Kriege unterstützen

ἐκ- 5, 4, 20 zum Kriege reizen (st. πολεμόω) τινὰ πρός τινα ἐκπολεμήσειε verfeinden (Dind. πολεμώσειε)

κατα- niederkämpfen, bezwingen bis

zur Vernichtung bekämpfen τινά 3, 5, 13; -πολεμηθείησαν Niederlage erleiden 5, 1, 29

συμ- in Gemeinschaft m. jdm. Krieg führen, im Kriege beistehen 1, 7, 25

πολεμικός 3 den Krieg betreffend, ὅπλα Kriegswaffen; πολεμικῶς ἔχειν τινί 5, 2, 33; πρός τινα 4, 8, 17 feindlich gesinnt sein; τὰ πολεμικά 7, 4, 30 Kriegswesen

πολέμιος 3 zum Kriege gehörig, 2) feindlich 4, 6, 4 ἡ πολεμία (scil. χώρα) f. Gebiet 3, 2, 24; ὁ π. der Feind

πολεμο-ποιέω Anstifter des Krieges sein 5, 2, 30

πόλεμος ὁ Krieg; ὁ κατὰ γῆν πόλεμος Landkrieg, πόλεμον προειπεῖν τινι erklären 3, 4, 11; πόλεμον ἐκφέρειν πρός τινα bellum inferre 3, 5, 1 und 5, 1, 34 πολέμου παύσασθαι Feindseligkeiten einstellen 5, 4, 37; ἀκηρύκτῳ πολέμῳ χρῆσθαι begriffen in unversöhnlichem Kriege 6, 4, 21

πολιορκέω belagern, blockieren 4, 7, 1, Pass. durch Blockierung des Hafens in Not kommen 5, 4, 61; 5, 1, 2; 4, 7, 1; 7, 1, 25 πολιορκουμένους ἐξελύσαντο Entsatz bringen; πολιορκήσοιντο pass. 6, 4, 6; 7, 5, 18

ἐκ- durch Belagerung zur Übergabe zwingen, einnehmen αὐτούς, πόλιν 7, 4, 18; 2, 4, 3

πολιορκία ἡ Belagerung; πολιορκίᾳ κρατεῖν zur Übergabe zwingen 2, 2, 3

πόλις εως ἡ Stadt ἡ τῶν Ἀργείων πόλις 4, 7, 2; 4, 8, 8 οἱ ἔχοντες τὴν πόλιν τῶν Κυθηρίων; Bürgerschaft 6, 4, 6; 1, 1, 25 τῶν πόλεων stehender Ausdruck für die einzelnen Staaten des peloponnesischen Bundes. Ebenso heiſsen die Mitglieder der att. Symmachie den Athenern gegenüber schlechtweg αἱ πόλεις

πολιτεία ἡ Bürgerrecht, Ehrenbürgerrecht, ἔδοσαν 1, 2, 10, Staatsverfassung, 2, 3, 24 πολιτεῖαι μεθίστανται; κατασκευάζω 2, 4, 9; Gegensatz τυραννίς — also — freie Verfassung 6, 3, 8

πολιτικός 3 aus Bürgern bestehend στράτευμα 4, 4, 19

πολιτεύω Bürger sein 1, 5, 19, den Staat verwalten 1, 4, 13 πρὸς τὸ ἴδιον κέρδος; 2, 3, 2; Med. als Bürger leben und als solcher teilnehmen an der Staatsverwaltung, Staat verwalten 2, 4, 22; 5, 3, 25; πολιτείας κοινωνεῖν 5,

2, 18; unter der Form eines Frei-
staates leben 2, 4, 43

συμ- Mitbürger sein 5, 2, 12 Bürger
eines Staates sein

πολίτης ον ὁ Bürger (αὐτοὺς) πολίτας
ποιεῖσθαι Bürgerrecht geben 4, 6, 1

πολλάκις Adv. oft

πολλα-πλάσιος 3 vielmal mehr, —
größer 3, 5, 3; 3, 5, 15

πολλαχόσε Adv. nach vielen Seiten,
— Punkten Ἀρκαδίας 4, 4, 16

πολλαχοῦ Adv. an vielen Orten, oft-
mals 6, 4, 21

πολυ-ανθρωπία ἡ Reichtum an Men-
schen 5, 2, 16

πολυ-άνθρωπος 2 volkreich; 2, 3, 24
πόλιν Superl.

πολυ-πραγμονέω viele Dinge trei-
ben, sich unberufen in etwas mischen
1, 6, 3

πολύς πολλή πολύ viel, häufig, 3, 5,
23 zahlreich; τὰ πολλὰ in den meisten
Dingen 1, 1, 31; in den meisten Fäl-
len 6, 2, 30; meistens 6, 2, 30; τὸ
πολύ die Hauptmasse 4, 6, 11 τῶν
πελταστῶν; πολὺ τοῦ τείχους einen
großen Teil d. M. 4, 8, 10; οἱ πολλοὶ
τῶν στρατιωτῶν die Mehrzahl 4, 2, 5;
ἐπὶ πολύ weithin, auf eine weite
Strecke 4, 8, 38; ἐκ πολλοῦ aus weiter
Entfernung 7, 4, 13; πολύ Adv.; πολὺ
ῥᾷον, πολὺ κάλλιστα; πολλά Adv. viel-
fach 2, 4, 22

πολυσιτία ἡ Reichtum an Getreide,
Fruchtbarkeit 5, 2, 16

πονέω sich abmühen 4, 8, 9 ἐφ᾽ ᾧ
πλεῖστα ἐπόνησαν; arbeiten, 5, 1, 16;
ἐμοὶ ἴσα πονεῖν Gleiches ertragen 6,
1, 5; Med. arbeiten 6, 1, 15

δια- durcharbeiten, mit Anstrengung
vollenden τί 7, 4, 32 τὰ διαπεπονη-
μένα σκηνώματα; Med. sich abmühen,
alles aufbieten ἕως ἄν 2, 3, 31

ἐκ- verfertigen ὅπλα ἐκπεπονημένα
εἰς κόσμον zierlich gearbeitet 4, 2,
7; 6, 4, 28 τούτους ἐκπεπονημένους
eingeübt

ἐπι- sich mehr anstrengen, weiter
arbeiten, ausdauern 6, 1, 15

προ- vorher arbeiten, vorher durch
Anstrengungen erwerben 6, 5, 40

συμ- die Mühe, das Leid mit jdm.
teilen 5, 1, 16

πονηρός 3 untauglich, schlecht, de-
mokratisch gesinnt; schlecht gesinnt
2, 3, 13, πονηρῶς φερόμενος ἐν τῇ
στρατιᾷ übel angesehen 1, 5, 17

πόνος ὁ Mühe, Strapaze 7, 5, 19,
5, 12   •

πορεία ἡ Marsch 4, 3, 4; 3, 4, 12

πορεύομαι gehen 3, 1, 23; reisen
πορευσομένον, Keller πορευομένου
1, 8, marschieren καθ᾽ ὁδόν 7, 4,
wandern, auf dem Marsche sein,
4, 21; παρὰ βασιλέα; ἐπὶ βασιλέα, ι
τὴν Ὄλυνθον 5, 3, 9; διὰ Θισβῶν
4, 3; τῇ ὁδῷ 4, 5, 13; χαλεπῶς 6,
26; ἐπὶ τὴν εἰρήνην εἰς Θήβας zι
Abschluß des Friedens 7, 4, 10; r
ἐπ᾽ Ἐρυθρὰς (ὁδόν) 5, 4, 49

ἀντι- ebenfalls reisen 7, 3, 5

ἀπο- aufbrechen, sich auf den W
machen 4, 1, 15

δια- hindurchmarschieren 4, 6, 6;
4, 21

ἐπι- dagegen marschieren

πορθέω verwüsten χώραν 1, 2, 1
ἔκαε καὶ ἐπόρθει 4, 1, 1 verwüste
mit Feuer und Schwert

πορθμεῖον τό Transportschiff, Schi
zum Übersetzen 5, 1, 23

πορίζω verschaffen, beschaffen, ἐπ
τήδεια 5, 1, 14

ἐκ- aufbringen, herbeischaffen 5, ,
17; 7, 4, 38

πόρος ὁ Weg, Weg zur Beschaffun
der Bedürfnisse; Geldbeisteuer; 5, 1
2 κατὰ χρημάτων πόρον um Geld z
beschaffen

(πόρῳ nur πορεῖν Aor. dichterisch
Pf. Pass. πεπρωμένος durch Verhäng
nis bestimmt 6, 3, 6

πόρρω Adv. fort, vorwärts, entfern
πορρωτέρω γένωνται weiter komme
4, 2, 11; πορρωτέρω τοῦ Ἡρακλείου 5
1, 10; fern von etwas, entfernt 1, 1, {
πόρρω ἀπὸ τοῦ λιμένος; 3, 4, 13 Gen.
οὐ πόρρω εἰς τὴν χώραν 4, 7, 5 nich
weit hinein; μέχρι πόρρω τῆς ἡμέρας
bis tief in den Tag hinein 7, 2, 19

πόρρωθεν Adv. von fern her, aus
weiter Ferne 2, 1, 27

πόσος 3 wie groß, wie viel 3, 3, 6

ποταμός ὁ Fluß 4, 2, 11

πότε Adv. wann? 5, 2, 34

ποτέ enkl. Adv. irgend einmal, einst,
jemals, endlich einmal 6, 5, 49; τ
ποτε quid tandem (affektvolle Frage),
τί ποτε καί wie nur in aller Welt
2, 3, 47; ἀεί ποτε immerdar 3, 45;
χρόνῳ ποτέ nach geraumer Zeit end-
lich 4, 1, 34; πότερά ποτε ob denn
5, 4, 16 (ποτέ zur Verstärkung des
Fragewortes)

ὅτερον u. πότερα .. ἤ = utrum an 5, 4, 16; πότερά ποτε ob denn

ὅτιμος 2 trinkbar ὕδωρ 3, 2, 19

ὅῦ Adv. wo? 3, 1, 28

ὅὑ enkl. Adv. irgendwo, irgendwie, vielleicht, wahrscheinlich, που τῆς χώρας an einem Punkte des Landes 6, 2, 11 (Dind. ποι)

ὅὑς ποδός ὁ Fuſs, κατὰ πόδας auf dem Fuſse, gleich hinterdrein 2,1, 20; ἐπὶ πόδα Schritt vor Schritt rückwärts, ἀνεχώρουν 2, 4, 33 (mit der Front dem Feinde zugewandt)

τρᾶγμα τό That, Geschäft, Unternehmung; 2) Umstand, Angelegenheit, Verhältnisse (der Situation entsprechend — res auch Schwierigkeit, Gefahr 4, 4, 4, Kampf(getümmel) 7, 1, 17, Niederlage 5, 3, 8; Stück Arbeit 5, 2, 12; Staatsstreich 5, 2, 31, Staatsangelegenheiten, Verschwörung 3, 3 9 u. s. w.) τὰ ἐνεστηκότα πράγματα 2, 1, 6; καινὰ π. Neuerungen, Umwälzung 1, 4, 16; τὰ πράγματα ἔχειν die Macht in Händen haben 1, 6, 13; τὰ πρ. διεφθαρμένα verlorene Sache, Händel, gefährliche Lagen 2, 8, 31; πράγματα παρέχειν τινί viel zu schaffen machen, πρ. παρέχειν καὶ ἔχειν Schaden bereiten und erleiden 4, 5, 19; ἔσχον πρὸς τὸ πρᾶγμα 3, 3, 10 sie dachten so über die Sache d. h. sie legten der Sache solche Wichtigkeit bei; νεωτέρων ἐπιθυμεῖν πρ. novarum rerum cupidum esse 5, 2, 9; πράγματα εἶχον δι' ἐκείνους Ungelegenheiten ihretwegen haben 7, 4, 2; πράγματα εἶχον ὑπό τινος 5, 1, 5 beunruhigt werden

πρᾶξις εως ἡ Handlung, Verrichtung, Ausführung; τῶν πράξεων τὰς ἀξιομνημονεύτους 4, 8, 1 Thatsachen; κατὰ πρᾶξίν τινα in Geschäften 5, 4, 2

πράττω zustande bringen, vollbringen, ausrichten, betreiben, Anstalten treffen, ins Werk setzen 3, 2, 8; versuchen εἴσοδον 4, 4, 7; χρήματα eintreiben 1, 3, 8; πράττειν εἰρήνην auszuwirken suchen 3, 4, 6; οὐδὲν πράξας 1, 1, 3 und 2, 4, 31 ausrichten; παρά τινος erreichen bei jdm. 1, 4, 2 impetrare; περὶ τῆς εἰρήνης wirken für den Frieden 6, 3, 3; 6, 4, 25; 7, 4, 2 πράττειν περί τινος πρὸς αὐτούς unterhandeln mit jdm.; πράττω ὅπως Opt. betreiben 6, 4, 24; 6, 5, 6 Inf: wirken dafür, daſs —; intr. εὖ, τὰ

κράτιστα πράττειν sich gut befinden 6, 1, 13; εὖ 6, 5, 35; Med. πράττεσθαι χρήματα fordern 1, 5, 19; χρήματα ἐπράξατο τὰ μὲν παρ' ἑκόντων 6, 2, 38, eintreiben, erpressen 6, 2, 36; Pass. τούτων δὲ πραχθέντων = hierauf 2, 3, 3; τούτων πεπραγμένων hierauf 5, 2, 37; πεπραγμένα αὐτῷ (= ὑπ' αὐτοῦ) 6, 5, 51; ταῦτα ἐπράττετο verhandelt, betrieben wurde, geschah 7, 5, 4; τούτων πραττομένων unterdessen 7, 1, 28

ἀντι- Widerstand leisten 2, 3, 14

δια- Med. vollbringen, τὰ δέοντα erreichen 6, 4, 21; sich verschaffen τοὺς πορίζοντας Fuhrleute 7, 2, 17; 1, 3, 16 ausrichten οὐδέν, erwerben εὐπορίαν χρημάτων 4, 8, 28; τὶ παρά τινος etwas von jdm. erlangen, auswirken bei jdm. 3, 4, 7; παρά τινος Acc. c. Inf. 5, 2, 6; Acc. c. Inf. 5, 3, 12; Acc. c. Inf. Pass. 5, 3, 24; περὶ ἡγεμονίας διεπράττοντο 4, 2, 13 verhandeln über —; 4, 4, 7 ὥστε m. Inf. durchsetzen, dafs 4, 4, 7; 4, 8, 32; περὶ τῆς ἡγεμονίας ὅπως Opt. Fut. 7, 5, 3 verhandeln, ausmachen wie —; Pass. 4, 7, 1 διεπέπρακτο erledigt

κατα- vollführen, zustande bringen, 4, 4, 6 durchsetzen; 4, 8, 26 κατα-πρᾶξαί τι τῇ πόλει ἀγαθόν der Stadt einen Dienst erweisen; erreichen ὥστε Inf. 7, 4, 11 durchsetzen, dafs

συμ- jdm. behülflich sein, für jdn. auswirken, sich verwenden, unterstützen τινί u. Inf. mit ὥστε 4, 6, 14; Acc. c. Inf. 2, 3, 14; 3, 3, 10 οἱ συμπράττοντες Helfershelfer, Mitverschworenen

πρέπει impers. es ziemt sich für πρέπει γοῦν σοι 4, 1, 37

πρεσβεία ἡ Gesandtschaft, πέμπειν, παρῆσαν 4, 5, 6; πρεσβείαν ἰέναι als Gesandter gehen 5, 3, 23

δια-πρεσβεύομαι Gesandte umherschicken εἰς τὰς πόλεις 3, 2, 24

πρεσβευτής οῦ ὁ Gesandte 6, 5, 4

πρεσβεύω als Gesandter reisen, G. schicken 6, 1, 1 εἰς τὴν Λακεδαίμονα πρέσβυς alt, πρεσβύτερος; Pl. οἱ πρέσβεις die Gesandten 1, 3, 9

πρηστήρ ῆρος ὁ Blitzstrahl ἐμπεσόντος einschlagen 1, 3, 1

πρίασθαι Depon. Aor. Med. (zum Präs. ὠνέομαι) kaufen 3, 2, 30; 6, 1, 11

πρίν 1) Konjunktion = bevor, eher als, ehe Inf. 1, 1, 31, Acc. c. Inf. 1,

6*

4, 10; Ind. 4, 3, 8. s. Gramm. 2) Adv. vorher, ehemalig, in attributiver Verbindung m. Subst.

πρό Präp. m. Gen. örtlich und zeitlich zum Schutze für (eigentl. vor jdm. stehend), vor (vom Vorzuge) πρὸ τῶν πυλῶν 2, 4, 34; πρὸ ἡμέρας vor Tagesanbruch

προ-άστειον τό Vorstadt 3, 2, 27

πρόβατον τό, Pl. kleines Vieh, Schafe 6, 5, 37

προβολή ἡ Anklage wegen eines Staatsvergehens, welche zuerst an das Volk gelangt, und wenn dieses den Angeklagten für schuldig befindet, zur Entscheidung an das zuständige Gericht geht, also — vorläufige Anklage beim Volke 1, 7, 35

πρόγονος ὁ Vorfahr 6, 3, 6; 6, 1, 4

πρό-δηλος 2 ganz offenbar 6, 4, 9

πρόδικος ὁ bei den Spart. der Vormund des unmündigen Königs 4, 2, 9

προδοσία ἡ Verrat 2, 3, 29

προδότης ου ὁ Verräter 2, 3, 30

προθυμία ἡ Streben, (Dienst)eifer, Bereitwilligkeit; Geneigtheit, Kampfesmut, πολλῇ πρ. mit grofser Bereitwilligkeit 2, 2, 23, Kampfbegier 3, 5, 20; πάσῃ προθ. mit allem Eifer 5, 4, 34; τῇ περὶ τοὺς Λακεδ. προθυμίᾳ 7, 2, 4 bewiesene Freundschaft; 5, 4, 27 πᾶσάν με προθυμίαν ἕξειν mit Acc. c. Inf. dafs ich mich auf jede Weise bemühen werde, dafs; προθυμίαν ἐνδείξασθαι Bereitwilligkeit erzeigen 6, 5, 44; 6, 5, 43 παρέχεσθαι πᾶσαν προθυμίαν εἰς αὑτούς zu jedem Beistande erbieten

πρόθυμος 3 geneigt, bereitwillig, ὡς προθυμοτάτου πρὸς τὸν πόλεμον γενέσθαι 1, 5, 2; προθυμοτάτους εἰς τὸν πόλεμον 1, 6, 8; εἰς τὴν εἰρήνην 5, 1, 29; οἱ πρόθυμοι τῇ πόλει γεγενημένοι geneigt 2, 3, 40; πρόθυμος εἰς αὑτοὺς γένοιτο 6, 5, 42 günstig gestimmt gegen —, Adv. προθύμως mutig, bereitwillig, eifrig 2, 4, 16

πρόνοια ἡ Vorsicht 7, 5, 8

προ-νομή ἡ das Fouragieren, Streifzug zum Zweck des F. προνομὰς ποιεῖσθαι 2, 4, 26; 1, 1, 33; die zu solchen Zügen verwendeten Heeresabteilungen 4, 1, 16

προξενέω = πρόξενος sein, ὑμῶν 6, 4, 24

προξενία ἡ Amt eines πρόξενος, Staatsgastfreundschaft 6, 3, 4

πρόξενος ὁ Staatsgastfreund (es wa dies Bürger des eigenen [oder ei auswärtigen] Staates, welche Rechte der Angehörigen eines and Staates zu wahren hatten) 4, 5, 6 Konsuln; 6, 1, 4

πρό-οδος ἡ Ausrücken aus dem Lag Ausmarsch ἐπὶ προόδῳ θύεσθαι 4, 15

προ-πετής ές geneigt 2, 3, 30 προσ τέστατος ἐγένετο τὴν δημοκρατί μεταστῆσαι (π. mit bl. Inf. bezeichn nicht blofs den vorwiegenden Ha zu etwas, sondern auch die leide schaftliche Hast bei der Thätigkei εἰς τὸ ἰέναι 6, 5, 24; π. ἦν ἐπὶ πολλοὺς ἀποκτείνειν 2, 3, 15

πρόπλους 2 voransegelnd 5, 1, 27

πρός Präpos. (von vorn, verwan mit πρό) a) mit Gen. zur Angal einer Bewegung von dem Angesich eines Gegenstandes her — in d(Richtung von (bei Ortsangaben, w der Deutsche — nach, der Röm(versus gebraucht) von jdm. her, zu Vorteile jds., bei oder um — wille (bei Bitten); πρὸς Σικυῶνος in de Richtung nach 4, 4, 18; 7, 1, 17 ὅπο δὰς ἐποιήσατο .. πρὸς Θηβαίων μᾶλλο ἢ πρὸς ἑαυτῶν (vom Standpunkte de Theb. = zum Vorteile der Theb.) 2, 3, 47 ὦ πρὸς τῶν θεῶν bei de Göttern (eigentl. vor den G.). — b) Dat. zur Angabe des Verweilen vor, bei einem Gegenstande bei, z((= aufser) πρὸς τῇ γῇ 5, 1, 9, πρὸς τῇ πόλει bei; 4, 8, 22, πρὸς ᾧ εἰ ἔργῳ, τοῦτο ἔπραττεν; 3, 4, 6 πρὸς ῷ εἶχε πρόσθεν μετεπέμπετο = zu dem πρὸς τούτῳ, πρὸς δὲ τούτοις aufserdem 6, 2, 7; 3, 1, 12; πρὸς δ' ἔτι noch dazu aber 3, 1, 27. — c) Acc. zu, auf — los (freundlich u. feindlich) gegen (zeitlich), bis vor πρὸς τὰς πύλας ἦλθον 5, 4, 3; zu (Zweck), inbezug auf —, gegen etwas gehalten = im Vergleich zu; πρὸς τὰς πύλας ἔστηκε in der Richtung nach, dem Thore gegenüber 3, 5, 19; 3, 2, 31 συμμαχία πρὸς Λακεδαιμονίους; 4, 3, 23 πρὸς ἑσπέραν ἦν; πρὸς ἑπτακοσίους gegen, etwa 1, 2, 18?; πρὸς τὸ ἴδιον κέρδος πολιτεύω 1, 4, 13 in Hinblick auf; πρὸς τὴν σελήνην ναυμαχίας γενομένης 5, 1, 9 beim Mondenschein (vgl. Anab. 6, 1, 5; πρὸς αὐλὸν ἀρχήσαντο) πρὸς ἃ ἐγώ τε φιλοτιμούμαι συμβουλεύετε 1, 6, 5; ἀγαθὸς εἶναι πρὸς τὰ παραγγελλόμενα sich wacker zu halten den Befohlen gegenüber 1, 1, 27

ροσβολή ἡ˙ Angriff, ποιεῖσθαι πρὸς τὸ τεῖχος berennen 1, 3, 14; 4, 8, 11 ἐν πρ. γενομένῃ ἀπέθανε; 2, 1, 15

ροσ-δοκάω erwarten, befürchten 3, 1, 20 τὸν Φαρνάβαζον

ροσέτι Adv. noch dazu 3, 5, 6; πρὸς δ᾽ ἔτι 1, 7, 27

ροσήκων 3 Part. zukommend, angehörig, verwandt 6, 4, 16

ρόσθεν Adv. vorn, vorher, früher, voran ὁ πρόσθεν Διονύσιος 7, 4, 12; τὸ πρόσθεν zuvor, das vorige Mal 3, 4, 21; τὸν πρόσθεν χρόνον; πρόσθεν ὥρμησαν 3, 4, 13 vorrücken; m. Gen. πρόσθεν τοῦ στρατοπέδου vor dem Lager; 7, 2, 7 ἐν τῷ πρόσθεν τῶν πυλῶν vor den Thoren

ρόσ-οδος ἡ Einkommen, Pl. Einkünfte 5, 2, 16 (reditus); einziehen 6, 1, 2 λαμβάνειν

ροστάτης ου ὁ Vorsteher, Leiter, Staatsmann, τοῦ δήμου der Volkspartei 3, 2, 27; τῆς εἰρήνης 5, 1, 36 Vollstrecker und Aufrechterhalter; πάσης τῆς Ἑλλάδος προστάται εἰσίν die Angelegenheiten von ganz Gr. leiten

προσ-φιλής ές freundlich, προσφιλῶς ἔχειν τινί sich wohlgesinnt gegen jdn. zeigen 2, 3, 44

πρόσωπον τό Angesicht, Miene φαιδρῷ τῷ προσώπῳ 3, 4, 11

προτεραῖος 3 am Tage vorher; τῇ προτεραίᾳ (scil. ἡμέρᾳ) 1, 1, 15

πρότερος 3 früher πρότεροι ἀφικόμενοι; προτέρους αὐτοῦ ἐξελθεῖν 6, 5, 49; Adv. πρότερον früher, τὸ πρότερον 5, 3, 15, τὰ πρότερα 1, 1, 27 früher, bisher

προὔργου (πρὸ ἔργου) förderlich, nützlich; οὐδὲν πρ. ἐποιεῖτο πρὸς τό˙ Inf. 7, 1, 10 Fortschritte machen

πρόφασις εως ἡ Vorwand ergreifen ἔλαβον Inf. 3, 5, 5; Grund 6, 4, 33 πρόφασιν ἔχων; ἐπὶ προφάσει ὅτι unter dem Vorwande 7, 1, 33

προφυλακή ἡ Vorposten 4, 1, 24

πρύτανις εως ὁ Prytan [die P. in Athen waren ein Ausschuß von 50 Männern aus dem Rat der 500, welche Vortrag und Vorsitz im Rat und in der Volksversammlung hatten und Leitung der Geschäfte s. βουλή]

πρωί Adv. (Dind. πρῴ) frühmorgens 4, 6, 6

πρώιος 3 früh morgens, πρωιαίτατα 4, 5, 18 (Dind. πρωαίτατα)

πρῷρα ἡ Schiffsvorderteil 1, 5, 12

πρωτεύω der erste sein, eine hervorragende Stellung einnehmen 7, 1, 44

πρωτό-πλους 2 voranschiffend 5, 1, 27

πρῶτος 3 der erste, τοῖς πρώτοις ἀφικομένοις 6, 2, 28; τῇ πρώτῃ (scil. ἡμέρᾳ); οἱ πρῶτοι die Front 3, 4, 13; τὸ (μὲν) πρῶτον zuerst 4, 2, 23; zum ersten Mal 5, 4, 14, πρῶτα (μέν) zuerst 4, 1, 31; πρῶτον (μέν) Gegensatz ἔπειτα)

πρωτο-στάτης ου ὁ der im ersten Gliede Stehende, Vordermann 2, 4, 16

προσ-πταίω anstoßen, straucheln 3, 3, 3

ἀνα-πτερόω beschwingen, aufregen, aufhetzen 3, 1, 14; 3, 4, 2

πτηνός 3 beflügelt, τὰ π. Vögel 4, 1, 16

πύλη ἡ das Thor, Pforte, πύλαι zweiflügeliges Thor, πυλῶν εἰς τὴν πόλιν φερουσῶν 7, 2, 7, κατὰ τὰς π. συνεισπέσοιεν durch die Th. 4, 7, 6

πυλίς ίδος ἡ Pförtchen 2, 4, 8

πυλόω (den P.) mit Thoren verschließen, τὸν Πειραιᾶ 5, 4, 34

πυνθάνομαι sich erkundigen 4, 1, 11 εἰ; 4, 7, 5 τῶν στρατιωτῶν μέχρι ποῖ ... bei jdm.; erfahren Aor. ὅτι 1, 1, 11 u. 14; Acc. c. Inf. 1, 4, 11; τινός von jdm. 3, 3, 10; ταῦτα 4, 3, 13; τὴν νίκην πύθουντο erfahren 4, 3, 2; Frage stellen ἀλλήλων ἐπὶ τίσιν 3, 2, 19; Acc. c. Part. 4, 8, 22; 6, 4, 3 τὴν εἰρήνην γεγενημένην

ἀνα- Erkundigungen einziehen περί τινος 3, 4, 10

δια- sich genau erkundigen τί; Aor. erfahren 5, 4, 2

προ- vorher erfahren Aor. 7, 5, 10 ταῦτα

πῦρ τό Feuer, τὰ πυρά Wachtfeuer 4, 5, 4; 6, 2, 29 ἕκαε anzünden; πῦρ προσφέρω anlegen 4, 2, 12; 7, 5, 12 πῦρ πνέω schnauben

πύργος ὁ Thurm 5, 2, 5; Plur. 3, 1, 22

πυργι-φλεγής ές (im Feuer) brennend, hitzig, heftig καθμα 5, 3, 19

πώ enklit. Part.˙ = (bis jetzt) noch (meist einer Negat. angehängt) μὴ οἴκαδέ πω noch nicht 1, 4, 5; 4, 5, 8 οὐ γάρ πω

πωλέω verkaufen 3, 4, 19

δια- verkaufen 4, 6, 6

πώποτε Adv. irgend einmal, jemals

3, 5, 14; gewöhnlich nach einer Negation οὐδείς πώποτε
πῶς Adv. der Frage, gew. direkt — wie? auf welche Art? 3, 3, 5 inwiefern 2, 4, 41; πῶς οὐ — ἆρ' οὐ — nonne nachdrücklich bejahend (in

einer rhetorischen Frage, welche nicht verneinen läfst) 4, 4, 12; 14 wie anders? allerdings, sicher πῶς enklit. Adv. irgendwie, einig mafsen ἀεί πως fast immer 4, 5 ὧδέ πως fast so, ungefähr so 6, 3,

P

ῥᾴδιος 3 leicht
ῥᾳθυμέω sorglos, unbekümmert sein 5, 1, 16
κατα-ρ- fahrlässig sein, durch Fahrlässigkeit verabsäumen 6, 2, 39
ῥαπτός 3 gesteppt, durchnäht, τὰ ῥαπτά Steppdecken, weiche Teppiche 4, 1, 30
συ-ρ-ράσσω zusammenprallen, heftig zusammengeraten 7, 5, 16 (von Kriegern und Heeren); τινί auf jdn. losrennen 4, 3, 19
ῥεῦμα τό Strömung, Flut 4, 2, 11
ῥέω strömen, fliefsen ἐρρύη; τὸν παρὰ τὴν πόλιν ῥέοντα ποταμόν 5, 3, 3
κατα-ρ- herabströmen 7, 4, 29 ποταμός
περι-ρ- rings umfliefsen 4, 1, 16
συ-ρ- zusammenströmen, συρρυείησαν πρὸς τινα sich um jdn. scharen 2, 3, 18 = Partei nehmen für jdn.
ῥήγνυμι zerreifsen, brechen; ἐρρήγνυτο τὸ τεῖχος 5, 2, 5
ῥῆμα τό Wort, Ausspruch 2, 3, 56
ῥητός 3 zugesagt, festgesetzt ἡμέρα 3, 5, 6
ῥήτωρ ορος ὁ Redner 6, 3, 7

ῥιπτέω wegwerfen (Nbf. von ῥίπτ 2, 1, 4
ἀπο-ρ- wegwerfen 5, 4, 42
ῥίπτω werfen 3, 5, 5 ἀπὸ τοῦ βωμ δια-ρ- auseinanderwerfen, herunt reifsen 3, 4, 4
ῥιγόω frieren ῥιγούντων αὐτῶν 4, 5, (Dind. ῥιγώντων)
ῥόπαλον τό Keule 7, 5, 20
ῥόπτρον τό Klopfer, Klopfer an d Thür (Ring) 6, 4, 36
ῥώμη ἡ Stärke, Heeresmacht 6, 1, 1 (st. δύναμις); ῥώμην παρέχειν τινί e mutigen 7, 5, 23; 3, 4, 19 ῥώμην τιν ἐμβάλλειν πρὸς τὸ μάχεσθαι Mut ei flöfsen zum Kampfe
ῥώννυμι stärken; Pass. stark wer den; 6, 3, 17 ἐρρώμεθα mächtig sein Part. Pf. ἐρρωμένος stark, mächtig τὴν ψυχήν entschlossen 3, 4, 29; ἐρ ρωμενεστέρως συμμαχεῖν nachdrück licher 3, 5, 14; ἐρρωμένως Adv. ener gisch, mutig 3, 5, 19 ἐδίωκον
ἐπι-ρ- kräftigen, ermutigen 7, 5, 6 Aor. Pass. Mut fassen ἐπερρώσθη 3, 4, 18

Σ

σάλπιγξ ιγγος ἡ die Trompete; ἐκέλευε τῇ σάλπιγγι Inf. 5, 1, 9
σατραπεία ἡ Satrapie, Amt oder Provinz eines Satrapen, Statthalterschaft 3, 1, 10
σατραπεύω Statthalter sein 3, 1, 10
σατράπης ου ὁ Satrap, pers. Benennung der Provinzialstatthalter (aus den treuesten und vornehmsten Familien; sie hatten die Rechtsverwaltung, Erhebung der Steuern, Sorge für die Erhaltung der Landstrafsen und Stationshäuser. Waren sie auch

Militärgouverneure, so standen die Garnisonen unter ihnen, und sie hatten das Aufgebot des Kontingentes an Schiffen und Mannschaften zu besorgen, jedoch wurden die Kommandanten (φρούραρχοι) der Garnisonen vom Könige selbst ernannt, um für den Fall eines Abfalls eines Satrapen sofort treue Truppen zu dessen Bekämpfung zu haben)
σαφηνίζω deutlich machen, kundthun, erklären 7, 5, 21 ὅτι
σαφής, ές deutlich, σαφῶς Adv. offen-

bar, sicherlich, unverhohlen ἔλεγε 3, 4, 8

ατα-σβέννυμι auslöschen, dämpfen τὸ φρόνημα 5, 3, 8

ἐβομαι scheuen, verehren τοὺς θεούς 3, 4, 18; 7, 3, 12

ειισμός ὁ Erschütterung, Erdbeben, γενομένου 4, 4, 5, ἐπιγίγνεται erfolgt 3, 2, 24

ιείω schütteln, erschüttern ὁ θεὸς ἔσεισε 4, 7, 4 (scil. τὴν γῆν) erregt ein Erdbeben

ιελήνη ἡ Mond 1, 6, 1 ἐξέλιπε sich verfinsterte; πρὸς τὴν σ. beim Mondenscheine 5, 1, 9

ιεμνός 3 verehrungswürdig, heilig, feierlich 3, 3, 1; 2, 4, 20

 σηκάζω einsperren, einpferchen 3, 2, 4 σηκασθέντες ἐν αὐλίῳ

σημαίνω Zeichen geben, Befehl geben, 2, 1, 5 εἰς τὰς ναῦς ἐσήμηνε εἰσβαίνειν; 2, 1, 22; Nachricht durch Signale geben ὁ ἡμεροσκόπος ἐσήμηνε τοῖς στρατηγοῖς 1, 1, 2; ἐπεὶ σημήνειε (scil. ὁ σαλπιγκτής) 6, 2, 28 Signal geben; 6, 2, 34 ἐσημάνθησαν προσπλέουσαι; σημαίνειν πρὸ τῶν μελλόντων ein Vorzeichen geben dessen, was geschehen wird 5, 4, 17; ἐσήμαινον ὡς πολεμίων ἐπιόντων 7, 2, 5 ἀπο- Med. versiegeln, konfiszieren, für den Staatsschatz einziehen χρήματα 2, 3, 21, ächten, zum Tode bestimmen 2, 4, 13 ἐπι- anzeigen, kundthun ὁ θεὸς ἐπισημαίνει αὐτῷ ὅσιον εἶναι 4, 7, 2 κατα- Med. versiegeln 3, 1, 27, publicare

σημεῖον τό Kennzeichen, Siegel βασιλέως; ἀπὸ σημείου auf ein gegebenes Zeichen 6, 2, 28; ἀπὸ σημείων 6, 2, 30

σθένος τό Kraft, παντὶ σθένει mit aller Kraft 6, 5, 2

σιγάω schweigen 3, 4, 8

σίγμα ατος τό Name des Buchstaben Σ (als Abzeichen auf den Schilden 4, 4, 10)

σιγή ἡ Schweigen, πολλὴ σιγὴ ἦν tiefes S. 4, 3, 17; σιγῇ schweigend, still 6, 4, 16

σίδηρος ὁ Eisen, Eisenmarkt 3, 3, 7

σιμός 3 stumpfnäsig, aufwärts gebogen, bergan, πρὸς τὸ σιμὸν διώκειν 4, 3, 23

ἐπι-σιμόω einkrümmen, seitwärts mar-

schieren lassen, das Heer eine Bogenlinie halten lassen 5, 4, 50

σιτ-αγωγός 2 Getreide führend 5, 4, 61 πλοῖα σ. Getreideschiff

ἐπι-σιτίζομαι Lebensmittel einnehmen, sich verproviantieren 2, 1, 21

σιτίον τό Weizen, Getreide, Pl. Nahrungsmittel, Proviant 4, 5, 4

σῖτος ὁ Getreide, Proviant; ἀκμάζοντος τοῦ σίτου steht in Kraft d. i. in voller Blüte (Anfang Juni, Zeitbestimmung); φθείρειν τὸν σῖτον 4, 7, 1

σιώ lakonisch für θεώ (gemeint sind Kastor und Pollux 4, 4, 10)

σιωπάω schweigen Aor. verstummen 1, 5, 6

κατα- zum Schweigen bringen 5, 4, 7; Med. sich Gehör verschaffen; 2, 4, 20 Schweigen gebieten

σιωπή ἡ Stillschweigen, Stille, 3, 5, 21; σιωπῇ in aller Stille; 6, 3, 10 σιωπὴν παρὰ πάντων ποιεῖν Stillschweigen bei allen hervorrufen

κατα-σκάπτω niederreißen 2, 2, 23

σκεδάννυμι zerstreuen 2, 1, 27 ἀπο- zerstreuen, Pass.. Gen. sich von etwas weg z. 5, 4, 42

δια- zerstreuen, zersprengen, Pass. sich vollständig zerstreuen 1, 2, 5 καὶ τὰς ἰδίας λείας

σκέλος τό Schenkel 5, 4, 58

σκέπτομαι (im Praes. u. Impf. ersetzt durch σκοπέω u. σκοποῦμαι) schauen, überlegen, auskundschaften 4, 4, 8; Pf. Pass. ἐσκεμμένα λέγειν 3, 3, 8 Wohlüberlegtes

δια- durchdenken, überlegen 3, 1, 24 ἐπι- betrachten, prüfen, τὰ ἄλλα ὅπως ἔχοι 3, 2, 6 ins Auge fassen

δια-σκευάζομαι sich vollständig rüsten ὡς εἰς μάχην 4, 2, 19

ἐν- siehe ἐπισκευάζεσθαι

ἐπι- Akt. ausrüsten, satteln n. zäumen 5, 3, 1 ἵππους, instand setzen τὰ τείχη 4, 8, 8; ausbessern ναῦς

κατα- Akt. zurichten, zurecht machen, (im Sinne von) maßregeln 5, 2, 1, ausrüsten, bauen τριήρεις 3, 4, 1; ναυτικόν 6, 2, 3; ὅπλα verfertigen, 3, 4, 17; anschaffen ὅπλα 4, 2, 7; einrichten, (polit. Zustände) einrichten 7, 1, 43, einsetzen δημοκρατίαν 2, 3, 86; erwerben 4, 8, 34; Med. ausrüsten δύναμιν; τὰς πόλεις 2, 2, 5 eine Regierung nach seinem Gefallen in den Städten einrichten; 2, 3, 19 ἀρχήν Regierung einsetzen; 5,

3, 27 ἡ ἀρχὴ ἀσφαλῶς ἐδόκει κατεσκευάσθαι schien durch sichere Grundlagen gestützt παρα- in Bereitschaft setzen ξένια 3, 1, 24; zurichten δεῖπνον 3, 1, 24; vorbereiten, herstellen, in einen Zustand versetzen τὸ στράτευμα ὡς Inf. so daſs 7, 5, 19; anstiften ἀνθρώπους 1, 7, 8; Acc. c. Inf. ἐὰν δέ μοι φιλικῶς αὐτὴν ἔχειν παρασκευάσῃς dafür sorgat, daſs 6, 1, 8; Med. für sich bereiten, sich anschicken, — vorbereiten πρός, εἰς ναυμαχίαν 6, 2, 27 εἰς ἔξοδον 5, 4, 36; πρὸς τὸ ναυτικόν Seekrieg 2, 1, 12; ὡς εἰς μάχην, ὡς ἐπὶ ναυμαχίαν wie zur Schlacht, als ginge es zur Schlacht 1, 1, 16 in der Voraussetzung einer S.; mit Inf. sich anschicken 3, 1, 10 und 3, 1, 17; παρεσκευάζετο πορευσόμενος 4, 1, 41 er schickte sich zum Abmarsch an; 1, 6, 3 παρεσκευάζετο ὡς ἀπαντησόμενος u. 3, 2, 17; 4, 2, 18 παρασκευάζεσθαι ὡς μάχης ἐσομένης sich in Bereitschaft halten zu der voraussichtlich bevorstehendenSchlacht; 4, 6, 7 τὸ στρατόπεδον περὶ δεῖπνον παρασκευαζόμενον beschäftigt mit der Zubereitung; Paſs. τὰ παρεσκευασμένα Vorbereitungen 3, 4, 23; παρεσκευασμένους ἵππους in Bereitschaft stehend 6, 4, 32; Pf. Med. 6, 2, 34

σν- zusammenpacken (vasa colligere), beschaffen χρήματα Med. sich rüsten, sich reisefertig machen, sich an- schicken ὡς εἰς στρατείαν 3, 4, 11; εἰς τὸ ἀπιέναι 5, 2, 28 gerüstet zum; ὡς ἀκολουθήσοντες 4, 2, 4; 6, 4, 25 παρήγγειλα πάντας συνεσκευάσθαι sollten alle das Gepäck fertig halten; συσσίτια ἑαυτῶν gemeinsame Mahlzeiten unter sich herrichten 5, 3, 17

σκεῦος τό Gerät, Gerätschaft, Ladung, Pl. Habseligkeiten 4, 3, 22; Gepäck 5, 4, 17

σκευο-φόρος 2 lasttragend ὑποζύγια 4, 1, 24; ὁ σκ. 2, 4, 3 Packknecht, Troſsbube; τὰ σκ. Last-, Pack- und Zugvieh im Gefolge des Kriegsheeres, Troſs, impedimenta; ὁ ἄρχων τῶν σκευοφόρων Führer des Trosses 3, 4, 22

σκέψις ἡ das Betrachten, Untersuchung, 7, 1, 2 νῦν σκέψις ἐστὶ περί τινος jetzt handelt es sich um

σκηνάω σκηνέω (σκηνόω) in ein Zelt sein, da zubringen, schlafen, essen, κατὰ ναῦν 5, 1, 20, (σκηνοῦντας) schmausen 7, 4, 36; lagern 4, 7 (σκηνοῦντος); 5, 4, 56 wohnen διά- sich in Zelte verteilen; 4, 18 vom Mahle aufstehen (vgl. Kyr. 3, 1, 38)
κατα- ein Lager aufschlagen 4, 5, sich lagern, -εσκήνησαν εἰς τὸ στρ τόπεδον 4, 2, 23 ins Lager gehen 5, 2 -σκηνήσας ἐν τῷ ἱερῷ
συ- -zusammen in einem Zelte si befinden 3, 2, 8; zusammen speise 5, 3, 20; zusammen wohnen 7, 1, 2

σκηνή ἡ Zelt, Hütte 4, 8, 30; 1, 1, 2
σκήνημα τό —, σκηνή; Pl. Laubgäng 5, 3, 19

σκηνο-φύλαξ ακος ὁ Zeltwächte 3, 2, 5

σκήνωμα τό Zelt, Behausung 7, 4, 3:

σκιά ἡ Schatten. σκιὰν παρέχειν 7, 1 88 (πλάτανος)

σκιερός 2 schattig

σκοπέω schauen, ausspähen τοὺς ἐπιτηδείους 1, 4, 18; ὅπως darauf sehen daſs 1, 5, 9; πῇ Opt. 4, 31; πότερον .. ἤ 5, 2, 32; ὅπως Ind. Fut. 7 1, 2 ins Auge fassen, erwägen, Med 6, 2, 29 ausspähen ἀπὸ τῶν ἱστῶν; 6, 5, 23 für συνειδόμενοι liest Groſser σκοπούμενοι erwägend
ἐπι- untersuchen, Untersuchung anstellen ὁποῖοι 5, 2, 8

σκοπός ὁ Spüher, Kundschafter 5, 1, 27

σκοταῖος 2 finster, dunkel 4, 5, 18

σκότος ὁ u. τό Dunkelheit, ἐν σκότῳ; σκότους γενομένου 4, 1, 22

σκυθρωπός 2 finster blickend, mürrisch 4, 5, 7

σκυλεύω (spoliare) den getöteten Feind der Rüstung berauben τοὺς χιτῶνας οὐδενός 2, 4, 19

σκυτάλη ἡ (Lederstab) Stab, (bei den Laked.) geheimes Schreiben 3, 3, 8 (auf einem um einen Stab gewickelten Riemen, welches nur derjenige lesen konnte, der den Riemen um einen aus Sparta mitgenommenen Stab von gleicher Dicke wickelte)

σκυτο-τόμος ὁ Sattler 3, 4, 17

ἐπι-σκώπτω verspotten ὡς 4, 4, 17

σός σή σόν dein 4, 1, 36

σοφός 3 weise; 5, 2, 7, Komp.

σπανίζω Mangel leiden Gen. 7, 2, 1 τῶν ἐπιτηδείων; Pass. entbehren πάντων 7, 2, 16 Gen.

σπάνιος 3 selten, knapp; 6, 5, 50 ἐπι-
τήδεια σπανιώτερα
σπάνις εως ἡ Mangel σίτου 2, 2, 24;
5, 4, 55·
σπανοσιτία ἡ Mangel an Fourage
4, 8, 7
σπάω ziehen; Med. σπασάμενοι τὰ ξίφη
4, 4, 3
ἀνα- heraufziehen, wegziehen, entfer-
nen 4, 4, 6
ἀπο- abziehen, zum Abzuge zwingen
1, 3, 17 τὸ στρατόπεδον ἀπὸ τοῦ Βυ-
ζαντίου zum Abzuge zwingen
δια- niederreifsen, auseinanderreifsen,
trennen 4, 2, 18
ἐπι- anziehen 6, 4, 36 τὴν θύραν
παρα- beiseite ziehen; Med. auf s.
Seite ziehen; 4, 8, 33 τινά τινος einen
von jdm. abspenstig machen
συ-σπειράω (zusammenwinden); Pass.
-εσπειράθησαν sich dicht aneinander
schliefsen, tiefe, dichtgeschlossene
Kolonnen bilden 2, 4, 11; 4, 3, 18;
5, 2, 41
σπειρίον τό Sommerkleid 4, 5, 4 leich-
tes Kleid
σπείρω zerstreuen, ἐσπαρμένοι εἰς ἁρ-
παγὴν 3, 4, 22; ἐσπαρμένους κατὰ τὴν
χώραν 6, 2, 17; säen 4, 6, 13
δια- aussprengen λόγον ὡς Gen. Part.
5, 1, 25; Pass. sich zerstreuen
σπένδω ein Trankopfer bringen, σπεί-
σαντες ὡς ἐπ' εὐτυχίᾳ für glücklichen
Erfolg 7, 2, 23; Med. Vertrag schlie-
fsen 6, 3, 23; 3, 4, 5; τινί 2, 2, 19; 5,
3, 24 vertragsmäfsig Geleite sichern
σπέρμα τό Same 6, 3, 6
σπεύδω eilen, sich beeilen; m. Inf.
ἔσπευδεν ἐγκρατὴς γενέσθαι 3, 1, 17
u. 4, 8, 30; trans. 6, 5, 20 beschleu-
nigen τὴν ἄφοδον; 4, 8, 1 σπεύδων
ἐβοήθει eiligst; ἐπορεύετο σπεύδων
5, 2, 38; σπεύδετε εἰς τὴν σωτηρίαν
4, 8, 38
ἐπι- antreiben 5, 1, 33
σπονδή ἡ Trankopfer Pl. 4, 7, 4 σπον-
δᾶν μετὰ τὸ δεῖπνον γενομένων; Ver-
tragsentwurf Pl. 2, 4, 36; Vertrag,
Waffenstillstand, Friede, Gottesfriede
4, 7, 2; σπονδὰς εἵλετο wählte, ent-
schied sich für 3, 2, 1; 3, 2, 9; δεχο-
μένῳ annehmen, darauf eingehen 4,
7, 2; ἔχειν haben 3, 2, 9; ποιεῖσθαί
τινι 8, 2, 20; ἐπιμένω ταῖς σπ. 3, 4, 6
halten den V.; ἐμπεδώσειν τὰς σπ.
3, 4, 6; 3, 5, 3 λύειν τὰς σπ. πρὸς τοὺς
συμμάχους brechen; λαβεῖν erhalten

6, 4, 24; 4, 1, 29 σπονδὰς λαβὼν (καὶ
δεξιάν) Urkunde über einen Vertrag
erhalten; und ἔχειν 2, 4, 36 Vertrags-
entwurf; εἰς τὰς σπονδὰς εἰσελθεῖν
dem Frieden beitreten 5, 1, 33; 5, 2,
2 ἐξεληλυθέναι ablaufen; σπ. γενόμε-
ναι geschlossene; ἐν ταῖς σπονδαῖς
während des Waffenstillstandes; ἐν
ταῖς σπονδαῖς εἶναι mit inbegriffen
sein in den Vertrag 6, 3, 19
σπόρητός ὁ das Säen, die Aussaat,
Saatzeit 4, 6, 13
σπόριμος 2 zu besäen, ἡ σπ. (scil.
χώρα) Ackerland 3, 2, 10
σπουδάζω sich beeilen; eifrig betrei-
ben 6, 3, 11 ἐσπουδάσατε αὐτονόμους
τὰς πόλεις γενέσθαι
σπουδαῖος 3 emsig, eifrig, ernsthaft,
ernst, wacker 2, 3, 19; 3, 1, 9; 1, 4,
12 ἔργον
σπουδή ἡ Eifer, σπουδῇ 4, 5, 8 mit
Eifer, eiligst, πολλῇ σπουδῇ 5, 2, 42
mit grofser Hast; διὰ σπουδῆς in
Hast 6, 2, 28
στάδιον τό Pl. στάδια u. στάδιοι, das
Stadion (das seit der Feier der olymp.
Spiele angenommene Längenmafs der
Griechen = 600 griech. Fufs = 125
Schritten = 184 m; 40 Stad. = 1
deutschen Meile. 1 Stad. = 3 Minuten).
2) die Rennbahn 1, 2, 1; 2, 3, 1 τὸ
στάδιον νικᾶν darin siegen
ἐπί-σταμαι wissen; εὖ; ὅτι 3, 5, 10;
Inf. verstehen 3, 4, 9
συν- Mitwisser sein τὴν ἐπανάστασιν
5, 4, 19
στασιάζω in Aufruhr, Zwiespalt sein
4, 8, 26 στασιάζοντας Μήδοκόν τε καὶ
Σεύθην 7, 3, 4 τῶν βελτίστων καὶ τοῦ
δήμου, sich auflehnen πρός τινα 1, 1,
28; 1, 5, 9 αὐτοὶ ἐν αὐτοῖς στασιάζον-
τες selbst unter einander in Zwiespalt
sein; absol. 5, 2, 25
κατα- durch Parteiumtriebe zu stür-
zen suchen 1, 6, 4 Pass.
στάσις εως ἡ Aufstand, Empörung,
γενομένης 1, 1, 32
προ-στατεύω Vorsteher, Leiter sein
3, 3, 6
στατήρ ῆρος ὁ eine Münze = 2 Drach-
men 5, 2, 22
ἀπο-σταυρόω verpallisadieren, ver-
schanzen 5, 4, 38, absol. 7, 4, 32, ein
deckendes Pfahlwerk errichten
περι- Med. mit Spitzpfählen rings
versehen; 3, 2, 2 sich verschanzen

σταύρωμα τό mit Spitzpfählen umgebener Ort, Verschanzung 4, 4, 11

στέλλω stellen, ausrüsten, verkleiden τρεῖς στείλας ὡς δεσποίνας 5, 4, 5 ἀπο- absenden, abschicken 2, 3, 5 πλοῖα εἰς Αἴγιναν 5, 1, 23 ἐπι auftragen, schriftlich (ἐπιστολή) 1, 5, 3, Dat. c. Inf. 3, 1, 1; 3, 2, 6; 3, 4, 11 συν-απο- in Gemeinschaft mit jdm. absenden 5, 2, 37

στενοπορία ἡ enge Weg, Engpafs 3, 5, 20

στενό-πορον τό Engpafs 4, 6, 9 στενός 3 eng, schmal, τὸ στενόν Engpafs 6, 4, 8

στερέω berauben τινά τινος, αὐτὸν ἐστέρησαν τῆς πατρίδος 1, 4, 14 verbannen, στερηθεῖν 4, 8, 15 ἀπο- berauben τινά τινος 2, 3, 49; 2, 4, 13 Impf.; Fut. 1, 7, 28; 4, 1, 41 seltener Gen. der Pers. βασιλέως ἀποστερήσειν dem Könige entziehen; Pass. -εστερεῖτο 4, 2, 3 ἐλπίδων

στέρομαι beraubt sein 2, 2, 9 Gen.

στέφανος ὁ Kranz χρυσοῖ 4, 2, 7

στεφανόω bekränzen, Med. sich (se) — 4, 3, 21 τῷ θεῷ

στῆθος τό Brust, brustförmig gerundeter Hügel s. Γραὸς στ.

στιβάς άδος, ἡ Streu, Stroh, Strohlager 7, 1, 16; 7, 2, 22 στιβάδα ποιεῖσθαι

στιγματίας ov ὁ gebrandmarkter Verbrecher 5, 3, 24

στοά ἡ Säulenhalle, Säulengang 5, 2, 29

στολή ἡ Kleid, Anzug 4, 1, 30 ἔχων στολὴν πολλοῦ χρυσοῦ ἀξίαν

στόλος ὁ ' Rüstung, Unternehmung, Zug, Fahrt εἰς Ἔφεσον στόλον ποιεῖσθαι 3, 4, 4 einen Feldzug, Kriegszug unternehmen; der Zug, Begleitung, Gefolge; 3, 1, 10 ἀναζεύξασα στόλον zu einer Fahrt mit grofsem Gefolge anspannen lassen; die zu einer Expedition ausgerüstete Flotte στόλον (νεῶν) παρασκευάζεσθαι 3, 4, 1

στόμα τό Mündung, Eingang eines Hafens 1, 5, 15, Flusses 6, 2, 31, Front eines Heeres 3, 1, 23; οἱ ἀπὸ τοῦ στόματος der Vortrab (Attraktion des Verbums) 4, 3, 4

στρατεία ἡ Feldzug ποιεῖσθαι εἰς τὴν Ἦλιν 7, 4, 19; 7, 1, 13; παραγγέλλειν τινὶ κατὰ γῆν στρατείαν jdn. zum Feldzuge aufbieten

στράτευμα τό Heer πάμπολυ 5, 4, 21;

πλεῖον στράτευμα; σὺν πολλῷ στρ ὀλίγω στρ.

στρατεύσιμος 2 zum Kriegsdien tauglich, ἡλικία 6, 5, 12

στρατεύω Akt. Feldzug unternehme (Kriegsdienste thun) 7, 4, 34; ἐπί τι gegen jdn. 2, 1, 13; εἰς Σικελίαν 5, 21; Med. εἰς τὴν Ἀσίαν 3, 4, 2; ἐναντία τινί 6, 1, 5; ἐπὶ Καρίαν 3, 11; εἰς τοὺς Φωκέας 6, 4, 17; πρ τὴν πόλιν 5, 3, 3; μετά τινος ἐπὶ τοι Ἀκαρνᾶνας in Verbindung mit jdn gegen — 4, 6, 3; κατὰ τὰ πεδία 3, 15; ἔξω αὐfser Landes 5, 4, 13; Krieg dienste thun 3, 4, 15 ἀντ-επι- auch seinerseits zu Feld ziehen 4, 8, 33 ἐκ- ausrücken ἐπί τινα Feldzug unte nehmen 7, 1, 41; 7, 5, 9 Pf. Med. ἐπι- zu Felde ziehen ἐπὶ τὴν Ἄβυδο 4, 8, 33; 7, 2, 2 αὐτοῖς; 7, 4, 20 gege jdn. τοῖς Ἀρκάσι συ- zusammen einen Feldzug unte nehmen 4, 5, 5; ἐπί τινα 3, 5, 16 Med. 3, 4, 11; Med. 4, 6, 2 und τι mit jdm. 3, 1, 13

στρατηγέω Heerführer sein, befehlige τῶν ὁπλιτῶν 4, 5, 13 (ἄλλο τι) καλῶ ἐστρατήγησε 6, 5, 41 Tüchtiges al solcher leisten

στρατηγία ἡ Amtsführung als Feld herr, Oberleitung im Kriege 3, 2, 1 παύσαντες τῆς στρατηγίας 6, 2, 13 ab setzen

στρατηγός ὁ Befehlshaber, Heerfüh rer 1, 4, 21 (In Athen die oberst Militärbehörde, deren Mitglieder, 1 an der Zahl, aus den athen. Bürger nach den Phylen gewählt wurden Diese hatten ursprünglich alle di Bestimmung, ins Feld zu ziehen und abwechselnd Tag um Tag den Oberbefehl zu führen, während später oft nur zwei oder drei in den Krieg zogen und öfters sogar aufserordentliche Str. den Oberbefehl führten; auch die Flotte wurde von St. befehligt); στρατηγὸς κατέστη 6, 2, 14

στρατιά ἡ das (im Marsche befindliche) Heer, Kriegsheer; πεζὴ στρατιά Landtruppen; 5, 2, 20 στρατιὰν ποιεῖ (ungewöhnlicher Ausdruck) ein Heer aufbringen; 5, 2, 37 στρατιὰν συναποστέλλειν aussenden (in Gemeinschaft mit jdm.); 7, 4, 21 ἐκπέμπειν στρατιάν, στρατιὰν ἐκλείπειν 5, 2, 22 Gestellung beim Heere unterlassen;

ἄγειν τὴν στρατιάν 5, 4, 35; στρατιὰν
ἐξάγειν ἐπί τινα 3, 5, 5 einen Feldzug
unternehmen gegen —; 4, 4, 14 στρα-
τιαὶ διεπέπαντο (Bürger)heere wur-
den aufgelöst
στρατιώτης ου ὁ Soldat 1, 2, 15
στρατιῶτις ιδος ἡ Schiff zum Trans-
port von Soldaten 1, 1, 36
στρατοπεδεία ἡ das Lager oder die
Stellung, welche ein Heer genommen
hat 4, 1, 24
στρατοπέδευσις εως ἡ das Lagern;
4, 1, 25 Stellung des Heeres
στρατοπεδεύω u. Med. ein Lager
aufschlagen; 2, 2, 8 Akt.; 4, 4, 17
Sauppe ἐστρατεύοντο st. ἐστρατοπε-
δεύοντο
ἀντι- Med. sich gegenüber lagern
7, 4, 13
κατα- Akt. 6, 2, 7 ein Lager beziehen
lassen, ναυτικὸν εἰς τἀπὶ θάτερα τῆς
πόλεως Platz anweisen 6, 2, 7; Med.
ein L. aufschlagen 7, 5, 15; 4, 1, 41;
τῷ πεζῷ ἐπὶ λόφῳ 6, 2, 7
περι- Med. -umlagern, einschliefsen
(Stadt) -στρατοπεδευσάμενος ἐπολιόρ-
κει 3, 1, 7; 3, 2, 11; Pass. -εστρατο-
πεδευμένοι πολιορκοῖντο 4, 7, 1
στρατόπεδον τό Lager ποιεῖσθαι 7,
5, 8, das gelagerte Heer 1, 3, 17;
ἀποσπᾶν τὸ στρ. ἀπὸ τοῦ Βυζαντίου
zum Abzuge zwingen 1, 3, 17; τὰ στρ.
διαλύειν 6, 3, 18
στρέφω wenden, absol. 3, 4, 15 kehrt
machen στρέψας; 4, 4, 11 στραφέντες
δρόμῳ πάλιν ἐξέπιπτον
ἀνα- umkehren, intr. kehrt machen
4, 5, 15: 4, 3, 7; einschwenken 6, 2,
21; Med. 6, 2, 20 (mit der Flucht
einhalten und) umkehren; sich auf-
halten, (abgeschwächte Bed.) sein,
versari ἐν τῇ Ἑλλάδι 6, 3, 17; 7, 3,
2; ἐν τῷ φανερῷ ἀναστρέφεσθαι
öffentlich herumgehen 6, 4, 16
ἀπο- abwenden, umkehren heifsen
5, 2, 29; 3, 4, 12 τἀναντία ἀποστρέ-
ψας sich nach der entgegengesetz-
ten Richtung wenden; Pass. kehrt
machen 6, 2, 23; Pass. 4, 8, 4 -εστρά-
φησαν ἡμῶν sich abwenden von —;
umkehren 7, 2, 3
ἐπ-ανα- 6, 2, 21 die Schwenkung
weiter ausführen
ἐπι- hinwenden, umwenden, zum Um-
kehren nötigen 6, 4, 9; Schwenkung
machen lassen, intr. kehrt machen
4, 5, 16

κατα- Med. unterjochen 3, 4, 12 πό-
λεις, unterwerfen 6, 2, 33 πόλεις
μετα- umwenden, Med. Pass. sich
wenden zu — στραφεὶς πρός τινα
ὑπο- umkehren, intr. umkehren 4, 3,
22; kehrt machen 4, 5, 3; 8, 5, 20:
Pass. kehrt machen -στραφέντες
ἐδίωξαν αὐτούς 5, 4, 54
συ- zusammendrehen, Pass. sich ge-
drängt zusammenschliefsen 6, 4, 12
στρογγύλος 3 gewunden, rund, bau-
chig στρ. πλοῖα Kauffahrteischiffe 5,
1, 21 (Gegensatz ναῦς μακρά)
στύραξ ὁ Lanzenschaft 6, 2, 19
σύ Pron. der zweiten Person = du
σύγε verstärktes σύ
συγγένεια ἡ Verwandtschaft (bes.
Stammverwandtschaft) 2, 4, 21, Bluts-
verwandtschaft
συγγενής ἐς stammverwandt, ver-
wandt
συγγνώμη ἡ Verzeihung, ἔχειν τινί
V. gewähren 5, 4, 30; σ. ἔσχον αὐτῷ
6, 2, 13; συγγνώμης τυχεῖν παρά τινος
V. finden bei jdm. 5, 4, 31
συγγραφεύς εως ὁ Geschichtschrei-
ber 7, 2, 1
συγκομιδή ἡ Zusammentragen, Ernte
7, 5, 14 σίτου
συγ-χορευτής οῦ ὁ Mittänzer in den
Chören 2, 4, 20
συκο-φάντης ου ὁ gewerbsmäfsiger
Verleumder u. Ankläger 2, 3, 22
συκοφαντία ἡ falsche Anklage, An-
geberei, Verleumdung 3, 3, 12
σύλλογος ὁ Zusammenkunft, Bundes-
rat 7, 1, 39
σύμ-βασις εως ἡ Vergleich ἐγένετο
7, 4, 11
συμβολή ἡ Zusammentreffen, (von
Wegen) 7, 1, 29, (feindlicher) Zusam-.
menstofs von Heeren 4, 2, 21; 7, 5,
24 ποιεῖσθαι; ἐγένετο 7, 5, 25
σύμ-βουλος ὁ Ratgeber, παρακαλεῖν
zuziehen τινά 3, 1, 13
συμμαχέω verbündet sein, beistehen
τινί; 5, 2, 23 das Bundesverhältnis
fortsetzen
συμμαχία ἡ Bündnis ποιεῖσθαι πρός
τινα 3, 2, 21; 5, 2, 34; συμμαχίαν
ὀμνύναι 7, 4, 10; 6, 1, 13 συμμαχίαν
πέμπειν Hülfstruppen, Bundeshülfe
4, 8, 24; συμμαχία ἐπεραίνετο trat in
Kraft 7, 4, 3
συμμαχικός 3 zum Bündnisse gehö-
rig; τὸ σ. διαφθείρειν die Bestimmun-
gen des Bundesvertrages 7, 1, 39

συμμαχίς ίδος Fem. zu σύμμαχος, 1,
6, 29 ναῦς; (7, 3, 11 Diod. συμμάχων)
σύμ-μαχος 2 verbündet Gen. 2, 1, 18;
ὁ σ. Bundesgenosse; συνάγειν συμμά-
χους versammeln 3, 4, 2; τοὺς θεοὺς
συμμάχους ποιεῖν 3, 4, 11
συμμορία ἡ 1, 7, 30 eine Flottenab-
teilung unter besonderem Befehl eines
Strategen, Geschwaderabteilung
σύμπας σύμπασα σύμπαν allesamt,
alle οἱ σύμπαντες Λακεδαιμόνιοι im
ganzen 6, 4, 15
συμφοιτητής οῦ ὁ Mitschüler 2, 4, 20
συμφορά ἡ Mißgeschick, προσπίπτει
zustößt 5, 5, 2; Pl. 4, 8, 4
συμφορεύς έως ὁ Begleiter, Adjutant
des Polemarchen 6, 4, 14
σύμφορος 2 angemessen, zuträglich,
vorteilhaft; τὸ σ. Nutzen 6, 3, 14; 6,
5, 39 ' συμφορώτερον; συμφορώτατα
4, 2, 10
συμ-φυγάς άδος ὁ Mitverbannter, Ver-
bannungsgenosse 1, 2, 13
σύν Präpos. — mit (von Verbindung,
Begleitung, Übereinstimmung (vgl.
μετά) τοὺς βελτίστους σὺν τῷ πλήθει
ἐξέβαλον 7, 1, 43 (im Bunde mit der
Volkspartei); σὺν τοῖς θεοῖς 1, 6, 11';
σὺν ναυσὶν προσπλεῖ mit noch — 2, 2,
7; σὺν τῇ τῶν Λακεδ. γνώμῃ in Über-
einstimmung mit 2, 3, 25; σύν τινι
εἶναι 3, 1, 18 gemeinschaftl. Sache
machen mit —
συν-αλλαγή ἡ Aussöhnung, Vergleich
6, 5, 8
συν-άρχων οντος ὁ ·Mitbefehlshaber
7, 1, 46; 1, 7, 17
συν-ασπιδόω s. unter α
σύνεγγυς Adv. ganz nahe 6, 5, 17
συν-έδριον τό Versammlung zum
· Zweck der Besprechung, Sitzungssaal
2, 4, 23
συν-εχής ές zusammenhängend, Adv.
-χῶς ununterbrochen 4, 6,.5; unab-
lässig 7, 1, 33
συνθήκη ἡ Vertrag, Vertragspflicht,
Abmachung, οὕτως ἔχουσα so lautend;
συνθήκας ποιεῖσθαι 7, 1, 2 Vertrag
eingehen, mit Inf. 5, 3, 26; οὐκ εἶναι
ἐν ταῖς συνθήκαις es stehe nicht in
den Verträgen 7, 5, 4
σύνθημα τό Verabredung 2, 1, 2; 5, 4, 6
σύν-οδος ἡ Zusammenkunft, Bespre-
chung διέλυσε brach ab 4, 1, 39
συν-ουσία ἡ Umgang 5, 3, 20
σύνταγμα τό Zusammengestellte, Kon-
tingent τὸ σ. τῶν συμμάχων 3, 4, 2;

τὸ εἰς μυρίους σύνταγμα das zur
bringung eines Gesamtheeres
1000 Mann zu stellende Konting
5, 2, 20
σύνταξις εως ἡ Aufstellung, Schla
ordnung, Kontingent 5, 2, 37
σύνταγμα
σύν-τομος 2 kurz, τὴν συντομωτά
auf dem kürzesten Wege 3, 4, 20
2, 13 τὴν σύντομον (ὁδόν) ἀφικέσθ
Adv. συντόμως in kurzer Zeit 3, 4
συ-σκηνία ἡ das Zusammenwohn
und Speisen in einem Zelte 5, 3,
συσσίτιον τό gemeinschaftl. Mahl
(5, 3, 17 κατασκευάζειν) wie in Spar
So speisten die Ephoren gemeinsch
lich in dem ἀρχεῖον. Im Pl. bezei
net es wie φιδίτια die spartanisch
öffentlichen Mahlzeiten, an welch
(je 15 durch Kugelung gewähl
alle über 20 Jahre alten Männer t
nahmen, und wozu sie beisteue
mußten. Diese Tischgenossensch
ten wurden auch der Heeresabteilu
zu Grunde gelegt   ·
συ-στρατεία ἡ Teilnahme am Feld
zuge 3, 1, 6
συστρατιώτης ου ὁ Kriegskamerad
Mitstreiter
συχνός 3 zahlreich ἀπέκτειναν συ-
χνοὺς αὐτῶν 4, 2, 22; συχνοὺς τῶ
σκευοφόρων 2, 4, 3; 5, 5, 39 Gen.
σφαγεύς έως ὁ Mörder 3, 2, 28; 4, 5, 5
σφαγή ἡ Schlachten, Blutbad, σφαγάς
ποιεῖν γνωρίμων 2, 2, 6; 3, 2, 27;
ποιεῖσθαι 4, 4, 2 anrichten
σφαγιάζομαι opfern lassen, Opfer-
zeichen befragen 4, 2, 20; 3, 4, 23
σφαλερός 3 betrüglich, unsicher 2, 1, 3
σφάλλω zum Fehlen —, ins Unglück
bringen; Pass. 4, 1, 17 Schaden, Nie-
derlage erleiden 7, 1, 9; 7, 2, 2 σφα-
λέντων αὐτῶν ἐν τῇ ἐν Λεύκτροις μάχη;
σφαλεῖσαν μόραν ἔχων mit den Trüm-
mern der μ. 4, 5, 18
σφάττω schlachten, niederhauen, 4, 4, 3
ἀπο- niederhauen 2, 1, 32
σφεῖς s. οὔ; σφίσι 6, 5, 35; für αὐτοῖς
1, 7, 5; 2, 8, 13; σφῶν 5, 2, 2; σφεῖς
5, 2, 8
σφενδονάω mit der Schleuder werfen
4, 6, 7
σφενδονήτης ου ὁ Schleuderer 4, 2, 16
σφετερίζω Med. sich widerrechtlich
anmaßen, — zueignen 5, 1, 36 Κό-
ρινθον
σφέτερος 3 possessives Adj. der drit-

ten Person, — ihrig, ihr eigen, 6, 5,
2; τὰ σφέτερα ihr Eigentum 5, 3, 12
ⁱσφήξ κός ὁ Wespe 4, 2, 12 ἐξαιρεῖν
vertilgen
ⁱσφόδρα Adv. sehr οὕτω σφόδρα 1, 7, 26
ⁱσφοδρότης τητος ἡ Schnelligkeit, Hef-
tigkeit, Ungestüm 7, 2, 23 τῆς ἐφόδου
ⁱσφραγίς ἴδος, ἡ Siegel 7, 1, 39
ⁱσφράγισμα τό Siegel 1, 4, 3
ⁱσφυρόν τό Knöchel am Fufs 5, 4, 58
ⁱσχάζω ritzen, φλέβα zur Ader lassen
5, 4, 48
ⁱσχεδόν Adv. fast, beinahe 4, 1, 41,
σχεδόν τι so ziemlich 4, 2, 14; σχεδὸν
πάντες fast alle; σχεδὸν περὶ τοῦτον
τὸν χρόνον 6, 1, 2
ⁱσχολάζω Mufse haben, nicht mehr
mit etwas beschäftigt sein (7, 4, 28
ἀπὸ τοῦ Κρώμνου), in Anspruch genom-
men werden
ⁱσχολαῖος 3 langsam, ὡς σχολαίτατα
6, 3, 6
σχολή ἡ Mufse, ἔχειν 3, 4, 7
ⁱσῴζω retten, bewahren 3, 1, 15, wie-
derherstellen σῶσαι τὴν προτέραν τῆς
πόλεως δύναμιν 1, 4, 20; Med. in
Sicherheit haben 4, 5, 1; Pass. sich
retten, glücklich hingelangen (εἰς),
glücklich entkommen σωθῇ οἴκαδε
incolumem redire 1, 6, 7
ἀνα- wieder in s. alten Zustand ver-
setzen, 4, 8, 28 εἰς τὰς πατρίδας —
σωθῆναι aus dem Exil wieder in
seine alten Rechte eingesetzt werden;
Med. wieder erhalten τὴν πατρῴαν
δόξαν 7, 5, 16

ἀπο- glücklich in Sicherheit bringen
7, 2, 19; Pass. sich retten
δια- retten, schützen 4, 2, 5, bewah-
ren πίστιν τοῖς φίλοις 7, 2, 17; 6, 5,
47; φίλην (τὴν πόλιν) τινί 4, 8, 3
im Bunde erhalten mit jdm.
περι- retten, am Leben erhalten; 2,
3, 41; τινά in der Schlacht, -σωθέν
4, 8, 21; -σώζειν πόλιν . 6, 5, 47;
ἵνα αὐτὸς περισωθείη frei ausginge
2, 8, 32
σῶμα τό Körper, Leib, Leben 1, 1,
24; Pl. auch Menschen, 2, 1, 19 σ.
ἐλεύθερα; οἱ τοῖς σώμασιν ἀδυνα-
τώτατοι 6, 4, 11 die körperlich am
schwächsten, ἄριστα σωμάτων ἔχειν
die gröfste körperliche Gewandtheit
zeigen 3, 4, 16
σωμ-ασκέω körperliche Übungen an-
stellen 6, 1, 5
σωρός ὁ Haufe 4, 4, 12 σίτου, νεκρῶν
σῶος 3 heil, unversehrt 1, 1, 24 σώ-
ματα; 7, 4, 4 σῶα (Dind. σῶς)
σῶς σῶν (Dind.) — σῷος; Neutr. Pl.
σᾶ 1, 1, 24
σωτήρ ῆρος ὁ Retter 3, 3, 4
σωτηρία ἡ Rettung οὐδεμίαν σωτη-
ρίαν τοῦ μὴ παθεῖν 2, 2, 10
σωφρονέω besonnen, klug sein 2,
3, 34
σωφρονίζω zur Vernunft bringen,
züchtigen 3, 2, 23
σώ-φρων ονος besonnen, verständig,
Adv. μάλα σωφρόνως allzu bedächtig
4, 3, 6

T

ταγεία ἡ Amt eines ταγός (Bundes-
fürsten) 6, 4, 34
ταγεύω ταγός sein, beherrschen, Pass.
von einem ταγός beherrscht werden
6, 1, 8
ταγός ὁ thessalischer Bundesfürst 6,
1, 8; 6, 2, 10 Dind. στρατηγόν
ταινιόω mit einer Kopfbinde schmük-
ken 5, 1, 3
τάλαντον τό Talent (= 60 Minen.
1 Mine — 100 Drachmen à 75 Pf.)
1 Talent — 4715 Mark 25 Pf.
ταμίας ου ὁ Verwalter 3, 1, 27
ταμιεῖον τό Schatzkammer, Vorrats-
kammer 5, 4, 6
ταξί-αρχος ὁ Taxiarch, bei den La-

ked. Führer einer τάξις (— 2 λόχοι)
3, 1, 28 (Absteckung des Lagers, An-
ordnung der Märsche, Besorgung des
Proviants). Bei den Athenern die
unter dem Oberkommando der Stra-
tegen stehenden Anführer der 10 aus
den 10 Phylen gebildeten Abteilun-
gen der Hopliten, während die Funk-
tionen der Strategen als höchster
Staatsbeamten im Kriege und im
Frieden allgemeinerer Art waren 1,
6, 29; 4, 2, 19
τάξις εως ἡ Ordnung, 1, 1, 28 beob-
achten; ἐν τάξει in Reih u. Glied 5,
4, 43, in guter Ordnung 5, 2, 41; εἰς
τάξεις δραμεῖν in Reih u. Glied eilen

6. 5, 17; 6, 5, 30 πρὸ τάξεων Glied,
Schlachtreihe; κατὰ τάξεις 6, 5, 30
Abteilung, Kompagnie, Bataillon
ταπεινός 3 niedrig, niedergeschlagen
2, 4, 23; 6, 4, 16
ταπεινότης ητος, ἡ Niedergeschlagen-
heit 3, 5, 21
ταπεινόω demütigen 5, 3, 27
ταράττω verwirren 2, 4, 24 beunru·
higen 2, 4, 42
συν- in Verwirrung bringen τῶν πο-
λιτειῶν συντεταραγμένων 3, 4, 7
ταραχή ἡ Unruhe, Verwirrung 5, 2, 35
τάττω ordnen, (in Reih und Glied)
aufstellen 7, 5, 21 στράτευμα; 1, 6, 29
οἱ Σάμιοι ἐπὶ μιᾶς τεταγμένοι; οἱ
μετὰ τῶν λοχαγῶν τεταγμένοι die
Untergebenen 5, 2, 30; 7, 1, 24 ἄρχον-
τας ἔταττον aufstellen, bestellen; 3,
4, 20 ἄλλον ἔταξεν ἐπὶ τοὺς ἱππεῖς
als Befehlshaber setzen über —;
ταχτὸν ἀργύριον festgesetzt 6, 2, 36;
1, 5, 4 τάξαι τῷ ναύτῃ δραχμὴν fest-
setzen; τεταγμένη θυσία regelmäfsiges
Opfer 3, 3, 4; 4, 1, 37 ἐμὲ ὑπήκοον
ἐκείνου τάττῃ unterordnen; ταχθείς
ἀνελέσθαι beordert, mit Auftrag ver-
sehen 2, 3, 32; πρὸς τούτους 1, 7, 34;
πρὸς τὴν ἀναίρεσιν ταχθέντας 1, 7, 31
ἀντι- entgegenstellen (in Reih und
Glied) 4, 3, 14 Pass.; auch Med. ent-
gegenstellen 6, 4, 9; entgegentreten
πρός τινα 1, 2, 18; 6, 4, 3; 3, 1, 6
ἀντι-παρα- Med. sich gegenüber in
Schlachtordnung stellen 3, 4, 22; 4,
3, 12
δια- anordnen, festsetzen, 6, 1, 19, in
Ordnung stellen, aufstellen; Med. in
Zwischenräumen sich aufstellen 7, 1,
20, sich verteilen 7, 5, 10
ἐπι- dazu ordnen, dahinter aufstel-
len 1, 6, 29, auftragen τινί
παρα- neben einander in langer Reihe
ordnen, in Schlachtordnung stellen
τὸ στράτευμα 4, 8, 21; 1, 6, 29; παρὰ
τὸ Λύκειον ἅπαντας 1, 1, 33; 4, 5,
11 παρέταξε φυλάττειν er stellte auf,
um zu bewachen; Med. sich gegen-
über aufstellen 4, 3, 5 ἀλλήλοις; sich
neben einander in langer Schlacht-
reihe aufstellen 2, 4, 34
προ- voranstellen; 2, 4, 15 οἱ προ-
τεταγμένοι die im Vordertreffen
Stehenden; Med. τῆς φάλαγγος προε-
τάξαντο τοὺς ἱππέας 6, 4, 10
προσ- auftragen, übertragen τὴν ἀρ-
χήν τινι 4, 1, 37 und 1, 7, 5; anord-

nen, dafs Acc. c. Inf. 6, 3, 9; προσ
ταχθέν μοι Acc. absolutus ob wd
— 2, 3, 85; τὸ προσταχθέν Befehl
πράττειν 1, 7, 32; 5, 2, 32; ὅτα
7, 4, 4
συμ-παρα- sich mit jdm. in Schlach:
ordnung stellen 3, 5, 22 Med.
συν- in Ordnung stellen, ordnen, vei
einigen 1, 5, 10 τὸ ναυτικὸν συνι
τέταχτο; τὸ στράτευμα 1, 2, 15; συι
ταξάμενος mit schlagfertigem Heer
5, 2, 39; Med. 2, 4, 11 sich in tiefe
Schlachtordnung aufstellen u. 2, ι
34; Pass. 3, 3, 7 οἱ συντεταγμένι
die zum Kriegsdienst Bestimmter
in das Heer Eingereihten u. 6, 4
11; συντεταγμένους ἱππέας wohlge
ordnet 4, 8, 19; 4, 8, 22 συντεταγμέ
νος στρατηγός besonnen
ταύτῃ Adv. auf dieser Stelle, auf dies
Art 7, 1, 19; ταύτῃ γε wenigstens ii
diesem Punkte 5, 2, 7
ταφή ἡ Begräbnis; σεμνοτέρας τυχεῖ;
3, 3, 1; 5, 3, 19
ταφρεύω einen Graben ziehen, mi;
einem Graben umgeben 5, 2, 4
ἀπο- mit einem Wallgraben verschan-
zen 5, 4, 38
τάφρος ἡ Graben, ὀρύττειν 5, 2, 4;
4, 7, 5
τάχα Adv. vielleicht, τάχα—ἄν Opt.
vielleicht wohl 6, 1, 7; 7, 1, 24 ἴσως
τάχα (beide synonym) εὑρήσετε; 7, 4,
34 Ind.
τάχος τό Schnelligkeit, διὰ ταχέων in
aller Schnelligkeit, recht schnell 7, 5, 6;
ὡς τάχους ἕκαστος εἶχε mit möglichster
Sch. 4, 5, 16; ἐν τάχει 5, 1, 13 (Grosser)
ταχύς εῖα ύ schnell; τὴν ταχίστην
auf dém schnellsten Wege 3, 2, 16;
3, 3, 10; ναῦς schnellsegelnd; Adv.
ταχύ, ἐπεὶ δὲ ταχύ 3, 3, 1, ταχέως,
Superl. τάχιστα; ὡς οἷόν τε τάχιστα
so schnell wie möglich 5, 4, 41; ὡς
ἂν δύνωμαι τάχιστα 4, 1, 38
τέ (enkl. lat. que) τέ — τέ um Sätze
zu verbinden, welche in engster Ver-
bindung zu einander sowie auch gleich-
wertig nebeneinander stehen, sowie
auch verwandte Begriffe 4, 8, 22 u.
ähnliche Ausdrücke 5, 1, 14 (ζῆν u.
ἐπιτήδεια ἔχειν); 5, 4, 34 drei zusam-
mengehörige, einander unterstützende
Handlungen verbindend; τέ allein im
zweiten Gliede (1, 1, 15) knüpft sol-
che Sätze an, welche eine nähere
Ausführung des Vorhergehenden, na-

m negat. Satze
ınken enthalten
(τό) τε γάρ mit
καί häufig statt
— καί nicht nur,
Verbindung ein-
— καί 4, 2, 1
taktisch bezeich-
nerseits) nicht —
que — et)
l2
ı erstrecken ἐπί
ίχους 4, 4, 17
ts ebenfalls ent-
31 τὴν δεξιάν
'ass.' sich wohin
ıdehnen 5, 2, 40
wickeln, 7, 5, 22

, intr. sich er-
ı, 4, 7 εἴσοδον εἰς
Λέχαιον τείχη
ν δεξιάν 4, 1, 31
ıs ausdehnen τὸ

ıern eingeschlos-
eingeschlossen,

rrichten, erbauen
: τὸ τεῖχος 6, 5,
ϱeben, befestigen
4, 13; einschlie-
11 (st. περιτει-

ı 4, 4, 8 τὰ τείχη
er, Verschanzung
u. 3, 2, 8 ein-

ϱ bauen 3, 2, 10,
bauen 4, 4, 18
errichten τεῖχος
4, 8, 1 darin an-

Grenzfestung er-
le in das Nach-
hmen) 3, 2, 1 τῇ
riffsschanzen an-
; 7, 2, 20 -τετει-
ϱεμίοις du wirst
haben, von wo
·eifen kannst
ıer umgeben, be-
ıchliefsen αὐτούς;
ıv (im Halbkreis

ϱauen, befestigen
ı, 5

τείχισις ἑως ἡ Errichtung einer Mauer,
Anlegung einer Verschanzung 6, 5, 4
τειχο-μαχέω eine Festung oder Ver-
schanzung angreifen 1, 1, 14
τεῖχος τό Mauer 1, 3, 4, Festung 7,
1, 22 Kastell, 4, 5, 5 τὸ ἐντετειχισμέ-
νον· τεῖχος fester Platz; auch Pl. be-
festigter Ort, Festung
τειχύδριον τό kleiner, fester Platz
2, 1, 28
συν-τεκμαίρομαι aus mehreren Zei-
chen zugleich wahrnehmen, schliefsen,
abschätzen; 7, 1, 15 -τεκμηράμενοι
ἡνίκ' ἂν ᾤοντο κατανύσαι
τεκμήριον τό Beweis 7, 1, 28 τεκμή-
ρια παρέχεσθαι Beweis anführen;
σαφεῖ τούτῳ τεκμηρίῳ γνοίη τις ἂν
— ὡς 6, 4, 13
τέκτων ονος ὁ Zimmermann 3, 4, 17
τελευταῖος 3 letzter 4, 8, 22; 2, 4, 23
τὸ τελ. zuletzt
τελευτάω endigen, zu Ende gehep τε-
λευτῶντος τοῦ θέρους 2, 3, 9; τελευ-
τῶντες ἔφασκον zuletzt 5, 3, 15, sterben
3, 5, 23; 6, 2, 17
τελευτή ἡ Ende, Tod, τελευτῆς τυχεῖν
4, 4, 6
τελέω vollenden, entrichten, bezahlen,
τὸν σῖτον Getreide aufwenden, ver-
brauchen 5, 3, 21; χρήματα τελέσαι 3,
5, 3 Geld erheben(?) (Dind. vermutet
ληλατῆσαι vgl. 4, 8, 30)
ἀπο- vollenden τὸ τεῖχος 8, 2, 10,
entrichten, was man zu leisten ver-
pflichtet ist
δια- vollenden m. Part.·5, 4, 32 (die
Dauer eines Zustandes oder einer
Handlung bezeichnend) — fortwäh-
rend 3, 2, 2; mit einem Adj., wo
man ὤν zu ergänzen hat 2, 3, 25
πιστοὶ διατελοῖεν = treu bleiben; 6,
3, 10 und 7, 3, 1
ἐπι- (noch dazu) vollenden 1, 1, 26
συν- zugleich vollenden, gleiche Ab-
gabe entrichten, zu einer staatlichen
Genossenschaft gehören 7, 4, 12
ὑπο- entrichten φόρον 1, 3, 9
τέλος τό Ende; τέλος am Ende, zu-
letzt 3, 3, 11; 5, 3, 6; 5, 4, 30; τέλος
δέ 4, 1, 13 kurz und gut; (letzte Ent-
scheidung) Behörden (d. i. Ephoren)
3, 2, 23, τὰ οἴκοι τέλη die Behörden
in der Heimat 6, 4, 2, τὰ μέγιστα τ.
die obersten Behörden 6, 5, 3; 3, 5,
23 οἱ ἐν τέλει Λακεδαιμονίων der
Kriegsrat
τέμενος τό ein der Gottheit geweih-

tes Stück Land, Hain, geweihter Be-
zirk 7, 4, 29
τέμνω schneiden, graben 3, 1, 7 Med.;
verwüsten τέμνοντες καὶ κάοντες τὴν
χώραν 1, 2, 15 u. 5, 4, 41
ἀπο- abschneiden; 3, 4, 25 ἀποτέμνει
αὐτοῦ τὴν κεφαλήν enthaupten; 6,
2, 7 (militärisch) abschneiden
ὑπο- (unten, heimlich) abschneiden;
2, 3, 34 τῶν ἔξω ὑποτέμνοι τὰς ἐλπί-
δας die Hoffnung abschneiden; Med.
abschneiden 1, 6, 15 τὸν εἰς Σάμον
πλοῦν; 7, 1, 29 ἀποπορευόμενον ἐπὶ
στενόν (der Acc. ist von einem ge-
dachten Verbum der Bewegung ver-
anlafst) sie schnitten ihn ab, so dafs
er nach einer Enge des Weges ge-
drängt wurde
τέταρτος 3 vierter 1, 4, 21
τετρακισχίλιοι 3 viertausend 4, 2, 5
τετρακόσιοι 3 vierhundert 7, 4, 13
τετραμοιρία ἡ vierfache Portion, —
Sold 6, 1, 6
τετραχῆ (Dind. τετραχῇ) Adv. vier-
fach, 5, 2, 7 διωκίσθη τ. an vier ver-
schiedenen Stellen
τετταράκοντα vierzig 1, 1, 8
τέτταρες α vier 1, 5, 7
τέττιξ ιγος ὁ Grille 7, 1, 38
τεῦχος τό Gerät, Geschirr, Fafs, ἀλ-
φίτων Mehlfafs 1, 7, 11
τέχνασμα τό Kunstgriff, List 6, 4, 7
τέχνη ἡ Kunst, Gewerbe 3, 3, 7, Kunst-
fertigkeit
τέως Adv. (bis dahin) unterdessen,
einstweilen, eine Zeitlang 4, 2, 19;
5, 4, 39
τηλικοῦτος 3 von solcher Gröfse, sehr
grofs, so alt 5, 4, 13
τήμερον Adv. heute 7, 2, 20
ἐπι-τηρέω abpassen, ablauern ὁπότε
ἔμελλον 2, 2, 16
τίθημι setzen, stellen; Med. θέσθαι
ἀσπίδα Schild niedersetzen, ruhen 2,
4, 12; ὅπλα θέσθαι s. ὅπλα
ἀνα- als Weihgeschenk aufhängen
τῇ Ἀρτέμιδι 3, 4, 18
δια- anordnen, bestimmen; 6, 4, 30
ἀγῶνας anordnen; in einen Zustand
versetzen 6, 5, 1; in eine Stimmung
versetzen 5, 1, 4; Med. zum Verkauf
aufstellen 4, 5, 8 αἰχμάλωτα
εἰσ- hineinsetzen, Med. hineinschaf-
fen σῖτα (in die Schiffe)
ἐν- hineinlegen
ἐπι- (dar)auflegen, δίκην bestrafen
2, 3, 28; Med. angreifen τῇ Χίῳ 2,

1, 1; αὐτοῖς ἐπιθέσθαι nachset
4, 5, 13; 6, 4, 22
κατα- niederlegen, Med. 1, 3, 2
schaffen τὴν λείαν -έθεντο εἰς τ
Βιθυνούς
παρα-κατα- Med. etwas anvertrau
zu bewachen geben 6, 1, 2 τὴν ἀκρ
πολιν; überlassen 7, 4, 1
προ- vorsetzen, gestatten προύτ
σφίσι λόγος 1, 7, 5
προσ- hinzufügen, zulegen, mitgebe
jdm. 4, 8, 9
συν- zusammenstellen, 2, 3, 20 au
stellen, verwahren, Med. sich etwa
zusammenstellen, (an)ordnen 6, 1, 17
4, 8, 20 δύναμιν zusammenbringer
festsetzen, beschliefsen, versprechen
verabreden 3, 5, 6 συνετίθετο παρὶ
σεσθαι sich anheischig machen 3, 5
25; 7, 4, 3 Inf. Aor. ausmachen
Acc. c. Inf. durch Vertrag anerken
nen 4, 8, 15; συνετίθετο ὡς τῇ Χίς
ἐπιθησόμενοι verabreden 2, 1, 1
-έθετο ὡς δεῖ ἕκαστα γίγνεσθαι 5, 4
2; Acc. c. Inf. 6, 3, 7
ὑπο- unterlegen ἐλπίδας ὑποθείς τιν
ὡς ἔσονται Hoffnung einflöfsen 4, 8, 28
τίκτω gebüren 4, 4, 19
τιμάω ehren, schützen 6, 1, 6
ἀντι- wieder ehren 3, 4, 9; 3, 1, 13
προ- 7, 1, 38 τὴν Ἧλιν πρὸ τῶν Ἀρ
κάδων jdn. auszeichnen vor jdm.
τιμή ἡ Ehre, Bufse, Entschädigung,
Kaufpreis 5, 2, 10
τιμωρέω einem beistehen, τινί jdn.
rächen 6, 4, 34; 3, 1, 15; τετιμωρ-
κότας φανεῖσθαι ὑπὲρ ὑμῶν als Rächer
jds. erscheinen 7, 3, 11; Med. sich
rächen an jdm. τινά τινος 6, 4, 19
und τινὰ ἀντί τινος für etwas; τὸν
σὸν ἐχθρὸν τετιμώρημαι 3, 4, 26
ἀντι- Med. sich dafür rächen τινά
5, 4, 42
τιμωρία ἡ Strafe, τιμωρίας τυχεῖν 1,
7, 24; τῆς μεγίστης τ. ἀξιωθῆναι 2,
3, 34 für würdig erachtet werden
ἀπο-τίνω zahlen, -τῖσαι ἀργύριον 6,
2, 36
τίς τί enkl. Pron. indef. jemand, ein
gewisser, irgend einer, man 1, 1, 35
εἰ μή τις; οἱ δέ τινες einige andere;
οἱ μέν τινες — τινὲς μέν 3, 2, 17;
εἰ μή τις φυλακή eine bedeutende
2, 4, 4; τί gewissermafsen, einiger-
mafsen 6, 4, 7; οὐδέν τι garnicht; τοῦ
τείχους τι einen Teil der Mauer; εἰ
τι ἄλλο wenn irgendwie sonst

τίς τί Fragepron. wer, welcher, was für einer (in dir. u. indir. Frage); τί warum, τί οὖν οὐ = quin zur lebhaften Aufforderung 4, 1, 11

τιτρώσκω verwunden 4, 3, 20
κατα- verwunden 2, 4, 15; 4, 6, 11
συν- verwunden (mit mehreren, die es thun) 3, 1, 18

τοί enkl. Part. zur Hervorhebung und Bekräftigung: sicherlich, doch (Ausdruck der festen Überzeugung), ἀλλά — τοι aber sieh (τοι lafs dir gesagt sein) 2, 4, 13

τοι-γαρ-οῦν darum also, deshalb, denn auch, also 7, 1, 31

τοίνυν (postpos. aus τοί und νύν) gewifs nun, demgemäfs, also; καί — τοίνυν u. somit 7, 4, 3

τοιόσδε ἅδε ὅνδε solcher von der Art, gew. inbezug auf das Folg. ἔλεξε τοιάδε 4, 8, 3

τοιοῦτος αὕτη οὗτο(ν) so beschaffen, ὁ τ. inbezug auf eine bestimmte genannte Pers. od. Sache; τοιοῦτός τις so etwa beschaffen 4, 1, 37 τοιούτων ὄντων in solcher Lage; τοιοῦτος — οἷος von der Art, Charakterbeschaffenheit, dafs 6, 5, 7 (s. οἷος)

τόλμα ἡ Mut, Verwegenheit 5, 3, 3

τολμάω auf sich nehmen, wagen, über sich gewinnen 1, 4, 12 Inf.

τοξεύω mit dem Bogen schiefsen, mit dem Pfeile treffen, verwunden κατα- niederschiefsen, Aor. Pass. 4, 7, 6

τοξότης ου ὁ Bogenschütze 4, 2, 16

τόπος ὁ Ort, Gegend; 3, 4, 21 εἰς τὸν Σαρδιανὸν τόπον in die Gegend von Sardes; 4, 1, 15 ἐν ἀναπεπταμένοις τόποις offen, d. i. nicht eingehegter Raum

τοσοῦτος αὕτη οὗτο(ν) so grofs; ἐκ τοσούτου aus so grofser Entfernung 4, 4, 16 u. 5, 4, 40; τοσοῦτον διαφέρει; τοσούτω ... ὅσω beim Kompar. u. ὅσω ohne Komparativ um so viel .. als 2, 3, 29; (πελταστὰς) ἄλλους τοσούτους (αἰτεῖ) ebensoviele 4, 1, 21

τότε adv. damals, zu der Zeit; τῶν τότε ἐχόντων die damaligen Besitzer 3, 2, 30

τοτέ Adv. zuweilen, τοτὲ μὲν — τοτὲ δέ bald — bald 1, 4, 6 u. 6, 2, 30

τραῦμα τό Wunde, λαβεῖν 2, 4, 2, ἔχειν 4, 3, 20

τραυματίζω verwunden 4, 3, 23

τράχηλος ὁ Nacken 3, 3, 11

τρεῖς τρία drei 1, 1, 36

τρέπω wenden, in die Flucht schla-

gen 4, 3, 17; Med. sich wenden εἰς ἁρπαγήν 6, 5, 30; 1, 2, 9 πρὸς τοὺς παρὰ τὸ ἕλος ἐτράποντο sie wandten sich gegen (feindlich); τρέπονται 5, 2, 41; τρεψάμενοι in die Flucht schlagen 1, 2, 9; Pass. 3, 4, 14 ἐτρίφθησαν wurden zurückgeschlagen, zur Umkehr genötigt; οἱ ἐπὶ εἰρήνην τετραμμένοι 4, 4, 2 zum Frieden geneigt; οὐδένα ἐπὶ τὸ μάχεσθαι τρεπόμενον an den Kampf denkend 4, 4, 12; ἐπὶ τὸ ἀμύνασθαι οὐκέτι ἐτράποντο 4, 5, 5

ἀνα- umwerfen, niederwerfen 2, 4, 16 τινά

ἀπο- abwenden, abhalten τοῦ διακινδυνεύειν 6, 4, 24, vereiteln εἰρήνην 6, 3, 12, abraten αὐτούς 6, 4, 22; Med. sich abwenden ἀπετράπετο sich vom Wege abwenden 5, 4, 21; Abstand nehmen 4, 1, 23; kehrt machen 6, 5, 23

ἐκ- wegwenden, Med. -τραπόμενοι ausbiegend 7, 4, 22

ἐν- Pass. sich um etwas kümmern, Achtung haben vor τινός 2, 3, 33

ἐπι- überlassen, anvertrauen 5, 3, 24, zulassen τοῦτο οὐκ ἐπέτρεψε 5, 4, 55; τινί Inf. 2, 3, 50; 6, 3, 9 αὐτοῖς ἐπετρέπετε αὐτονόμους εἶναι

παρα- wegwenden, Med. 5, 1, 6 εἰς Τένεδον -τρεπόμενος einen Abstecher machen nach —

τρέφω aufziehen, ernähren, unterhalten τὸ ναυτικὸν ἀπὸ τῶν νήσων 4, 8, 9; ναῦς, ἵππους für d. Unterhalt sorgen 1, 5, 5; 2, 3, 13; Med. sich — ἀπὸ τῆς ὥρας ἐτρέφοντο 2, 1, 1; αὐτόθεν 4, 5, 1; 7, 4, 33; τετράφθαι — ζῆν 2, 3, 24

δια- fortwährend ernähren, unterhalten τοὺς ναύτας γεωργοῦντας 6, 2, 36

τρέχω laufen, eilen; 6, 5, 17 εἰς τὰς τάξεις δραμεῖν

ἀνα- hinauflaufen κατὰ τὸν Ἀκροκόρινθον 4, 4, 4

ἀντ-εκ- schnell dagegen anrücken 4, 3, 17 (vom Herauseilen einzelner Soldaten oder Abteilungen aus der Schlachtreihe gebraucht)

ἐκ- herauslaufen, Ausfall machen 2, 4, 33; 3, 1, 7

ἐπ-εκ- Angriff, Ausfall machen τινί 4, 4, 17; 6, 2, 17

ἐπι- loseilen auf jdn., ihn angreifen ἐπί τινα 5, 4, 51

κατα- herablaufen (zum Angriff); 5, 1, 12 anrennen, anstürmen; 5, 3, 1

εἰς τὴν Ἀπολλωνίαν Streifzug unternehmen: 4, 7, 6; 4, 8, 18
παρα- herbeieilen 7, 2, 15
περι- herumlaufen, ἐπὶ θέαν 7, 2, 15
προς- herbeieilen, schnell zu jdm. hintreten 4, 1, 39
συν- zusammenlaufen; 4, 1, 18 ὡς εἰς ἑπτακοσίους sich sammeln in einer Stärke von
συν-εκ- zugleich auslaufen, um einen, Angriff zu machen 4, 3, 17
τριάκοντα dreißig, bes. die 30 Tyrannen in Athen; 3, 4, 2 nicht sowohl eine kontrollierende Behörde, wie eine solche aus 10 Spartanern bestehende zuerst 417 dem Könige Agis mitgegeben wurde, als vielmehr Kriegsrat; 4, 1, 5
τριακοντ-αρχία ἡ die Herrschaft der 30 Tyrannen in Athen 6, 3, 8 (Vereinigung von 3 oligarchischen Dekarchien, durch Kompromiß aus 3 l'arteien gebildet)
τριακοντα-ετής ἐς dreißigjährig 5, 2, 2; Fem. τριακονταετίς ἴδος — σπονδαί 2, 3, 9
τριακόσιοι 3 dreihundert 1, 2, 9
δια-τρίβω verweilen τινὰς ἡμέρας 6, 5, 49
κατα- aufreiben; -τριβήσοιντο 5, 4, 60 ὑπὸ τοῦ πολέμου
συν- zerbrechen τὰ δόρατα 3, 4, 14
τριήρ-αρχος ὁ Befehlshaber eines Dreiruderers (die reicheren Athener waren zur Leistung der Trierarchie verpflichtet, d. i. sie mußten ein vom Staate geliefertes Schiff auf eigene Kosten unterhalten, auch meist den Befehl desselben als Trierarch führen, in der Regel auf ein Jahr)
τριήρης ἡ (ναῦς) Triere, Kriegsschiff mit 3 Ruderbänken auf jeder Bordseite übereinander; ποιεῖσθαι bauen 3, 4, 28
τριμοιρία ἡ dreifache Portion, — Sold 6, 1, 6
τρίς Adv. dreimal 5, 4, 33
τρισκαίδεκα dreizehn 6, 1, 5
τρισχίλιοι 3 dreitausend 4, 2, 16
τριταῖος 3 am dritten Tage 2, 1, 30
τρίτος 3 dritte; (τὸ) τρίτον zum drittenmal 6, 3, 4; τῇ τρίτῃ (scil. ἡμέρᾳ) am dritten Tage
τρι-ώβολον τό drei Obolen = 33 Pf. — ¼ Drachme; Αἰγιναῖον 5, 2, 21: der von Solon aufgegebene äginäische Münzfuß, der noch im Pelo-

ponnes galt, stand ungefähr um zwei Siebentel einer attisch. Drachme höher
τρόπαιον τό Siegesdenkmal ἔστησαν 1, 2, 3; Med. 2, 4, 7 στησάμενοι; κατέβαλε niederreißen 4, 5, 10; ἑστάθη 5, 2, 43
τροπή ἡ Umwenden, Flucht ποιεῖ τροπήν 7, 2, 20 in die Fl. schlagen ποιεῖσθαι 5, 4, 43 zur Flucht zwingen
τρόπος ὁ Art und Weise ᾧ τρόπῳ ἡ ναυμαχία ἐγένετο auf welche Weise 4, 3, 10; πάντα τρόπον auf jede Weise 5, 3, 23; τοιῷδε τρόπῳ; ὅτῳ τρόπῳ 1, 7, 7; ἐκ παντὸς τρόπου um jeden Preis 6, 4, 24; τοιούτῳ τρόπῳ 5, 4, 33 τὸν Θετταλικὸν τρόπον nach — Sitte 6, 1, 8
τροφή ἡ Nahrung, Unterhalt 2, 1, 1
τρόφιμος ὁ Zögling; 5, 3, 8 Jünglinge, welche nicht einheimisch in Sparta mit der spart. Jugend erzogen wurden
τροχάζω laufen, rennen, im Sturmschritt 7, 2, 22
ἐν-τρυφάω worauf schwelgen, sich weichlich zeigen 4, 1, 30 Aor.
τυγχάνω treffen, teilhaftig werden τιμωρίας 1, 7, 24; τελευτῆς; sich treffen ὅταν τύχῃ bei passender Gelegenheit 7, 1, 44; 4, 1, 34 ἂν οὕτω τύχωσι wenn es sich so trifft; ὥσπερ ἔτυχε wie es sich traf, 3, 1, 19 ohne Verzug, ohne weiteres; mit Part. — zufällig, gerade ἔτυχον παραγενόμεναι 1, 2, 8; οὐκ ἐτύγχανε παρών 1, 3, 10; τυγόντες ἀριστοποιούμενοι 1, 6, 21; τύχοιεν ὄντες 3, 3, 5 zufällig sich fanden; ἐτύγχανεν ἀφιγμένος 3, 2, 13; ohne Part. ὄντες 5, 3, 3 u. 4, 8, 29
ἀπο- Unglück haben 7, 5, 14 ἐλάχιστα ἀποτετυχήκατε 7, 1, 5, seinen Zweck nicht erreichen
ἐν- auf etwas treffen 4, 4, 11 τοῖς φυγάσι; τοῖς πολεμίοις 7, 2, 19; ἱεροῖς 3, 4, 4
ἐπι- (suchend) auf etwas treffen, Dat. (c. Part.) 4, 8, 28, ταῖς πόλεσι; glücklichen Wurf thun 6, 3, 16; Glück haben τά τ' ἄλλα 4, 8, 21; τἄλλα 4, 5, 19; 4, 2, 22 τοῖς Ἀργείοις ἀναχωροῦσι
περι- zufällig auf etwas stoßen Dat. c. Part. 4, 8, 24; 5, 1, 7 Εὐνόμῳ, antreffen, begegnen δυοῖν τριήροιν 1, 5, 19
τρυφή ἡ Üppigkeit, Schwelgerei 6, 2, 6

τρύχω aufreiben, erschöpfen˙ 5, 2, 4 στρατείαις τὴν πόλιν

τύ dor. statt σύ u. σέ 3, 3, 2

τύπτω schlagen, stechen (Wespen) 4, 2, 12

τυραννεύω unumschränkter Gebieter sein 4, 4, 6

τυραννέω unumschränkter Herr, Tyrann sein, herrschen; Pass. 2, 3, 48 despotisch beherrscht werden, gewaltthätig behandelt werden 3, 5, 13

τυραννίς ίδος ἡ unumschränkte Herrschaft, Gewaltherrschaft 2, 3, 16

τύραννος ὁ unumschränkter Herrscher, Gewaltherrscher 7, 1, 46

τύρσις ἡ Turm, Befestigungswerk 4, 7, 5 Pl.

τυφλός 3 blind 2, 4, 16

τύχη ἡ Geschick, Fügung, θεία τ.; κατὰ τύχην τινά zufällig 3, 4, 13; τύχῃ ἀγαθῇ — quod bonum, felix faustumque sit 4, 1, 14 in Gottes Namen, unbedenklich; σὺν τῇ τύχῃ 4, 8, 4

·

Υ

ὑβρίζω freveln, gewaltthätig verfahren, Pass. Frevel erdulden 5, 3, 13

ὕβρις εως ἡ Frevel, Übermut, Willkür, διὰ τὴν ὕβριν aus — 2, 2, 10

ὑβριστικός 3 übermütig; Adv. 3, 5, 24

ὑγιής ές gesund 5, 4, 58

ὑδρία ἡ Stimmurne 1, 7, 9

ὕδωρ τό Wasser, abschneiden ἀφαιρεῖσθαι 3, 1, 18; Regen ἐπιγενόμενον eintretend; γενέσθαι 4, 5, 4

υἱός ὁ Sohn τοῦ Εὐάλκους υἱέος 4, 1, 40   ·

ὕλη ἡ Holz 4, 5, 4

ὑμεῖς dor. ὑμέ st. ὑμᾶς 4, 4, 10

ὑμέτερος 3 euer, ὑμέτεροι φίλοι Freunde von euch 7, 4, 8

ὑμνέω rühmen, preisen, singen παιᾶνα 4, 7, 4; 7, 1, 38

ὕπ-αρχος ὁ der dem Könige oder Satrapen untergeordnete Beamte, Untersatrap 3, 1, 12; Herrscher eines Teils eines größeren Landes

ὑπ-ασπιστής οῦ ὁ Schildträger (Sklaven, welche als Schildträger mit ins Feld zogen) 4, 5, 14

ὑπ-εναντίος 3 entgegengesetzt, widersprechend ὑπεναντία ταῦτα ἑαυτοῖς πράττοντες 4, 8, 24

ὑπέρ Präpos. — über (bezeichnet die Oberfläche, aber nur ein Schweben über derselben) 1) m. Gen. oberhalb (kämpfen über einem Gefallenen) zu Gunsten, für, 3, 5, 14 im Namen von. — ταὐτὰ γιγνώσκων ὑπέρ τινος = περί 5, 4, 47; 5, 4, 47 καταλαβεῖν τὸ ὑπὲρ τῆς ὁδοῦ ἄκρον (oberhalb) die den Weg beherrschende Anhöhe 3, 4, 27 ὑπὲρ Κύμης; zu Gunsten 1, 3, 8; 6, 3, 19 ὤμοσαν ὑπὲρ αὑτῶν καὶ τῶν συμμάχων im Namen; ἀκοντίζειν

ὑπὲρ τῶν προτεταγμένων über (— hinweg) 2, 4, 15; 2) m. Acc. über etwas hinaus ὑπὲρ τετταράκοντα ἀφ' ἥβης 5, 4, 13

ὑπερδέξιος 2 zur Rechten oberhalb gelegen, höher liegend 4, 2, 14 ἐκ τῶν ὑπερδεξίων von einer Anhöhe zur Rechten herab (welcher Standpunkt für den Angriff am günstigsten ist, da nur die linke Seite der Krieger durch den Schild gedeckt war); 4, 3, 22 ἐκ δὲ τῶν ὑπερδεξίων ἔβαλλον — ἐξ ὑπερδεξίου προσιόντας 7, 4, 13

ὑπέρ-ογκος 2 von übermäßiger Größe, unförmlich, 5, 4, 58 κνήμη geschwollen

ὑπερ-οπτικός 3 andere zu verachten geneigt; Adv. ὑπεροπτικῶς τῶν ἐναντίων 7, 1, 18 voll Verachtung der Gegner

ὑπέρ-πολυς πόλλη πολυ übermäßig viel, sehr viel 3, 2, 26 ἀνδράποδα

ὑπ-ήκοος 2 darauf hörend, unterthänig αὐτῷ 3, 1, 3, 6, 1, 7; βασιλέως 4, 8, 5; ὑπήκοον ποιήσασθαι 6, 1, 12; ἐμὲ ὑπήκοον ἐκείνου τάττῃ unterordnen 4, 1, 37; unterthan 4, 1, 36 σοὺς ὑπηκόους εἶναι

ὑπηρετέω s. unter η

ὑπ-ηρέτης ου ὁ Diener 2, 3, 55

ὑπηρετικός 3 zum Dienen bestimmt, κέλης ὑπερ. schnellfahrendes (zu Dienstleistungen bestimmtes) Ruderschiff 1, 6, 36

ὑπισχνέομαι s. unter ι

ὑπό Präpos. — unter (in der Tiefe) 1) m. Gen. unter u. unter etwas hervor (vom Orte); von (handelnde Person beim Pass.) vor oder aus (Ursache) — 2, 3, 23 ξιφίδια ὑπὸ

7*

μάλης ἔχουσι; ὑπ' ἀμηχανίας aus Not;
2, 2, 23 ὑπ' αὐλητρίδων unter Flöten-
spiel (so bei Objekten gebraucht,
unter deren Zuthun etwas geschieht,
zur Angabe einer begleitenden und
mitwirkenden Ursache) — 2) m. Dat.
unter, auf die Frage wo? vom Orte
und von der Abhängigkeit — 5, 2,
41 ἀντιπαρετάξαντο ὑπὸ τῷ τείχει
(unter den Mauern der Stadt); ὑπό
τινι εἶναι abhängig sein von jdm. 5,
2, 26; ὑπὸ τοῖς πολεμίοις γενέσθαι
den Feinden unterliegen 4, 8, 25;
ὑφ' ἑαυτῷ ποιεῖσθαι 2, 3, 46 sich
unterwürfig machen; ὑπὸ ταῖς ἀσπίσιν
2, 4, 16 unter dem Schutz der Schilde;
ὑπὸ τῷ τείχει 1, 6, 17; ὑπὸ τοῖς ὄρεσι
am Fuße der Berge 6, 5, 15 — 3) mit
Acc. unter, auf die Frage wohin?
vom Orte und von der Abhängigkeit,
(zeitlich) um, gegen (sub c. acc.);
ὑπὸ τοῦτον (τὸν λόφον) πολιορκοῦντες
am Abhange des Hügels hin 7, 4,
22; ὑπ' ἐκείνους ἔσεσθαι (= γεγονέ-
ναι) einem unterworfen sein 5, 2, 17
(Dind. ἐκείνοις)
ὑπο-ζύγιον τό Zugtier, Lasttier ὑ.
σκευοφόρα 4, 1, 24
ὑπό-λοιπος 2 übrig geblieben, übrig
5, 3, 8
ὑπο-μείων ον etwas geringer; οἱ ὑ.
die Minderberechtigten unter den
Spartiaten, welche aus Armut den
Beitrag zu den Syssitien nicht ent-
richten konnten und deshalb von der
Teilnahme an den höheren Ehren-
rechten u. Staatsämtern ausgeschlos-
sen waren 3, 3, 6
ὑπό-νομος 2 unterirdisch; ὁ ὑ. unter-
irdischer Gang 3, 1, 7
ὕπ-οπτος 2 verdächtig, Verdacht he-
gend ὑπόπτως ἔχειν τινί 2, 3, 40 hier
aktivisch — argwöhnisch sein gegen
jdn.; 3, 1, 9 verdächtig ὑπόπτους
ὄντας ἀλλήλοις
ὑπό-σπονδος 2 infolge oder unter
dem Schutze eines Waffenstillstandes

oder eingegangenen Bündnisses, einer
Kapitulation, 1, 2, 18 (τοὺς ἀφεστῶ-
τας) ὑποσπόνδους ἀφῆκαν Waffenstill-
stand schliefsen u. — freigeben; 2,
2, 1; 4, 4, 13 τοὺς νεκροὺς ὑποσπόν-
δους ἀπήγοντο; 1, 2, 11; 6, 4, 14 τοὺς
νεκροὺς μὴ ὑποσπόνδους ἀλλὰ διὰ
μάχης ἀναιρεῖσθαι
ὑπό-φθονος 2 ein wenig neidisch:
Adv. ὑποφθόνως ἔχειν πρός τινα et-
was neidisch gesinnt sein gegen jdn.
7, 1, 26 (Dind. ἐπιφθόνως)
ὑπο-φορά ἡ Vorwand, Einwand 5, 1,
29 τῶν μηνῶν Berufung auf —
ὑπο-χείριος 2 unterwürfig, unterthan
λαβεῖν τινα ὑποχείριον jdn. in s. Ge-
walt bekommen 6, 5, 9; ὑποχείριον
ἑαυτὸν παρέχειν sich der Gefangen-
nahme aussetzen 5, 4, 22
ὑπό-ψαμμος 2 unterwärts Sand ha-
bend, sandigen Grundes λίμνη 3, 2, 19
ὕπτιος 3 zurückgebeugt; ὑπτίας τὰς
ἀσπίδας die umgewandte hohle Seite
5, 4, 18
ὗς ὑός ὁ u. ἡ Schwein, Sau, Eber 6,
4, 29
ὕστατος 3 letzte, τοῖς ὑστάτοις ἀφι-
κομένοις 6, 2, 28
ὑστεραῖος 2 darauf folgend; τῇ ὑστε-
ραίᾳ (scil. ἡμέρᾳ) am folgenden Tage
ὑστερέω zu spät, später kommen; 3,
5, 25 ὑ. εἰς Ἁλίαρτον Λυσάνδρου
später kommen als Lys.; 5, 1, 3
ὕστερος 3 späterer, hinterer, darauf
folgend πόλεμος 5, 1, 35; ὑστέρῳ χρόνῳ
2, 4, 43 in späterer Zeit; τῷ ὑστέρῳ
ἔτει 7, 2, 10; Adv. ὕστερον 1, 1, 1
οὐ πολλαῖς ἡμέραις ὑ.; ὀλίγῳ ὕστε-
ρον; οὐ πολλῷ 7, 4, 12 u. οὐ πολὺ ὑ. 7,
4, 16; τούτων ὕστερον später 3, 2, 22
ὑψηλός 3 hoch ἐφ' ὑψηλοῦ εἶναι 4,
5, 4 auf der Höhe; ἀφ' ὑψηλοτέρου
καθορᾶν von einem höheren Punkte
6, 2, 29; ὑπὸ τοῖς ὑψηλοῖς am Fuße
der Höhen 7, 5, 22
ὕω regnen, πολλῷ ὕοντος bei starkem
Regen 1, 1, 16 (πολλῷ modaler Dativ)

Φ

ἐμ-φαγεῖν (nur Aor. 2) hineinessen,
schnell essen; 4, 5, 8 ἐμφαγοῦσι
φαιδρός 3 glänzend, heiter 6, 4, 16;
φαιδρῷ τῷ προσώπῳ mit heiterer
Miene 3, 4, 11

φαίνω erscheinen lassen, zeigen, ver-
heifsen οἱ θεοὶ νίκην 6, 4, 7, offen-
baren τί 3, 3, 4 οἱ θεοί; 3, 2, 23
φρουρὰν ἔφηναν einen Heereszug
ausrüsten, den Heerbann aufbieten

(nur von den Laked. gesagt) 4, 2, 9;
Pass. erscheinen φανείησαν εἰς τὴν
χώραν 6, 5, 25; 3, 4, 7; 6, 5, 28 καὶ
ὄντες καὶ φαινόμενοι; Part. 6, 5, 25
ἐξαπατῶντες φαίνωνται u. 6, 3, 9
Part. (offenkundig); 2, 1, 2 Inf. δεινὸν
ἐφαίνετο εἶναι; κακοὶ φανείησαν περὶ
ὑμᾶς 6, 5, 42; ὁ ἥλιος μηνοειδὴς ἔδοξε
φανῆναι 4, 3, 10 erscheinen, aufgehen
ἀνα- Pass. erscheinen 3, 5, 11 sich zei-
gen; δεσπόται ἀναπεφήνασι 3, 5, 12
ἀπο- kundthun, schildern 7, 2, 1
ἐπι- Pass. sich zeigen, zum Vor-
schein kommen 3, 4, 27 τοῦ πεζοῦ;
Part. 4, 8, 19
ὑπο- (trans. sichtbar machen), intr.
allmählich sichtbar werden, allmäh-
lich anbrechen ἔαρ ὑποφαίνει 3, 4,
16 u. 4, 1, 41; 5, 1, 21 ἡμέρα ὑπέ-
φαινεν; Pass. ἅμα τῷ ἦρι ὑποφαινο-
μένῳ 5, 8, 1
φάλαγξ αγγος ἡ Schlachtreihe oder
Schlachtordnung, bes. das in Reih
und Glied aufgestellte, aus Hopliten,
Leichtbewaffneten und Reiterei be-
stehende Heer mit seinen zwei Flü-
geln. Die Enomotien der einzelnen
Lochen sind von rechts nach links
so nebeneinander gereiht, dafs sie
gewöhnlich eine Tiefe von 8 Mann
bilden. Die ganze Front eines so
aufgestellten Heeres heifst μέτωπον
oder στόμα; τὸ μέσον = Centrum;
κέρατα die Flügel; πλευραί die Flan-
ken; οὐρά das Hintertreffen; ἐπὶ
φάλαγγος im Frontmarsch (dagegen
ἐπὶ κέρως im Reihenmarsch); 6, 2, 30
(auch von Aufstellung der Flotte) ἐπὶ
φάλαγγος Schiff neben Schiff 6, 2, 30;
4, 3, 13 u. 18 βαθείας τὰς φάλαγγας
ποιεῖσθαι: tiefe Phalanxaufstellung
nehmen; 4, 6, 9 ἀπὸ τῆς φάλαγγος
aus der Linie ἐπιδιώκοντες
φάλαρα τὰ blanker Pferdeschmuck,
bes. die Backenstücke am Zaume 4, 1, 93
φανερός 3 sichtbar 5, 1, 8, offenbar;
τὸ φανερόν Öffentlichkeit, Strafse 3,
3, 2 ἐν τῷ φανερῷ öffentlich; ἐκ τοῦ
φανεροῦ καὶ δικαίου τὴν μάχην ποι-
εῖσθαι offen und ehrlich schlagen
6, 5, 16; ἐκ τοῦ φανεροῦ offen, un-
verhohlen 7, 4, 28; 3, 3, 2 εἰς τὸ φα-
νερόν in Freie; 5, 3, 16 ἐν τῷ φ. τοῖς
ἔξω an einem für die Belagernden
sichtbaren Platze; mit Part. φανερὸς
ἐγένετο ὁ νεὼς καιόμενος 4, 5, 4;
φανεροὶ ἐγένοντο ἀχθεσθέντες 3, 4,

11 u. 2, 3, 33; 3, 5, 11; 3, 5, 13; Adv.
φανερῶς 2, 3, 28 u. 50 τῇ βουλῇ
φάραγξ ἡ Schlucht, Thal, 7, 2, 13
Bett eines Nebenflüfschens des Aso-
pos, kleiner Flufs
προ-φασίζομαι vorwenden, vor-
schützen ἐκεχειρίαν 5, 2, 2
φάσκω behaupten, sagen, vorgeben,
versprechen Acc. c. Inf. 1, 7, 6 Inf.
Fut., οὐ φάσκω sich weigern Inf. Fut.
1, 7, 14
φαῦλος 3 schlecht 5, 3, 8 gering, ge-
ringfügig οὐ φαῦλον ἡγούμενος
φαυλότης ητος ἡ Schlichtheit, Ein-
fachheit 4, 1, 30
φείδομαι· schonen 2, 3, 33 τούτου
φείσασθαι; 7, 1, 24 τοῦ ἀκολουθεῖν
φείσεσθε behutsamer zu Werke gehen,
ablassen von —
φέρω tragen, bringen φόρον φέρει 6,
1, 12, ertragen τὸ πάθος 6, 4, 16; m.
Adv. χαλεπῶς φέρειν τὸ φρόνημα un-
willig sein 7, 2, 44, mit Part. 3, 2,
13 ἀπεστερημένος; ἐπὶ τῇ πολιορκίᾳ
7, 4, 21; τῷ πολέμῳ 5, 1, 29; βαρέως
φέρων τῇ ἀθυμίᾳ 3, 4, 9; hinführen
7, 2, 7 εἰς τὴν πόλιν φερουσᾶν πυλᾶν;
φέρων καὶ ἄγων τὴν Βιθυνίδα 3, 2, 2
vollständig ausplündern; ἔφερε καὶ
ἦγε τοὺς Θηβαίους 5, 4, 42, u. Pass.
3, 2, 8 u. 3, 2, 30; αὖρα φέρει gün-
stig sein 6, 2, 29; ταῦτα παθόντες
οὐκ ἤνεγκαν 4, 1, 27 (stärker als χαλε-
πῶς ἤνεγκαν); Pass. εὖ φερόμενος
παρὰ τοῖς ξυμμάχοις 2, 1, 6 in gutem
Rufe stehen bei — Lob u. Beifall
finden; πονηρῶς φέρεσθαι ἐν τῇ στρα-
τιᾷ 1, 5, 17 in schlechtem Rufe stehen;
fallen, eilen, stürzen, dahinfliefsen,
rennen 3, 2, 3 εἰς αὐτοὺς darauf los-
stürzen; 4, 8, 37 δρόμῳ φέρεσθαι πρός
τινα im Sturmschritt loseilen auf jdn.;
fahren, vonstatten gehen, 3, 4, 25
κακῶς φέρεσθαι τὰ ἑαυτοῦ schlecht
fahren
ἀνα- hinaufführen ἁμαξιτός 2, 4, 10
ἀπο- wegtragen, wegbringen 8, 3, 1;
δασμόν entrichten 3, 4, 25
δια- auseinandertragen, einen Unter-
schied machen, τοσοῦτον 5, 3, 21 u.
τοσούτῳ 3, 1, 10 sich unterscheiden,
εἰς τὸ ἄρχειν 3, 1, 10; 3, 4, 19 οὐδὲν
διοίσειν τὸν πόλεμον ἢ εἰ keine
gröfsere Bedeutung haben, als wenn;
7, 2, 4 οὐδὲν διαφέρον ἢ εἰ nicht
anders als —; Pass. uneinig sein
ἀλλήλοις, πρὸς ἀλλήλους 2, 4, 23; τὰ

διαφέροντα, Interesse, Streitpunkte
6, 3, 5
εἰσ- (hin)einbringen, εἰς ἐκκλησίαν
γνώμην 1, 7, 9 Vorschlag an das
Volk gelangen lassen; 1, 7, 26 εἰς
τὸν δῆμον; Vorschläge machen 1, 7,
7; Pass. τινί auf jdn. losgehen
ἐκ- heraustragen, πόλεμον ἐξοίσειν
πρὸς τοὺς Λακεδ. 3, 5, 1 bellum in-
ferro 4, 8, 6; 6, 5, 7 ἐκφέρονται τὰ
ὅπλα sie versammeln sich öffentlich
mit ihren Waffen, vgl. 3, 2, 28
ἐπ-ανα- (auf etwas) zurückbringen,
2, 2, 21 ταῦτα εἰς τὰς Ἀθήνας etwas
nach A. berichten
ἐπ-εισ- noch dazu hineintragen; Med.
mit sich hineinbringen
ἐπι- herantragen, ὅπλα ἐπιφέρειν τινί
6, 3, 6 Waffen gegen jdn. erheben;
6, 5, 86 ἐπήνεγκαν
προσ- herantragen 4, 3, 20, heran-
treiben πρὸς τὴν γῆν προσενεχθέν-
των 1, 6, 34; λόγον προσήνεγκαν ὡς
machten einen Vorschlag 7, 2, 5;
πῦρ προσφέρειν 4, 2, 12; Med. τινί
sich gegen jdn. benehmen μετ' ὀργῆς
ἀλλὰ μὴ γνώμῃ 1, 6, 34; 5, 3, 7
συμ- zusammentragen, -bringen 2, 1,
5, helfen, nützlich sein Inf. 7, 4, 8;
6, 2, 20 ὅπερ ἥκιστα εἰς μάχην συμ-
φέρει; συνοίσει 7, 1, 2; τοῦ συμφέ-
ροντος Nutzen 4, 6, 13
ὑπο- unterhalten, hinhalten, anbie-
ten σπονδὰς ὑποφερομένας 4, 7, 2;
vorschützen, als Einwand geltend
machen τοὺς μῆνας 4, 7, 2
φεύγω auf der Flucht sein, fliehen,
verbannt sein 4, 4, 15 ἐπὶ λακωνισμῷ;
ὑπὸ τοῦ δήμου 1, 1, 27; Aor. Flucht
ergreifen
ἀνα- zurückfliehen, sich retten 6, 5,
40; ἀναφεύξοιτο 2, 3, 50 freige-
sprochen werden
ἀπο- entfliehen τινά, entkommen 4,
5, 13; freigesprochen werden (erg.
δίκην) 1, 8, 19; 5, 4, 24
δια- (nach verschiedenen Richtungen)
entkommen, entwischen 4, 1, 24
ἐκ- entkommen, entfliehen 1, 5, 14
κατα- entkommen, entfliehen, Zuflucht
nehmen 1, 6, 16
φημί seine Meinung offenbaren, mei-
nen 5, 3, 7, sagen; ἔφασαν man er-
zählte 6, 2, 6; οὐκ ἔφασαν δεῖν 1, 1,
28 erklären, daß nicht; 1, 3, 3 πολε-
μήσειν ἔφη αὐτοῖς drohte; 1, 1, 35
οὐδὲν ὄφελος εἶναι ἔφη meinte; οὐκ

ἄν φασιν εἰσελθεῖν 5, 4, 6; οὐκ ἔφη
ὁμεῖσθαι 1, 3, 11 weigerte sich u. ?
2, 5; 1, 5, 3 antworten Acc. c. Inf
7, 5, 8 οὐκ ἂν ἔγωγε φήσαιμι behaupi
ten; οὐ φαμένου (st. φάσκοντος) 1, ?
3 — negare
συμ- beistimmen, einwilligen In
Fut. 5, 2, 5 ταῦτα ποιήσειν
φθάνω zuvorkommen, mit Part. =
zuvor 1, 6, 17 ἔφθη κατακωλυθείς; ?
5, 17 ἔφθη τὸν Παυσανίαν ... γενό
μενος; 5, 4, 48 ἔφθασεν ὑπερβὰς
ἔφθανε ἀναγόμενος 6, 2, 30
φθείρω verderben, verwüsten τὸ
σῖτον 4, 7, 1; τὸ πεδίον
δια- verderben, zu Grunde richten
αὐτὸς αὑτὸν διέφθειρε sich selbs
entleiben 7, 4, 19; τὰ πράγματι
διεφθαρμένα die Sache ist verlorei
2, 1, 29
φθονέω mißgönnen τινί; 2, 4, 2!
φθονήσας Λυσάνδρῳ εἰ opt.
ὑπο- ein wenig beneiden τινί τινοι
jdn. wegen etwas 3, 2, 13
φθόνος ὁ Neid, ὑπὸ φθόνου aus Neid
3, 4, 8
φιλ-ανθρωπία ἡ Menschenfreund-
lichkeit 1, 7, 18
φιλ-απόδημος 2 reiselustig 4, 3, 2
ὑπερ-φιλέω über die Maßen lieben
7, 1, 24
φιλία ἡ Freundschaft, ἔχειν φιλίας
πρός τινα freundschaftliche Beziehun-
gen haben zu jdm.; ποιεῖσθαι φιλίαν
πρός τινα 6, 1, 10; Freundschafts-
bündnis 4, 1, 29
φιλικός 3 der Freundschaft gezie-
mend, freundschaftlich, liebevoll; φι-
λικῶς ἔχοντος πρός τινα 4, 8, 17; τινί
6, 1, 8 freundschaftlich gesinnt sein
φίλιος 3 dem Freunde angehörig, be-
freundet, αἱ πόλεις φίλιαι ἔσοιντο 4,
8, 2; ἡ φιλία (scil. χώρα) Freundes-
land 4, 3, 9
φιλίτιον τό (st. φιδίτιον) 5, 4, 28 Ort,
wo die gemeinschaftlichen Mahlzeiten
der Spartaner gehalten wurden
φιλο-κίνδυνος 2 gefahrliebend; Adv.
-κινδύνως waghalsig, mutig φ. ἔχειν
πρὸς τοὺς πολεμίους 6, 1, 6
φιλο-νεικέω streitsüchtig sein, den
Vorzug streitig machen, ehrgeizig
sein 6, 3, 16
φιλόξενος 2 gastfreundlich 6, 1, 3
φιλόπονος 2 arbeitsam; 6, 1, 6 Adv.
emsig, eifrig

φίλος 3 befreundet, φίλως Adv., φιλαίτατος Superl.; ὁ φ. Freund
φιλο-τιμέομαι Ehrgeiz haben, (πρὸς) ἃ φ. dessen Erreichung ich als eine Ehrensache ansehe 1, 6, 5
φιλοτιμία ἡ Ehrliebe, Ehrgeiz 4, 1, 37
φιλό-τιμος 2 ehrliebend, ehrgeizig 3, 4, 29
φλέψ -βός ἡ Ader, τὴν φλέβα σχάζειν die Ader öffnen 5, 4, 58
φλόξ -γός ἡ Flamme 7, 2, 8
φλυαρέω Possen treiben, faseln, thöricht handeln 3, 1, 18
φοβερός 3 furchtbar, das drohende Unheil 1, 4, 17 τῶν φ. ὄντων τῇ πόλει γενέσθαι — drohen
φοβέω in Furcht setzen 5, 4, 7, einschüchtern 7, 4, 82; Pass. sich fürchten Pf. πεφόβηνται ἰσχυρῶς; δεινὰς 6, 2, 26; erschrocken, in Furcht sein 5, 2, 15; φοβηθείς eingeschüchtert 5, 1, 84; ὅτι (den wirklich vorhandenen Grund bezeichnend) 3, 5, 10; εἰ πολεμήσοιεν (vorgestellter Grund zur Furcht) 5, 4, 20; φοβεῖσθαι m. Inf. Bedenken tragen 4, 8, 15; mit Furcht erwägen, wohin ὅποι προβήσεται 6, 1, 14; Adv. πεφοβημένως 7, 5, 25
φόβος ὁ Furcht, φόβον παρεῖχον einflößen 6, 5, 29; φόβος ἐμπίπτει τινί befällt 5, 4, 42; σὺν πολλῷ φόβῳ 4, 5, 1
φοιτάω fortwährend gehen und kommen 5, 4, 29; 1, 6, 10 ἐπὶ τὰς ἐκείνου θύρας φοιτᾶν fortwährende Besuche machen
φοίτησις εως ἡ das fortwährende Hin- und Hergehen 1, 6, 7
προσ-φορέω hinzutragen 7, 2, 8
φόρος ὁ Tribut, Pl. Einkünfte, παρέδειξε τοὺς φόρους überweisen 2, 1, 14; Beisteuer 2, 3, 8; ὑποτελεῖν τὸν φόρον entrichten 1, 3, 9; φόρον φέρειν 6, 1, 12; 6, 1, 19; ἀποδιδόναι 3, 1, 11
φορός 2 tragend, günstig πνεῦμα 6, 2, 27
φορτηγικός 3 lasttragend, πλοῖα φ. Lastschiffe 5, 1, 21
φράζω anzeigen, mitteilen φράσων ἃ λέγοιεν 4, 8, 16 u. 6, 4, 19 νίκης τὸ μέγεθος ἔφραζον angeben, τὸ πλῆθος 4, 2, 16, zu verstehen gebeu, heißen 1, 1, 25 Inf.; anweisen, etwas zu thun 3, 1, 27 Inf.
ἐμ-φράσσω verstopfen, versperren 5, 2, 5
συμ- zusammenstopfen, gleichsam

zu einem Wall zusammendrängen τὰς ναῦς, wallartig zusammenstellen 1, 1, 7
φρεατία ἡ Wasserbehälter 3, 1, 7
ἐπ-εισ-φρέω hinterher noch hineinlassen; τὸν βάρβαρον τῇ Ἑλλάδι 6, 5, 43 ἐπεισφρέσθαι Aor. Med.
φρονέω denken, gesinnt sein, τά τινος φρονεῖν jds. Partei halten 4, 8, 24; τὰ ἡμέτερα φρονεῖν 7, 4, 40; τοῖς τὰ αὐτῶν φρονοῦσι der befreundeten Partei 4, 8, 24; μεγάλα φρ. ἐφ᾽ ἑαυτῷ 6, 2, 39 (Dind. μέγα) stolz sein, sich brüsten; μέγα φρ. ἐπί τινι 3, 4, 11 u. 7, 1, 27, μεῖζον φρ. ἐπί τινι 3, 5, 21; μέγιστον φρ. 4, 3, 9 ἐπί τινι; hochmütig gedenken, — vorhaben μέγα φρ. μὴ ὑπείξειν 5, 4, 45
κατα- verachten geringschätzen Gen. 4, 4, 17; hochfahrende Meinung hegen Acc. c. Inf. 4, 5, 12; καταφρονῶν ohne Scheu 3, 2, 1; Pass. εἰς τὰ πολεμικὰ καταφρονούμενοι ὑπό τινος 7, 4, 30
φρόνημα τό erhabene Gesinnung, Großmut, Mut, μεῖζον ἐγίγνετο 3, 5, 22; Selbstgefühl, Stolz 7, 1, 23 ἐνέπλησε φρονήματος τοὺς Ἀρκάδας Selbstvertrauen; φρόνημα κατασβεσθείη 5, 3, 8
φρόνιμος 2 verständig, einsichtsvoll, sittlich erwägend 5, 2, 28; τὸ φρόνιμον die sich selbstbewußte, besonnene Haltung der Seele 2, 3, 56
φροντίς ἴδος ἡ Sorge, ἐν φροντίδι εἶναι ὅ,τι χρὴ ποιεῖν 6, 5, 83
φρουρά ἡ Wache, Besatzung, Garnison καθεστάναι ἐπὶ τοῖς εὐπροσοδωτάτοις 6, 5, 24; 4, 8, 35; bei den Laked. ein gerüstetes, zum Feldzug bestimmtes Heer φρουρὰν ἐξάγειν 2, 4, 29; φρουρὰς ἀπάγειν ἐκ τῶν πόλεων zurückziehen Besatzung 6, 4, 1; φρ. φαίνειν einen Heereszug ausrüsten, den Heerbann aufbieten ἐ φαίνω 3, 2, 23 u. 4, 7, 2; εἰς τὸ Ἄργος; ἐπί τινα 4, 7, 1 u. 5, 2, 3; ἡγεῖσθαι τῆς φρ. 4, 7, 2
φρουρέω Wache halten, als Besatzung dienen ἐν αὐταῖς 3, 1, 16, überwachen 2, 3, 7; φρουρῶν πολέμαρχος 4, 5, 11; trans. bewachen, beschützen τὴν Ὀλυμπίαν 7, 4, 28
φρούριον τό fester Platz, Burg, Bollwerk 4, 4, 13
φρουρίς ἴδος ἡ Wachtschiff 1, 3, 17
φρουρός ὁ Wächter, Pl. Wachtposten,

Besatzung καθιστάναι ἐν τοῖς τείχεσι 4, 4, 13

φυγαδεύω verbannen 7, 1, 42

φυγάς άδος ὁ Flüchtling, φ. ἀνήρ; φυγάδας ποιεῖν ἐκ — verbannen 6, 4, 34; 4, 1, 40

φυγή ἡ Flucht, ἐγένετο trat ein, erfolgte 1, 1, 6; 4, 3, 8, Verbannung 1, 4, 15; 6, 2, 21 εἰς φυγὴν ὥρμων sich wenden zur Flucht 5, 3, 1; τὴν φυγὴν — τοὺς φυγάδας 5, 2, 9; (ἐν τῇ) φυγῇ auf der Flucht 4, 5, 17

φυλακή ἡ Wache εἰς φ. ἰέναι auf W. ziehen 5, 3, 1, Besatzung, Bedeckung, φυλακήν φυλάττειν den Wachtdienst besorgen Pass. 6, 2, 17; ἐφιστάναι, καθιστάναι εἰς τὰ ἐρύματα; ἔχειν; ἐν φυλακῇ ἦσαν τῆς πόλεως 5, 4, 21

φύλαξ ὁ Wächter, Wachtposten καθιστάναι 1, 1, 24

φυλάττω hüten, τὴν ἀκρόπολιν suchen zu behaupten 5, 2, 35, bewachen τὰ τείχη 4, 4, 14, Wache halten 2, 4, 4, ὅπως μή 6, 5, 51; 2, 4, 29; Med. sich hüten, sich vorsehen, πεφυλαγμένος in gedeckter Stellung 7, 5, 9; vor etwas τί 3, 3, 3; ἀπό τινος ὅπως μή 7, 2, 10 sich vorsichtig von etwas fern halten

δια- bewahren, überwachen, schützen, χώραν ἀδήωτον 3, 1, 5 vor Verheerungen

προ- Med. sich vor etwas in Acht nehmen τὰ βέλη 5, 3, 5

φυλή ἡ Phyle, Stammgemeinde, welche die Grundlage des athen. Staates bildete — 2) Abteilung der athen. Heeres, welche dieser Einteilung entsprach 4, 2, 19, daher wurde das Fußvolk von 10 Taxiarchen befehligt Ebenso zerfiel die Reiterei in 10 Abteilungen, welche von 10 Phylarchen befehligt wurden 2, 4, 4

φυράω mischen, kneten 2, 4, 4

ἀνα-φυσάω aufblasen, Pass. 7, 1, 24 aufgeblasen, stolz werden

φύσις εως ἡ Natur, φύσει 2, 3, 30; von Natur, θεία φ. göttliche Ordnung 7, 1, 2

φυτεύω anpflanzen, (γῆ) πεφυτευμένη 3, 2, 10 mit Bäumen bepflanztes Land

φύω hervorbringen, zeugen 3, 3, 2 schaffen, Pass. im Entstehen sein 5. 2, 12 μέγα πρᾶγμα eine große Gefahr; πεφυκώς beschaffen τόπον κάλλιστα πεφυκότα πρὸς τοῦτο 7, 1, 3; οὕτως πεφυκότων 7, 1, 7 bei solchem Sachverhalt

φωνή ἡ Stimme, μεγάλη τῇ φ. 2, 3, 56 mit lauter Stimme

φῶς τό Licht; 5, 1, 8 φῶς ἔχων ἀφηγεῖτο; φῶς ποιεῖν 6, 2, 29 Feuerzeichen

X

χαίρω fröhlich sein, sich freuen, lieben ὁ θεὸς χαίρει τοὺς μικροὺς μεγάλους ποιῶν 6, 4, 23; Imperat. χαῖρε Formel des Grußes = Heil dir, wohl bekomm's! dazu Inf. ἀλλήλους χαίρειν προσεῖπαν 4, 1, 31 sich gegenseitig begrüßen ἔχαιρον τῷ ὅρκῳ 6, 5, 2 ὑπερ- sich übermäßig freuen 4, 1, 10

χάλαζα ἡ Hagel διὰ τὸ γενέσθαι ὕδωρ καὶ χάλαζαν 4, 5, 4

χαλεπαίνω zürnen τινί 7, 1, 39

χαλεπός 3 schwer drückend, lästig, grausam, hart, ungünstig, μηδὲν χαλεπὸν πείσεσθαι 4, 4, 5, Adv. χαλεπῶς mit Widerstreben, mit Widerwillen 4, 5, 18; 6, 5, 18; — φέρειν ἐπὶ τῇ πολιορκίᾳ 7, 4, 21 unwillig sein über —, ärgerlich sein, τῷ πολέμῳ 5, 1, 29; 1, 5, 16; χαλεπῶς φέρειν τὸ φρόνημα unerträglich finden 7, 2, 44;

χαλεπῶς ἔφερεν ἀπεστερημένος 3, 2, 18; πυθόμενος ταῦτα χαλεπῶς ἤνεγκε 4, 3, 13; χαλεπῶς εἶχόν τινι ärgerlich sein über jdn. 1, 5, 16; 5, 2, 32; Acc. c. Inf. χαλεπῶς ἔχοι αὐτοὺς σωθῆναι schwierig sein 7, 4, 6

χαλινόω aufzäumen τοὺς ἵππους 7, 2, 21

χαλκεύς έως ὁ Schmied, Eisenschmied 8, 4, 17

χαλκο-τύπος ὁ Kupferschmied 3, 4, 17

χαμάθεν, (Keller) χαμόθεν 7, 2, 7 Adv. von der Erde, vom Boden

χαμαί Adv. auf der Erde 4, 1, 30

χαρά ἡ Freude, χαρᾷ δακρύειν 7, 2, 9

χαράδρα ἡ Waldstrom, Sturzbach 4, 2, 15

χαράκωμα τό verschanzter Ort, Verschanzung 5, 4, 38; 6, 2, 23

χαρίζομαι Gefallen thun, Dienst erweisen 1, 5, 6 τί ἂν χαρίζοιτο ποιῶν ὁμὶt er ihm einen Gef. thun könne; ἀντί jdm. 3, 1, 10; τοῦτο κεχαρισμένος ἔῃ (Dind. Keller ἔσει) τοῖς Ἀθην. 8, 9

χάρις ιτος ἡ Liebesdienst, Dank, χάριν αἰτίαν ἀποδιδόναι abstatten 1, 6, 11; πολλὴν χάριν αὐτῷ ἔχοι ὅτι sehr dankbar sein, weil 3, 4, 11 u. 7, 3, 9 εἰ; χάριν εἰδέναι τινί Dank wissen 4, 1, 4; χάριτας ἀποδιδόναι 4, 1, 33 geleistete Dienste vergelten, 3, 5, 16 χάριτα(ς) αὐτοῖς ἀποδοῦναι μείζονα(ς) ἢ ἔλαβον gröfsere Liebesdienste erweisen, als sie empfangen hatten (Dind. χάριτας Keller χάριτα); πρὸς χάριν zu Gunsten 6, 3, 7

χειμάζω überwintern 1, 2, 15
δια- überwintern 3, 2, 2; 4, 1, 16
χειμά-ρρους ὁ Waldstrom 4, 4, 7
χειμών ῶνος ὁ Gufs, Regengufs, Winterwetter, Unwetter, Winter ἦν μέσος χειμών 6, 5, 20; μάλα χειμῶνος ὄντος 5, 4, 14 obwohl es strenger Winter war

χείρ ός ἡ Hand χεῖρα ὀρέγειν bieten zur Unterstützung 5, 2, 17; ἐν χερσί τινος εἶναι in jds. Händen sein, handgemein sein 4, 6, 11; εἰς χεῖρας δέχεσθαι zum Angriff an sich herankommen lassen, es zum Handgemenge kommen lassen 2, 4, 34; εἰς χεῖρας ἐλθεῖν 3, 4, 14 ins Handgemenge kommen; ἐκ χειρὸς μάχεσθαι aus der Nähe (nicht durch Wurfgeschosse) kämpfen 7, 2, 14

ἐγ-χειρέω angreifen absol. 2, 4, 14 u. 4, 5, 16; ταῖς σφαγαῖς Blutbad anrichten 3, 2, 29
ἐπι- Hand anlegen, einschreiten τινί 2, 1, 2; 4, 4, 2 versuchen Inf., unternehmen; angreifen τινί 4, 5, 12
ἐγ-χειρίζω in die Hände liefern; Pass. 4, 4, 12
δια- unter den Händen haben, verwalten 7, 4, 34
χειρίς ίδος ἡ Ärmel am pers. Kleide bis zur Hand reichend 2, 1, 8
χειροτονέω mit ausgestreckter Hand in der Volksversammlung wählen στρατηγόν 6, 2, 11
δια- abstimmen; τούτων διαχειροτονουμένων 1, 7, 34 durch Stimmen entscheiden
χειρόω Med. in seine Gewalt bringen, bewältigen, 4, 2, 12 σφῆκας; 4, 3, 19 τοὺς ὄπισθεν

χείρων ονος (Komparat. zu κακός) schlechter (deterior dem Range nach), χεῖρον ἔπλεον; χεῖρον ὡπλισμένων 3, 5, 15, μηδὲν χεῖρον ὑπηρετῶ 3, 1, 11
χελώνη ἡ Schildkröte, Schirmdach 3, 1, 7
δια-χέω zergiefsen, Pass. sich auflösen, auseinanderlaufen 7, 4, 34
ἐκ- ausgiefsen, verschütten; 6, 5, 50 Plpf. Pass.
περι- umgiefsen; 2, 2, 21 Med. αὐτοὺς ὄχλος περιεχεῖτο πολύς umdrängen
χίλιοι 3 tausend 4, 2, 16
χίμαιρα ἡ Ziege 4, 2, 20
χιτών ῶνος ὁ (Leibrock, das unmittelbar auf dem Körper liegende) Unterkleid 2, 4, 19
χιών όνος ἡ (gefallener) Schnee, χιών παμπληθὴς ἐπιγίγνεται 2, 4, 3
χορός ὁ Reigentanz, Chortanz, Chor; ἀνδρικὸς χ. 6, 4, 16
ἀπο-χόω (-χώννυμι) durch Schutt u. Erde abdämmen 2, 2, 4 τοὺς λιμένας ἀποχῶσαι (vom Meere); τὸν ποταμὸν ἀπέχωσε 5, 2, 4
συγ- verschütten 3, 1, 18 τὴν κρήνην
χράομαι gebrauchen, verwenden Dat.; ὀλίγα ἐχρῆτο τοῖς ἀκατίοις 6, 2, 27; οὐκ εἶχον χρῆσθαι zur Verfügung 1, 4, 16; χρῆσθαι ὀρθῶς τῇ νίκῃ recht ausnutzen 7, 5, 25; τῇ πόλει ὅπως βούλοιντο mit der Stadt schalten nach Belieben 2, 3, 13; 2, 4, 37 παραδιδόναι σφᾶς αὐτοὺς Λακεδαιμονίοις χρῆσθαι ὅ,τι βούλονται sich auf Gnade und Ungnade ergeben; ἡμῖν συμμάχοις χρώμενος 4, 1, 36; χρῆσθαί τινι sich mit jdm. einlassen 6, 3, 10; τοῖς πατρίοις νόμοις χρῆσθαι ἐᾶν die polit. Selbständigkeit lassen 5, 2, 14; τοῖς χωρίοις πολεμίοις χρῆσθαι 7, 1, 25 mit schwierigen Ortsverhältnissen zu kämpfen haben; ἀκηρύκτῳ (s. dieses) πολέμῳ χρωμένων begriffen sein in 6, 4, 21; Neutr. eines Pron. τί χρῷτο τῷ πράγματι wie er sich die Verhältnisse zunutze machen, in der Sache sich verhalten sollte 2, 1, 2; 3, 5, 1; ἀποροῖν τί χρῷτο τοῖς πράγμασι (ein zu χρῆσθαι hinzugefügter Acc. eines Pron. im Neutrum bezeichnet das wie oder wozu des Gebrauchs); 7, 3, 7 ὅ,τι βούλεσθε χρῆσθαί τινι nach Belieben mit jdm. verfahren; 7, 4, 39; οἰκείως χρῆσθαί τινι 2, 3, 16 mit jdm. vertrauten Umgang haben; besitzen, haben χρήμασι ἀφθονωτέροις 6, 1, 12

χρεών (indekl. Part. von χρή) ὡς χρεὼν εἴη Acc. c. Inf. 7, 1, 28 nötig. gebührend, schicklich

χρή (χράω) Inf. χρῆναι, Impf. χρῆν u. ἐχρῆν es ist nötig, man muſs, man ist verpflichtet, man darf, Acc. c. Inf.; οὐ χρή unzweckmäſsig 5, 3, 7

χρῆμα τό Sache, Ding, Pl. Habe, Geld, Ware, ἕνεκα χρημάτων 2, 4, 40 aus Gewinnsucht; χρήματα τελέσαι 3, 5, 3 Geld erheben; s. τελέω

χρηματίζω nur Med.) für sich Geschäfte machen, für sich Vorteile suchen 5, 4, 31

χρήσιμος 3 brauchbar, nützlich, tüchtig, wacker 4, 8, 5 ἄνδρες; χρήσιμον ἐκείνῳ εἴη Acc. c. Inf. in jenes Interesse liegen 6, 2, 4

χρησμο-λόγος 2 Orakel verkündend ἀνήρ 3, 3, 3 orakelkundig

χρησμός ὁ Orakelspruch 3, 3, 3 χρ. εἴη φυλάξασθαι; 5, 4, 7 ὁ χ. ὡς δέοι

χρηστηριάζομαι das Orakel befragen 3, 2, 22

χρόνος ὁ Zeit, ὑστέρῳ χρόνῳ in späterer Zeit 2, 4, 43; χρόνῳ ποτέ nach geraumer Zeit, endlich 4, 1, 34; τῷ οὖν πρώτῳ χρόνῳ in der ersten Zeit, im Anfange 2, 3, 15; τῷ αὐτῷ χρ. in derselben Zeit 1, 2, 18; ἐν τίνι χρόνῳ im Verlaufe welcher Zeit 3, 3, 7; ἐν τούτῳ τῷ χρόνῳ im Verlaufe dieser Zeit, mittlerweile 3, 4, 20; ἐν ἐκείνῳ τῷ χρόνῳ 6, 4, 13 während —; ἐν πολλῷ χρόνῳ (Gegensatz ἐν ἡμέρᾳ) in langer Zeit 7, 4, 32; ὡς πλεῖστον χρόνον διαμένειν 6, 3, 7; πολὺν χρόνον lange Zeit; ὀλίγον χρόνον; ὅσον χρόνον 4, 4, 15 wie lange; τὸν παρελθόντα χρόνον die vergangene Zeit 6, 3, 17; τὸν πρόσθεν χρόνον früher 5, 1, 1; 6, 1, 2 σχεδὸν περὶ τοῦτον τὸν χρ. ungefähr um diese Zeit u. περὶ τούτους τοὺς χρόνους 1, 1, 33; κατ' ἐκεῖνον τὸν χρ. 6, 4, 10 während jener Zeit; εἰς τὸν ἀεὶ χρ. für ewige Zeiten 7, 4, 34; εἰς τὸν ἅπαντα χρ. für alle Zeit 6, 5, 41; μέχρι τούτου τοῦ χρ. 3, 2, 12; εἰς τὸν περὶ τὰ Πύθια χρόνον 6, 4, 30; προϊόντος τοῦ χρόνον im Verlaufe der Zeit 4, 8, 18; ἀναλοῦν τὸν χρόνον 6, 2, 13

χρύσειος 3 von Gold, τὰ χρύσεια (μέταλλα) Goldbergwerke 4, 8, 37

χρυσίον τό Gold 3, 5, 1; Demin. zu dem folg.

χρυσός ὁ Gold 4, 1, 30

χρυσοῦς ἢ οὖν golden 1, 5, 3; 7, 1, 35

χρῶς ὁ Haut, ἐν χρῷ κεκαρμένους 1, 7, 8 bis auf die Haut sich scheren

χύτρα ἡ Topf 4, 5, 4

χωλεύω lahm sein, Aor. — werden 3, 3, 3

ἄπο- lähmen 7, 2, 9 (= χωλόω)

χωλός 3 lahm 3, 3, 3 βασιλεία

χῶμα τό Wall, Damm 2, 3, 46

χώρα ἡ Land, κόπτων τὴν χώραν 4, 6, 5; τὰ κράτιστα τῆς χώρας 3, 4, 20; 2, 1, 1 κατὰ τὴν χώραν auf dem Lande umher; Platz, Stelle, κατὰ χώραν ἔθεντο ὅπλα, ἔνθεν ὥρμηντο 6, 4, 14; 4, 2, 20 ἐν χώρᾳ πίπτειν auf dem Platze bleiben; ἐν χώρᾳ αὐτοῦ μαχόμενος ἀποθνήσκει 4, 8, 39; κατὰ χώραν ἐᾶν au Ort u. Stelle lassen; Pl. Ländereien 4, 4, 1

χωρέω gehen, ziehen 2, 4, 10 κατὰ τὴν ἁμαξιτόν; Ἀγησίλαος ἐχώρει ἐπὶ τὴν Ἀρκαδίαν 6, 5, 12; vorrücken 4, 4, 9; ὁμόσε χωρεῖν τινι entgegenrücken 6, 5, 13

ἀνα- zurückgehen, umkehren, Rückmarsch antreten ἀπὸ τῆς πόλεως 5, 2, 39; 2, 4, 34; sich zurückziehen 4, 2, 22

ἀπο- weggehen, ἐκ τῶν πόλεων 5, 2, 13; 3, 5, 23; sich zurückziehen 4, 3, 5 στρέψαντες βάδην ἀπεχώρουν

ἐγ- impers. es geht an, es ist möglich, — thunlich Inf.; οὐκ ἐγχωροίη μὴ οὐκ ἐκποδὼν ποιεῖσθαι 2, 3, 16

ἐξ-ανα- wohin zurückgehen, zurückkehren 4, 2, 21; sich zurückziehen 7, 1, 28

ἐπι- zu jdm. heranrücken πρὸς ἑαυτόν 2, 4, 34

μετα- (weg u. anderswohin) gehen, — ziehen 3, 4, 26

παρα- auf die Seite gehen, ausweichen, jdm. den Vorrang, Vortritt zugestehen 5, 4, 28

προ- Fortgang haben, vonstatten gehen; οὕτω προχωρούντων 2, 4, 29 als es so vonstatten ging; τούτων προκεχωρηκότων ὡς ἐβούλοντο 5, 2, 1; 7, 2, 1; προκεχωρηκότων αὐτοῖς ὥστε εἶναι 5, 3, 27

προσ- hinzugehen, hinzutreten; 7, 4, 16 ἡ πόλις auf jds. Seite treten, sich ihm anschlieſsen τινί 1, 2, 19; εἰς τὴν συμμαχίαν 7, 4, 17

συγ- nachgeben, zugestehen, sich nachgiebig zeigen, οὐ σ. nicht darauf eingehen Acc. u. Inf. 7, 1, 27;

πρός τινα sich verständigen, Vergleich schliefsen Acc. c. Inf. 1, 3, 8; das Zugeständnis machen 3, 2, 12 Inf. (Sauppe); sich erbieten Inf. Aor. 3, 2, 30; συγχωρεῖν τὴν εἰρήνην ἐφ᾽ ᾧτε; τούτων συγχωρηθέντων 3, 2, 31
ὑπο- zurückgehen, zurückweichen, sich zurückziehen 2, 4, 1
χωρίον τό Raum, Strecke 3, 2, 10; Terrain χ. λάσιον 4, 2, 19; Platz,

Stelle, fester Platz, Kastell χωρίον καρτερόν; Gegend, 4, 2, 19, Ortschaft 3, 5, 17 τῶν κατ᾽ ἐκεῖνα χωρίων den in jener Gegend umher liegenden Ortschaften; Landsitz, Landgut 2, 4, 1; 3, 3, 5; Grundstück 5, 2, 7
χωρίς Adv. gesondert, abgesondert, getrennt, allein 5, 4, 7
χωρίτης ου Landbewohner 3, 2. 31
χῶρος ὁ Stelle, Ort, Ortschaft, Ackerfeld, Landgut, Pl. Ländereien 3, 1, 25

Ψ

ψέγω tadeln τινὰ ἐπὶ διατριβῇ 6, 4, 49; εἰ 6, 5, 51
ψεύδω täuschen 4, 4, 10 ψεύσει (Dind. ψεύσει); Med. lügen 3, 4, 6 ἃ ὤμοσεν ἐψεύσατο seinen Schwur brechen; 3, 3, 2 σεῦ ψευδομένω dor. statt -ου; ψεύδεταί σε οὗτος belügen 3, 1, 25; περὶ σφῶν 7, 4, 39; Pass. sich in etwas getäuscht sehen 7, 5, 24 οὐκ ἐψεύσθη τῆς ἐλπίδος; τῆς ὥρας 7, 1, 16
ψηφίζω mit Steinchen zählen, berechnen, zuerkennen, bewilligen 1, 2, 1 τὰ ψηφισθέντα πλοῖα; Med. abstimmen, beschliefsen 6, 2, 11, für harte Mafsregeln stimmen χαλεπὰ περὶ ὑμῶν 3, 5, 8; τὴν πολιτείαν 2, 3, 45; ψηφισαμένων τῶν Ἀθηναίων auf Beschlufs 1, 5, 18; εἰς τὴν ὑδρίαν; beschliefsen Inf. 6, 3, 2; 3, 5, 16; 1, 6, 24; 2, 1, 31; 2, 4, 28; Acc. c. Inf. 1, 1, 34; Ὀλυνθίοις ἐψηφισμένον εἴη Inf. 5, 2, 15
ἀπο- Med. 3, 5, 8 -εψηφίσατο μὴ συστρατεύειν sich dagegen erklären; 7, 3, 2
δια- der Reihe nach abstimmen περί τινος; 1, 7, 23
κατα- Dep. Med. wogegen stimmen; 1, 5, 19 zum Tode verurteilen Ἀθηναίων κατεψηφισμένων αὐτοῦ θά-

νατον; τῶν Ἐλευσινίων καταψηφιστέον ἐστίν 2, 4, 9; persönl. Pass. κατεψηφίσθη καὶ ἀποθνήσκει wurde verurteilt 5, 2, 36
ψήφισμα τό Volksbeschlufs, Beschlufs ἐγένετο wurde gefafst; ἀπὸ ψ. infolge eines B. 5, 1, 5
ψῆφος ἡ Steinchen zum Abstimmen, die Abstimmung; 7, 3, 2 ὅτε ψῆφος ἐδίδοτο als man abstimmen liefs; φανερὰν φέρειν τὴν ψῆφον öffentlich abstimmen lassen 2, 4, 9
ψήχω streicheln, striegeln ἵππους 2, 4, 6
ψιλός 3 nackt, leichtbewaffnet, ὁ ψ. Leichtbewaffneter ohne Schutzwaffen, nur für den Fernkampf mit Schufswaffen versehen (ἀκοντισταί, τοξόται u. σφενδονῆται 1, 2, 3) 2, 4, 12 ψιλοὶ ἀκοντισταί
ψόφος ὁ Geräusch, Lärm, ποιεῖν 5, 1, 8; 2, 4, 6
ψυχή ἡ Seele, Geist, ἐρρωμένος τὴν ψυχήν entschlossen 3, 4, 29
ψῦχος τό Frost, Kälte Pl. 5, 1, 15; 4, 5, 4 ψύχους ὄντος
ἀνα-ψύχω trocknen lassen ναῦς 1, 5, 10 aufs Trockene legen; ἀνεψύχθησαν erholten sich 7, 1, 19
ψυχρός 3 kühl ὑδάτων 5, 3, 19

Ω

ὤ Partikel des Ausrufs, ὦ ἄνδρες Ἀθηναῖοι (um die Aufmerksamkeit des Zuhörers auf das Gesprochene hinzulenken)
ὧδε Adv. auf folgende Weise, ὧδέ πως etwa so 6, 3, 3

ὠθέω stofsen, drängen, zurückdrängen πρὸς τὸν βωμόν 7, 4, 31; Pass. zurückgedrängt werden 7, 2, 8; sich drängen εἰς τὸ πρόσθεν 7, 1, 31; 4, 3, 19
δι- durchstofsen, τὰς χεῖρας διὰ τῆς

κόρης in den Armel zurückziehen 2), 1, 8 eine für die Begrüſsung des Perserkönigs übliche Ceremonie) ἐξ- von einem Orte verdrängen, vertreiben, treiben πρὸς τὴν γῆν 4, 3, 12 παρ- zur Seite stoſsen, zurücksetzend behandeln 2, 3, 14

ὠμός 3 roh; 3, 3, 6 ὠμῶν ἐσθίειν αὐτῶν mit Haut und Haaren fressen

ὠνέομαι einkaufen 2, 1, 27 συν- zusammenkaufen 5, 4, 56

ὤνιος 2 käuflich 3, 4, 17

ὥρα ἡ Jahreszeit; τὸν τῆς ὥρας εἰς τὸν περίπλουν χρόνον 6, 2, 13 günstige Jahreszeit; Tageszeit περὶ ἄριστον ὥραν 1, 1, 13; die Früchte der Jahreszeit 2, 1, 1 ἀπὸ τῆς ὥρας ἐτρέφοντο; ὥρα γε ὑμῖν Inf. es ist Zeit 7, 1, 37; 5, 4, 54 ἐπεὶ ὥρα ἦν

ὡς I) Adv. der Art und Weise und der Vergleichung: wie, gleichwie, als, gleichsam als mit Subst., Adj. 5, 4, 5 στείλας ὡς δεσποίνας angekleidet wie Herrinnen; 2, 1, 7 ἔδοσαν τὸν Λύσανδρον ὡς ἐπιστολέα; ἀφικόμενοι ὡς ὑμῖν σύμμαχοι 3, 5, 9; ὡς Σικυωνίους οὐδὲν ἐφοβοῦντο 4, 4, 10; 1) ὡς mit Part., um die durch dasselbe ausgedrückte Handlung als eine Vorstellung, bes. als e. subjektiven, mutmaſslichen Grund anzugeben – in der Meinung daſs, als wenn, als ob – 6, 2, 21 ὡς φεύγουσιν ἐπίθεντο; παρασκευάζεσθαι ὡς μάχης ἐσομένης 4, 2, 18 weil es vermutlich zu einer Schlacht kommen würde; 3, 2, 14 ὡς προεληλυθότων τῶν πολεμίων; 1, 4, 14; ὡς mit Acc. absol. des Part. ὡς ἐλευθέρους ἐσομένους 6, 5, 28; 2, 3, 21 ὡς ἐξόν als ob es ihnen erlaubt wäre. – Beim Part. Fut., wenn die Absicht aus der Seele der handelnden Person ausgesprochen wird; 1, 2, 6 ἀπήγαγεν τὴν στρατιὰν ἐπὶ θάλατταν ὡς εἰς Ἔφεσον in der Absicht um –; παρεσκευάζετο ὡς μαχούμενον 3, 2, 17 (in dem Gedanken zu –, entschlossen zu –) – 2) ὡς neben Zahlbegriffen – etwa, ungefähr, ὡς σὺν ἑβδομήκοντα 2, 4, 2; ὡς διακόσιοι ungefähr zweihundert; ἀποκτείναντες ἐξ αὐτῶν ὡς εἰς ἑκατόν 1, 2, 9 u. 2, 4, 25 oder ὡς εἰς 4, 1, 18 u. 19 ὡς εἰς ἑπτακοσίους; ὡς περὶ 5, 4, 14; σταυρώματι ὡς ἀνδρομήκει ὄντι ungefähr mannshoch 3, 2, 3 — 3) ὡς

zur Steigerung adjektiv. und adv[erbial] Begriffe, hauptsächlich im Sup[er]lativ (für den relativ höchsten Gr[ad] ὡς πλείστους möglichst viele, τάχιστα möglichst schnell — 4). [] neben Präpositionen (um den Sch[ein] im Gegensatz zur Wirklichkeit an[zu]geben) 2, 1, 22 πάντα παρασκευα[σά]μενος ὡς εἰς ναυμαχίαν als wollte eine Seeschlacht liefern; 1, 1, 16 [] 5) ὡς als Präposition 1, 3, 8 ὡς βα[σι]λέα πρέσβεις ἀναγαγεῖν; 5, 2, 1 π[] ψαντες ὡς τοὺς Μαντινέας (ὡς [] nur von der Richtung nach Person[en] — 6) ὡς mit Gen. des Subst. [] vollem Nebensatz 2, 1, 14; 4, 5, [] διάξαντες ὡς τάχους ἕκαστος εἶχε s[o] schnell jeder konnte — II) Konjunk[-]tion 1) der Zeit — wie, sowie, al[s] während, ὡς ἤνοιγε 1, 1, 2; ὡς ἤρ[-]ξαντο ἐπαναχωρεῖν 6, 2, 21; zur Be[-]zeichnung der unmittelbaren Folg[e] ὡς (εἶδον) τάχιστα 7, 5, 16 sobald al[s] — 2) des Grundes — da ja, weil denn 3, 1, 7 ὡς ἐνέβαλον; Opt. mit ἄν 7, 4, 8; parataktisch — denn 2, 3, 34 ὡς οὗτος σωθεὶς πολλοὺς ἂν ποιήσει[ε] —3) in Objektssätzen — daſs εἶπε[ν] ὡς; ὡς ταῦτα ἀληθῆ — εὑρήσετε 2, 3, 27; ὡς mit dem Inf. 6, 5, 42 ἐλπίζειν χρὴ ὡς ἄνδρας ἀγαθοὺς μᾶλλον ἢ κακοὺς αὑτοὺς γενήσεσθαι; 6, 4, 37 ὡς zu Anfang des abhängigen Satzes und rekapitulierendes ὅτι u. 6, 5, 13 — 4) in Konsekutivsätzen st. ὥστε zum Ausdruck der beabsichtigten Folge, 1, 6, 20 ἐξεβίβαζεν ὡς μὴ καταδήλους εἶναι ταῦτα ποιοῦντας ebenso ὡς συμμάχους εἶναι 5, 2, 38; 3, 4, 27: 6, 1, 13; ὡς συνελόντι εἰπεῖν um es kurz zu sagen 7, 5, 6; nach οὕτω m. Ind. 4, 1, 33; 4, 4, 16; 6, 1, 14 — 5) im Finalsatze — damit — mit Opt. 2, 3, 14; 2, 3, 33 φυλάξασθαι ὡς μή ταὐτὸ δύνασθῇ ποιῆσαι; κατασκευάσαι ὡς μὴ δύναιντο 5, 2, 1

ὥς Adv. so, also, auf diese Weise, οὐδ' ὥς trotzdem nicht 7, 2, 3; καὶ ὥς schon ohnehin 5, 1, 18; ὥς — οὕτω; im Nachsatze — so, dann (3, 3, 2 einzige Stelle aus dem spartan. Kriegsgesetze stammend)

ὡσαύτως Adv. ebenso 4, 2, 12; desgleichen 7, 5, 1

ὡσεί Adv. wie wenn; bei Zahlen — ungefähr 2, 4, 25; 1, 2, 9 (vgl. ὡς εἰ)

ὥσπερ Adv. gerade so wie, gleich

wie, gleich als ob — vor ganzen
Sätzen 5, 2, 19; mit Acc. absol. Part.
ὥσπερ τοῦτον τὸν ἀριθμὸν ἔχοντα als
ob diese Zahl hätte 2, 3, 19; ὥσπερ
ἔτυχε so wie er war — ohne weiteres,
ohne Verzug 3, 1, 19; ὥσπερ εἰ mit
Opt. 3, 3, 4
ὥστε Konjunktion 1) zu Anfang eines
selbständigen Satzes — u. so, da-
her, demnach, also — itaque; mit
Ind. 2, 4, 27; 2, 2, 3; thatsächliche
Folge 4, 2, 21; nach ούτω einen zur
Ausführung u. Erklärung dienenden
Satz einleitend mit Ind. 4, 1, 7 u. 7,
4, 32; 3, 3, 10; 4, 2, 19, — so dafs

(nämlich); mit Inf. zur Bezeichnung
1) der notwendigen Folge 1, 2, 18 —
2) der möglichen Folge nach e. Kom-
parativ ἐλάττω ἢ ὥστε ὠφελεῖν als
dafs man hätte nützen können —
3) der beabsichtigten Folge 3, 1, 10
ὥστε καὶ αὐτῷ δοῦναι um ihm zu
gebvn; 2, 4, 8 Acc. c. Inf.; 4, 4, 2 —
4) der Bedingung enthaltenen Folge
5, 3, 14 χρήματα ἐδίδοσαν, ὥστε μὴ
ἐμβάλλειν unter der Bedingung, dafs;
6, 3, 17 ἀγῶνα καταστῆσαι, ὥστε ἢ
πάντα λαβεῖν ἢ — wo es Bedingung
ist, entweder —
ὠφελέω nützen, helfen τινά

Namenverzeichnis.

ιεξίας ον ὁ athenischer Archont
Ι05 v. Chr.) 2, 1, 10
ιεξιππίδας ὁ spart. Ephor 2, 3, 10
ίαρτος ον ἡ Stadt in Böotien 3,
6
ιεῖς ἑων οἱ Bewohner der Stadt
ιαί in Argolis 6, 2, 3
ιπεδον τό Ebene am athen. Hafen
räus 2, 4, 30
ίσαρνα ἡ Stadt in Troas 3, 1, 6
κέτας α ὁ Spartaner 5, 4, 56; epi-
tischer Dynast 6, 1, 7
κιβιάδης ον ὁ Athener 1, 1, 5;
rateg der Ath. 1, 4, 10
κιμένης ονς ὁ Korinther 4, 4, 7
τις εως ἡ heiliger Hain des Zeus
Olympia 7, 4, 29
υζία ἡ Stadt in Akarnanien 5, 4, 65
ὑπητος ὁ Lakedämonier 5, 4, 52
φειός ὁ Fluss in Elis 3, 2, 29
ιαξιτός ἡ Küstenstadt in Troas
1, 13
ιβραχία ἡ Stadt in Akarnanien 6,
3; -κιώτιδες νῆες 5, 4, 65
ιύκλαι ὧν αἱ alte Hauptstadt von
ικονien bei Sparta, berühmt durch
ἐn Apollokultus 6, 5, 30; Einw. 'Αμυ-
ιαῖοι oder 'Αμυκλαιεῖς 4, 5, 11
ιύντας ον ὁ König von Makedonien
2, 12
ιφεῖον τό Heiligtum des Amphion
ι Theben 5, 4, 8
ιφίδολοι οἱ Stadt in Triphylien 3,
30; Einw. derselben 3, 2, 25
ιφίπολις εως ἡ Stadt am Strymon
ι Makedonien 4, 3, 1
ιαίτιος ὁ einer von den Dreifsig in
then 2, 3, 2
ιαξίβιος ὁ Lakedämonier 4, 8, 82;
larmost in Abydos
ιαξικράτης ονς ὁ Bürger von By-
anz, der s. Vaterstadt den Athenern
ι die Hände spielte 1, 3, 18
ιαξίλαος ὁ Bürger von Byzanz 1,
18
ιδροκλείδας ον ὁ Thebaner 3, 5, 1
ιδρόμαχος ὁ Hipparch der Eleer
4, 1, 19
ιδρος ἡ eine der kykladischen In-
ιeln nahe der Südspitze von Euböa
ι, 4, 21
ιννίβας α ὁ Hannibal, Sohn des Gis-
kon 1, 1, 37 ein Karthager
ινταλκίδας ον ὁ Laked., welcher
387 v. Chr. einen für Griechenland
schimpflichen Frieden mit dem Perser-
könige abschlofs 4, 8, 12

'Αντανδρος ἡ Küstenstadt in Troas
am Ida 1, 1, 25; 'Αντάνδριοι 1, 1, 26
'Αντιγένης ον ὁ athen. Archont 407
v. Chr. 1, 3, 1
'Αντίοχος ὁ Athener, Steuermann des
Admiralschiffes des Alkibiades 1, 5, 11
'Αντισθένης ονς ὁ Lakedämonier 3,
2, 6
'Αντιφῶν ῶντος ὁ Athener 2, 3, 40
"Ανντος ὁ Athener 2, 3, 42
'Απατούρια ων τά ein Familienfest
im Pyanepsion (Oktober), bei dem
die Phratrien unter sich zusammen-
kamen; der erste Tag war bestimmt
zum Festmahl, der zweite zu den
Hauptopfern, der dritte zur Einzeich-
nung der im Laufe des Jahres gebo-
renen Kinder in die Phratorenver-
zeichnisse 1, 7, 8
'Απολλοφάνης ονς ὁ Kyzikener 4, 1, 29
'Απόλλων ωνος ὁ Sohn des Zeus| u.
der Leto, Gott der Sonne, Gott der
Weissagung, Gott der Poesie und
Musik 3, 5, 5; Heiligtümer desselben
6, 4, 2; in Delphi 4, 7, 2; Orakel
3, 3, 3
'Απολλωνία ἡ Stadt auf der chalkid.
Halbinsel 5, 2, 11; 'Απολλωνιᾶται 5,
2, 13
"Αραχος ὁ spart. Nauarch 2, 1, 7;
Ephor (408 v. Chr.) 2, 3, 10
'Αργεῖος ὁ Eleer 7, 1, 33
'Αργινοῦσαι ῶν αἱ drei kleine Inseln
zwischen Lesbos und dem Festlande
1, 6, 27
"Αργος εος τό Stadt in Argolis im
Peloponnes 3, 5, 1; das Land 'Αργεία
4, 7, 4; Einw. 'Αργεῖοι 1, 3, 13
'Αρεσίας ον ὁ einer der Dreifsig in
Athen 2, 3, 2
'Αριαῖος ὁ ein Perser 4, 1, 27
'Αριοβαρζάνης ον und ονς ὁ pers.
Satrap in Kleinasien 1, 4, 7
'Αρίσταρχος ὁ Athener; einer von den
Vierhundert 2, 3, 46
'Αριστογένης ονς ὁ ath. Stratege 1,
5, 16; Syrakuser 1, 2, 8
'Αριστόδημος ὁ Lakedämonier 4, 2, 9
'Αριστοκλῆς έονς ὁ Athener 6, 3, 2
'Αριστοκράτης ονς ὁ Athener 1, 4, 21
'Αριστόλοχος ὁ Spartaner 5, 4, 22
'Αριστοτέλης ονς ὁ Athener 2, 2, 18;
einer von den Vierhundert 2, 3, 46
'Αριστοφῶν ῶντος ὁ Athener 6, 3, 2
'Αρίστων ωνος ὁ Bürger von Byzanz
1, 3, 18
'Αρκαδία ἡ Landschaft im Peloponnes

4, 4, 16; Ἀρκάδες 3, 2, 26; τὸ Ἀρκα-
δικόν der arkad. Bund 6, 5, 11
Ἀρράχης ους ὁ Perser 1, 3, 12
Ἀρταξέρξης ου ὁ Perserkönig 5, 1, 31
Ἀρτεμις ιδος ὁ Tochter des Zeus und
der Leto; sie ist Göttin des Mondes
und Göttin der Jagd 6, 5, 9; Ἔφεσος
1, 2, 6; Μουννχία 2, 4, 11; Λεύκοφρυς
3, 2, 19; Ἀστυρηνή 4, 1, 41; Ἀγρωτέρα
4, 2, 20
Ἀρχέδημος ὁ Athener 2, 2, 15
Ἀρχέστρατος ὁ Athener 2, 2, 15; Stra-
tege 1, 5, 16
Ἀρχίας ου ὁ Polemarch in Theben
5, 4, 2
Ἀρχίδαμος ὁ Lakedämonier 1) Va-
ter des Agesilaos 5, 3, 13 — 2) Sohn
des Ages 5, 4, 25 — 3) ein Eleer
7, 1, 33
Ἀρχύτας α ὁ spartan. Ephor (404 v.
Chr.) 2, 1, 10
Ἀσέα ἡ Ort in der Nähe von Megu-
lopolis im südlichen Arkadien 6, 5,
11; Ἀσεᾶται 7, 5, 5
Ἀσία ἡ Kleinasien 2, 1, 8
Ἀσίτη ἡ ein Ort im lakon. Meerbusen
in der Nähe von Tänaron 7, 1, 25;
Einw. Ἀσιναῖοι
Ἀσπενδος ἡ Stadt in Pamphylien 4,
8, 30; Ἀσπένδιοι
Ἀστύοχος ὁ Spartaner 1, 1, 31
Ἀστυρηνή Ἀρτεμις; Ἀστυρα ων Stadt
in Mysien mit einem Tempel der Ar-
temis 4, 1, 41
Ἀταρνεὺς έως ὁ Stadt in Äolis 3, 2, 11
Ἀττική ἡ Landschaft in Mittelgrie-
chenland 1, 7, 22; Ἀττικαὶ νῆες 5,
1, 26
Αὐλίς ιδος ἡ Stadt am Euripos in
Böotien, der Stadt Chalkis auf Euböa
gegenüber 3, 4, 3
Αὐλών ωνος ὁ Thal u. St. an der
Grenze von Elis u. Messenien 3, 2, 25;
Αὐλωνῖται 3, 3, 8
Αὐτοβοισάκης ου ὁ Perser 2, 1, 8
Αὐτοκλῆς έους ὁ Athener 6, 3, 2
Ἀφροδίσια ων τά Fest der Aphro-
dite; 5, 4, 4 (ein ausschweifendes Ge-
lage zur Feier der glücklich beende-
ten Amtsführung); Ἀφροδίσιον τό
Tempel 5, 4, 58
Ἄφυτις ιος Stadt auf der chalkid.
Halbinsel Pallene 5, 3, 19
Ἀχαΐα ἡ das nördliche Küstenland
des Peloponnes 3, 2, 23; Ἀχαιοί 3, 2,
26; Ἀχαιοί in Phthiotis 1, 2, 18; Ἀχαϊκὰ
ὄρη 4, 3, 2

Ἀχίλλειον τό Stadt in Kleinasien
der Mäander-Ebene 3, 2, 17
Βαγαῖος ὁ ein Perser 3, 4, 13
Βενδίδειον τό Tempel der Artem
Βένδις im Piräus zu Athen 2, 4, 1
Βιθυνὶς Θρᾴκη Landschaft im nör
Kleinasien 3, 2, 2; Bewohner Βιθ-
Θρᾴκες 1, 3, 2
Βοιωτία ἡ Landschaft in Mittelgr
chenland 3, 5, 17; 5, 1, 33; B
Βοιωτοί 1, 3, 15; Βοιωτίδες πόλεις
8, 15; Βοιωτίαι 5, 1, 33; Βοιωτα
3, 4, 4
Βοιώτιος ὁ Lakedämonier 1, 4, 2
Βρασίδας ου ὁ spart. Ephor (430
Chr.) 2, 3, 10
Βυζάντιον τό Stadt in Thrakien
Bosporus 1, 1, 35; Βυζάντιοι 1, 3,

Γαιάοχος ὁ Beiname des Poseidon
5, 30 (erdumfassend)
Γαλαξίδωρος ὁ Thebaner 3, 5, 1
Γάμβρειον τό Stadt in Ionien 3, 1
Γαύρειον τό Hafen auf Andros 1, 4,
Γέλα ας ἡ Stadt an der Südwe
küste von Sicilien 2, 3, 5
Γεραιστός ὁ Vorgebirge und Stadt
an der Südspitze von Euböa 3, 4. 4
Γεράνωρ ορος ὁ spartan. Polemarch
7, 1, 25
Γέργις ιθος ἡ Stadt in Troas 3, 1, 15;
Einw. Γεργίθιοι 3, 1, 22
Γλαύκων ωνος ὁ Athener 2, 4, 19
Γνῶσις ὁ Bürger von Syrakus 1, 1, 29
Γογγύλος ὁ Eretrier 3, 1, 6
Γοργίων ωνος ὁ Bruder des Γοργύλος
3, 1, 6
Γοργώπας α ὁ Lakedämonier 5, 1, 5
Γόρδιον (Γορδίειον) τό phryg. Stadt
1, 4, 1
Γραῦος στῆθος Hügel in der Nähe
von Theben 5, 4, 50
Γύνειον τό Stadt in Äolis 3, 1, 6
Γύθειον τό Seestadt am lakonischen
Meerbusen 1, 4, 11
Γύλις ιος ὁ spartan. Polemarch 4, 3, 21

Δαρδανεὺς έως ὁ Bew. der Stadt Dar-
danos in Troas 3, 1, 10; Fem. Δαρδανίς
Δαρεῖος ὁ König der Perser 1, 2, 19;
Δαρειαῖος 2, 1, 8
Δασκύλειον τό (Δασκυλίειον) Residenz
des Pharnabazos an der Südküste
der Propontis 3, 4, 13
Δεῖγμα τό ein Platz im Piräus zur
Ausstellung von Warenproben 5, 1,

21, wahrscheinlich eine der 5 Säulen-
hullen der *Μακρὰ Στοά*
Δείνων ωνος ὁ spartan. Polemarch
5, 4, 33
Δεκέλεια ἡ Flecken u. Gemeinde in
Attika 1, 1, 33
Δελφίνιον τό ein fester Platz auf
Chios 1, 5, 16
Δελφίων ωνος ὁ ein Phliasier 5, 3, 22
Δελφοί οἱ Stadt in Phokis mit be-
rühmtem Orakel des Apollo am Fuße
Parnassos 3, 3, 1
Δέρας τό Kastell in Sikyonia 7, 1, 22
Δέρσας α ὁ Dynast in Elimia 5, 2, 38
Δερκυλίδας α (Dind. ον) *ὁ* Harmost
u. Feldherr der Laked. 3, 1, 9; 3,
1, 8—28
Δημαίνετος ὁ Athener 5, 1, 10
Δημάρατος ὁ laked. König 3, 1, 6
Δήμαρχος ὁ Feldherr der Syrakuser
1, 1, 29
Δημήτηρ Δήμητρος Tochter des Kro-
nos und der Rhea, die Ackergöttin,
welche den Menschen den Gebrauch
des Pfluges lehrt, ihn zu festen An-
siedelungen führt und ihm Gesetze
giebt. Hauptstätte ihres Kultus ist
Eleusis. Neun Tage währten die
grofsen Eleusinien, ihr Hauptfest 6,3,6
Δημόστρατος ὁ Athener 6, 3, 2
Δημοτέλης ους ὁ Lakedämonier 7,
1, 32
Δημοτίων ωνος ὁ Athener 7, 4, 4
Διοκλῆς έους ὁ einer der Dreifsig in
Athen 2, 3, 2
Διομέδων οντος Feldherr der Athe-
ner 1, 5, 16
Διονύσιος ὁ Athener 5, 1, 26 — 2)
Tyrann von Syrakus 2, 2, 24 — 3)
Sohn desselben 7, 4, 12
Διόνυσος ὁ Sohn des Zeus und der
Semele ist Gott des Weines, seine
Gabe bringt dem Menschen Zufrie-
denheit u. läfst ihn die Sorgen ver-
gessen. Dem Gotte zu Ehren wurden
in Athen 4 Feste gefeiert 1) die klei-
nen Dionysien, 2) die Lenäen, 3) die
Anthesterien, 4) die grofsen Diony-
sien; Tempel des Gottes in Aphytis
5, 3, 19
Διοπείθης ους ὁ Lakedämonier 3, 3, 3
Διόσκοροι (*Διοσκούροιν* Keller) *οἱ*
Kastor u. Polydeukes (Pollux), Söhne
des Zeus. K. war ein Rossebändiger,
während P. sich im Faustkampfe her-
vorthat. Zu Sparta waren sie Schir-
mer des Staates und Vorsteher der

Gymnastik. Auch wurden sie als
Beschützer der Seefahrer und Schir-
mer der Gastfreundschaft verehrt 6,
3, 6
Διότιμος ὁ Athener 1, 3, 12
Διφρίδας α ὁ Anführer der Laked.
4, 8, 21
Δίων ωνος Athener 4, 8, 13
Δόλοπες οἱ Völkerschaft in Epirus
6, 1, 17
Δρακοντίδης ου ὁ einer der Dreifsig
in Athen 2, 3, 2
Δράκων οντος ὁ Pelleneer 3, 2, 11
Δωριεύς έως ὁ Rhodier 1, 1, 2
Δωρόθεος ὁ Athener 1, 3, 13

Εἵλωτες s. *εἵλωτες* 1, 2, 18
Ἔκδικος ὁ lakedämonischer Nauarch
4, 8, 20
Ἐλαιοῦς οῦντος ὁ Stadt an der Süd-
spitze des thrak. Chersonnes 1, 2, 20
Ἐλευθεραί ὧν αἱ Stadt in Böotien
an der att. Grenze und am Südab-
hange des Kithäron 5, 4, 14
Ἐλευσίς ῖνος ἡ Stadt in Attika, der
Demeter heilig 2, 4, 8; *Ἐλευσίνιοι*
2, 4, 8
Ἑλικών ῶνος ὁ Helikon, Berg in Böo-
tien, als Hauptsitz der Musen be-
rühmt 4, 3, 16
Ἐλιμία ἡ südwestl. Landschaft von
Makedonien 5, 2, 38
Ἔλιξος ὁ Megareer 1, 3, 15
Ἑλλάς άδος ἡ das von Griechen be-
wohnte Land 2, 2, 6
Ἕλληνες ων οἱ Griechen 1, 5, 9; *Ἑλλη-
νίδες πόλεις* 2, 2, 20; *Ἑλληνικὸν στρά-
τευμα* 3, 2, 15
Ἑλλήσποντος ὁ Hellespont (heutige
Meer der Dardanellen) 1, 1, 2; *Ἑλλη-
σπόντιοι*; *-πόντιαι πόλεις* 4, 8, 31
Ἕλος τό Ort am lakon. Meerbusen
6, 5, 32
Ἑλυμία ἡ Stadt u. Gegend in Arka-
dien 6, 5, 13
Ἔνδιος ὁ spart. Ephor 2, 3, 1
Ἐννάλιος ου ὁ Beiname des Ares
2, 4, 17
Ἐξάρχος ου ὁ spart. Ephor (427 v.
Chr.) 2, 3, 10
Ἐπαμεινώνδας ου ὁ theban. Feldherr
7, 4, 39
Ἐπάριτοι s. *ἐπάριτοι* Arkader
Ἐπήρατος ὁ spart. Ephor 2, 3, 10
Ἐπίδαυρος ου ἡ Stadt in Argolis am
saron. Mb. 6, 2, 3; *Ἐπιδαύριοι* 4, 2, 16
Ἐπίδοχος ου ὁ Syrakuser 1, 1, 29

Ἐπιείκεια ('Επιεικία) ας ἡ Ort bei Sikyon 4, 2, 14
Ἐπικυδίδας ου ὁ Spartaner 4, 2, 2
Ἐπιτάλιον τό Stadt am Alpheios in Elis 3, 2, 29; Ἐπιταλιεύς 3, 2, 25
Ἐρασινίδης ου ὁ athen. Strateg 1, 5, 16
Ἐρασίστρατος ὁ einer von den Dreissig in Athen 2, 3, 2
Ἐρατοσθένης ους ὁ einer von den Dreifsig in Athen 2, 3, 2
Ἐρετριεύς έως ὁ Bewohner der Stadt Eretria auf Euböa 3, 1, 6
Ἑρμιών όνος ἡ = Ἑρμιόνη Seestadt in Argolis 6, 2, 3; Ἑρμιονεῖς 4, 2, 16
Ἑρμογένης ους ὁ Athener 4, 8, 13
Ἑρμοκράτης ους ὁ Syrakuser 1) Vater des Tyrannen Dionysius 2, 2, 24 -- 2) Feldherr der Syrakuser 1, 1, 27
Ἕρμων ωνος ὁ Megareer 1, 6, 32
Ἐρυθραί ῶν αἱ Stadt am Kithäron in Böotien 5, 4, 49
Ἑστία ας ἡ der im Rathause zu Athen befindliche Altar der hausbeschützenden Göttin 2, 3, 52; in Olympia 7, 4, 31
Ἐτεόνικος ὁ Lakedämonier 1, 1, 32
Ἐτυμοκλῆς έους ὁ Lakedämonier 5, 4, 22
Εὐαγόρας ου ὁ 1) Fürst von Salamis auf Kypros 2, 1, 29 — 2) Eleer 1, 2, 1
Εὐάλκης ους ὁ Athener 4, 1, 40
Εὐάρχιππος ὁ spart. Ephor 1, 2, 1
Εὔβοια ας ἡ Insel des ägäischen Meeres Böotien und Attika gegenüber 4, 2, 17; Εὐβοεῖς 4, 3, 5
Εὔβυλος ὁ athen. Stratege; 1, 1, 22 (Dind. Εὔμαχος)
Εὐβώτας ου ὁ Kyrenäer 1, 2, 1
Εὐδαμίδας ου ὁ Lakedämonier 5, 2, 25
Εὔδικος ὁ Lakedämonier 5, 4, 32
Εὐθυκλῆς έους ὁ Lakedämonier 7, 1, 33
Εὔκλεια τά Fest der Artemis zu Korinth u. Theben 4, 4, 2
Εὐκλείδης ου ὁ einer von den Dreifsig in Athen 2, 3, 2
Εὐκλῆς έους ὁ Syrakuser 1, 2, 8
Εὐκτήμων ονος ὁ athen. Archont (408 v. Chr.) 1, 2, 1
Εὐμάθης ους ὁ einer von den Dreifsig in Athen 2, 3, 2
Εὔμαχος ὁ athen. Stratege 1, 1, 22 (Sauppe Εὔβουλος)
Εὔνομος ὁ athen. Nauarch 5, 1, 5
Εὔξενος ὁ Laked. 4, 2, 5

Εὐρυμέδων οντος ὁ Flufs in Pamphylien 4, 8, 30
Εὐρυπτόλεμος ὁ Athener 1, 3, 12
Εὐρυσθένης ους ὁ Dynast von Teuthrania u. Halisarna, Nachkomme des Königs Demaratos 3, 1, 6
Εὐρυσθεύς έως Sohn des Sthenelos, König von Mykene, der dem Herakles die 12 Arbeiten auferlegte 6, 5, 47
Εὐρώπη ἡ (Erdteil) Europa 3, 2, 2
Εὐρώτας α ὁ Flufs bei Sparta 5, 4, 25
Εὔταια ας ἡ Stadt in Arkadien bei Mantineia 6, 5, 12
Εὐτρήσιοι ων οἱ Ortschaft im südlichen Arkadien u. Landschaft 7, 1, 22
Εὔφρων ονος ὁ Sikyonier 7, 1, 44
Ἔφεσος ἡ Stadt in Ionien 1, 2, 6; die Landschaft Ἐφεσία ἡ 3, 2, 14; Ἐφέσιοι 1, 2, 10
Ἐφιάλτης ου ὁ Athener 4, 8, 24

Ζάκυνθος ου ἡ Insel im ion. Meere 6, 2, 3; Ζακύνθιοι
Ζεύξιππος ὁ spart. Ephor 2, 3, 10
Ζεύς Διός der oberste Gott, Herr der Götter u. Menschen; als Himmelsgott verkündet sich Zeus den Menschen in den gewaltigen Naturerscheinungen (Sturm, Donner, Blitz, Regen). Er ist Nationalgott der Griechen, daher sein Kultus überall verbreitet ist. Alle Kultusstätten übertraf an Berühmtheit das Zeusheiligtum in Olympia 3, 2, 22
Ζῆρις ιος Dardanier u. pers. Satrap in Äolis 3, 1, 10
Ζωστήρ ῆρος ὁ Vorgebirge an der Südwestküste von Attika 5, 1, 9

Ἠιών όνος ἡ Hafenstadt von Amphipolis in Makedonien am Ausflufs des Strymon 1, 5, 15
Ἦλις ιδος ἡ Stadt in dem nordwestl. Peloponnes 3, 2, 23; Landschaft Ἠλεία 3, 2, 23; Ἠλεῖοι Bewohner 3, 2, 21
Ἤπειον τό Stadt in Triphylien 3, 2, 30
Ἤπειρος ου ἡ Epirus 6, 1, 7
Ἡραία ἡ Stadt im westl. Arkadien 3, 2, 30; Ἡραιεῖς 6, 5, 11
Ἥραιον τό Heiligtum der Hera im korinth. Gebiet 4, 5, 5; in Phliasia 7, 2, 1
Ἡράκλεια Τραχινία Stadt in Phthiotis 1, 2, 28; Ἡρακλεῶται 3, 5, 6
Ἡρακλείδης ου Syrakuser 1, 2, 8
Ἡρακλῆς έους Herakles 6, 3, 6; Heiligtum dess. Ἡράκλειον 5, 1, 10 in

Ägina; bei Kalchedon 1, 3, 7; in The-
ben 6, 4, 7
Ἡριππίδας ου ὁ Spartaner 3, 4, 6
Ἡρώδας α ὁ Syrakuser 3, 4, 1

Θαλάμαι ῶν αἱ Festung in Elis 7, 4, 26
Θαμνήρια ων τά Stadt in Medien 2,
1, 13
Θάσος ἡ Insel im thrakischen Meere
1, 1, 12 u. 1, 1, 32 (seit 411 lakonisch)
Θεμιστογένης ους ὁ Syrakuser 3, 1, 2
Θεογένης ους ὁ Athener 1, 3, 13
Θέογνις ιδος ὁ einer der Dreifsig in
Athen 2, 3, 2
Θεόπομπος ὁ Milesier 2, 1, 30
Θερμοπύλαι ῶν αἱ Engpaſs am Öta
mit warmen Quellen 6, 5, 43
Θέρσανδρος ὁ Spartaner 4, 8, 18
Θεσπιαί αἱ Stadt im südlichen Böo-
tien am Helikon 5, 4, 15; die Land-
schaft Θεσπική 6, 4, 4; Θεσπιεῖς 4,
2, 20
Θετταλία ἡ Thessalien in Nordgrie-
chenland 2, 3, 4; Θετταλοί 2, 3, 4
Θῆβαι ῶν αἱ Theben, Stadt in Böo-
tien 2, 4, 1; Θηβαῖοι 1, 7, 28
Θήβη ἡ Stadt in Troas 4, 1, 41
Θηραμένης ους ὁ Athener 2, 3, 31
Θηρίμαχος ὁ spart. Harmost 4, 8, 29
Θίβραχος ὁ Laked. 2, 4, 33
Θίβρων ωνος ὁ Spartaner (400 v. Chr.)
3, 1, 4; 4, 8, 17
Θίσβαι αἱ Stadt in Böotien 6, 4, 3
Θορικός ὁ an der südöstl. Küste von
Attika gelegene Stadt 1, 2, 1
Θούριοι οἱ St. in Lukanien an der
Stelle von Sybaris; Θούριαι τριήρεις
1, 5, 19
Θρᾴκη ἡ Thrakien 1, 3, 10; Θρᾷκες
3, 2, 8
Θρᾴκιον τό Ort in Byzantion 1, 3, 20
Θρασύβουλος ὁ Athener 1, 1, 12,
Mitstratege des Thrasyllos
Θρασυδαῖος ὁ Eleer 3, 2, 27
Θρασύλος (Θράσυλλος) Dind.) ὁ Athe-
ner 1, 1, 8
Θρασωνίδας ου ὁ Eleer 7, 4, 15
Θραῦστος ἡ St. in Elis 7, 4, 14
Θρία ας ἡ att. Demos der Phyle
Οἰνηῖς; Adv. Θριᾶσι zu Th. 5, 4, 21
Θυαμία ἡ Kastell an der Grenze des
sikyon. und phlias. Gebietes 7, 2, 1
Θυμοχάρης ους ὁ Athener 1, 1, 1
Θυριεῖς ἑων Bew. von Θύριον, einer
akarn. St. 6, 2, 37
Θώραξ ακος ὁ Spartaner 2, 1, 18

Ἰάσων ονος ὁ Fürst von Pherä und
Tagos von Thessalien 6, 1, 4
Ἴβηρες οἱ 7, 1, 20 Bewohner des öst-
lichen Spaniens
Ἰδαῖος ὁ Lakedämonier 4, 1, 39
Ἴδη ἡ Gebirge in Troas 1, 1, 25
Ἱεραμένης ους ὁ Perser 2, 1, 9
Ἱέραξ ακος ὁ Nauarch der Laked.
5, 1, 3
Ἱέρων ωνος ὁ einer von den Dreifsig
in Athen 2, 3, 2 — 2) Laked. 6, 4, 9
Ἴλαρχος ὁ spart. Ephor 2, 3, 10
Ἴλιον τό St. in Troas 1,1,4; Ἰλιεῖς 3,1,16
Ἴμβρος ἡ Insel des ägäischen Meeres
an der thrak. Küste 4, 8, 15
Ἱμέρα ἡ St. in Sicilien 1, 1, 37
Ἱππεύς ἑως ὁ samischer Strateg 1,6,29
Ἱππίας ου ὁ Eleer 7, 4, 15
Ἱπποδάμειος ἀγορά im Piräus 2, 4, 11
Ἱππόδαμος ὁ Sikyonier 7, 1, 45
Ἱπποκράτης ους ὁ Unterfeldherr des
Mindaros 1, 1, 23; Harmost in Kal-
chedon 1, 3, 5
Ἱππόλοχος ὁ einer von den Dreifsig
in Athen 2, 3, 2
Ἱππόμαχος ὁ desgl. 2, 3, 2
Ἱππόνικος ὁ Athener 4, 5, 13; Phlia-
sier 5, 3, 13
Ἵππων ωνος ὁ Syrakuser 1, 2, 8
Ἰσάνωρ ορος ὁ spart. Ephor 2, 3, 10
Ἰσθμός οῦ ὁ Landenge von Korinth
4, 5, 1; von Pallene 5, 2, 15; Ἴσθμια
die auf dem korinth. Isthmos zu Ehren
des Neptun gefeierten Spiele ποιεῖν
4, 5, 2; γίγνεται 4, 5, 1
Ἰσίας ου ὁ spart. Ephor 2, 3, 10
Ἰσμηνίας ου ὁ Thebaner 3, 5, 1
Ἰστιαιεῖς ἑων οἱ Bewohner von Ἰστίαια
einer St. im nördl. Euböa 2, 2, 3
Ἰσχόλαος ὁ Laked. 6, 5, 24
Ἰταλία ἡ Italien 5, 4, 26
Ἰφικράτης ους Athener, Anführer der
Söldner in Korinth 4, 4, 9; Stratege
der Athener 6, 2, 13
Ἰχθῦς ύος ὁ Vorgebirge in Elis 6, 2, 31
Ἰωνία ἡ Ionien, gr. Landschaft au
der Küste von Kleinasien 2, 1, 47;
Ἴωνες 3, 4, 11; Ἰωνίδες πόλεις 3, 2, 12;
Ἰωνικαὶ πόλεις 3, 1, 3

Καδμεία ἡ Akropolis von Theben,
von Kadmus gegründet 5, 2, 29
Καδούσιοι οἱ Völkerschaft am ka-
spischen Meere 2, 1, 13
Καλλίας ου ὁ athen. Archont 1, 6, 1
— 2) Anführer der Ath. im korinth.
Kriege 4, 5, 13; 3) Spartaner 4, 1, 15

Κορώνεια ἡ St. in Böotien 4, 3, 16
Κράνειον τό Gymnasium bei Korinth 4, 4, 4
Κραννώνιοι οἱ Bew. der thess. Stadt Κραννών 4, 3, 3
Κρατησιππίδας ου ὁ spart. Nauarch 1, 1, 32
Κρεμαστή ἡ Ort in der Nähe von Abydos 4, 8, 37
Κρεῦσις ιος ἡ böotischer Hafen am korinth. Meerb. 4, 5, 10
Κρής ητός ὁ Kreter 7, 5, 10; Söldner im laked. Heere 4, 2, 16
Κρίνιππος ὁ Syrakuser 6, 2, 36
Κριτίας ου ὁ Athener 2, 3, 36; einer von den Dreifsig 2, 3, 2
Κροκίνας ου ὁ Thessaler 2, 3, 1
Κρομμυών ῶνος ὁ St. in Megaris auf dem Isthmos am saron. Meerb. 4, 4, 13
Κρόνιον τό Berg in Elis bei Olympia 7, 4, 14
Κρῶμνος ὁ Stadt im südlichen Arkadien 7, 4, 20
Κύδων ωνος ὁ Byzantier 1, 3, 18
Κύζικος ἡ Insel u. St. in der Propontis 1, 1, 11; Κυζικηνοί 1, 1, 19
Κύθηρα ων τά Insel nebst St. vor der Südspitze von Lakonien mit einem Tempel der Aphrodite 4, 8, 8; Gebiet Κυθηρία ἡ; Κυθήριοι 4, 8, 8
Κυλλήνη ἡ Hafenstadt in Elis 3, 2, 27
Κύλων ωνος ὁ Argiver 3, 5, 1
Κύμη ἡ Stadt im südlichen Äolis 3, 4, 27
Κυνὸς κεφαλαί Hügel zwischen Theben u. Thespiä in Böotien 5, 4, 15
Κύπρος ἡ Insel im mittelländisch. Meere an der kleinasiatischen Küste 4, 8, 24
Κῦρος ὁ Perser, Sohn des Dareios 1, 4, 3; Κύρειοι griech. Söldner im Dienste des K. 3, 2, 7
Κῶς ῶ ἡ Insel im ägäischen Meere an der karischen Küste 1, 5, 1

Λαβώτας α ὁ spart. Harmost 1, 2, 18
Λάκαινα (— Λακωνική 7, 1, 22) Fem. von Λάκων
Λακεδαίμων ονος ὁ St. u. Landschaft im Peloponnes 1, 2, 18; Λακεδαιμόνιοι 1, 2, 18
Λακράτης ους ὁ Lakedämonier 2, 4, 33
Λάκωνες — Λακεδαιμόνιοι 1, 4, 22; Gebiet Λακωνική 2, 2, 13; Λακωνικαὶ νῆες 1, 6, 34
Λάμψακος ἡ St. am Hellespont in Kleinasien 1, 2, 15

Λάρισα ἡ St. in Äolis und Troas; 2) thess. St. 6, 4, 34; Λαρισαῖοι 2, 3, 4
Λάρισος ὁ Fluſs in Achaia an der Grenze von Elis 3, 2, 23
Λασιών ωνος ὁ Stadt in Elis an der Grenze von Arkadien 3, 2, 30; Λασιώνιοι 4, 2, 16
Λεοντιάδης ου Thebaner 5, 2, 25
Λεοντῖνοι οἱ St. in Sicilien u. Bew. derselben 2, 3, 5
Λεοντίς ίδος ἡ (φυλή) Phyle der Athener 2, 3, 27
Λεόντιχος ὁ Athener 5, 1, 26
Λεπρεᾶται ῶν οἱ Bew. der triphylischen Stadt Λέπρεον 3, 2, 25
Λέσβος ἡ Insel des ägäischen Meeres vor der Küste von Äolis 1, 2, 11
Λετρῖνοι St. in Elis 3, 2, 30
Λευκάς άδος ἡ Insel an der akarnan. Küste 6, 2, 3
Λευκολοφίδης ου ὁ Athener 1, 4, 21
Λεύκοφρυς νος ὁ Stadt in Ionien 3, 2, 19
Λεῦκτρα ων τά böot. St. an der Strafse von Platää nach Thespiä 5, 4, 33; arkad. St. 6, 5, 24 Λεύκτρον
Λέχαιον τό Hafen von Korinth am korinth. Meerb. 4, 4, 7
Λέων οντος ὁ athen. Stratege 1, 5, 16; spart. Ephor 2, 3, 10; Salaminier 2, 3, 39
Λεωτυχίδης ου ὁ Sohn des spart. Königs Agis 3, 3, 1
Λῆμνος ἡ Insel im äg. Meere 4, 8, 15
Λίβυς νος ὁ spartan. Nauarch 2, 4, 28
Λίχας α ὁ Spartaner 3, 2, 21
Λοκρίς ίδος ἡ Landschaft in Mittelgriechenland 3, 5, 3; Ὀπούντιοι am euböischen Meere 3, 5, 3; Ὀζόλαι am korinth. Meerbusen 4, 2, 17
Λυδία ἡ Lydien, im westl. Kleinasien 1, 2, 4
Λύκαιθος ὁ Athener 6, 3, 2
Λυκάριος ὁ spart. Ephor 2, 3, 10
Λύκειον τό Gymnasium bei Athen am Ilissos im O. der Stadt (wo Aristoteles lehrte) 1, 1, 33
Λυκίσκος ὁ Athener 1, 7, 13
Λυκομήδης ους ὁ Mantineer 7, 1, 23
Λυκοῦργος ὁ Byzantier 1, 3, 18
Λυκόφρων ονος ὁ von Pherä, Herrscher in Thessalien 2, 3, 4
Λύσανδρος ὁ spart. Nauarch 1, 5, 1; Befehlshaber der asiat. Bundesgenossen 2, 1, 6; 2) Sikyonier 7, 1, 45
Λυσίας ου ὁ athen. Strateg 1, 6, 30

Οἰνόη ἡ att. Grenzstadt 1, 7, 28; 2) der Korinther 4, 5, 5
Οἰόν τό Ort in Skiritis im nördlichen Lakonien 6, 5, 24; Οἰᾶται 6, 5, 26
Οἰταῖοι οἱ Völkerschaft am Ötagebirge 1, 2, 18
Ὀζόλαι s. Λοκροί
Ὀλονθεύς ἕως ὁ Spartaner 6, 5, 33
Ὄλουρος ὁ Kastell im östl. Achaia bei Pellene in Achaia 7, 4, 17
Ὀλυμπία ἡ Ort in Elis mit dem Tempel des olymp. Zeus, wo die olymp. Spiele gefeiert wurden 3, 2, 26; τὰ Ὀλύμπια (ποιεῖν) die von Herakles eingesetzten und von Iphitos um 776 v. Chr. erneuerten, alle 4 Jahre zu Anfang jedes ersten Olympiadenjahres daselbst gefeierten Spiele 7, 4, 28; Ὀλυμπιακὸν ἔτος
Ὄλυνθος ἡ St. in Makedonien auf der Halbinsel Chalkidike 5, 2, 11; Ὀλύνθιοι 5, 2, 13
Ὄνειον τό Bergkette südöstlich von Korinth 6, 5, 51
Ὀνομακλῆς ἕους einer von den Dreifsig in Athen 2, 3, 2; spart. Ephor 2, 3, 10
Ὀνομάντιος ὁ spart. Ephor 2, 3, 10
Ὀπούντιοι s. Λοκροί
Ὄρσιππος ὁ Spartaner 4, 2, 8
Ὀρχομενός ὁ St. in Böotien 3, 5, 17; Ὀρχομένιοι 3, 5, 6; 2) in Arkadien 4, 5, 18
Ὄτυς υος ὁ König der Paphlagonier 4, 1, 3

Παγασαί ῶν αἱ St. in Thessalien am pagasäischen Meerbusen 5, 4, 56
Παγγαῖον τό metallreiches Gebirge an der maked.-thrak. Grenze 5, 2, 17
Πακτωλός ὁ goldführender Fluſs in Lydien 3, 4, 22
Παλαιγάμβρειον τό äol. St. 3, 1, 6
Παλλάντιον τό arkad. St. 6, 5, 9; Παλλαντιεῖς ἕων 7, 5, 5
Παλλήνη ἡ Halbinsel von Chalkidike 5, 2, 15
Πάμφιλος ὁ athen. Stratege 5, 1, 2
Παντακλῆς ἕους ὁ spartan. Ephor 1, 3, 1
Πάραλος ἡ (ναῦς) Schiff der Athener 2, 1, 28; zum Befördern von Gesandtschaften, Überbringen von Befehlen der Regierung an die Feldherrn und zu Theorien
Παραπίτα ας ἡ Gattin des Pharnabazos 4, 1, 39
Πάριον τό Stadt an der Propontis 1, 1, 13 auf asiat. Ufer

Πάρος ἡ kyklad. Insel im ägäischen Meere 1, 4, 11
Παρράσιοι οἱ Bew. der St. Παρρασία im südwestl. Arkadien 7, 1, 28
Πασίμαχος ὁ Spartaner 4, 4, 10
Πασίμηλος ὁ Korinther 4, 4, 4
Πασιππίδας ου Spartaner 1, 1, 32
Πατησιάδης (Dind. -ας) ου spart. Ephor 2, 3, 10
Παυσανίας ου spart. König 2, 2, 7
Παφλαγονία ἡ Landschaft in Kleinasien 4, 1, 2; Παφλαγόνες 4, 1, 2
Πειραιεύς ἕως und ὡς ὁ athen. Hafen 1, 1, 35
Πείραιον τό Hafen an der östl. Küste Korinthias 4, 5, 1 (oder eine Landzunge auf der Nordwestseite des Isthmos)
Πείσανδρος ὁ spart. Nauarch 3, 4, 29
Πεισίαναξ ακτος Athener 1, 4, 19
Πεισίας ου ὁ argiv. Stratege 7, 1, 41
Πείσων ωνος ὁ einer von den Dreifsig in Athen 2, 3, 2
Πέλλα ας ἡ Hauptstadt von Makedonien 5, 2, 13
Πελλήνη ἡ St. in Achaia 7, 1, 18; Πελληνεῖς 4, 2, 20; 2) St. in Lakonien 7, 5, 9; Πελληνεύς 3, 2, 11
Πελλής ὁ Spartaner 4, 3, 23
Πελοπίδας ου Thebaner 7, 1, 33
Πελοπόννησος ἡ Peloponnes 3, 2, 17; Πελοποννήσιοι 1, 1, 19
Πέργαμος ἡ äol. St. 3, 1, 6
Περικλῆς ἕους ὁ athen. Stratege 1, 5, 16
Πέρινθος ἡ thrak. St. an der Propontis 1, 1, 21
Περκώτη ἡ St. in Troas 5, 1, 25
Πέρσαι οἱ Perser 1, 2, 19; Περσικὸν στράτευμα 3, 2, 15
Πισᾶται ῶν οἱ Einw. in Pisa in Elis 7, 4, 28
Πισίδαι ῶν οἱ Volk in Kleinasien 3, 1, 13
Πιτύας ὁ spart. Ephor 1, 6, 1
Πλαταιαί ῶν αἱ Stadt in Böotien 5, 4, 10
Πλειστόλας α ὁ spart. Ephor 2, 3, 10
Πλυντήρια ῶν τά Fest der Athene in Athen 1, 4, 12, an welchem man das alte Holzbild und den Peplos der Athene Polias reinigte
Ποδάνεμος ὁ Spartaner 4, 8, 11; 2) Phliasier 5, 3, 13
Πόλλις ιδος ὁ Spartaner 4, 8, 11; Nauarch 5, 4, 61
Πολυαινίδας ου ὁ Spartaner 7, 4, 23

Πολυάνθης ορς ὁ Korinther 3, 5, 1
Πολυβιάδης ον ὁ Spartaner 5, 3, 20
Πολυδάμας αντος Pharsalier 6, 1, 2
Πολύδωρος ὁ Tagos von Thessalien
6, 4, 33
Πολύξενος ὁ Syrakuser 5, 1, 26
Πολύτροπος ὁ Anführer der Söldner
im Peloponnes 6, 5, 11
Πολύφρων ονος ὁ Thessaler 6, 4, 33
Πολυχάρης ους ὁ einer von den
Dreifsig in Athen 2, 3, 2
Πολύχαρμος ὁ Spartaner 5, 2, 41;
2) Pharsalier 4, 3, 8
Πόντος ὁ schwarze Meer 1, 1, 22
Ποσειδῶν ῶνος ὁ 4, 5, 1 Poseidon,
Gott des Meeres
Πόταμις ιδος ὁ Feldherr der Syra-
kuser 1, 1, 29
Ποτειδάν dor. Form für *Ποσειδῶν*
3, 3, 2
Ποτίδαια ἡ St. auf der Halbinsel
Pallene 5, 2, 15
Ποτνιαί ῶν αἱ böot. St. 5, 4, 51
Πραξίτας ου u. α ὁ Lakedämonier
4, 4, 7
Πρᾶς Πραντός ἡ St. im südl. Thessa-
lien 4, 3, 9
Πριασιαί ῶν αἱ lakon. St. 7, 2, 2
Πριήνη ἡ ion. St. an der Küste von
Kleinasien 3, 2, 17
Πρόαινος ὁ Korinther 4, 8, 11
Πρόθοος ὁ Spartaner 6, 4, 2
Προικόννησος ἡ Insel nebst St. in
der Propontis 1, 1, 13
Προκλῆς έους ὁ Nachkomme des Kö-
nigs Demaratos 3, 1, 6; 2) Phliasier
5, 3, 13;
Προμηθεύς έως ὁ Thessaler 2, 3, 36
Πρόξενος ὁ Pelleneer 7, 2, 16 — 2)
Syrakuser 1, 3, 13 — 3) Tegeat 6, 5, 6
Πρωτόμαχος ὁ athen. Stratege 1, 5, 16
Πύγελα ων τά St. an der ion. Küste
südlich von Ephesos 1, 2, 2; *Πυγελεῖς*
έων
Πύθια τά die alle 4 Jahre zu Delphi
gefeierten Spiele 6, 4, 29, ἐπιόντων
δὲ Π. bevorstanden
Πυθόδωρος ὁ athen. Archont 2, 3, 1
Πύλος ἡ St. in Elis 7, 4, 16; *Πύλιοι*
7, 4, 26
Πυρρόλοχος ὁ Argiver 1, 3, 13

Ῥαθίνης ου ὁ Perser 3, 4, 13
Ῥαμφίας ου ὁ Spartaner 1, 1, 35
Ῥίον τό Vorgeb. von Achaia 4, 6, 14
Ῥόδος ἡ Insel an der karischen Küste
1, 5, 1; *Ῥόδιοι* 1, 5, 19

Ῥοίτειον τό Vorgebirge u. St. in Troas
auf dem asiat. Ufer am Eingange
zum Hellespont 1, 1, 2

Σαλαμίς ῖνος ἡ Insel an der att.
Küste 2, 2, 9; *Σαλαμινία* Staatsschiff
der Athener 6, 2, 14
Σάμιος ὁ spart. Nauarch 3, 1, 1
Σαμοθράκη ἡ Insel an der thrak.
Küste 5, 1, 7
Σάμος ἡ Insel an der ion. Küste 1,
2, 1; *Σάμιοι* 1, 6, 29; *Σάμιαι νῆες*
1, 6, 25
Σάρδεις έων αἱ Sardes, alte Hauptst.
von Lydien 1, 1, 9; *Σαρδιανὸς τόπος*
3, 4, 21
Σάτυρος ὁ Diener der Dreifsig in
Athen 2, 3, 54
Σελινοῦς οῦντος ἡ St. in Sicilien
1, 4, 37; *Σελινούντιοι* 1, 2, 10; *Σε-
λινούσιαι νῆες* 1, 2, 8
Σελλασία ἡ St. in Lakonien 2, 2, 13
Σεύθης ου ὁ König der Odrysen 3, 2, 2
Σηλυβρία ἡ thrak. St. an der Pro-
pontis 1, 1, 21; *Σηλυβριανοί* 1, 1, 21
Σηστός ἡ St. am Hellespont, Abydos
gegenüber 1, 1, 7
Σθενέλαος ὁ spart. Harmost in By-
zantion 2, 2, 2
Σιδοῦς οῦντος ὁ Kastell am korinth.
Isthmos 4, 4, 13
Σικελία ἡ Sicilien 1, 1, 37; *Σικελιώ-
ται* 2, 2, 24
Σικυών ῶνος ἡ St. im Peloponnes in
der Nähe von Korinth 4, 2, 14; *Σι-
κυώνιοι* 4, 2, 16
Σίσυφος ὁ Beiname des Derkylidas
3, 1, 18
Σκῆψις εως ἡ St. in Troas 3, 1, 15;
Σκήψιοι 3, 1, 21
Σκιλλούντιοι οἱ Bew. von *Σκιλλοῖς*
in Triphylien 6, 5, 2
Σκιρῖτις ιδος ἡ Landschaft im nord-
westl. Lakonien 6, 5, 24; *Σκιρῖται* 5,
2, 24, *Σκιρῖται*, Gebirgsvolk aus Skiri-
tis, einer Gegend an der nördl. Grenze
Lakoniens gegen Arkadien, eine selb-
ständige, leichtbewaffnete Schar im
spart. Heere, die in der Schlachtord-
nung auf dem linken Flügel stand
Σκιωναῖοι οἱ Bew. der St. *Σκιώνη*
auf der Halbinsel Pallene 2, 2, 3
Σκόπας α ὁ Thessaler 6, 1, 19
Σκοτουσσαῖοι οἱ Bew. der Stadt
Σκοτοῦσσα im südlichen Thessalien
4, 3, 3
Σκύθης ου ὁ Spartaner 3, 4, 20

Σκῦρος ἡ Insel östl. von Euböa 4, 8, 15
Σκῶλος ὁ 5, 4, 49 St. in Böotien am
  Asopos, 40 Stad. unterhalb der Stelle,.
  wo der Weg von Platää nach Theben
  diesen Flufs kreuzt
Σούνιον τό Vorgeb. an der Südspitze
  von Attika 5, 1, 23
Σοφοκλῆς έους ὁ einer von den Dreifsig
  in Athen 2, 3, 2
Σπάρτη ἡ Hauptst. von Lakonien 1,
  1, 32; Σπαρτιᾶται 8, 3, 5
Σπάρτωλος ἡ St. in Makedonien 5, 3, 6
Σπιθριδάτης ον ὁ Perser 3, 4, 10 ein
  ὕπαρχος des Pharnabazos
Στάγης ον ὁ Perser 1, 2, 5
Στάλκας α ὁ Eleer 7, 4, 15
Στάσιππος ὁ Tegeat 6, 4, 18
Στειριεύς έως ὁ zum attischen Demos
  Στειριά gehörig 4, 8, 25
Στησικλῆς έους ὁ athen. Stratege 6,
  2, 10
Στρατόλας α ὁ Eleer 7, 4, 15
Στράτος ον ἡ akarnan. Hauptstadt
  4, 6, 4
Στρομβιχίδης ον ὁ Athener 6, 3, 2
Στρούθας α ὁ pers. Satrap 4, 8, 17
Στυμφάλιος ὁ Bew. von Στύμφαλος
  in Arkadien 7, 3, 1
Συέννεσις ιος ὁ König von Kilikien
  3, 1, 1
Συράκουσαι ῶν αἱ Syrakus in Sici-
  lien 5, 1, 26; Συρακόσιοι 1, 1, 18
Σφαγίαι ῶν αἱ Inseln an der messen.
  Küste vor dem Hafen von Pylos 6, 2, 31
Σφοδρίας ον u. α ὁ Spartaner 5, 4, 15
Σωκλείδης ον ὁ Spartiat 7, 4, 19
Σωκράτης ους ὁ Athener 1, 7, 15
Σωστρατίδας ὁ spart. Ephor 2, 3, 10
Σωφρονίσκος ὁ Athener 1, 7, 15

Τάναγρα ας ἡ böot. St. 5, 4, 49; Τα-
  ναγραῖοι
Τεγέα ας ἡ arkad. St. 3, 5, 7; Gebiet
  Τεγεᾶτις 6, 5, 15; Τεγεᾶται 4, 2, 13
Τελευτίας ον ὁ Spartaner 4, 4, 19
Τενέα ας ἡ kleiner Ort südlich von
  Korinth 4, 4, 19
Τένεδος ἡ Insel im ägäischen Meere
  gegenüber von Troas 5, 1, 6; Τενέδιοι
  5, 1, 7
Τευθρανία ας ἡ St. im südlichen
  Mysien 3, 1, 6
Τήμνος ἡ Stadt an der südlichen äol.
  Küste 4, 8, 5
Τιγράνης ον ὁ Perser 4, 8, 21
Τιθραύστης ον ὁ Perser 3, 4, 25
  Statthalter für Tissaphernes

Τιμαγόρας ον ὁ Athener 7, 1, 33
Τιμόθεος ὁ Athener 5, 4, 63
Τιμοκράτης ους 1) ὁ Athener 1, 7, 3
  — 2) Laked. 7, 1, 13 — 3) Rhodier
  3, 5, 1 — 4) Syrakuser 7, 4, 12
Τιμόλαος ὁ Korinther 3, 5, 1
Τιμόμαχος ὁ Athener 7, 1, 41
Τιρίβαζος ὁ pers. Statthalter in Ionien
  4, 8, 12
Τισαμενός ὁ Laked. 3, 3, 11
Τισίφονος ὁ Thessaler 6, 4, 37
Τισσαφέρνης ους ὁ pers. Satrap in
  Kleinasien von Ionien und Lydien 3,
  1, 3
Τλημονίδας ον ὁ Spartaner 5, 3, 3
Τορώνη ἡ Stadt auf der Halbinsel
  Chalkidike 5, 3, 18 (auf Sithonia);
  Τορωναῖοι 2, 2, 3
Τράλλεις εων αἱ Stadt in Karien an
  der Grenze von Lydien 3, 2, 19
Τραχινία s. Ἡράκλεια
Τρικάρανον τό Kastell an der Grenze
  des Gebietes von Sikyon u. Phlius
  7, 2, 1
Τριπτόλεμος ὁ Sohn des Keleos von
  Eleusis, Stifter der eleusin. Mysterien
  6, 3, 6
Τριπυργία ας ἡ Ort auf Ägina 5,
  1, 10
Τριφύλιοι οἱ Bew. des südlichsten
  Distriktes der Landschaft Elis 4,
  2, 16
Τροία ας ἡ Troja 3, 4, 3
Τροιζήν ἡ St. in Argolis 6, 2, 3;
  Τροιζήνιοι 4, 2, 16
Τυδεύς έως ὁ athen. Stratege 2, 1, 16
Τυνδαρίδαι ων οἱ Söhne des Tynda-
  reos, — Kastor u. Pollux 6, 5, 31

Ὑακίνθια τά ein zu Amyklä von den
  Spartan. gefeiertes Fest, dem früh
  vom Tode dahingerafften Jünglinge
  Hyakinthos zu Ehren 4, 5, 11
Ὑαμπολῖται ῶν αἱ Bew. der St. Ὑάμ-
  πολις in Phokis 6, 4, 27
Ὑπάτης ον ὁ Thebaner 7, 3, 7
Ὑπατόδωρος ὁ Tanagräer 5, 4, 49
Ὑπερμένης ους Spartaner 6, 2, 25

Φαιδρίας ον ὁ einer von den Dreifsig
  in Athen 2, 3, 2
Φανίας ον ὁ Athener 5, 1, 26
Φανοσθένης ους athen. Strateg 1,
  5, 18
Φάραξ ακος ὁ Spartaner 3, 2, 12;
  Proxenos der Böoter 4, 5, 6